사람의 마음을 움직이는
위대한 명연설
THE GREAT GOLDEN SPEECHES

에드워드 험프리 엮음 | 홍선영 옮김

사람의 마음을 움직이는 위대한 명연설

2011년 2월 20일 초판 1쇄 인쇄
2011년 2월 25일 초판 1쇄 발행

엮은이 에드워드 험프리
옮긴이 홍선영
편집주간 이화승
교정 홍미경, 이혜림, 이준표
제작 서동욱, 이경진
영업기획 김관호, 이장호
영업관리 윤국진
디자인 이창욱
발행인 이원도
발행처 베이직북스
E-mail basicbooks@hanmail.net
주소 서울 마포구 동교동 165-8 LG팰리스 1508호
등록번호 제313-2007-241호
전화 02) 2678-0455
팩스 02) 2678-0454
ISBN 978-89-93279-76-4 03320
값 15,800원 (mp3 파일 무료제공)

*잘못된 책이나 파본은 교환하여 드립니다.

Copyright ⓒ 2009 by Arcturus Publishing Limited
A LITTLE PIECE OF EARTH first published by Arcturus Publishing Limited in 2009.

All rights reserved.
This Korean edition was published by Basicbooks in 2011.
By arrangement with Arcturus Publishing Limited in London and Pubhub Literary Agency in Seoul.

머리말

올덤 보수당 의원으로서 정계에 막 발을 들여놓은 윈스턴 처칠이 하원 의석에서 일어나 연설을 펼쳤다. 대영제국에는 해군이 육군보다 훨씬 더 중요하다는 내용이었다. 처칠은 이 연설을 위해 몇 주 동안 다시 쓰고 고쳐 쓰기를 반복했다. 덕분에 연설 당일에는 한 시간 남짓한 길이의 연설문을 모두 외우고 있었다. 과연 그의 연설은 흠잡을 데가 없었다. 단 한 가지 실수를 꼽자면 처칠이 자신의 아버지 랜돌프 처칠 경의 말을 인용할 때였다. 처칠은 책을 펼치고 아버지가 남긴 말을 읽는 모습을 연출했으나, 이 역시 이미 암기하고 있었던 탓에 인용이 끝나기도 전에 책을 덮어버리고 말았다. 처칠은 연설의 기술에는 통달해 있었지만 소품을 사용하는 법에는 아직 서툴렀던 것이다.

1901년 5월 13일에 펼친 연설로 처칠은 주목할 만한 연설가 반열에 올랐다. 이후 〈데일리 탤리그래프〉에서는 미래의 수상인 처칠을 '의회 내 최고의 연설가'로 부르기도 했다.

이 책에는 지난 4세기에 걸쳐 등장한 영어로 된 가장 위대하고 유려한 연설 41편을 담았다. 그 중 윈스턴 처칠의 연설은 그 누구보다 많은 세 편이 등장한다. 또한 에드워드 8세의 사임 연설 역시 처칠의 조언을 받았으며, 더불어 처칠의 말은 로널드 레이건과 앨 고어 등 다른 연설에서도 종종 등장한다는 사실 역시 주목할 만하다.

이 책에 등장하는 남녀 연설가 서른네 명은 각기 당대의 중요한 인물이었다. 그들 모두 역사에 의미 있는 발자취를 남겼다. 그 중 9명은 자신의 신념을 표출한 대가로 유명을 달리하면서 공인으로서의 삶이 위험천만하다는 사실을 다시 한 번 일깨워주었으며, 이들 연설은 암살, 사형, 전쟁 등과 연계되면서 등장하는 단어와 문구들을 더욱 깊이 우리의 기억 속에 각인시켰다.

마틴 루터 킹은 연설 '나는 산 정상에 올랐습니다'를 마친 뒤 그날 저녁 암살되었다. 그로 비추어볼 때 이 연설은 끔찍하게도 예언적이다. 당시 킹 목사의 연설은 예정에 없었지만 군중들이 목사의 연설을 듣기 전에는 자리를 안 떠나겠다고 버틴 탓에 즉석에서 행해진 것이었다. 킹 목사의 예기치 못한 죽음으로 또 하나의 위대한 즉흥 연설이 탄생했다. 바로 인디애나폴리스에서 펼쳐진 로버트 케네디의 연설이었다. 로버트 케네디는 흑인 빈곤층을 상대로 예정된 연설을 하러 가는 도중에 킹 목사의 암살 소식을 접했다. 측근들이 킹 목사의 죽음을 애도하는 연설문을 내밀며 연설장에서 그대로 읊을 것을 권했지만 케네디는 이를 모두 거절했다. 결국 그는 원고 없이 청중을 바라보며 즉석에서 연설을 시작했다. 1968년 4월의 서늘한 저녁, 로버트 케네디는 당시 자신이 언급하는 인물이 누구인지 명민하게 인식하고 있었던 것이다.

물론 연설은 특정한 청중을 겨냥하는 것이다. 찰스 1세는 1649년 1월 웨스트민스터 홀에서 성명을 발표하면서 21세기의 독자들을 염두에 둔 것이 결코 아니었다. 더군다나 그는 자신이 통치하던 당시 영국 시민들을 겨냥하지도 않았다. 운이 쇠한 이 군주는 결국 자신에게 사형을 언도할 매정한 법관들을 향해 입을 연 것이었다.

청중을 염두에 두지 않은 연설은 실패한 연설이다. 마찬가지로 이 책의 독자들 역시 연설 당시 청중의 특성이 어떠했는지 염두에 두지 않는다면 그 연설의 내용은 물론 중요성도 제대로 파악하지 못할 것이다.

1810년에 테쿰세가 인디언들의 토지권을 주장한 연설은 물론 다른 청중들이 지켜보고 있었지만 단연 윌리엄 헨리 해리슨 장군을 향한 것이었다. 해리슨 장군이 테쿰세의 말을 귀담아 듣지 않은 결과, 일 년 뒤에 테쿰세의 전쟁이 시작되었다.

테쿰세와 찰스 1세의 연설은 그 당시에 글로 기록되었기 때문에 지금 우리가 이들을 그대로 읽어보는 데에는 문제가 없다. 마틴 루터 킹과 케네디의 연설은 당시 동영상과 오디오 테이프로 기록되었다. 하지만 그밖에 몇몇 유명한 연설은 그 정확성을 의심해 볼 필요가 있다. 엘리자베스 1세의 '황금의 연설'만 해도 여러 가지 버전이 존재한다. 그보다 비교적 최근에 있었던 에이브러햄 링컨의 게티스버그 연설도 마찬가지다. 미국 역사상 제일 많이 인용되었을 링컨의 연설 역시 여러 가지 다양한 버전이 나와 있다.

그밖에 몇 가지 연설은 조금 더 깊이 의문을 던져봐야 한다.

소저너 트루스의 연설 '나는 여성이 아닌가요?'는 1851년에 발표된 이후 그로부터 12년이 지나 노예제 폐지론자인 프랜시스 다나 게이지가 연설문을 종이에 옮긴 뒤에야 세상의 빛을 볼 수 있었다. 패트릭 헨리의 연설 '자유가 아니면 죽음을 달라!'는 패트릭 헨리의 사후 18년이 지나고서야 글로 남겨졌다.

그런가 하면 실로 막강한 힘과 영향력을 행사했지만 그만큼의 즉각적인 반응은 불러일으키지는 못한 연설도 있다. 해럴드 맥밀런의 연설 '변화의 바람'은 1960년에 가나의 수도 아크라에서 제일 먼저 선보였지만 큰 반향을 일으키지 못하다가 같은 해 2월, 남아프리카공화국 의회에서 한 번 더 되풀이하고 나서야 주목을 받게 되었다. 마찬가지로 로널드 레이건의 가장 유명한 1987년 연설인 '이 장벽을 허무시오'는 당시만 해도 언론의 관심을 크게 얻지 못했다. 그로부터 2년이 지나 실제로 베를린 장벽이 무너지게 되었을 때에야 비로소 그 가치가 인정받게 된 것이다.

시간이 지날수록 그 명성을 더해가는 연설이 있는가 하면 시간의 흐름과 함께 평가가 달라지는 연설도 있다. 처칠의 '철의 장벽' 연설이 그 대표적인 예다. 지금 그 연설은 서방국가가 직면한 중대한 위기를 경고했다는 평을 받고 있지만 당시에는 무력을 동원한 위협이라며 비난받았다.

당시 처칠의 연설의 정당성을 알아보지 못한 이들을 지금에 와서 얕보기는 쉽다. 하지만 마찬가지로 지금 이 순간을 사는 우리가 어떤 연설의 중요성과 의미를 평가하기란 쉽지 않다는 사실을 기억해야 한다. 결국 판단은 역사가 내리게 될 것이다.

2011년 1월
엮은이가

차례

엘리자베스 1세 Elizabeth I — 9
황금의 연설 런던, 국왕 알현실. 1601년 11월 30일

찰스 1세 Charles I — 17
영국 국왕 찰스 스튜어트의 재판 진술 런던, 웨스트민스터 홀. 1649년 1월 20일

제임스 울프 James Wolfe — 23
아브라함 평원 전투에 앞서 퀘벡시 외곽, 아브라함 평원. 1759년 9월 13일

패트릭 헨리 Patrick Henry — 27
자유가 아니면 죽음을 달라! 버지니아 버지스 의회, 윌리엄스버그 세인트 존 성당. 1775년 3월 23일

테쿰세 Tecumseh — 35
나라를 판다고! 그럼 공기와 구름, 바다도 팔지 그러는가? 인디언 특별 보호구 뱅센. 1810년 8월 12일

소저너 트루스 Sojourner Truth — 45
나는 여성이 아닌가요? 오하이오주 애크론, 애크론 대회. 1851년 5월 29일

프레더릭 더글러스 Frederick Douglass — 49
미국 노예에게 독립기념일은 무엇인가? 뉴욕 로체스터, 코린티안 홀. 1852년 7월 5일

에이브러햄 링컨 Abraham Lincoln — 61
게티즈버그 연설 펜실베이니아 주, 게티즈버그 군인공동묘지. 1863년 11월 19일

수잔 B. 앤서니 Susan B. Anthony — 65
여성의 투표권에 대해 뉴욕 주 먼로, 온타리오 지구. 1873년 5월 6일

에멀린 팽크허스트 Emmeline Pankhurst — 71
여성 참정권 법안을 지지하며 런던, 로열 앨버트 홀. 1908년 3월 19일

패트릭 피어스 Patrick Pearse 81
자유가 없는 아일랜드는 결코 평화롭지 않을 것이다 더블린, 글래스네빈 공동묘지. 1915년 8월 1일

데이비드 로이드 조지 ① David Lloyd George — 87
1차 세계대전의 원인에 대하여 글래스고, 세인트 앤드류 홀. 1917년 6월 29일

우드로 윌슨 Thomas Woodrow Wilson — 93
평화 원칙 14개 조항 워싱턴 DC, 미국 국회의사당. 1918년 1월 8일

모한다스 간디 Mohandas Karamchand Gandhi — 107
재판 진술 인도, 아메다바드 최고 법정. 1922년 3월 18일

프랭클린 델러노 루스벨트 ① Franklin Delano Roosevelt — 119
첫 번째 취임 연설 워싱턴 DC, 국회의사당. 1933년 3월 4일

에드워드 8세 Edward VIII — 129
퇴임 연설 버크셔 주 윈저, 윈저 궁전 내 라디오 방송. 1936년 12월 11일

데이비드 로이드 조지 ② David Lloyd George — 135
총리는 희생의 본보기가 되어야 한다 웨스트민스터, 하원의사당. 1940년 5월 7일

윈스턴 처칠 ① Sir Winston Leonard Spencer-Churchill — 145
피와 땀, 눈물과 노력 웨스트민스터, 하원의사당. 1940년 5월 13일

윈스턴 처칠 ② Sir Winston Leonard Spencer-Churchill — 151
지금이 가장 좋은 시절 웨스트민스터, 하원의사당. 1940년 6월 18일

프랭클린 델러노 루스벨트 ② Franklin Delano Roosevelt — 171
진주만 공격 후 의회 연설 워싱턴 DC, 국회의사당. 1941년 12월 8일

윈스턴 처칠 ③ Sir Winston Leonard Spencer-Churchill — 177
철의 장막 미주리 주 풀턴, 웨스트민스터 대학. 1946년 3월 5일

자와할랄 네루 Pandit Jawaharlal Nehru — 199
운명과의 약속 뉴델리, 국회의사당. 1947년 8월 14일

엘리노어 루스벨트 Anna Eleanor Roosevelt — 207
세계인권선언 채택을 앞두고 파리, 샤이오궁 국제연합총회. 1948년 12월 9일

앨버트 아인슈타인 Albert Einstein — 217
원자탄 시대의 평화 〈루스벨트 여사가 만난 사람〉 방송. 1950년 2월 12일

해럴드 맥밀런 Maurice Harold Macmillan — 223
변화의 바람 케이프타운, 국회. 1960년 2월 3일

존 F. 케네디 ① John Fitzgerald Kennedy — 243
취임 연설 워싱턴 DC, 국회의사당. 1961년 1월 20일

존 F. 케네디 ② John Fitzgerald Kennedy — 253
저 또한 베를린 시민입니다 서독 서베를린, 라트하우스 쇠네베르크. 1963년 6월 26일

마틴 루터 킹 주니어 ① Martin Luther King, Jr. — 259
나에겐 꿈이 있습니다 워싱턴 DC, 링컨 추모관. 1963년 8월 28일

마틴 루터 킹 주니어 ② Martin Luther King, Jr. — 269
나는 산 정상에 올랐습니다 테네시 주 멤피스, 메이슨 템플. 1968년 4월 3일

로버트 F 케네디 Robert Francis Kennedy — 289
마틴 루터 킹 주니어의 암살 소식을 알리며 인디애나 주, 인디애나폴리스. 1968년 4월 4일

리처드 닉슨 Richard Milhous Nixon — 295
사임 연설 워싱턴 DC, 백악관. 1974년 8월 8일

피에르 엘리엇 트뤼도 Pierre Elliott Trudeau — 305
사형에 반대하며 오타와, 하원의사당. 1976년 6월 15일

마가렛 대처 Margaret Hilda Thatcher — 317
이 사람은 돌아가지 않겠습니다 브라이튼, 보수당 회의장. 1980년 10월 10일

로널드 레이건 Ronald Wilson Reagan — 339
이 벽을 허무시오 서독 서베를린, 브란덴부르크 게이트. 1987년 6월 12일

넬슨 만델라 Nelson Rolihlahla Mandela — 353
취임 연설 프리토리아, 유니온 빌딩. 1994년 5월 10일

교황 요한 바오로 2세 Ioannes Paulus PP. II — 359
야드 바쉠 연설 이스라엘, 야드 바쉠 추모의 전당. 2000년 3월 23일

조지 W. 부시 George Walker Bush — 365
9/11 테러 이후 의회교서 워싱턴 DC, 국회의사당. 2001년 9월 20일

앨 고어 Albert Arnold Gore, Jr. — 381
허리케인 카트리나 이후 샌프란시스코, 모스코니 센터. 2005년 9월 9일

케빈 러드 Kevin Michael Rudd — 399
오스트레일리아 토착민에 대한 사과 캔버라, 국회의사당. 2008년 2월 13일

버락 오바마 ① Barack Hussein Obama II — 419
더 완벽한 연합 필라델피아, 국립헌법센터. 2008년 3월 18일

버락 오바마 ② Barack Hussein Obama II — 437
당선 연설 시카고, 그랜트 파크. 2008년 11월 4일

엘리자베스 1세
ELIZABETH I

=== GREAT SPEECHES ===

생애

엘리자베스 1세(1533~1603)는 튜더 왕조의 마지막 군주였다. 헨리 8세의 딸로 태어난 그녀는 자신의 어머니 앤 불린이 처형당한 뒤 왕국 안에서 사생아로 취급되었다. 이후 배다른 형제인 에드워드 6세에게 왕위 계승권을 빼앗기지만 1558년에 배다른 자매 메리 1세가 죽은 뒤 왕권을 물려받게 된다. 그녀가 통치하던 44년의 기간은 영국 르네상스의 전성기를 장식하였고 영국의 해상장악력도 극도로 확대되었으며, 1588년 스페인 무적함대를 격파한 때도 엘리자베스 1세가 집권하던 시절이었다.

연설의 배경 및 의의

사후 400년이 지난 지금까지도 엘리자베스 1세는 영국에서 웅변술이 가장 뛰어난 군주로 기억된다. 그렇기에 여왕의 좌우명이 "진실을 알지만 말하지 않는다(video et taceo)."라는 사실은 사뭇 의아하게 다가온다. '황금의 연설'은 68세가 된 여왕이 의원 141명 앞에서 생애 마지막으로 한 연설이다. '황금의 연설'이란 이름은 영연방 시절에 출판된 팸플릿의 머리말에서 연유되었다.
"이 연설문은 황금활자로 인쇄되어야 한다." 이 연설문도 여러 버전이 존재하는데 그 중에는 엘리자베스 여왕 본인이 감독한 것으로 알려진 초기 팸플릿본도 있다. 여기에 실린 연설문은 의회 기록가 헤이워드 타운쉔드의 기록본을 따른 것이다.

연설의 특징

해가 지지 않는 나라의 황금시대를 연 여걸 엘리자베스의 황금 연설이다. 인생 말년에 국가에 헌신한 자신에 대한 자부심이 듬뿍 배어나고 국민들의 사랑을 누렸다는 자신감이 넘치는 연설이다.

황금의 연설
런던, 국왕 알현실. 1601년 11월 30일

••• 의장, 그대의 선언을 잘 들었고 우리의 재산을 아끼는 그대의 지극한 마음도 잘 알았습니다. 내 단언컨대 나만큼 국민을 사랑하는 군주는 없을 것이요, 국민을 향한 나의 사랑에 필적할 만한 군주도 없을 것입니다. 또 지금 내 앞에 있는 보석보다 값진 보석은 없을 것입니다. 나의 보석은 바로 그대들의 사랑입니다. 나는 그대들의 사랑을 그 어떤 보물이나 재물보다 귀하게 생각합니다. 보물이나 재물은 값을 따질 수 있으나 사랑과 감사는 그 가치를 헤아릴 수 없는 까닭입니다.

또한 신께서 나를 군주의 자리에 오르게 하신 것에 감사하는 바이나 군주로서 내가 누린 가장 큰 영광은 그대들의 사랑을 받으며 통치할 수 있었다는 것입니다. 신께서 나를 여왕으로 이끄셨다는 사실보다는 이렇게 애정을 보내준 국민들의 여왕이 되었다는 사실이 나는 더 기쁩니다. 그리하여 나는 마땅히 국민의 평화와 안전만을 바랄뿐이며, 또 그것이 나의 의무입니다. 나는 그대들이 번영하는 모습을 내 눈으로 보게 될 때까지만 살고 싶습니다. 그것이 내 유일한 바람입니다.

나는 아직 신의 가호 아래에서 이렇게 그대들에게 연설을 하고 있으니 전지전능한 신께서 나를 도구로 삼아 그대들을 그 어떤 고난이나 불명예에서, 수치와 압제, 탄압에서도 보호하리라 믿습니다. 그리고 그 과정에서 나는 군주를 향한 무한한 사랑과 충성이 그대로 드러난 그대들의 도움도 어느 정도 받게 되리라 믿습니다.

본인으로 말하자면 나는 탐욕스런 폭군도 아니요, 잔혹한 압제자도 아니며 낭비벽이 심한 군주도 아닙니다. 나는 그 어떤 세속적인 재물욕에도 빠져본 적이 없습니다. 그대들의 선물도 내가 비축하기 위해서가 아니라 다시 그대들에게 베풀기 위해 받는 것입니다. 그러니 의장이여, 내 그대에게 간청하니 내가 차마 말로 하지 못하고 마음에 품은 이 고마운 마음을 그대가 대신 전해주시오.

의장을 비롯한 그대들이여 기립하여 주기 바랍니다. 난 아직 할 말이 더 남아 있으니 그대들을 조금 더 괴롭힐 생각입니다. 의장은 나에게 감사하다고 하지만 그보다는 내가 더 그대에게 감사해야 마땅합니다. 더불어 하원 의원들에게도 내 이 고마운 마음을 전해주기 바랍니다. 그대들이 알려주지 않았다면 난 진실을 알지 못한 채 실수를 저질렀을 것입니다.

나는 여왕이 된 이래로 국민들에게 도움이 되는 좋은 일이 아니면 그 어떤 구실이나 핑계 앞에서도 결코 허락하지 않았습니다. 물론 내 오랜 신하 중에는 개인적인 이익을 취한 이들도 있었지만 그들은 마땅히 그럴 자격이 있는 사람들이었습니다. 하지만 경험으로 미루어보건대 그 반대의 경우도 있었습니다. 나 역시 처음에는 그들과 똑같이 행동했을 것이니 나는 그들에게 상당한 빚을 진 셈입니다.

내가 단순히 추측하는 것이 아니라 하원에는 이러한 탐욕에 단 한 번도 손을 대지 않은 의원들이 일부 있습니다. 그들은 당원들이 한탄하는 바와 같이 울분이나 악의적인 애정을 드러내는 것이 아니라 조국에 대한 열정을 보이는 것이라고 나는 생각합니다. 따라서 내가 허락한 일로 말미암아 국민들이 비통에 잠기고, 내가 부여한 권력에 따라 탄압이 기승을 부리는 일은 국왕의 위엄으로써 결코 용납하지 않을 것입니다. 혹여 그런 일이 내 귀에 들리거든 이를 개선하기 전까지는 생각을 중단할 수 없을 것입니다.

그런 자들, 그대들을 탄압하고, 의무를 게을리 하며, 자신의 명예를 저버린 자들이 처벌도 받지 않고 빠져나갈 수 있다고 생각합니까?

아닙니다. 의장, 내 단언컨대 그 어떤 영광도, 차오르는 사랑도, 무엇보다 양심의 가책도 없이 이러한 실수와 문제를 일으키고, 성가신 일과 탄압을 벌인 악한이나 음란한 자들은 신하라는 이름을 받들 가치도 없으며, 마땅한 처벌을 받기 전에는 결코 빠져나가지 못할 것입니다. 하지만 그들은 나를 의사처럼 약을 조제하는 사람으로, 먹기 좋도록 달콤한 맛을 첨가하거나 약에 금박을 입혀 건네주는 사람으로 대합니다.

나는 지금껏 최후의 심판의 날을 눈앞에 그리면서, 나 자신이 고등 판사 앞에서 질문에 답하며 재판을 받듯이 이 나라를 통치해 왔습니다. 따라서 지금 국왕으로서 내가 내리는 하사금이 오용되고, 내가 내리는 허락이 내 의지나 뜻과는 달리 국민들에게 상처를 준다면, 그리고 내 권력 안에서 내가 국민들에게 취한 그 어떤 행동이 도외시되거나 왜곡된다면, 신께서 그 죄인들과 그들의 죄를 나의 책임으로 묻지 않으시기를 바랍니다.

국왕이라는 칭호가 영광스럽기는 하나, 왕권의 빛나는 영광은 우리의 이해라는 눈을 멀게 할 만큼 위대한 것은 아닙니다. 따라서 나는 국왕 역시 재판관 앞에서 자신의 행위에 대해 설명해야 한다는 사실을 잘 알고 또 기억하고 있습니다. 왕이 되고 왕관을 쓴다는 것은 그 모습을 볼 때 더 영광스러운 법이며, 직접 써보는 사람은 그리 즐겁지 않습니다. 신께서 내게 군주라는 영광스러운 칭호와 여왕이라는

이름이 알려지지 않은 화가 앞에 선 엘리자베스 1세, 1575년 경. 이전 소장자의 이름을 따서 〈단리 Darnley 초상화〉로 알려져 있다. 이 초상화는 여왕 생존 당시에 그려진 것으로 추정된다.

고귀한 권위를 내려주셨으나, 그보다 나는 신께서 나를 진리와 영광을 드높이는 도구로, 이 왕국을 위험과 불명예로부터, 전제와 압제로부터 지키기 위한 도구로 삼으셨다는 사실이 더 기쁩니다.

앞으로 이 자리에 앉게 될 여왕 중에 나만큼 이 나라에 열의를 품고 나만큼 국민들을 아끼며, 나 자신보다 국민들의 선과 안위를 위해 언제라도 기꺼이 목숨을 무릅쓸 사람은 결코 없을 것입니다. 따라서 나의 바람은 내가 그대들에 도움이 될 수 있는 날까지만 살아서 그때까지만 통치하는 것입니다. 그대들은 나보다 강력하고 현명한 군주를 과거에도 만났으며 앞으로도 만날 테지만 나만큼 그대들을 아끼고 사랑하는 군주는 과거에도 없었고, 앞으로도 없을 것입니다.

오 신이시여, 관습과 위험도 비껴가는 제가 무엇을 두려워하겠습니까? 나는 무엇을 해야 하겠습니까? 감사관과 비서관, 그리고 여러 의원들에게 기원하오니, 그대들의 지역으로 돌아가서 국민들을 모두 데려와 내 손에 입 맞추게 하십시오.

엘리자베스 1세의 틸베리 연설

1588년 8월, 추밀원의 반대를 무릅쓰고 육군훈련장이 설치되어 있던 틸베리로 거처를 옮긴 여왕은 전운이 감도는 가운데 주위에 모여든 병사들을 바닥에 앉혀 놓고 그녀의 일생에서 가장 위대하고 감동적인 연설을 했다. 역사상 가장 위대한 CEO, 가장 이상적인 리더로 손꼽히는 엘리자베스 1세의 생애는 찬란한 신화가 되었다.

폭군들이여 두려워할지어다!

나는 언제나 신의 가호 아래 나의 모든 국민들의 충성심과 선의에서 힘을 얻으며 또한 그것을 지키는 것을 나의 첫 번째 과제로 삼았습니다. 따라서 나는 여러분과 생사를 함께 하기 위해 여기에 왔고, 신과 내 왕국과 내 국민들을 위하여 내 명예를 걸고 피 흘리며 죽을 각오가 되어 있습니다.

　내가 육체적으로 연약한 여자에 불과하다는 것을 잘 알고 있습니다. 하지만 나는 왕의 심장을, 영국왕의 심장을 가지고 있습니다. 파르마건 스페인이건 유럽의 어떤 군주가 감히 내 왕국에 쳐들어와도 나는 무섭지 않습니다. 나는 기꺼이 무기를 들고 싸울 것입니다.

　나는 그대들의 장군이 될 것이며, 판사가 될 것이며, 모든 미덕에 관한 포상자가 될 것입니다. 나는 이미 여러분이 포상에 적합한 사람들이라는 것을 알고 있습니다. 왕의 이름으로 여러분에게 정당한 포상을 할 것을 약속합니다.

—중략—

찰스1세
CHARLES I

===== GREAT SPEECHES =====

생애
찰스 1세(1600~49)는 제임스 1세의 아들로, 1625년부터 1649년까지 잉글랜드와 스코틀랜드, 아일랜드의 국왕으로 지냈다. 스튜어트 왕조의 두 번째 왕이었던 찰스 1세의 통치 기간 중에는 종교적 갈등, 재정관리 실패, 정치적 분쟁 등이 일어났다. 결국 잉글랜드는 시민전쟁의 혼란으로 접어들었고 그 와중에 찰스 1세는 반역죄로 법정에 서게 되었다. 이후 찰스 1세가 처형당하면서 영연방공화국이 세워졌지만 이마저 오래 가지 못했다.

연설의 배경 및 의의
부왕인 제임스 1세와 마찬가지로 찰스 1세는 왕권신수설을 굳게 믿었다. 찰스 1세는 의회를 세 번이나 해산시켰고 10년이 넘는 기간 동안 대영제국을 홀로 다스리려 했다. 언제나 자신에 대한 지지를 과대평가하면서 동맹을 바꾸던 그는 제국을 연이은 내전으로 몰아넣었다. 찰스 1세는 첫 번째 내전(1642년~1646년)에서 패배했지만 간신히 살아남아 전쟁을 재개했다. 하지만 행운의 여신은 두 번째 내전(1648년~1649년)에서도 찰스의 곁을 지키지는 않았다. 그는 투옥되었고, 의회가 수립한 법정 앞에 '대역죄와 기타 중범죄' 혐의로 기소되었다. 재판은 기소장이 낭독되면서 시작되었는데 찰스는 기소장 낭독을 거부하려 했다. 그러나 찰스의 요청은 최고위 법정변호사인 존 브래드쇼에 의해 기각되었다. 강제로 기소장을 듣는 내내 찰스는 안절부절못하는 모습이었지만 아무 소리도 내지 않았다. 그러다 낭독자가 왕을 '폭군이자 반역자'라고 묘사하는 부분에서 실소를 터뜨렸다. 찰스 자신이 인정하지 않는 법정 앞에서 펼친 이 진술은 기소장 낭독이 끝난 뒤에 이어졌다. 결국 유죄판결이 내려지고 10일 뒤, 찰스 1세는 교수형으로 공개 처형당했다.

연설의 특징
대영제국의 군주로서 영화를 누렸으나 반역자로 기소되어 법정에서 자신을 변론하는 찰스1세. 죽음을 앞두고도 당당하기 짝이 없는 그의 웅변은 모든 이들의 가슴을 울린다.

영국 국왕 찰스 스튜어트의 재판 진술
런던, 웨스트민스터 홀, 1649년 1월 20일

••• 내가 어떤 힘에 의해 이 자리까지 불려 나왔는지 알고 있습니다. 그 뒤에 어떤 권력이, 어떤 합법적인 권력이 있었는지 저는 알고 있습니다. 세계에는 불법적인 권력이 많이 존재합니다. 대로상의 강도나 절도범들이 그렇습니다.

기억하시오. 나는 당신들의 국왕, 합법적인 왕입니다. 당신들이 나에게 어떤 죄를 덧씌웠는지를 기억하시오. 이 땅에 신의 재판이 내려질 것입니다. 잘 생각해 보시오. 한 가지 죄로부터 더 큰 죄를 키우기 전에 잘 생각해 보시오. 나에게는 신이 내려주셨으며 오래 전부터 법적으로 계승된, 신임하는 위원회가 있습니다. 나는 불법적인 새 권력에게 답하면서 내 위원회를 배신하지는 않을 것입니다. 그러니 당신들이 그렇게 결의한다면 나는 더 많은 말을 하게 될 것입니다.

나는 지금 내 앞에서 판사인 체 하는 어느 누구보다 내 국민들의 자유를 위해 이 자리에 섰습니다. 나는 법정에 굴복해서 이 자리에 온 것이 아닙니다. 나는 여기 있는 그 누구보다 정당하게 세워진 하원들의 권한을 위해 설 것입니다. 이곳에는 의회에 속한 상원의원이 단 한 명도 보이지 않습니다. 당신들의 권위를 증명하는 하느님의 말씀이나 성서가 있으면, 왕국의 헌법이 있으면 보여주시오. 나는 그것을 본 다음에 대답하겠소.

　당신들이 처한 상황은 사소한 것이 아닙니다. 나는 평화를 지키겠다고 맹세한 바, 신과 이 나라를 위해 그 의무를 다할 것입니다. 내 목숨이 끊어지는 날까지 그 의무를 다할 것입니다. 당신들은 지금 무엇을 근거로 권력을 행사하고 있는지에 대해 우선 신을, 그 다음 이 나라를 납득시켜야 합니다. 강탈한 권력으로 의무를 이행하려 한다면 당신들은 무엇에도 답할 수 없을 것입니다. 당신들에게 소명을 내리고 힘을 부여하는 것은 하늘에 계신 신입니다.

　내 처지가 유난히 특별한 경우라면 나는 이 자리에서 법정의 합법성에 대항하는 것으로 만족할 것입니다. 지구상에서 국왕이 그를 초월하는 사법권 앞에서 심판을 받을 수는 없다는 사실을 마지막까지 항변하는 것으로 만족할 것입니다.

　하지만 이것은 비단 나에게만 국한된 일이 아닙니다. 이것은 영국 국민의 자유와 해방이 달린 문제입니다. 당신들이 의지를 굽히지 않는다면 나는 우리 국민들의 자유를 위해 더욱 맞설 것입니다. 법 없는 권력이 법을 만들고 왕국의 기본법을 바꾼다면, 과연 영국 국민은 자신의 삶을 어떻게 확신할 수 있겠으며, 자신의 것이라 부를 만한 것이 무엇이 있겠습니까?

　나는 법의 형태에 대해서는 잘 알지 못합니다. 법과 이성에 대해서는 알고 있으나 전문 법률가 수준은 아닙니다. 하지만 나는 법에 대해 영국의 여느 신사들만큼은 알고 있습니다. 이에 따라 나는 영국 국민들의 자유를 당신들보다 더욱 열의를 다해 호소하는 바입니다. 따라서 내가 자유를 위한 합당한 명분도 없는 자들 앞에 내 믿음을 내려놓아야 한다면 그것은 부당한 일입니다. 영국 하원은 단 한 번도 법원인 적이 없습니다. 그들이 어찌하여 이 자리에 이르게 되었는지 나는 알고 있습니다.

내가 취한 것은 국민들의 자유와 해방, 그리고 그들을 위한 법이었습니다. 이를 위해 나는 무기를 들고 나 자신을 지켜왔습니다. 나는 단 한 번도 국민들에 맞서기 위해서 무기를 들지 않았으며, 다만 법을 지키기 위해 무기를 들었을 뿐입니다. 이번 기소는 내게 아무런 가치도 없습니다. 내가 지키고자 하는 것은 영국 국민들의 자유입니다. 내가 생전 들어보지도 못한 새 법원을 인정하게 되면 국왕으로서 나는 영국의 모든 국민들에게, 정의를 받들고 전통 법을 유지해야 하는 그들에게 선례를 보이는 셈이 됩니다.

근래에 모든 것들이 나에게서 떠나갔습니다. 하지만 그로 인해 나는 내 삶보다, 즉 나의 양심과 나의 명예보다 내 자신을 더 소중히 여기게 되었습니다. 내가 왕국의 평화보다, 국민의 자유보다 내 삶의 안위부터 챙기려 했다면, 나는 틀림없이 자신을 지키기 위해 특별한 노력을 기울였을 것입니다. 그러기 위해 적어도 나는 앞으로 내게 내려질 이 추악한 판결이 선고되는 것을 어떻게 해서든 지연시키려 했을 것입니다. 이 성급한 판결이 내려지면 이것은 기억되기보다 후회를 불러일으킬 것입니다.

더불어 나 자신의 특별한 목적이 아니라 진정으로 왕국의 평화와 국민의 자유를 위하는 소망을 담아, 나는 지금 판결이 내려지기 전에 상하원 앞에서 한마디 할 수 있기를 바랄 따름입니다. 이 자유마저 얻지 못한다면 나는 자유와 평화를 위한다는 이 그럴싸한 주장이 결국 순전한 연극에 지나지 않으며, 당신들이 국왕의 말을 들으려 하지 않았다는 사실을 주장할 것입니다.

안소니 반 다이크가 그린 찰스 1세의 세 가지 초상화, 1635년. 〈세 가지 자세의 찰스 1세〉로 알려져 있다. 플랜더스파 화가인 반 다이크는 영국의 궁정화가로 지내면서 찰스 1세의 초상화를 몇 점 남겼다.

제임스 울프
JAMES WOLFE

═══════════ GREAT SPEECHES ═══════════

생애
제임스 울프(1727~59)는 영국 육군 소장으로 켄트 웨스터햄의 군인 가문에서 태어났다. 오스트리아 왕위계승 전쟁과 자코바이트 반란 진압에 참여하였지만 그가 후대에 길이 남게 된 것은 캐나다에서 프랑스를 상대로 한 7년 전쟁에서 혁혁한 공을 세운 뒤부터였다. 이 전쟁으로 영국은 통치권을 획득하였다. 울프는 1758년 루이부르 요새를 함락하는 데 이바지하였다. 이후 최대의 승리를 안겨준 에이브러햄 평원 전투에서 전사하였다.

연설의 배경 및 의의
제임스 울프 장군이 전투가 시작되기 직전에 연설을 펼치던 당시에 7년 전쟁은 중반에 다다르고 있었고, 새 프랑스의 수도를 점령하기 위한 영국의 작전은 4개월째에 접어들고 있었다. 1759년 6월, 울프의 군대는 수도에서 동쪽으로 20킬로미터 떨어진 오를레앙 섬에 도달했다. 뒤이은 몇 달간 장군은 적군을 퀘벡의 요새에서 내보내기 위해 총력을 기울였지만 결국 실패하고 말았다. 어느 늦여름, 어스름이 짙어질 무렵에 울프는 3,300명의 군사들에게 명령을 내려 해발 53미터의 절벽 '가파르고 위험한 절벽'을 기어올라 에이브러햄 평원으로 전진하도록 하였고, 결국 평원에 도달하는 데 성공하였다. 그곳에서 울프 장군의 군대는 몽캄 장군이 지휘하는, 수적으로 상당히 우세한 군대를 맞닥뜨린다. 뒤이은 전투에서 울프와 몽캄 장군은 모두 전사하고 그로부터 나흘 뒤 퀘벡 시는 항복하였다.

연설의 특징
프랑스 영토로 원정을 떠난 영국의 용맹한 군사령관 제임스 울프는 프랑스 군과의 혈전을 앞두고 병사들에게 승리에 대한 자신감을 고취시키고 있다.

에이브러햄 평원 전투에 앞서
퀘벡시 외곽, 에이브러햄 평원. 1759년 9월 13일

••• 용맹스러운 동포이며 동료 군인 여러분, 이번 중요한 작전에서 뛰어난 사기를 발휘하여 성공한 것을 축하드립니다. 가공할 만한 에이브러햄의 고지는 정복되었습니다. 이 모든 노력의 최종 목표인 퀘벡 시는 이제 우리 눈앞에 그 완전한 모습을 드러냈습니다. 비열한 적군들이 숨을 만한 성곽이나 요새가 없는 이 드넓은 평원에서 우리에 대적하려 합니다. 그들은 신의 잔인함을 동원해 감히 우리의 적개심을 자극했지만 대등한 조건에서는 우리의 상대가 되지 않습니다.

제군은 적군의 군사력 수준을 잘 알고 있으니 그들의 수적인 우세에 두려워할 필요가 없습니다. 프랑스 상비군은 굶주림과 부상으로 쇠약해진데다 신설될 당시에도 영국 군대를 막아내지 못했지만 그들의 장군은 자신의 부하들에 큰 기대를 걸고 있습니다.

무례하고 반항적이며 불안정하고 제대로 훈련도 받지 못한 캐나다의 무수한 집단이 이번 전투를 위해 있는 힘을 다해 집결하였습니다. 그들의 산발적인 열정이 강력한 포탄 한 방으로 꺾이는 순간, 그들은 지체 없이 등을 보이며 달아날 것이고, 이에 제군은 그들을 거뜬히 추격할 수 있을 것입니다.

미개한 인디언은 또 어떻습니까. 그들은 숲속에서 고함을 지독히도 질러대면서 용맹한 제군의 간담을 서늘하게 하고, 도망치거나 몸을 가누지 못하는 적에게 도끼를 휘두르며 두피를 자르는 등 끔찍한 만행을 벌입니다. 하지만 공평하게 열린 대지 위에서는 그들의 흉포함도 보잘것없어지니 의연한 용사들로서는 두려워할 일도 없다는 사실을 제군은 이미 경험하였습니다. 이제 제군은 불행히 학살당한 우리의 수많은 동포들을 대신해 그들에게 엄중히 보복을 가할 일만 생각하십시오.

포위작전을 위해 제군은 오랜 동안 용기와 인내력을 발휘해야 했습니다. 이제 전력을 다해 그간의 피로를 종식시킬 때입니다. 영국인 특유의 용맹스러움으로 적군에 대항해 승리를 거두어들이면서 우리는 충만한 자신감을 얻었습니다. 그에 따라 나는 제군의 눈앞에 적군들을 보여주겠다는 간절한 바람만으로 제군을 가파르고 위험천만한 절벽으로 이끌었습니다. 후퇴가 불가능한 지금 이 상황에서는 정복 아니면 죽음만이 존재합니다. 제군들, 나를 믿으시오. 장군의 피를 바쳐야 제군이 승리할 수 있다면 나는 오랜 기간 조국을 위해 바쳐온 이 목숨을 기꺼이 내놓을 것입니다.

에어브러햄 평원 전투의 승리는 프랑스 군의 궤멸을 가져왔다.

패트릭 헨리
PATRICK HENRY

=== GREAT SPEECHES ===

생애
패트릭 헨리(1736~99)는 미국 독립혁명의 지도자였으며 이후 버지니아 주지사로 두 번 재임하였다. 버지니아 주 하노버 카운티에서 태어난 헨리는 사업이 실패한 뒤에 법조계와 정치계로 뛰어든 인물이었다. 1765년에 그는 버지니아의 버지스 의회에 선출되어 미국 독립혁명의 가장 급진적인 지지자가 되었다.

연설의 배경 및 의의
1775년 봄, 버지니아 식민지는 위기에 처해 있었다. 혁명은 지지부진했고 무력충돌의 가능성은 높아져갔다. 버지니아의 입법부인 버지스 의회에서는 무장 투쟁하느냐, 굴복하느냐를 두고 공방이 벌어졌다. 의회의 의견은 굴복 쪽으로 돌아서고 있었지만 패트릭 헨리가 다음의 연설을 펼치면서 상황은 역전되었다. 하지만 헨리의 연설은 기록되지 않았으며, 40년이 넘도록 이 연설을 되살리려는 공식적인 시도조차 없었다. 연설문의 진위에 대해서는 지금까지도 논란이 오가고 있지만 연설의 효과만큼은 분명했다. 그로부터 한 달이 채 지나지 않아 버지니아 주의 지지를 등에 업고 미국 독립전쟁이 시작된 것이다.

연설의 특징
세계 강국 영국에 대항한, 13개 주로 이루어진 식민지 미국인들은 무력투쟁보다는 굴종을 감수하겠다는 분위기가 지배했으나 헨리의 웅변은 미국인들의 마음에 불을 지르고 만다.

자유가 아니면 죽음을 달라!
윌리엄스버그, 세인트 존 성당. 1775년 3월 23일

••• 방금 이 의회에서 연설을 마친 훌륭한 신사 여러분의 능력은 물론이고 그들의 애국심까지 저는 누구보다 높이 삽니다. 하지만 각기 다른 사람들이 같은 주제를 다른 시각으로 바라볼 때도 있는 법입니다. 따라서 제가 드리는 말씀이 그분들의 견해와 상반된다고 해서 제가 그들을 무시한다고 생각하지는 마시기 바랍니다. 저는 제 생각을 거리낌 없이 자유롭게 말씀드리겠습니다. 지금은 격식을 차릴 때가 아닙니다.

우리 의회가 직면한 문제는 이 나라에 절체 절명의 사안입니다. 제가 볼 때 이 문제는 다름 아닌 자유인이 되느냐, 노예가 되느냐의 문제입니다. 워낙 심각한 문제이기 때문에 이에 대해서는 자유로운 논쟁이 펼쳐져야 합니다. 그래야 우리는 비로소 진실에 도달할 수 있으며, 우리가 신과 이 나라를 위해 짊어진 막중한 책임을 완수할 수 있습니다. 이렇게 중대한 시기에 누군가의 신경을 거스를지 모른다는 두려움 때문에 제 생각을 억눌러야 한다면 이는 국가에 대해 반역을 저지르는 것이며, 제가 지상의 그 어느 군주보다 더 경외하는 하느님을 저버리는 것이 됩니다.

의장님, 인간은 희망이라는 환상에 빠지기 마련입니다. 우리는 고

통스러운 진실로부터 눈을 감고, 사이렌(바다에 살면서 아름다운 노래 소리로 선원들을 유혹한 뒤 위험에 빠뜨렸다는 그리스 신화 속 존재)의 아름다운 노래에 귀를 기울이다가 이내 마수로 변해버리기 쉽습니다. 이것이 자유를 위한 원대하고 험난한 투쟁에 뛰어드는 현명한 인간으로서 할 일입니까? 여러분 역시 눈이 있어도 보지 못하고 귀가 있어도 듣지 못한 채 일시적인 구원만 생각하는 무수한 군중 틈에 서려는 것입니까? 저는 어떠한 정신적 고통이 따르더라도 기꺼이 있는 그대로의 사실을 알아낼 것입니다. 최악의 사태를 파악하여 이에 대비할 것입니다.

제 발길을 인도해줄 등불은 단 하나, 바로 경험의 등불입니다. 미래를 판단하는 길은 과거를 비추는 것밖에 없습니다. 과거를 비춰보며 저는 지난 10년 간 영국 정부가 한 일 중에 의원들과 의회가 즐거이 위안을 삼으면서 지금의 희망을 정당화할 수 있는 것이 무엇이 있는지 알고 싶습니다.

얼마 전 우리가 청원서를 제출하면서 본 그들의 음흉한 미소가 그렇습니까? 여러분, 그것을 믿지 마십시오. 그 미소는 결국 덫이 되어 여러분의 발목을 잡을 것입니다. 한 번의 키스로 배반당하는 고통을 겪지 마십시오. 우리의 청원을 너그러이 받아주면서 어떻게 한편으로는 우리의 바다를 뒤덮고 육지를 암흑으로 물들게 할 전쟁을 준비할 수 있는지 자문해보시기 바랍니다. 사랑과 화해를 위한 일에 함대와 군대가 정녕 필요한 것입니까? 우리가 화해할 의향을 얼마나 보이지 않았기에 우리의 사랑을 되찾는 데 무력이 필요한 것입니까?

여러분, 우리 자신을 기만하지 맙시다. 기만은 전쟁과 복종을 불러옵니다. 기만은 군주가 최후의 수단으로서 의지하는 것입니다. 신사 여러분, 전열을 갖추는 것이 우리의 복종을 강요하기 위해서가 아니라면 무엇이겠습니까? 그밖에 다른 동기를 생각할 수 있겠습니까? 대영제국이 어떤 적을 두었기에 세계의 이쪽 편에 이 모든 해군과 육군을 집중 배치하는 것입니까? 없습니다. 영국에게는 적이 없습니다. 그들의 군대는 우리를 겨냥하고 있습니다. 그밖에 다른 누구일 수 없습니다. 그 군대는 영국 정부가 그토록 오랫동안 만들어온 쇠사슬로 우리를 묶고 못질하기 위해 파견된 것입니다.

그렇다면 우리는 그들에 대항하기 위해 무엇을 해야 하겠습니까? 그들과 논쟁을 벌여야 할까요? 여러분, 논쟁이라면 지난 10년 동안 부단히도 시도했습니다. 이 문제에 대해 우리가 새로이 내놓을 만한 것이 있기는 합니까? 없습니다. 우리는 이 문제를 가능한 모든 각도에서 살펴보았지만 모두 허사였습니다. 그들 앞에서 머리를 조아리며 간청하고 애원해야 할까요? 우리가 아직 써보지 않고 남아 있는 말이 또 무엇이 있습니까?

여러분께 청하건대 우리 자신을 기만하지 맙시다. 우리는 다가올 폭풍을 피하기 위해 할 수 있는 모든 것을 다 했습니다. 청원도 하고 항의도 했으며, 애원도 해보았습니다. 국왕 앞에 엎드려도 보았고, 영국 정부와 의회의 압제를 멈추게 해달라며 중재를 간청하기도 했습니다. 결국 우리의 청원은 무시당했고 우리의 항의는 폭력과 모욕만 불러들였습니다. 우리의 애원은 묵살되었습니다. 우리는 국왕의 발아래에서 멸시를 받고 쫓겨났습니다! 이런 일을 당하고도 우리는 평화와 화해라는 가망 없는 희망에 헛되이 매달리고 있습니다. 더 이상 희망은 없습니다. 자유를 갈망하십니까? 우리가 그토록 오랫동안 싸워 지켜온 헤아릴 수 없이 많은 특권을 보존하고자 합니까? 우리가 그토록 오랫동안 수행해온 고귀한 투쟁을, 그 영광스러운 목적을 달성할 때까지는 결코 그만두지 않겠다고 맹세해온 이 고귀한 투쟁을 비열하게 그만둘 뜻이 없습니까? 그렇다면 우리는 싸워야 합니다! 거듭 말씀드립니다. 우리는 싸워야 합니다! 무력에 호소하고 신께 호소하는 것만이 우리에게 남은 유일한 길입니다!

여러분, 우리는 너무 약하기 때문에 그처럼 강력한 적에 맞설 수 없다고 합니다. 그렇다면 우리는 언제쯤 더 강해지겠습니까? 다음주, 아니 내년이면 됩니까? 우리가 무장해제를 당하고 영국 경비병이 우리의 집집마다 주둔할 때쯤이면 강해집니까? 우유부단하게 가만히 앉아 있으면서 어떻게 힘을 모을 수 있단 말입니까? 반듯이 누워 희망이라는 기만적인 유령을 껴안고 있다가 이내 적군에게 손발마저 꽁꽁 묶이게 되면 효과적인 저항 수단은 어디서 어떻게 얻는단 말입니까?

여러분, 자연을 다스리는 신께서 우리에게 내려주신 수단을 적절히 사용하면 우리는 결코 약하지 않습니다. 우리가 소유한 이 나라에서 자유라는 신성한 대의로 무장한 수백만 병사들은 적군이 보낸 그 어떤 힘 앞에서도 무너지지 않을 것입니다.

더군다나 여러분, 이 전투에서 우리만 외롭게 싸우지는 않을 것입니다. 국가의 운명을 관장하는 공정한 하느님께서 우리와 함께 싸울 원군을 보내주실 것입니다. 전쟁은 강자들만 하는 것이 아닙니다. 항상 경계하고 적극적으로 행동하는 용감한 사람들도 전쟁을 할 수 있습니다.

여러분, 우리에게는 선택의 여지가 없습니다. 비열하게 다른 선택을 바란다 해도 물러나기에는 너무 늦었습니다. 우리에게 후퇴란 없습니다. 굴복과 노예제도로부터의 후퇴만 있을 뿐입니다! 우리가 묶일 쇠사슬은 이미 만들어져 있습니다! 그 쇠사슬이 철거덕거리는 소리가 보스턴 평원 위에서 들려올 것입니다! 이제 전쟁은 피할 수 없습니다. 그렇다면 뛰어듭시다! 거듭 말씀드립니다. 전쟁에 뛰어듭시다!

사태의 심각성을 완화하는 것은 모두 부질없는 일입니다. 여러분은 "평화! 평화를!"이라고 외치실지 모릅니다. 하지만 평화는 없습니다. 사실상 전쟁은 시작되었습니다! 무기들이 절컥거리며 맞부딪치는 소리가 북쪽에서 몰려오는 강풍을 타고 우리의 귀에 들려올 것입니다! 우리 형제들은 이미 전쟁터에 나가 있습니다.

그런데 우리는 왜 여기서 이렇게 빈둥거리고 있는 것입니까? 여러분이 원하는 것은 무엇입니까? 여러분이 얻게 될 것은 무엇입니까? 쇠사슬과 노예제도라는 대가를 내어줄 만큼 목숨이 그렇게 소중하며 평화가 그렇게도 달콤하단 말입니까? 어림도 없는 소리입니다! 다른 사람들이 어떤 길을 택할지 저는 알 수 없습니다. 그러나 나에게는 자유가 아니면 죽음을 주십시오!

패트릭 헨리 연설의 후기

미국 독립운동사에서 가장 유명한 패트릭 헨리의 이 연설은 어떻게든 전쟁만큼은 피하고 싶었던 미국인들을 자유에 대한 의지로 열렬히 불타오르게 만들었다.
상당히 공격적이고 선동적인 그의 어조에는 전쟁 발발 직전의 긴장감과 위기감이 잘 나타나있으며, 당시 미국 식민지인들에게 자유가 얼마나 중요한 것인지, 그리고 역설적으로 그 자유를 잃는 상황이 얼마나 비참하고 끔찍한 것인지를 주창하고 있다.
"자유가 아니면 죽음을 달라!"로 유명한 이 연설은 미국 건국의 씨앗이 되었으며, 훗날 세계인의 귀에 깊숙이 박힌 채 하나의 방향이 되었다.
그러나 한때 이 연설의 전문이 진짜냐 가짜냐를 놓고 학자 간 논쟁이 있었다. 달변가인 헨리가 당시 원고 없이 연설한 데다 의회의 회의록에도 기록되지 않아서이다. 이 연설이 후세에 알려지게 된 것은 헨리가 연설한 지 41년이 지난 후의 일이다.
헨리의 전기를 쓴 윌리엄 워트는 헨리가 연설하는 현장에 있었던 세인트 조지 터커라는 판사의 기억에 의존해 헨리의 연설을 재구성하여 전기에 삽입했다.

테쿰세
TECUMSEH

═══ GREAT SPEECHES ═══

생애

테쿰세(1768~1813)는 쇼니족 추장으로 당대 가장 위대한 미국 원주민 지도자로 꼽힌다. 현재 오하이오 제니아 근교에서 태어난 것으로 추정된다. 유년 시절에는 자신의 땅을 잠식해 들어오는 이주자들에 밀려 각지를 전전하는 반유목생활을 했다. 원주민의 영토권을 주장하며 미국의 팽창주의에 맞서 싸웠고, 1812년 영미전쟁에서는 미국에 대항하며 영국, 캐나다군과 연합하였다. 테쿰세는 지금의 온타리오 등지에서 벌어진 템스 전투에서 전사하였다.

연설의 배경 및 의의

1809년 9월 30일, 각기 다른 미국 원주민 집단이 모여 포트웨인 조약에 서명했다. 이로써 300만 에이커에 달하는 토지가 5,200달러와 연금 1,750달러, 소금 소량과 맞교환되었다. 조약 당시 그 자리에 참석하지 못한 쇼니족 추장 테쿰세는 이듬해에 조약을 파기하기 위해 이 연설을 펼쳤다. 알려지지 않은 수의 청중 앞에서 펼친 이 연설은 미국 측 교섭자이자 인디언 특별 보호구 관리자, 인디언 관련 업무 감독관인 윌리엄 헨리 해리슨을 향한 것이었다. 연설을 통해 이 위대한 원주민 추장 테쿰세는 과거 몇몇 사건들에 대한 노여움을 토로하였다. 그 중 거론된 것은 1782년 펜실베이니아 민병대의 '델라웨어의 지저스 인디언' 학살 사건, 1786년 전쟁 위험에 처한 쇼니족이 오하이오 주의 영토를 강제로 포기하게 된 포트 피니 조약, 1786년 쇼니족 추장 몰룬타 살해 사건, 그리고 1786년 그린빌 조약 파기 사건 등이었다. 더불어 위네막과 포타와토미족 추장, 포트웨인조약의 원주민 측 옹호자 대표의 이름도 언급되었다. 위네막이 이끌던 부족은 보잘것없는 보상금 중 상당수를 받았지만, 이 조약의 당사자로 거론된 포타와토미족 등 다른 부족들은 체결 당시에 해당되는 땅에 살고 있지 않았다.

연설의 특징

강대한 무력을 숭상하는 미국 병사들의 침략 앞에 아메리카 인디언들은 모든 것을 빼앗기고 만다. 하지만 누구보다 용맹하고 정의로우며 논리 정연한 테쿰세의 웅변은 민족을 넘어 깊은 감동을 준다.

나라를 판다고! 그럼 공기와 구름, 바다도 팔지 그러는가?

인디언 특별 보호구 뱅센, 1810년 8월 12일

••• 형제들이여, 내 말을 잘 들어주기 바랍니다. 당신은 제대로 이해하지 못하고 있습니다. 나는 미국인들과 맺은 이 약속에 대해 말씀드리고 싶습니다.

델라웨어의 지저스 인디언들이 미국인들 가까이에 살던 때를 기억합니까? 그들 인디언은 미국과의 우호조약을 믿고 자신이 안전하다고 생각했습니다. 그런데 미국인들은 그들을 남녀노소 할 것 없이, 심지어 그들이 하느님께 기도드리는 순간에도 가차 없이 모두 살해하였습니다.

한때 우리 쇼니족도 같은 조약을 맺었습니다. 포트 피니에서 우리 부족 사람들 몇몇이 강제로 그 조약에 참가하게 되었습니다. 그 대가로 우리 부족은 깃발을 받았고, 이제 미국의 자녀가 되었다는 말을 들었습니다. 앞으로 백인들이 우리를 해치려 하거든 이 깃발만 보여주면 어떤 위험에서든 안전할 것이라는 얘기도 들었습니다. 우리는 이 말을 굳게 믿고 그렇게 했습니다. 그런데 무슨 일이 일어났습니까? 경애하는 추장 몰룬타는 한 손에 평화 조약서를 든 채 미국 국기 앞에 서 있었지만 미군 장교의 손에 목이 잘려 나갔습니다. 그런데 그 미군 장교는 마땅한 처벌도 받지 않았습니다.

형제여, 이런 가슴 아픈 일을 겪은 나에게 미국인의 약속을 믿지 못한다며 비난할 수 있는 것입니까? 이 일은 그린빌 조약이 체결되기 전에 벌어졌습니다. 미국인들은 그린빌에서 우리와 화해하면서 이제는 영국인이 아니라 자신이 우리의 새 아버지이니 앞으로 친절히 대해 주겠노라고 말했습니다.

조약 이후 미국인들이 우리에게 무슨 짓을 했습니까? 무수한 쇼니족을, 위네바고족을, 마이애미족과 델라웨어 족을 살해하고 그들의 땅을 빼앗았습니다. 이렇게 수많은 이들을 죽이고도 미국인들은 처벌도 받지 않았습니다. 단 한 번도 말입니다.

그런 악행으로 레드 인디언들을 악행에 밀어 넣은 사람은 바로 당신 미국인들입니다. 당신들은 부족들과의 통합을 원치 않았기에 이들을 파괴하였습니다. 당신들은 그들 사이에서 차이를 두려 했습니다. 부족장인 우리는 부족민들을 통합하여 이 땅이 모든 이의 공통 재산임을 깨닫길 바랐습니다. 하지만 당신들이 그들을 방해하였습니다. 당신들이 부족을 갈라놓고 그들을 하나씩 개별적으로 대하면서 우리 연합에 들어오지 못하도록 하였습니다.

당신들의 나라는 온갖 포화 속에서 연맹을 이루는 본보기를 보이지 않았습니까? 그런데 왜 우리 인디언들이 그 본보기를 따르는 것은 금하는 것입니까?

하지만 형제여, 나는 당신의 훼방에는 아랑곳하지 않고 모든 부족을 한데 모을 것입니다. 이 과업이 끝날 때까지 나는 미국 대통령을 만나지 않을 것입니다. 이 과업을 모두 끝낸 뒤라면 모를 일입니다. 아마 그럴 것입니다. 당신에게 이런 말을 하는 것은 당신들이 우리 인디언들을 갈라놓고 각 부족에게 특정한 땅을 할당한 뒤에 부족들이 서로 등을 돌려 결국 우리의 힘을 약화시키려 하기 때문입니다.

인디언들이 당신들 앞에 쳐들어가서 당신 백인들을 갈라놓으려 한 적이 어디 있었습니까?

그런데 당신들은 언제나 우리 레드 인디언을 이런 곤경에 몰아넣었습니다! 결국 당신들은 우리를 5대호에 몰아넣어 우리가 서지도 걷지도 못하게 할 것입니다.

형제여, 당신이 인디언들에게 어떤 짓을 하고 있는지 알아야 합니다. 우리를 이렇게 갈라놓는 것은 대통령의 명령 때문입니까? 이런 아주 심각한 악행이 우리는 결코 반갑지 않습니다.

티피카누에 살 때부터 우리는 모든 차별을 없애고, 이 모든 해악을 불러일으킨 족장들을 몰살하려 했습니다. 그들 족장이 우리의 땅을 미국인들에게 팔아넘겼기 때문입니다. 형제여, 땅을 팔고, 그 대가로 물자를 받은 이는 극소수에 불과합니다. 포트웨인 조약은 위네막의 위협에 따라 체결되었습니다. 하지만 훗날 우리는 이 땅을 팔아넘긴 족장들을 엄중히 벌할 것입니다.

이 악을 멈추는 유일한 길은 모든 레드 인디언들이 단결하여 이 땅에 대한 동등한 권리를 주장하는 것입니다. 처음부터 이 땅은 나뉘는 일 없이 모든 이들을 위해 쓰였고, 앞으로도 그래야 하기 때문입니다.

어떤 부족이든 비어 있는 땅을 찾아가 그곳에 거주할 수 있었습니다. 우리 중 그 누구도 서로에게라도 이 땅을 팔 권리는 없습니다. 하물며 이 땅의 일부도 아닌 전부를 탐하는 외부인들에게 이 땅을 팔아넘길 권리는 어느 누구에게도 없습니다.

땅을 팔다니요! 그럼 공기도, 구름도, 저 드넓은 바다까지 팔아넘기지 그럽니까? 이 지구까지 팔아넘기지 그럽니까? 저 위대한 신이 이 모든 것을 창조하신 것은 그의 자녀들을 위해서가 아니었습니까?

형제여, 당신이 그런 말을 하게 되어 기쁩니다. 당신은 아무 권리 없는 이들이 이 땅을 팔아넘긴 것이라는 사실이 증명되면 땅을 돌려주겠다고 말하였습니다. 이 땅을 팔아넘긴 자들은 이 땅의 주인이 아님을 제가 몸소 증명해 보이겠습니다.

그들에게 증서가 있던가요? 소유권이 있던가요? 없습니다! 당신은 이런 것들이 땅의 주인을 증명해준다고 말했습니다.

이들 추장은 오로지 자기주장을 내세울 뿐이었습니다. 그런데 여러분은 그 땅을 원했기 때문에 그들의 주장을 믿는 척 했습니다. 하지만 나와 수많은 부족들은 그들의 주장에 동의할 수 없습니다. 그들에겐 이 땅을 팔아넘길 권리가 없습니다. 이로써 당신이 그들에게 이 땅을 살 수 없다는 사실이 증명됩니다.

우리 땅을 되돌려 주지 않는다면 우리가 고향으로 돌아간 뒤 어떤 일이 벌어질 지 두 눈으로 확인하게 될 것입니다.

우리는 이렇게 할 것입니다.

1807년에 테쿰세가 살아 있을 당시, 캐나다 모직상 피에르 르 드루가 그렸으나 이 연필 스케치는 소실되고, 이를 기반으로 복원한 테쿰세의 초상.

우리는 모든 부족이 참여하는 대의회를 구성할 것입니다. 이 땅을 팔아넘긴 자들에게는 권리가 없다는 사실을 알릴 것이며, 당신들에게 땅을 팔아넘긴 추장들이 어떤 결과를 맞게 될지 알릴 것입니다. 이것은 저 혼자만의 결정이 아닙니다. 제 말을 듣고 있는 모든 용사들과 레드 인디언 모두의 결정입니다.

형제여, 내 말을 들어주기 바랍니다. 이 조약을 파기하지 않는다면 당신이 이 땅을 팔아넘긴 추장의 죽음을 바라는 것으로 간주하겠습니다! 이렇게 말하는 것은 바로

내가 모든 부족으로부터 권한을 위임받아 이 일을 결행하기로 했기 때문입니다. 내가 그들의 우두머리입니다! 지금부터 두 번째 혹은 세 번째 달이 뜰 때 우리 모든 용사들이 나와 함께 할 것입니다. 그때

나는 이 땅을 팔아넘긴 추장들을 불러내 정해진 일을 단행할 것입니다. 이 땅을 반환하지 않는다면 당신은 그들의 죽음에 관여하는 것입니다.

난 쇼니족입니다! 난 전사입니다! 난 전사들의 후예입니다. 그들로부터 나는 이 세상에 태어났습니다. 내 부족으로부터 나는 아무 것도 받지 않았습니다. 나는 내 운명의 주인입니다! 나는 인디언의, 우리나라의 운명을 만들어나갈 것입니다. 이 우주를 다스린 웨세모네토를 생각하면서 가슴에 새기는 이 위대함을 받들어 우리의 운명도 만들어나갈 것입니다!

내 안에서 늙은 인디언들의 목소리가 들립니다. 그들은 한때, 얼마 전까지만 해도 이 땅에 백인은 없었다고 말합니다. 이 땅은 레드 인디언의 것이며, 같은 조상을 둔 자녀들의 것입니다. 인디언을 창조한 위대한 정령이 이 땅을 보호하고 돌아다니면서 같은 종족들과 함께 이 땅에서 삶을 누리라고 우리에게 내리신 것입니다.

한때 이들 인디언은 행복한 종족이었습니다! 그런 그들이 지금은 만족할 줄 모르고 끝없이 쳐들어오는 백인들 때문에 비참해졌습니다! 당신들은 언제나 그랬습니다. 자신은 그 누구와의 약속도 지키지 않으면서 우리에게는 당신들의 약속을 믿으라고 합니다. 그런 백인을 우리가 어찌 믿을 수 있겠습니까?

예수 그리스도가 이 세상에 왔을 때에도 당신들은 그를 죽였습니다. 당신들이 믿는 하느님의 아들을 못 박았습니다! 당신들은 예수가 죽었다고 생각했지만 그렇지 않았습니다. 예수를 죽이고 나서야 비로소 당신들은 그를 숭배하기 시작했고, 예수를 숭배하지 않으려는 자들을 죽이기 시작했습니다. 이런 사람들을 우리가 어떻게 믿을 수 있겠습니까?

형제여, 지금 내가 한 말은 모두 사실입니다. 웨세모네토가 나에게 오로지 사실만을 말할 것을 권고했습니다. 나는 내 목적을 당신에게 자유롭게 모두 말했습니다. 이제 당신의 생각을 알고 싶습니다.

당신이 우리 땅을 어떻게 할 것인지 알고 싶습니다. 당신이 이제야 사실을 이해했으며 이 허위 조약을 파기하겠다고 말하는 것을 듣고 싶습니다. 그리하여 당신이 바랐듯 우리 부족들이 서로 평화를 지켜 나갈 수 있다는 말을 듣고 싶습니다.

형제여, 말해보시오. 나는 지금 당장 알고 싶습니다.

테쿰세의 저주

전설적인 인디언 저항지도자이며 쇼니족의 추장인 테쿰세는 미국의 9대 대통령인 W. 해리슨과의 전투에서 전사했는데 그가 죽으면서 저주를 내렸다는 설이 있다. 또는 저주를 내린 사람은 테쿰세가 아니라 그의 어머니라고도 하고, 테쿰세의 동생인 예언자 텐스콰타와라고도 한다.

매 20년마다 0이 붙는 해에 당선되는 미국대통령은 임기를 다 채우지 못하고 목숨을 잃는다는 저주인데 그 저주의 첫 대상은 바로 제 9대 대통령이자 1840년에 당선된 W. 해리슨 대통령이었다.

《리플리의 믿거나 말거나(Ripley's Believe It or Not!)》(1934)에는 20년마다 임기 중에 죽은 미국 대통령에 관한 이야기가 실려 있다.

1840년 당선된 윌리엄 헨리 해리슨, 1841년 폐렴으로 사망
1860년 당선된 에이브러햄 링컨, 1865년(2번째 임기 중) 암살
1880년 당선된 제임스 가필드, 1881년 암살
1900년 당선된 윌리엄 매킨리, 1901년(2번째 임기 중) 암살
1920년 당선된 워렌 하딩, 1923년 심장마비로 사망
1940년 당선된 프랭클린 루스벨트, 1945년 뇌일혈로 사망
1960년 당선된 존 F. 케네디, 1963년 암살
1980년 당선된 로널드 레이건, 암살자의 총에 맞았지만 살아남아서 저주의 첫 번째 예외가 되었다.
2000년 당선된 조지 부시 역시 두 번이나 죽을 뻔했다.

소저너 트루스
SOJOURNER TRUTH

=== GREAT SPEECHES ===

생애

소저너 트루스 또는 이사벨라 바움프리(1797~1883) 흑인 노예제 폐지론자이자 평화주의자이며 여성 인권운동가였다. 뉴욕 스와르테킬에서 노예의 신분으로 태어난 그녀는 다섯 명의 주인을 두었고 다른 노예와 결혼할 것을 강요받았으나 1826년에 탈출하였다. 트루스는 몇 년 간 하녀로 일하다가 공개석상에서 연설을 펼치기 시작하였다. 읽고 쓰는 법을 한 번도 배우지 못했기에 그녀의 회고록, 〈북부의 노예, 소저너 트루스의 이야기(The Narrative of Sojourner Truth; A Northern Slave, 1850)〉는 친구의 도움을 받아 구술로 집필하였다.

연설의 배경 및 의의

소저너 트루스는 흑인 여성으로서 유일하게 이틀에 걸친 애크론 대회에 참석하였다. 여성의 인권을 주장하기 위해 열린 이 대회에 그녀가 등장하자 여기저기서 수군거리며 항의하는 소리가 들렸다. 대회 주최자인 프랜시스 다나 게이지는 훗날 술회하기를, 전직 노예에게 발언권을 허락할 수는 없다며 대표단 사이에서 사적으로 항의가 들어왔다고 한다. 대회 첫날 트루스는 침묵을 지켰다. 둘째 날에도 전날과 다를 바 없었는데, 한 성직자, 검은 옷을 입은 작은 남자가 남성의 지적인 우월함과 이브의 죄에 대해 이야기하는 것을 들으며 깊은 상념에 빠져 있었다. 이 성직자는 여성의 권리 신장에 반대하며 이런 말을 곁들였다. "신이 여성의 평등을 원하셨다면 그리스도의 탄생이나 삶, 죽음을 통해 자신의 뜻을 알리셨을 것입니다." 이에 대해 소저너 트루스가 자리에서 일어나 입을 열었다. 이에 대해 대표단측이 제지하고 나섰다.

연설의 특징

흑인노예로서 고생하고 문자해득도 못한 여자였지만 불굴의 용기를 가지고 차별에 저항하고 평등을 위해 투쟁하는 그녀의 웅변은 가슴을 울리고 설득력이 넘친다.

나는 여성이 아닌가요?
오하이오주 애크론, 애크론 총회. 1851년 5월 29일

••• 여러분, 이렇게 소란스러운 곳에는 무언가 아귀가 맞지 않는 것이 있기 마련입니다. 제 생각에는 남부 지방의 흑인들과 북부 지방의 여성들이 모두 인권을 부르짖는 사이에서 백인 남성들은 곧 옴짝달싹 못하게 될 것 같군요. 그런데 여기서 이야기하고 있는 것은 모두 무엇입니까?

저기 저 남성분이 말했습니다. 여성들은 마차로 모셔야 하고 도랑은 안아서 건너 드려야 하며 어디를 가든 제일 좋은 자리를 드려야 한다고 말입니다. 그런데 제게는 그 누구도 마차로 데려다주거나 진창을 건널 때 도와주지도 않았고, 제일 좋은 자리를 내어주지도 않았습니다! 나는 여성이 아닌가요?

날 보세요! 내 팔을 좀 보세요! 나는 땅을 일구고 곡식을 심고, 수확한 것을 헛간에 쌓아 놓았습니다. 이런 일에선 어떤 남성도 절 앞서지 못했습니다! 그럼 나는 여성이 아닌가요? 난 남성만큼 일하고, 음식이 넉넉할 때는 남성만큼 먹을 수 있었습니다. 채찍질도 남성만큼 참아 냈습니다. 그럼 나는 여성이 아닌가요?

나는 아이를 열세 명 낳았고, 그들이 모두 노예로 팔려나가는 것을 보았습니다. 내가 어미 된 사람으로서 슬퍼 울부짖을 때 그리스도 말고는

아무도 내 말을 들어주지 않았습니다! 그럼 나는 여성이 아닌가요?

이런 일에 대해 사람들은 머리로 말하죠. 이걸 뭐라 그러죠?

[청중 사이에서: "지성이오."]

맞아요. 지성입니다. 그런데 지성이 여성의 권리나 흑인의 권리와 무슨 관계가 있는 겁니까? 내 잔으로는 1파인트도 채 담지 못하고, 당신의 잔으로는 2파인트를 담을 수 있다면, 당신은 내가 이 절반도 안 되는 잔도 못 채우게 할 만큼 야비하게 굴지는 않겠죠?

저기 검은 옷을 입은 작은 신사 분이 여성은 남성만큼 권리를 누릴 수 없다고 말했습니다. 왜냐하면 그리스도가 여성이 아니었기 때문이라고 말입니다! 그럼 당신의 그리스도는 어디서 왔습니까? 당신의 그리스도는 대체 어디서 온 것입니까? 바로 신과 여성에게서 오지 않았습니까? 그리스도와 아무 관련이 없었던 것은 바로 남성입니다.

신이 창조한 최초의 여성이 힘이 센 나머지 혼자 힘으로 이 세상을 뒤집어 놓았다면, 세상을 원상태로 되돌려 놓아야 하는 것도 바로 그 여성들입니다! 지금 그런 요구의 목소리가 들리고 있으니 남성들은 받아들이는 편이 좋을 것입니다.

여러분은 제 말을 들어야 합니다. 이 늙은 소저너는 이제 더 이상 할 말이 없습니다.

소저너 트루스의 판화. 트루스가 세상을 떠나고 몇 십 년 뒤 제작된 것으로 1897년에 처음 인쇄되었다.

프레더릭 더글러스
FREDERICK DOUGLASS

═══ GREAT SPEECHES ═══

생애

프레더릭 더글러스(1818~95)는 메릴랜드 탤벗 카운티에서 노예로 태어났다. 1838년에 자유를 찾아 탈출한 뒤 몇 년 안에 미국과 캐나다, 영국 등지에서 노예제 반대 연설을 했다. 명망 있는 작가이자 편집자로서 더글러스는 노예제 폐지를 주장하는 신문을 발행하고 자서전도 몇 권 집필하였다. 그의 자서전으로는 〈미국 노예 프레더릭 더글러스의 삶(A Narrative of the Life of Frederick Douglass, an American Slave, 1845)〉, 〈나의 속박과 나의 자유(My Bondage and My Freedom, 1855)〉, 그리고 〈프레더릭 더글러스의 삶과 시간(Life and Times of Frederick Douglass, 1881)〉 등이 있다. 미국 남북전쟁 이후에는 정계의 무수한 자리를 거쳤고 1872년에는 미국 대통령 선거의 최초 여자 후보인 평등당의 빅토리아 우드홀의 러닝메이트로 지명되었다.

연설의 배경 및 의의

1852년, 프레더릭 더글러스는 로체스터 여성 노예제 반대 모임에 초청되어 독립기념일 기념 연설을 하게 되었다. 하지만 이 위대한 연설가는 독립기념일 당일인 7월 4일에는 연설을 하지 않겠으며 그 다음날 하겠노라고 자신의 뜻을 밝혔다. 그의 이 신랄한 공격은 노예제 반대 연설 중 가장 강력하고 효과적인 것으로 평가되면서 청중들의 벅찬 감격을 불러 일으켰고, 이후 팸플릿으로도 제작되었다. 여기에서 소개하는 발췌문은 전체 연설문의 1/5가량으로 더글러스의 두 번째 자서전, 〈나의 속박과 나의 자유〉에 실린 것이다.

연설의 특징

노예 출신으로서 박해를 받아온 더글러스는 숭고한 인류애를 제창한 미국의 독립선언문의 업적에 찬사를 보냈으나 숭고한 평등원칙이 흑인들에게는 적용되지 않는다는 현실을 통렬하게 꼬집어 큰 공감을 일으킨다.

미국 노예에게 독립기념일은 무엇인가?
뉴욕 로체스터, 코린티안 홀. 1852년 7월 5일

••• 동료 시민 여러분, 죄송하지만 한 말씀 여쭙겠습니다. 제가 오늘 이 자리에 왜 서야 하는 것입니까? 제가, 혹은 제가 대변하는 흑인들이 여러분의 독립 기념일과 무슨 관련이 있습니까? 독립선언문에 명시된 정치적 자유와 자연적 정의라는 이 위대한 원칙이 우리 흑인들에게까지 미치는 것입니까? 그렇다면 제가 이 미천한 제물을 국가의 제단에 바치고, 여러분의 독립으로 우리가 혜택 받았음을 시인하면서 우리에게 가져다 준 축복에 대해 경건한 마음으로 감사를 표해야 하는 것입니까?

이 질문에 대해 여러분과 우리 모두를 위해 존재하는 신께서 실로 긍정적인 대답을 내려주신다면! 그렇다면 제 과업은 가벼워질 것이며, 제가 짊어진 짐은 간편하고 유쾌해질 것입니다. 국가의 따뜻한 손길이 닿지 못해 추위에 떨고 있는 사람은 누구입니까? 완고한데다 무정하며 은혜를 모르는 탓에 이런 귀중한 혜택도 감사히 여길 줄 모르는 사람은 누구입니까? 무신경하고 이기적인 까닭에 노예제라는 족쇄에서 풀려났는데도 국가 기념일에 할렐루야 한번 소리 높여 외칠 줄 모르는 사람은 누구입니까? 저는 아닙니다. 정녕 이런 일이 있다면 벙어리도 유창하게 말할 것이며 '절름발이도 사슴처럼 날뛸' 것입니다.

하지만 지금의 실정은 그렇지 않습니다. 애석하게도 우리 사이에는 간극이 있습니다. 저는 이 영광스러운 기념일을 즐길 수 있는 영역에 속해 있지 않습니다. 여러분의 고귀한 독립은 우리 사이의 어마어마한 차이만 드러낼 뿐입니다.

오늘 여러분이 기뻐하는 이 축복은 모든 이들이 누릴 수 있는 것이 아닙니다. 여러분이 선조들에게 물려받은 정의와 자유, 번영과 독립이라는 이 풍요로운 재산은 여러분들의 것이지 제 것이 아닙니다. 여러분에게 삶과 치유를 안겨준 햇빛이 저에게는 계급과 죽음을 안겨다 주었습니다.

7월 4일은 여러분의 것이지 제 것이 아닙니다. 여러분은 기뻐할 테지만 저는 애도해야 합니다. 족쇄가 채워진 사람을 거대하게 불 밝힌 자유라는 신전 안으로 끌어들여 환희의 국가를 함께 불러달라고 청하는 것은 비인간적인 조롱이며 신성을 모독하는 역설입니다.

시민 여러분, 저를 조롱하려고 오늘 이 자리에 부른 것입니까? 그렇다면 오늘 여러분과 아주 유사한 행동을 한 이들의 이야기를 들려드리겠습니다. 경고 하나 하겠습니다. 하늘에 가닿으려는 죄를 지어 결국 전능하신 하나님의 입김 한 번으로 쓰러진 뒤 돌이킬 수 없는 폐허 속에 묻혀버린 어느 국가의 전례를 따르는 것은 위험합니다! 이 자리에서 저는 가슴이 찢겨지고 비통에 빠진 사람들에게 구슬픈 애가를 바칩니다.

"바빌론 강가에 앉아 시온을 생각하며 눈물 흘렸도다. 그 언덕 버드 나무 가지 위에 우리의 수금을 걸어 두었노라. 우리를 잡아간 그 사람들이 그곳에서 노래하라 청하고, 우리를 괴롭히던 그 사람들이 흥을 돋우라 요구하면서 시온의 노래를 한가락 부르게 하였다. 우리 어찌 주님의 노래를 남의 나라 땅에서 부르겠느냐. 예루살렘아, 내가 너를 잊는다면 내 오른손의 쓰임도 잊히게 하여라. 내가 너를 기억하지 못한다면 내 혀가 입천장에 달라붙게 하여라."

동료 시민 여러분, 제 귀에는 여러분의 국가적인 환희, 떠들썩한 기쁨의 소리 위로 수백만 명의 애절한 울음소리가 들립니다. 그들에게 채워진 지난날의 무겁고 고통스러운 족쇄는 지금 자신에게까지 미치는 기념일의 함성 앞에서 더욱 견딜 수 없는 것이 되었습니다. 제가 이들을 잊게 된다면, 지금 피 흘리는 저 아이들의 슬픔을 빠짐없이 기억하지 못한다면, '내 오른손의 쓰임도 잊힐 것이요, 내 혀는 입천장에 달라붙을' 것입니다! 이들을 잊는다는 것, 이 잘못을 가벼이 넘겨버리고 축제의 가락에 동조한다는 것은 무엇보다 추악하고 충격적인 반역을 저지르는 일이며, 저는 신과 세상 앞에서 비난을 받을 것입니다.

시민 여러분, 그렇기에 제가 오늘 말하고자 하는 것은 '미국의 노예제도' 입니다. 저는 오늘 이 잘 알려진 제도에 대해 노예의 관점에서 말하려고 합니다. 노예의 입장에 서서, 제 자신을 미국의 남자 노예와 동일시하며 그의 잘못을 제 잘못으로 여기면서, 저는 온 영혼을 바쳐 주저 없이 이렇게 선언합니다. 이 나라의 행실이나 성격이 이번 7월 4일만큼 암울해 보인 적은 없었습니다! 과거의 선언으로 되돌아가든,

현재의 신념으로 방향을 튼든 이 나라가 보여주는 처신은 똑같이 흉측하고 혐오스럽습니다. 미국은 과거를 배반하였고 현재를 배반하였으며 미래 역시 배반하리라고 엄숙히 맹세했습니다.

저는 신의 편에 서서, 짓밟히고 피 흘리는 노예들 편에 서서 격분한 인류의 이름으로, 속박된 자유의 이름으로, 묵살되고 짓이겨진 헌법과 성경의 이름으로, 노예제를 영속시키는 모든 것에 대해 미국의 대역죄이자 수치에 대해 온갖 강조법을 동원하여 의문을 제기하고 맹렬히 비난할 것입니다! 나는 얼버무리지 않을 것이며 변명하지도 않을 것입니다. 저는 가장 가혹한 말을 있는 힘껏 끌어들일 것입니다. 편견으로 눈이 멀지 않은 사람이라면, 마음속으로는 노예를 소유하지 않은 사람이라면 누구나 옳다거나 정당하다고 인정할 수 있는 단어들은 단 하나도 빠져나가지 못하게 할 것입니다.

하지만 저는 청중석에서 이런 소리를 듣고 싶습니다. "환경이 이렇다 보니 당신과 노예제 폐지론자 동지들이 대중들의 마음에 긍정적인 인상을 남기지 못하는 것도 당연합니다. 주장을 조금 더 하고 비난은 줄이시오. 설득을 더 하고 힐책은 줄이시오. 그러면 당신의 대의가 성공할 확률은 더욱 높아질 것입니다."

하지만 제가 말씀드리건대 모든 것이 명백한 상황에서는 논쟁거리가 없습니다. 여러분은 제가 노예제를 반대한다는 신념을 내세워서 어떤 점을 주장하길 원하십니까? 미국인들은 이 문제의 어떤 부분을 조명하길 바랍니까? 노예도 인간이라는 사실을 주장해야 할까요? 이 문제는 이미 인정되었습니다. 노예도 인간임은 아무도 의심하지 않습니다. 노예 소유자조차도 정부가 법을 제정할 때 이미 알고 있었습니다. 불복종하는 노예들에게 벌을 내릴 때에도 그들은 이 사실을 알고 있었습니다.

버지니아 주에서는 흑인이 저지른 죄에 대해 죄인의 지적 능력은 고려치 않고 사형판결을 내린 사례가 72건이나 됩니다. 반면 같은 죄를 저지른 백인이 똑같이 사형판결을 받은 사례는 단 두 건에 지나지 않습니다. 이것이 바로 노예가 도덕적이고 지성적이며 책임감 있는 존재라는 사실을 인정하는 것이 아니고 무엇이겠습니까?

노예가 인간이라는 사실은 이미 받아들여졌습니다. 노예에게 읽거나 쓰기를 가르치는 것을 금하며, 이를 어길시 엄한 벌금과 처벌을 가하는 남부의 법률 역시 이 사실을 인정하고 있는 것입니다. 여러분이 그런 법률을 지적하면서 노예가 사육장의 짐승이기 때문이라 한다면, 저는 기꺼이 노예가 인간임을 주장하겠습니다. 길거리의 개가, 하늘을 나는 새가, 언덕 위의 소가, 바다의 물고기가, 기어 다니는 파충류가 짐승과 노예를 구분하지 못할까요? 진정 구분하지 못한다면 나는 그 자리에 가서 노예가 인간임을 당신과 논쟁하겠습니다.

지금까지 흑인종이 동등한 인간이라는 사실은 충분히 확인되었습니다. 우리도 밭을 일구고 작물을 심고 수확하고 온갖 연장을 사용하며, 집을 짓고 다리를 건설하고 배를 주조하고 놋쇠나 철, 구리, 은이나 금 등으로 무언가를 만듭니다. 우리도 읽고 쓰고 암호를 사용하며 성직자, 상인, 비서로 행동하고, 우리 중에는 변호사나 의사, 성직자, 시인, 작가, 편집자, 연설가, 교사도 있습니다. 우리도 다른 사람들에게는 평범한 각종 기업에 근무하고 캘리포니아에서 금을 캐고, 태평양에서 고래를 잡고, 언덕에서 양과 소에 먹이를 주면서 살아가고, 움직이고, 행동하고, 생각하고, 계획하고, 가정 안에서 남편으로, 아내로, 자녀로 살아가며 무엇보다 기독교 신께 죄를 고백하고 그를 찬양하면서 희망에 찬 삶을, 죽음 뒤의 영원을 바랍니다. 그런 상황에서 우리가 인간임을 증명해보라고 하는데 겁낼 것이 뭐 있겠습니까!

제가 인간은 자유로울 권리가 있다고 주장해야겠습니까? 인간은 마땅히 자신의 주인이라 말해야겠습니까? 그에 대해선 여러분이 이미 선언하였습니다. 제가 노예제의 부당함을 알려야 할까요? 이것이 공화당에 던질 질문인가요? 노예제의 부당함이 논리와 논증에 따라 처리할 일이며, 의문을 품은 채 정의라는 원칙을 적용하여 풀어야 하는, 그렇게 이해하기 어려운 문제입니까? 미국인들이 눈앞에서 의견 차이로 갈라지고 또 갈라지고 있는데, 그런 와중에 인간에게는 누구나 자유로울 권리가 있다는 사실을 제가 어떻게 알려야 할까요? 상대적으로, 아니면 긍정적이거나 부정적으로, 확신을 담아서 알려야 할까요? 이는 제 자신을 우스갯거리로 만들고 여러분을 모욕하는 짓입니다. 하늘 아래 살면서 노예제가 나쁘다는 사실을 모르는 사람은 단 한 명도 없습니다.

사람을 짐승 취급하고, 사람의 자유를 박탈하며, 그들의 노동을 대가 없이 부려먹고, 그들도 같은 인간이라는 사실을 연신 무시하며 몽둥이로 때리고, 채찍으로 살갗을 내려치고, 사지를 쇠사슬로 묶고, 개를 풀어 사냥하고, 시장에 내다 팔고, 가족을 뿔뿔이 떼어내고, 주인에게 항복하고 복종할 때까지 굶기는 것이 잘못되었다는 것을 제가 정녕 말해야 하는 것입니까? 피로 물들고 때로 얼룩진 제도가 잘못되었다는 것을 제가 정녕 말해야 하는 것입니까? 아니오! 저는 안 할 것입니다. 이런 당연한 주장만 하고 있기에는 제 소중한 시간과 에너지가 아깝습니다.

그럼 무엇이 남았습니까? 노예제가 신성하지 않다는 사실, 노예제는 신이 만들지 않았다는 사실, 신학박사들이 실수했다는 사실을 주장해야 할까요? 이런 생각은 신성을 모독하는 것입니다. 비인간적인 것은 신성할 수 없다고 말하는 것입니다! 이런 문제를 그 누가 논할 수 있겠습니까? 누군가는 할 지 몰라도 저는 아닙니다. 그런 논의를 할 시간은 이미 지났습니다.

지금 같은 시기에는 주장을 납득시키는 것이 아니라 모순을 태워 없애야 합니다. 오, 내게 그런 능력만 있다면, 미국의 귀에 대고 조롱을 퍼붓고 비난을 쏟아내며 쉴 새 없이 빈정대고 엄정히 힐책할 수 있다면 얼마나 좋겠습니까. 지금 필요한 것은 불빛이 아니라 불길입니다. 잔잔한 비가 아니라 천둥입니다. 지금 우리에게는 폭풍이, 회오리바람이, 지진이 필요합니다. 이 나라의 감정이 솟구쳐 올라야 합니다. 이 나라의 양심이 눈을 떠야 합니다. 이 나라의 도덕적 적절성이 깜짝 놀랄 위기를 맞아야 합니다. 이 나라의 위선이 드러나야 합니다. 이 나라가 신과 인간을 거역했음이 선포되고 비난을 받아야 합니다.

미국 노예에게 7월 4일은 무엇입니까? 제가 말씀드립니다. 자신이 철저한 부당함과 잔인함 앞에서 변함없이 희생되고 있다는 사실을 일 년 중 그 어느 때보다 뼈저리게 깨닫는 날입니다. 미국 노예에게 여러분의 기념식은 가식입니다. 여러분이 추켜세우는 자유는 불경스러운 허가증입니다. 여러분의 국가적 위대함은 부풀린 허영이며, 여러분의 환희의 목소리는 공허하고 냉혹합니다. 폭정을 향해 여러분이 퍼붓는 맹렬한 비난은 철갑을 두른 뻔뻔함이며 자유와 평등을 향한 여러분의 외침은 속 빈 조롱입니다.

여러분의 기도와 찬송가, 여러분의 설교, 온갖 종교적 축제를 곁들

노예제 폐지론자이자 연설가인 프레더릭 더글러스. 당시 61세였을 것으로 추정된다.

인 여러분의 추수감사절, 여러분의 엄숙함 모두 미국 노예의 눈에는 그저 겉만 번드르르한 엉터리에, 기만적이고 불경하며 위선적으로 보일 따름입니다. 그들의 눈에 여러분은 야만적인 국가의 체면에 먹칠하는 죄악을 얇은 베일로 가리고 있는 셈입니다. 이보다 더 충격적이고 피비린내 나는 악행을 저지를 이들은 이곳, 지금 이 순간의 미국 국민 밖에 없습니다.

어디든 가 보십시오. 마음 가는 대로 찾아가 보고, 과거 군주제와 폭정이 자행되던 곳을 빠짐없이 떠돌아 다녀 보십시오. 남아프리카공화국을 여행해 보십시오. 그곳에서 학대의 현장을 찾아보십시오. 드디어 보게 되었다면 이를 이 나라에서 매일 같이 자행되는 관행과 나란히 두고 비교해 보십시오. 그럴 때에야 비로소 여러분은 역겨운 만행과 수치스러운 위선에 있어서는 미국이 과연 압도적이라는 제 말에 동의할 것입니다.

프레더릭 더글라스의 이력

프레더릭 더글러스는 남북전쟁 이전 흑인 노예제의 폐해가 가장 극심했던 남부 메릴랜드 주의 홈즈힐 농장에서 태어났다.

12세 무렵, 더글러스는 알파벳과 몇 개의 쉬운 단어를 배우게 되었는데 그것은 그의 인생을 송두리째 바꿔 놓은 엄청난 사건이었다. 더글러스는 자유를 획득하기 위해서 글을 배우고야 말겠다는 굳은 결심을 하고 이후 접할 수 있는 책이나 신문을 닥치는 대로 읽으며 공부를 했다.

1838년 프레더릭 더글러스는 뉴욕으로 탈출하였다.

그후 프레더릭 더글러스는 링컨 대통령을 도와 노예제 폐지 운동에 앞장섰으며 1863년 1월 1일자로 노예 해방령을 선포하게 된다. 린치, 재정난, 체포 위험 등 온갖 시련을 겪었지만 마침내 흑인에게 완전한 시민권을 부여하는 인권법이 통과되었다.

1877년 워싱턴 D.C. 연방 보안관으로 공직을 시작해서

1880년 워싱턴 D.C. 등기 소장 5년

1889년 카리브 해 지역에서 외교관 생활을 했다.

흑인으로서 처음으로 공직에 올랐다는 것은 그 의미가 크다.

사람들은 오늘날 오바마 대통령이 탄생할 수 있었던 것은 프레더릭 더글러스라는 초석이 있었기 때문이라고 말하기도 한다.

에이브러햄 링컨
ABRAHAM LINCOLN

―――― GREAT SPEECHES ――――

생애
에이브러햄 링컨(1809~65)은 미국의 16대 대통령이다. 알려졌다시피 켄터키 주 하딘 카운티의 통나무집에서 태어난 링컨이 정식 교육을 받은 기간은 단 18개월에 불과한 것으로 추정된다. 링컨은 1832년에 일리노이 주 의회 의원으로 출마하였지만 실패하였다. 그로부터 2년 뒤에 의원직에 올랐으며 1846년에 하원의원으로 당선되었다. 한 임기를 지낸 뒤 공직을 떠나 일리노이 주에서 변호사 생활로 돌아갔다. 5년의 공백을 깨고 1854년에 다시 정계로 진출한 링컨은 1860년에 공화당 대표로 대통령에 당선되었다. 그의 임기는 남북전쟁으로 점철되었다. 1864년에 재선되었으나 남북전쟁이 끝난 후 한 주도 채 지나지 않은 시점에서 암살당하였다.

연설의 배경 및 의의
역대 미국 연설 중에 인용문으로 가장 자주 등장한 이 연설을 펼칠 당시 에이브러햄 링컨은 분단국가의 대통령이었다. 미국 남북전쟁은 2년 반 동안 타오르면서 25만 명의 목숨을 앗아갔다. 가장 치열한 전투는 링컨의 연설이 있기 약 네 달 전 펜실베이니아 주에서 일어난 게티즈버그 전투였다. 이곳에서 사흘간의 전투로 8천 명이 사망하였는데 이 수치는 이 작은 도시 인구수의 세 배가 족히 넘는 것이었다. 전장에 묻힌 시신들을 재 안치할 필요에 따라 이곳에 공동묘지가 세워졌다. 링컨은 묘지 준공식에 맞춰 만 오천 명의 군중 앞에서 이 유명한 연설을 펼쳤다.

연설의 특징
노예해방을 외치고, 연방탈퇴를 주장하는 남부에 대해 전쟁마저 불사한 링컨은 격전지에서 전몰장병들에게 애도를 바치면서 군중에게 위대한 과업을 수행하자고 말한다.

게티즈버그 연설

펜실베이니아 주, 게티즈버그 군인공동묘지. 1863년 11월 19일

••• 지금으로부터 87년 전, 우리 조상들은 이 대륙 위에 자유 속에 잉태된 나라, 인간은 모두 평등하게 창조되었다는 신념을 받드는 새로운 나라를 탄생시켰습니다.

지금 우리는 거대한 내전을 치르고 있습니다. 그러면서 이 나라가, 아니 그렇게 잉태되고 그러한 신념을 받들어 탄생한 그 어떤 나라도 과연 오랫동안 존재할 수 있는지 확인하는 시험을 치르고 있습니다. 우리는 그 전투의 한 격전지에 모였습니다. 이 나라를 살리기 위해 자신의 목숨을 바친 이들에게 그 싸움터의 일부를 마지막 안식처로서 헌납하고자 모인 것입니다. 우리가 이렇게 하는 것은 모두 당연하며 마땅한 일입니다.

하지만 더 큰 의미에서 보면 우리는 이 땅을 헌납할 수도, 거룩하게 할 수도, 신성하게 만들 수도 없습니다. 이곳에서 싸운 용감한 전사자들과 생존자들이 이미 이곳을 신성한 땅으로 만들었기 때문에 우리의 힘으로는 여기에 더 보태거나 뺄 수가 없습니다.

세계는 오늘 우리가 이 자리에서 무슨 말을 했는지 신경을 쓰지도, 오래 기억하지도 않을 것입니다. 하지만 우리 용사들이 이곳에서 한 일은 결코 잊어서는 안 됩니다.

그들이 싸워서 그토록 고결하게 이루고자 했던 미완의 과업을 수행하기 위해 헌신해야 할 이는 바로 우리 살아 있는 자들입니다. 우리에게 남겨진 그 위대한 과업을 수행하기 위해, 우리는 그들의 명예로운 죽음으로부터 더 큰 힘을 얻어, 그들이 마지막까지 혼신의 힘을 바쳐 지키려 한 대의에 더욱 헌신하여야 합니다. 우리는 그들의 죽음이 헛되지 않게 하겠다고 이 자리에서 엄숙히 다짐해야 합니다. 신의 가호 아래 이 나라에 자유가 새로이 탄생하고 국민의, 국민에 의한, 국민을 위한 정부가 이 지상에서 결코 사라지지 않게 해야 합니다.

암살당하기 나흘 전에 찍은
링컨의 마지막 사진

수잔 B. 앤서니
SUSAN B. ANTHONY

=== GREAT SPEECHES ===

생애
수잔 브라우넬 앤서니(1820~1906)는 19세기 미국의 중요한 민권 운동 지도자였다. 매사추세츠 주 웨스트 그로부에서 노예 폐지론자 부모 밑에 태어난 앤서니는 여러 평범한 기관에서 교육을 받은 뒤 몇 년 간 교육계에 종사하였다. 1848년에 그녀는 여성의 권리를 위한 운동을 시작하였고, 그로부터 21년 뒤 엘리자베스 코디 스탠튼과 함께 미국여성참정권연합을 설립하였다. 여성의 선거권 획득은 앤서니가 사망하고 14년이 지난 뒤에야 달성되었다.

연설의 배경 및 의의
미국 정부와 수잔 B. 앤서니의 법정공방이 펼쳐지던 당시 피고인 앤서니는 뉴욕 주를 돌며 각각 50군데 지역에서 만 단어가 넘는 가두연설을 펼쳤다. 풍부한 법률문서와 의견, 결정을 끌어들이면서 그녀는 수많은 주장을 피력하였고, 이후 이 주장들은 '법적 투표권 없이 고의로 투표한' 죄를 묻는 재판에서 유용한 논거로 사용되었다.

앤서니에 대한 고소는 1872년 11월 선거기간 중의 한 사건에서 비롯되었다. 앤서니 외 여성 14명이 선거 감독관 세 명에게 자신의 권리를 성공적으로 주장한 후 뉴욕 로체스터에서 투표를 한 것이다. 그 달이 끝나기 전에 여성 투표자들은 체포되었고, 앤서니를 제외하고는 모두 징역형 대신 500달러의 벌금형을 선택했다.

앤서니는 자신의 주장으로 이에 동조하는 수많은 군중을 설득할 수는 있었지만 워드 헌트 재판장을 설득하기에는 역부족이었다. 두 변호사의 변론에도 불구하고 앤서니는 결국 100달러의 벌금과 기소금 지불 판결을 받았다. 유죄 판결을 받은 앤서니가 '부당한 벌금'은 절대 내지 않겠다고 하자 헌트 재판장은 이렇게 답했다. "부인, 법정은 벌금을 지불하지 않는다고 해서 부인을 죄인으로 취급하지는 않겠습니다." 앤서니는 풀려났고 그녀가 말한 대로 벌금은 지불하지 않았다.

다음은 앤서니 연설의 도입부이다.

연설의 특징
여성의 사회적 권리가 미약했던 19세기를 산 앤서니는 남성이 지배하는 사회에 반기를 들고 여성에게 자유와 평등을 달라고 호소한다.

여성의 투표권에 대해

뉴욕 주, 몬로 · 온타리오 지구. 1873년 5월 6일

••• 친애하는 동료 시민 여러분. 오늘 밤 저는 지난 대통령 선거에서 법적 투표권 없이 투표를 한 이유로 기소된 상태에서 여러분 앞에 섰습니다. 오늘밤 이 자리에서 저는 제 투표 행위가 범죄가 아니라 시민으로서의 권리 행사였다는 사실을 입증해보이려 합니다. 이 권리는 저를 비롯해 모든 미국 시민들이 헌법에 의해 보장 받은 것이기에 그 어떤 주도 거부할 수 없습니다.

우리의 민주공화제 정부는 법률 제정과 실행에 있어서 국민 개개인의 참여권과 투표권을 기본권으로 삼고 있습니다. 정부의 임무란 국민이 이러한 양도할 수 없는 권리를 누릴 수 있도록 보호하는 것임을 우리는 주장하는 바입니다. 정부가 권리를 부여할 수 있다는 낡은 교리는 던져버려야 마땅합니다. 정부가 수립되기 전에도 개인에게는 자신의 삶과 자유, 재산을 보호할 권리가 있다는 사실을 그 누구도 부인할 수 없었습니다. 백 명, 또는 백만 명의 사람들이 자유 정부에 참여하게 되었을 때에도 자신의 기본권을 팔아넘긴 사람은 없었습니다. 그들은 규정된 사법, 입법 재판소를 통해 각자가 향유하는 권리를 서로 보호해줄 것을 맹세했습니다. 그들은 차이를 조정하고 문명을 수용하는 데 있어서 그 어떤 폭력적인 방법도 동원하지 않을 것에 동의

하였습니다.

조상들이 남긴 문서 중에 정부가 권리를 창조하거나 수여할 권한이 있다고 천명하는 문서는 어디에도 없습니다. 독립선언문이나 미합중국의 헌법, 각 주의 헌법이나 각 영역의 기본법 모두 그 구성원들이 신이 부여한 권리를 향유할 것을 보호하도록 명시하고 있을 뿐, 권리를 직접 부여한다는 법은 단 하나도 없습니다.

모든 사람은 평등하게 태어났으며 창조주에 의해 양도할 수 없는 권리를 부여받았다. 그 권리에는 생명과 자유, 행복을 추구할 권리가 있다. 이러한 권리를 보호하기 위해 정부를 수립하는 바이며, 이 정부는 국민의 동의하에 마땅한 권한을 얻는다.

여기에는 정부의 권한이 국민의 권리 위에 군림한다는 일말의 함의도 없으며, 자신의 평등한 권리를 완전히 향유함에 있어 그 어떤 계층이 배제된다는 말 역시 없습니다. 이것은 모든 인간이 정부 안에서 의사를 표명할 권리를, 따라서 퀘이커 교도 선교사의 말처럼 '모든 여성의' 권리를 나타내는 것입니다. 그러므로 독립선언문의 이 첫 번째 문단은 투표권이 모든 국민의 기본권임을 주장하고 있습니다. 국민의 투표권이 거부된다면 '국민의 동의'가 어떻게 가능할 수 있겠습니까? 선언문에는 이런 말도 있습니다.

어떠한 형태의 정부든 이러한 목적을 파괴할 시에는 그 정부를 변혁하거나 폐지하는 것이 국민의 권리이며, 또한 국민의 안전과 행복을 가장 효과적으로 보장할 수 있는 원칙을 바탕으로 하여 그러한 형태의 정부를 조직하는 것이 국민의 권리이다.

이 선언문에는 모든 인간의 투표할 권리가 틀림없이 명시되어 있습니다. 어떤 계층의 행복이 정부의 손에 아무리 무참히 파괴되었다 해도, 선거권을 박탈당한 이상 그들 계층은 정부를 변혁하거나 폐기할 수 없고, 새로운 정부를 조직할 수도 없으며, 설령 가능하다 하더라도 반란이나 혁명 등 폭력적인 방법을 동원할 수밖에 다른 도리가 없습니다.

오늘날 이 국가의 절반을 차지하는 사람들은 법령집에서 이 부당한 법률을 씻어낼 힘도, 정당한 새 법률을 지정할 힘도 없습니다. 여성들은 현재의 정부, 즉 대표권 없이 세금만 부과하는 정부, 여성들이 동의한 바 없는 법률에 복종할 것을 강요하는 정부, 동료 여성은 배심원으로 참석하지도 않은 법정에서 여성들에게 징역형과 사형을 선고하는 정부, 결혼 시 그들의 가족이나 임금, 자녀에 대한 보호권을 앗아가는 정부에 불만을 품고 있습니다. 우리 여성들은 인간의 나머지 반을 차지하는 남성들, 이 정부의 근간을 이루는 선언문의 정신과 내용을 직접적으로 침해하는 남성들에게 철저히 지배당하고 있습니다.

각 정부는 모든 이에게 평등한 권리를 보장한다는 불변의 원칙 위에 세워진 것입니다. 이러한 선언문에 따르면 왕과 목사, 교황, 귀족은 모두 권좌에서 물러나 가장 천한 신분의 사람이나 농노와 정치적으로 동등한 위치에 놓이게 됩니다. 마찬가지로 이 선언문에 따라 남성은 신성한 지배권을 박탈당한 채 여성과 정치적으로 동등한 위치에 놓입니다. 이러한 선언문에 따라 모든 계층과 모든 사람에 대한 차별은 폐지되어야 합니다. 더불어 노예, 농노와 평민, 아내와 여성 모두 피지배자의 위치에서 벗어나 평등이라는 자랑스러운 연단 위에 올라서야 합니다.

미국 헌법의 전문은 이렇게 천명합니다.

우리 미합중국 국민은 더욱 완벽한 연합을 이루고 정의를 확립하며, 국내의 안정을 보장하고 공동방위를 도모하며, 국민복지를 증진하고 우리와 우리 후손들의 자유라는 축복을 수호하기 위해 이 미합중국 헌법을 제정하는 바이다.

여기서 우리는 우리 국민입니다. 백인 남성 시민이 아니라 우리, 모든 사람, 이 연합을 만든 모든 사람들입니다. 우리가 이 연합을 이룩한 것은 자유라는 축복을 부여하기 위해서가 아니라 자유를 수호하기 위해서입니다. 우리의 절반을, 우리 후손의 절반을 위해서가 아니라 모든 국민을 위해서입니다. 남성만이 아니라 여성을 위해서입니다. 그러므로 여성의 이러한 자유를 지키기 위한 유일한 수단인 투표권, 즉 민주공화제 정부가 지정한 투표권은 부인하면서 여성에게 자유라는 축복을 구가하라 말하는 것은 터무니없는 위선입니다.

에멀린 팽크허스트
EMMELINE PANKHURST

———— GREAT SPEECHES ————

생애

에멀린 팽크허스트 또는 에멀린 골든(1858~1928)은 영국 참정권 운동의 주요 지도자였다. 맨체스터에서 태어나 맨체스터와 파리에서 수학하였다. 19세기 말과 20세기 초에 여성선거권연맹과 여성사회정치연합을 설립하였다. 둘 모두 여성의 참정권 쟁취를 위한 조직이었다. 사회주의자였던 팽크허스트는 여성으로서 선거권을 획득한 뒤에는 정치 이념을 달리하여 공화당에 가담하였다.

연설의 배경 및 의의

팽크허스트 여사로 알려진 에멀린 팽크허스트는 여성의 권리 획득을 위해 투쟁을 벌이다가 열 세 번이나 투옥되었다. 이 연설은 그녀가 첫 번째 형을 치르고 예상치 못하게 석방된 날 이루어졌다. 그녀에게는 이번 경험이 사뭇 충격적이었겠지만, 그에 대해 이야기하는 것은 이번 연설의 취지가 아니었다. 그보다 팽크허스트는 한겨울의 횃불 시위가 두 달째에 접어든 것을 축하하기 위해 십만 명의 사람들 앞에서 연설을 했고, H. Y. 스테인저가 제안한 여성 참정권 법안을 적극 지지하며 자신의 열의를 보여주었다.

이 연설에는 역사적인 두 인물의 이름이 등장한다. 연설 당시 여성사회정치동맹의 리더 중 하나인 애니 케니가 팽크허스트 옆에 앉아 있었고, 윌리엄 글래드스톤 전 총리의 막내 아들이자 내무장관인 허버트 글래드스톤도 그 자리에 있었다. 자신이 여성 참정권론자라고 지칭하는 글래드스톤은 여성사회정치동맹의 고문으로서 그들의 목표 달성에 힘을 실어주었다. 하지만 글래드스톤의 헌신적인 지지에도 불구하고 여성 참정권 법안 제정은 실패하고 말았다.

연설의 특징

19세기 말 영국에서 여성참정권을 위해 노력한 선구자 에멀린 같은 여성들의 투쟁은 20세기에 들어서야 후세에게 열매를 선사하게 된다. 투옥되었다가 석방된 당일 이 연설을 했다는 사실을 보면 그녀의 강인한 의지력을 엿보게 한다.

여성 참정권 법안을 지지하며
런던, 로열 앨버트 홀. 1908년 3월 19일

••• 동지 여러분, 오늘 아침에만 해도 저는 감옥에 있었습니다! 여러분이 정치적 자유를 외치고 있을 때 저는 독방에서 외로이 오늘밤의 만남을 생각하며 여러분과 함께 하고 있었습니다.

그러던 중 두 시가 되자 교도관장이 제 감방으로 들어와 이렇게 말했습니다. "이제 가도 됩니다."

제가 말했죠. "제 형기는 내일 아침까지입니다. 누구의 권한으로 제가 지금 나가는 것입니까?"

그러자 교도관장이 말했습니다. "당신을 석방하라는 명령이 떨어졌어요. 당신 친구분들이 힘을 쓴 것 같은데요."

"내 친구들이 아니에요." 제가 말했습니다.

어쨌든 우리는 나와야 했습니다. 우리가 오늘밤 이 자리에 서지 못한다면 여러분들이 실망하리라는 것을 알고 정부가 아량을 베푼 것일까요? 그렇게 생각하기는 어렵습니다. 정부가 어떤 법도 어기지 않은 정치 사범을 2부 독방에 가둬놓고 종이와 펜과 연필 소지를 금하는 한편, 수형자 사이에 대화조차 금지한 것이 정당치 못하다는 것을 느꼈다면, 석방 명령은 우리가 형기를 모두 마치기 전에 이미 내려져야 했습니다.

그들은 두 가지 악 중 그나마 나은 것을 택한 것입니다. 둘 중에 하나가 조금 더 낫다고 생각한 것입니다. 그런 연유로 오늘 밤을 할로웨이 여성 교도소에서 지새워야 했을 저와 제 친구들이 이 자리에서 여러분을 만나게 된 것이라고 저희는 결론 내렸습니다.

우리가 감옥에 있는 동안 여러분은 밖에서 굉장한 일을 해냈습니다. 오랜 시간이 흐른 뒤에야 법안이 제2독회에서 통과되었습니다. 이런 소식은 감옥 안에까지 새어 들어옵니다. 정말 대단한 일입니다.

하지만 우리 여성들은 의회 운영 절차에 대해 자유당 출신 하원의원들보다 잘 알지 못합니다. 여성 참정권 법안이 제2독회를 통과했다는 사실에 대해 여러분은 그리 큰 의미를 부여해선 안됩니다. 의회 운영 절차를 아는 사람들은 이 사실이 그리 큰 의미가 없다는 것을 잘 알고 있습니다. 현상황을 넘어서려면 우리 여성들은 이 법안을 제3독회에 성공적으로 통과시키기 위해 과거보다 열 배는 더 노력해야 합니다.

우리가 감옥에 있는 동안 여러분은 보궐선거를 두 차례 치렀습니다. 첫 번째 선거는 자유당 정부의 대패로 끝났고 두 번째 선거는 아직 결론이 나지 않았으니 지금까지 유명세를 떨치며 밀어붙인 우리 여성들은 결과가 나올 때까지 계속해서 밀어붙일 것입니다. 하지만 내일이면 오랜 기간 감방에 갇혀 지낸 우리가 그곳을 찾아가 정부에 또 다른 패배를 안겨줄 수 있는 일을 할 것입니다.

정부 구성원들은 우리가 남성들이 참정권을 얻기 위해 했던 대로 시위를 해야 한다고 말해 왔습니다. 제가 런던에 도착하기 전날 저녁, 우리는 60년대에 위대한 참정권 시위가 벌어진 역사적인 요크셔에서 시위를 벌였습니다. 리즈의 헌슬릿 무어에는 수천 명의 사람들이 참정권을 요구하며 시위에 가담하였습니다. 여성 의회에 참여하고자 런던으로 오기 전날 밤에 우리 여성들은 리즈에서 행진하였습니다. 리즈 시민 전체가 행진에 참여한 듯했습니다. 횃불 행진이 끝난 뒤 우리는 허버트 글래드스톤 씨가 일러준 대로 헌슬릿 무어에 모였고, 60년대의 시위를 기억하는 리즈의 노인들은 개혁을 위한 시위 역사상 그처럼 많은 사람들이 헌슬릿 무어에 모여든 것은 그날 밤이 처음이라고 말했습니다.

하지만 우리 여성들은 기필코 시민권을 얻겠다는 의지를 표출하려면 여성이라는 이유 하나로 남성들보다 훨씬 더 노력해야 합니다. 따라서 이번 여름에 이런 프로그램이 생긴 것을 저는 기쁘게 생각합니다. 이 프로그램이 성공한다면 여성이 투표하길 원하며 투표권을 얻고자 한다는 사실을 정부 구성원들에게까지도 충분히 입증할 수 있을 것입니다. 따라서 우리는 투표권을 얻기 위해 그 어떤 노력도 게을리 하지 않을 준비가 되어 있습니다.

50년이 넘도록 여성은 일반적인 기본권을 요구해 왔습니다. 우리는 언제나 투표가 필요했고 언제나 투표를 원했지만 결코 지금처럼 절실히 바라지는 않았습니다. 지금 우리는 새로운 정치, 옛날식의 정치와는 확연히 다른 정치를 만나고 있습니다. 오늘날 정치라 함은 예전과는 달리 우리의 온갖 일상생활에 개입한다는 뜻이 되었기 때문입니다. 여러분은 의회 밖에서, 혹은 의회 안에서 예전에는 한 번도 해보지 못한 방식으로 우리의 삶을 규정할 것을 제안합니다.

따라서 우리 여성은 의심할 것 없는 호의로써 모든 이들이 좋은 의도로 그러긴 합니다만 이 새로운 제정법이 예전 제정법보다 가혹한 압제가 되거나 더욱 숨 막히는 억압이 되지 않도록 확신할 수 있는 새로운 대표자를 바라고 있습니다.

여성에겐 유머가 없다고들 합니다. 하지만 남성들이 그렇게 진지하지 않았다면, 그들은 여성들에게 유머감각쯤은 심어줄 수 있었을 것입니다. 이 자리에 계신 신사분 중에 제 말 때문에 감정이 상하는 분이 계시다면 죄송합니다. 하지만 인류가 존재한 이래로 언제나 여성들의 손에 맡겨진 일, 따라서 여성들만이 제대로 이해할 수 있는 문제에 남성들이 나서서 자신이 제격이라 생각하는 것을 보면 우리 여성들로서는 웃음만 나옵니다.

어떻게 아이들 양육 문제까지도 의회에 있는 남성들이 결정할 수 있다고 생각하는 것입니까! 아이들 출산과 양육, 환자 간호, 노인 수발, 집안 청소, 집안 살림 문제에 관한 법을 만드는 것도 남성입니다. 그러면서 우리는 이 중대한 결정을 누가 내려야 좋을지 결정하는 기본적인 권리조차 누릴 수가 없습니다!

한 가지 예를 들어 보겠습니다. 병원에서 환자를 간호하는 훌륭한 여성들의 관리 문제를 두고 정부가 내놓은 법안이 그렇습니다. 규율과 규제는 여성들을 위해 만드는 것이지만, 어떤 규율이나 규제가 적절할지 실제로 경험한 여성들에게 물어봐야 한다는 생각은 그 누구도 하지 않습니다.

동지 여러분, 저는 남성들이 뒤죽박죽 헝클어뜨린 이 사태를 둘러봅니다. 굶주리는 아이들을, 착취당한 채 노쇠해진 우리 여성 동지들을 둘러봅니다. 남성들은 이 모든 일에 대한 지배권을 그만하면 충분히 오래 쥐고 있었습니다. 따라서 여성성을 조금이나마 간직한 여성이라면 누구나 지금 이 상태가 계속되도록 놔두지 않을 것입니다.

우리는 올해 안에 일을 성사시킬 것입니다. 이미 지쳐 있는 우리는 쓸모 있는 존재가 되고 싶습니다. 우리도 힘을 얻어서 남성과 여성 모두에게 지금보다 더 나은 세계를 만들고 싶습니다. 따라서 저는 오늘 이 아름다운 강당에 모인 여성 여러분에게 각자의 본분을 다할 것을 부탁드립니다. 여러분까지 감옥에 갈 필요는 없습니다. 하지만 우리가 그랬듯 여러분 모두가 감옥에 가고자 한다면 생각처럼 그리 큰 용기가 필요한 것도 아닙니다. 여러분 모두 그렇게 할 마음을 먹었다면 한 번에 해버리기만 하면 됩니다.

우리는 이런 계획을 세웠습니다. 이에 대해서는 다른 분이 더 자세히 말씀드릴 것입니다. 제가 한동안 갇혀 있었던 탓에 자세한 사항까지 충분히 알지 못하기 때문에 다른 분들만큼 많은 말씀을 드리지는 못하지만 이 사실만큼은 저도 잘 알고 있습니다. 물질적 지원이 없다면 우리는 이 일, 즉 다가오는 6월에 15만 명의 단호한 여성들을 한데 모으는 일을 해낼 수 없으리라는 사실입니다.

이러한 시위를 단행하는 데 얼마만큼의 시간과 에너지, 돈이 드는지는 여성들보다 정치인들이 더 잘 알고 있습니다. 우리는 현실 정치에 이제 막 들어선 입장이기 때문에 그럴 수밖에 없습니다. 하지만 이 말씀은 드리고 싶습니다. 우리에게는 여러분 모두가, 여러분의 헌신과 에너지가, 여러분의 시간과 지지가, 여러분의 돈이 필요합니다. 결국 이것이 최소한의 필수조건입니다.

끝으로 오늘밤 저는 이 자리에 서게 되어 무척 기쁘다는 말씀을 드리고 싶습니다. 몇 년 전에만 해도 제가 살아서 이런 광경을 보리라고는 생각지 못했기에 저는 더욱 행복합니다. 주변에서는 이렇게 말했습니다. "당신은 결코 여성을 일으켜 세우지 못할 것이다."

하지만 우리는 사람들이 불가능하다고 생각한 일, 불가능하기를 바랐던 일을 해냈습니다. 우리 여성들은 일어났습니다. 여성을 일으켜 세우기가 힘들었

여성 참정권 획득을 위해 투쟁 중인 에멀린 팽크허스트

을지는 몰라도 여성은 오래 고통 받아 왔고 오래 참아 왔습니다. 일어난 이상 우리는 결코 다시는 잠잠해지지 않을 것입니다.

이후 모임에 올리게 될 결의안이 하나 있는데 이것을 이 자리에서 올리는 것이 제 임무라고 생각합니다. 우리의 결의안은 다음과 같습니다.

> 오늘 로열 앨버트 홀에 모인 여성들은 헌법상의 권리가 여성에게 부여될 것을 요구한다. 더불어 여성에 대한 참정권 부여 법안을 국회에 발의할 것을 정부에 요청하는 바이다.

이 결의안을 제출하면서 애니 케니 씨에게 마무리로 한 말씀 부탁드리겠습니다. 케니는 런던에서 있었던 위대한 자유민주적 시위의 개회식에서 저기 특별석에 앉아 대담하게 우리의 취지를 내보였습니다. 그러면서 이렇게 말했습니다.

"자유당 정부는 여성들에게 투표권을 줄 것인가?"

두 번째 결의안 발표자로 애니 케니 씨를 이 자리에 모시겠습니다.

에멀린 팽크허스트의 여성 투표권에 대한 연설

우리들 여성 참정권운동가들은 막중한 임무를 갖고 있습니다. 아마도 그것은 세상에서 가장 중대한 임무일 것입니다. 그 임무란, 바로 인류의 절반을 해방시키는 것입니다. 그리고 그 해방을 통해서 인류의 나머지 절반을 구하는 것입니다.
—1912년 10월 25일의 연설〈여성 투표권〉중에서

21세기를 사는 현대 여성들에게 남녀평등이나 민주주의가 보장하는 모든 권리는 숨을 쉬는 것처럼 당연하고 자연스러운 권리가 되었다. 그러나 민주주의를 보장하는 참정권의 역사는 채 150여 년이 되지 않는다. 평등한 참정권을 얻기 위해 지난 세기 동안 인류가 겪어야 했던 무수한 피와 투쟁의 역사가 얼마나 길고 참혹했는지는 누구나 다 아는 사실이지만 거기에 더해 여성이 정치에 참여할 수 있는 기회를 얻기 위한 투쟁은 그 어떤 투쟁보다 그 힘겨움을 더한다는 의미에서 상상조차 조심스럽다.

그 길고 지루한 투쟁의 한 복판에 에멀린 팽크허스트가 있다.

에멀린 팽크허스트는 폭력 시위부터 단식까지, 감옥을 밥 먹듯 들락거리며 여성참정권 획득을 위한 모든 노력을 아끼지 않았다. 그리고 자신의 평생을 바친 투쟁이 이루어낸 개정법이 시행되기 한달 전에 숨을 거두었다. 웨스트민스터의 영국 의사당 옆에는 그녀의 동상이 세워졌다.

빅토리아 시대, 남성들만을 위한 민주주의에 반기를 들고 여성의 참정권 획득을 위해 평생을 격렬하게 투쟁한 에멀린 팽크허스트야말로 진정한 투사가 아닐까!

패트릭 피어스
PATRICK PEARSE

===== GREAT SPEECHES =====

생애

패트릭 피어스(1879~1916)는 1916년 부활절 봉기를 이끈 인물이다. 영국계 아버지와 아일랜드계 어머니를 둔 그는 더블린에서 태어난 뒤 그곳에서 대부분의 교육을 마쳤다. 1901년에 킹스인 법학원에서 법학학위를 받고 변호사가 되었다. 피어스는 시간이 흐를수록 정치적인 면에 깊이 관여하게 된다. 1913년에 아일랜드 공화파 결사에 가담하여 영국 정권을 타도하는 데 힘을 보탰다. 1916년 4월 24일 부활절 봉기 기간 중에 피어스는 대변인으로 발탁되어 아일랜드 공화국 수립 선언문을 발표하게 된다. 그로부터 10일 뒤에 총살당하였다.

연설의 배경 및 의의

오도노반 로사는 중요한 아일랜드 지도자였지만 그가 마침내 널리 기억된 것은 그를 기리는 패트릭 피어스의 추도사를 통해서였다. 무덤가에서 열린 이 연설은 뉴욕 시에서 사망한 로사를 기리기 위해 5주 전 시작된 추모 행사의 정점을 장식했다. 시신을 더블린으로 운구하는 동안 장례식을 아일랜드 독립을 위한 모임으로 변경하는 준비가 진행되었다. 피어스가 이날 연사로 나서게 된 것은 그가 저명한 지도자여서가 아니라 뛰어난 연설가이기 때문이었다. 피어스가 직접 작성한 이 연설문에 유일하게 조언을 건넨 사람은 선배 지도자 톰 클락이었다. 클락은 이렇게 주문했다. "델 것처럼 뜨겁게 만드시오. 진지함은 바람에 날려버리시오."
이 연설은 추도문이라기보다 로사의 투쟁이 다음 세대에서도 계속될 것임을 확신하는 선언에 가까웠다.

연설의 특징

가까운 해협 건너 최강대국 영국을 둔 탓에 오랜 동안 착취를 당한 아일랜드 인들의 독립을 향한 열정은 그 어느 나라보다 뜨거웠다. 피어스의 웅변은 공화주의 세력을 결집시키는 역할을 하였고 이듬해 봉기를 일으키는 모멘텀을 제공했다.

자유가 없는 아일랜드는
결코 평화롭지 않을 것이다
더블린, 글래스네빈 공동묘지. 1915년 8월 1일

••• 오도노반 로사가 잠든 이곳에서 발걸음을 돌리기 전에, 우리 중 누군가가 모든 이를 대표해 이 용맹한 이를 칭송하고, 이 자리에 선 우리 마음 속의 생각과 희망을 표현하는 것이 마땅하다고 생각합니다. 더불어 다른 누구도 아닌 제가, 로사와 함께 젊은 시절을 보내고 그와 함께 고군분투하며 고뇌를 나눈 나이 지긋한 어르신이 아닌 제가 이 자리에 서게 된 것은 아마 제가 새로운 세대를 대표할 수 있기 때문이 아닌가 생각합니다.

우리 새로운 세대는 페니언 단(아일랜드의 독립을 추구하며 1850년대에 미국과 아일랜드에서 결성된 단체)의 신념을 다시금 세례 받았고, 페니언 단의 운동을 이어갈 책임을 받아들였습니다. 따라서 저는 이 굽힐 줄 모르던 페니언 단원의 무덤 앞에서 여러분께 우리의 맹세를 새롭게 다질 것을 제안합니다. 무엇에도 굴하지 않았던, 무엇도 넘볼 수 없었던 오도노반 로사의 무덤 앞에서 우리는 신께 요청합니다. 우리 각자가 오도노반 로사처럼 흔들리지 않는 목적을 품기를, 그처럼 고귀하고 용맹한 용기를 얻기를, 깨지지 않는 정신력을 다질 수 있기를 요청합니다.

법정에서 로사가 오로지 한 대상을 향한 충성을 맹세했듯, 우리는 이곳에서 마음을 다해 맹세합니다. 우리 아일랜드 의용군, 그리고 오늘 우리의 소임과 과업을 함께한 여러분은 지금부터 아일랜드의 자유 획득을 위해 형제 동맹을 이루어 단결하고 결속해야 합니다. 우리가 아는 자유의 의미는 단 하나입니다. 그것은 울프 톤이 부여한 의미요, 존 미첼이 부여한 의미이며, 로사가 부여한 의미입니다. 아일랜드의 사라진 세대가 그 누구의 이름도, 그 누구의 의미도 아닌 그들 자신의 이름과 그들 자신의 의미를 바쳐 헌신한 대의를 그 누구도 모독하지 않도록 합시다.

로사의 무덤 앞에 선 우리는 슬프지 않습니다. 오히려 정신이 격상되면서 우리는 이 용맹하고 찬란한 게일 인(스코틀랜드 고지 사람, 혹은 아일랜드 켈트 인)과 더욱 가까이 교감하게 됩니다. 찬란하고 성스러운 대의는 그 자체로 찬란하고 성스러운 사람들이 추구하는 것입니다. 오 도노반 로사는 당당한 남성성으로 단연 찬란했으며 그 영웅적인 품위로 찬란했고, 게일 인 특유의 강인함과 명석함, 진실함으로 찬란했습니다.

이 모든 찬란함과 긍지와 힘은 아일랜드에 헌신하고 아일랜드의 오래되고 아름다운 것, 게일의 전통을 간직한 모든 것들에 헌신하는 그의 겸손함, 소박함과 맞닿아 있습니다. 마이클 오클러리(아일랜드 역사서를 편찬한 연대기 학자, 1590~1643)나 유진 오그라우니(아일랜드 성직자이자 학자, 1863~1899)의 애국심이 보여주는 신성함과 소박함 역시 그와 일맥상통합니다. 로사의 명석하고 진실한 눈만이 현재 우리가 누려야 마땅한 아일랜드를 내다보았습니다. 그저 자유롭기만 한 것이 아니라 게일 문화를 간직한 아일랜드, 그저 게일 문화를 간직한 것이 아니라 자유롭기도 한 아일랜드를 말입니다.

과거 어느 때보다, 그리고 훗날 어느 때보다 정신적으로 가까운 교감을 나누며, 로사와 한 시대를 누리고 그와 함께 영국 감옥에서 고통을 받은 산 자, 죽은 자와 교감을 나누며, 그리고 지금 이 순간 영국 감옥에서 고통을 받고 있는 우리의 소중한 전우들과 교감을 나누며, 동시에 우리 자신은 물론 그들을 대표해 이 자리에 서서, 우리는 아일랜드를 향해 사랑을 맹세합니다. 영국의 아일랜드 통치를 향해 우리의 증오를 다짐합니다.

이곳은 평화의 전당이요, 망자들을 기리는 신성한 장소입니다. 이곳에서 말할 때에는 모든 관용을 베풀고 끝까지 절제해야 합니다. 하지만 저는 오도노반 로사가 그러했듯 기독교도의 믿음으로 악을 증오하고 거짓을 증오하고 억압을 증오하며, 우리를 전복시키려는 그들의 노력을 증오합니다. 우리의 적은 강하고 기민하며 조심스럽습니다. 하지만 아무리 강하고 기민하고 조심스럽다 해도 그들이 신의 기적을 그르칠 수는 없습니다.

신께서는 지난 세대 젊은이들이 뿌린 씨가 지금 우리 젊은이들의 가슴 속에서 피어나게 하셨습니다. 65년과 67년의 젊은이들이 뿌린 씨는 지금 기적처럼 피어나고 있습니다. 이러한 과정을 경계하려면 왕국의 지도자와 옹호자들은 조심해야 했습니다. 삶은 죽음에서 비롯

됩니다. 애국지사의 무덤에서 살아 있는 국가가 소생합니다.

왕국의 옹호자들은 비밀리에, 그리고 공개적으로 임무를 잘 수행해 냈습니다. 그들은 자신이 아일랜드를 진정시켰다고 생각합니다. 그들은 자신이 아일랜드인의 절반을 매수했으며, 나머지 반은 위협했다고 생각합니다. 그들은 자신이 모든 것을 예견하였고 모든 것에 대비했다고 생각합니다.

하지만 어리석고, 어리석고, 어리석은 자들이여! 그들은 우리에게 죽은 페니언 단원을 남겼습니다. 아일랜드가 그들의 무덤을 품에 안은 이상, 자유가 없는 아일랜드는 결코 평화롭지 않을 것입니다.

아일랜드 의용군 장교복을 입고 1915년 더블린에서 신병 소집 연설을 하고 있는 패트릭 피어스

데이비드 로이드 조지 ①
DAVID LLOYD GEORGE

──── GREAT SPEECHES ────

생애
데이비드 로이드 조지(1863~1945)는 대영제국의 마지막 자유당 총리였다. 맨체스터의 웨일스인 부모 밑에서 태어난 그는 웨일스에서 자라고 수학하였다. 변호사로 재직하던 로이드 조지는 부시장으로 처음 공직에 진출하고 이듬해에 하원의원에 당선되었다. 이후 재무장관을 비롯한 여러 요직을 역임하였다. 제1차 세계대전이 2년째에 접어들 때 로이드 조지는 전시 국무장관으로 임명되었다. 당시 총리였던 H. H. 애스퀴스의 정책에 비난을 퍼붓던 그는 야당의 지지를 등에 업고 몸소 총리직에 올랐다. 1921년에 아일랜드 자유국 건립에 합의하였다. 다음 해에 귀족 지위를 판매했다는 혐의에 연루되면서 총리 직을 사퇴하였으며 죽기 전까지 국회의원으로 재직하였다.

연설의 배경 및 의의
자유당 총리 데이비드 로이드 조지는 1차 세계대전이 4년째에 접어들 무렵에 이 연설을 펼쳤다. 전쟁이 터지기 전까지 조지는 평화주의자로 알려졌다. 재무장관이었던 그는 실제로 해군 경비의 대폭 삭감을 요구하기도 했다. 하지만 전쟁이 선포되자 그의 태도는 크게 바뀌었다. 1915년에 로이드 조지는 군수장관에 임명되었고, 이듬해 육군 원수 허버트 키치너가 죽은 뒤 전시 국무장관 직에 올랐다. 당시 총리인 H. H. 애스퀴스보다 자신이 더 위대한 전시 지도자라고 생각한 로이드 조지는 1916년에 보수당의 지지를 끌어들이고 자유당을 배반하면서 몸소 총리직에 올랐다.
여기에 소개된 연설에서 로이드 조지는 자신의 모국어가 영어가 아닌 웨일스 어라는 사실을 숨기고 있다.

연설의 특징
유사 이래의 대참극 1차대전 막바지에 영국 수상이 된 조지는 이 연설에서 전쟁의 경위 설명과 독일을 상대로 한 힘겨운 전쟁을 승리로 이끌기 위해 전의를 불태우고 있다.

1차 세계 대전의 원인에 대하여
글래스고, 세인트 앤드류 홀. 1917년 6월 29일

••• 지금처럼 끔찍한 시기에 다행히도 영국에게는 이 사건에 대한 책임이 조금도 없습니다.

영국은 이 폭풍을 예언한 요나(성서에 등장하는 히브리의 예언자)가 아닙니다. 이 갈등, 이 원인, 이 수행에서 영국이 맡게 된 임무는 그 어떤 사건에 대해 그 어떤 나라가 맡은 그 어떤 임무보다 명예롭고 의로운 것입니다.

우리는 독일이 발표한 선언에서, 아, 심지어 독일 전우와 끊임없이 관계를 맺고 있는 이 나라의 몇몇 인사들의 언사에서 이 끔찍한 전쟁을 제멋대로, 부당하게 저지른 장본인이 다름 아닌 영국이라고 몰아세우려는 의도를 읽을 수 있습니다. 스코틀랜드도 아니요, 웨일스도 아니요, 아일랜드도 아닌 영국이라고 말입니다.

재산을 증식시키기 위해, 위험한 경쟁상대의 영향력과 힘, 번영을 파괴하기 위해 영국이 제멋대로 전쟁을 저질렀다고 말입니다.

실제 사실을 이처럼 어리석게, 졸렬하게 왜곡시킨 경우는 지금까지 단 한 번도 없었습니다. 전쟁이 일어난 것은 3년 전인데 그 사이 당혹스러운 사건들이 무리지어 일어나는 바람에 어떤 사람들은 몇 가지 중요한 사실을 잊어버리기도 했을 것입니다. 하지만 그 사실은 매우 중요하기 때문에 지금에 와서 다시 언급할 필요가 있습니다. 이는 단지 우리를 중상 모략한 이들에게 반박하기 위해서가 아닙니다. 우리 조국은 이 잔인한 유혈 사태에 대해 양심의 가책을 느낄 만한 책임을 조금도 지지 않았다는 변함없는 확신을 우리 민족의 가슴에 심어주기 위해서입니다.

그렇다면 주요한 사실은 무엇입니까? 처음부터 전쟁에 참여한 국가는 여섯이었습니다. 영국이 참전한 것은 마지막이었지 처음이 아니었습니다.

영국은 참전하기 전까지 전쟁을 피하고자 온갖 노력을 아끼지 않았습니다. 그 어떤 충돌도 있어선 안 된다며 간청하고 애원하고 탄원하였습니다.

당시 정부 내각의 일원이었던 저는 우리 정부가 독일과 오스트리아에게 유럽을 이 무자비한 유혈 사태에 몰아넣지 말자고 온 힘을 다해 설득한 것을 기억합니다. 우리는 그들에게 유럽 회담을 열어 사태를 재고해보자고 간청했습니다.

그때 회담이 열렸다면 이런 재앙을 막으려는 반대론의 압도적인 기세로 전쟁은 애초에 일어나지 않았을 것입니다. 독일은 이 사실을 알고 있었기에 회담을 거부했고, 오스트리아만이 회담을 받아들일 준비를 하고 있었습니다. 그러던 중 독일이 불쑥 전쟁을 선포한 것인데, 우리가 독일을 공격하기 위해 제멋대로 전쟁을 일으켰다는 누명을 쓰게 된 것입니다.

우리는 독일에게 벨기에를 공격하지 말 것을 요청하면서 조약을 맺었고, 영국 왕은 물론 프러시아 왕의 서명까지 받았습니다. 그리하여 침략자로부터 벨기에를 지킬 것을 맹세하며 우리는 이렇게 선언했습니다.

"당신들이 벨기에를 침략한다면 우리는 이를 방어할 수 밖에 다른 방도가 없다."

적군은 결국 벨기에를 침략하였고, 이제 와서 이렇게 말합니다.

"어찌 그럴 수가 있는가, 영국인 당신들이 이 전쟁을 일으키지 않았던가?"

이것은 결코 늑대와 양 이야기가 아닙니다. 그 이유가 무엇인지 아십니까? 독일은 양을 만나리라 기대했겠지만 결국 그들이 맞닥뜨린 것은 사자였기 때문입니다.

대영제국의 총리가 되기 8년 전인 1908년의 데이비드 로이드 조지

로이드 조지의 맨션 하우스 연례 연설

이 연설은 1911년 7월 21일, 영국 재무장관으로서 런던 시장 관저인 맨션 하우스에서 행한 연례 연설의 일부이다. 영국이 위험을 무릅쓰지는 않으리라 믿고 있던 대부분의 사람들을 충격에 빠뜨린 이 연설은 통쾌하고 단호하고 솔직하고 자부심 가득한 데이비드 로이드 조지의 특성을 그대로 드러낸다.

저는 평화를 지키기 위해서라면 어떤 희생도 불사할 것입니다. 저는 지극히 중대한 국가적 문제를 제외하고는, 그 어떤 것도 국제 친선을 방해하는 행위를 정당화하지 못한다고 생각합니다.

하지만 영국이 몇 백 년 동안의 영웅적 행동과 업적을 통해 확보한 중요하고 유리한 위치를 포기해야 한다면, 만약 영국이 자국의 이해관계에 지극히 중요한 영향을 받는 상황에서 마치 전혀 중요하지 않은 국가처럼 형편없는 취급을 받고도 참아야만 평화를 유지할 수 있다면, 저는 그런 희생으로 얻은 평화는 우리와 같은 위대한 국가로서는 견딜 수 없는 치욕이라고 단호히 말하겠습니다.

―중략―

우드로 윌슨
THOMAS WOODROW WILSON

―――― GREAT SPEECHES ――――

생애
우드로 윌슨(1856~1924)은 미국 28대 대통령으로 1919년에 노벨 평화상을 받았다. 장로교 목사의 아들로 버지니아 스타운튼에서 태어났다. 12세까지 글자를 깨우치지 못하였지만 이후 데이비슨 대학과 프린스턴 대학, 버지니아 대학과 존스 홉킨스 대학 등 유수의 교육기관에서 수학하였다. 졸업 후 윌슨은 학계에 진출해 프린스턴 대학에서 교수로 역임했고, 총장 직을 맡기도 했다. 1910년에 뉴저지 주지사를 지내고 1912년에 미국 대통령에 당선되어 두 번의 임기를 채웠다. 임기 중 마지막 2년은 뇌졸중이 발병한 탓에 심신이 쇠약해진 채로 보내야 했다.

연설의 배경 및 의의
우드로 윌슨 대통령이 양원 합동 회의에서 이 연설을 펼칠 당시에는 그로부터 9개월 전에 미국이 가담한 1차 세계대전이 막바지에 이르렀다는 사실이 분명해지고 있었다. 이를 바탕으로 윌슨의 연설은 이 세계에서 더 이상의 충돌을 피하겠다는 그의 의지를 담고 있었다.
윌슨은 학자 150명으로 구성된 '조사단(Inquiry)'의 도움을 받아 14개 조항을 작성하였다. 이 조항을 작성할 때에는 미국 정치인은 물론 연합군 지도자들의 자문도 얻지 않았다. 클레망소 프랑스 총리와 로이드 조지 영국 총리가 몇몇 조항에 대해 이의를 제기했지만 정작 윌슨에게 가장 큰 장애물은 국내에 있었다. 미국 상원에서 베르사유 조약의 비준을 거부한 것이다. 주된 반대 사유는 국제 연맹 회원국에 부과되는 의무 때문이었다.
14개 조항으로 윌슨은 국제 연맹을 널리 알린 공을 인정받아 1919년에 노벨 평화상을 수상했다.

연설의 특징
1차대전의 종말을 예측한 윌슨은 독일을 비난하고 러시아 군의 투지에 찬사를 보낸다. 결국 전쟁 후의 국제질서를 논한 파리 평화회의에서 행한 연설에 나오는 14개 조항은 독일에겐 굴욕적인 베르사유 조약의 기초가 되었다.

평화원칙 14개 조항
워싱턴 DC, 미국 국회의사당. 1918년 1월 8일

••• 의원 여러분! 전에 말씀드린 바와 같이 동맹국의 대변인 측에서 이번 전쟁의 목적과 세계 평화를 위해 가능한 기반을 논의하고자 하는 바람을 내비쳤습니다. 러시아 대표단과 동맹국 대표단의 조약은 브레스트리토프스크에서 진행 중이며, 이 조약이 평화와 안정에 관한 총회로 확장될 가능성이 있는지 확인하기 위해 모든 교전국의 참여를 요청한 상태입니다.

러시아 대표단은 기꺼이 평화 협정을 맺겠다는 원칙하에 의심 없이 확실한 성명을 발표했을 뿐만 아니라, 이러한 원칙을 적용할 구체적이고 분명한 계획까지 알려 왔습니다. 동맹국 대표단은 확신까지는 아니어도 현실적인 측면에서 평화를 구축할 구체적인 방안이 나오기 전까지는 자유로운 해석이 가능하다는 입장을 취하며 조약의 윤곽을 조정하고 있습니다. 구체적인 방안과 관련해서는 러시아의 주권은 물론 러시아 국민의 재산을 누가 관리할 것인지에 대해 한 치의 양보도 허용하지 않고 있습니다. 또한 동맹국은 자신의 군대가 점령한 지역과 지방, 도시, 그리고 자신이 점령한 우위점을 그들의 영토와 세력으로 영원히 편입시킬 때까지 그곳에서 한 발짝도 물러나지 않겠다는 의지를 보이고 있습니다.

그들이 처음 제안한 합의 원칙은 독일과 오스트리아의 비교적 진보적인 정치인들에게서 유래되었다는 추측은 합당합니다. 그들 정치인은 자국인의 생각과 목적의 힘을 인식하기 시작했지만, 실제 합의에 관한 구체적인 내용은 자신이 얻은 것만 지키려 하고 그밖에 달리 생각이 없는 군사 지도자들이 결정하였습니다. 결국 협상은 결렬되었습니다. 러시아 대표단은 진지했으며 진심을 다했습니다. 그들은 정복이나 지배 같은 제안을 할 수 없었습니다.

이 모든 일은 상당한 의미가 있습니다. 당혹스러운 것도 사실입니다. 러시아 대표단은 과연 누구와 거래한 것입니까? 동맹국의 대표단은 과연 누구를 대변한 것입니까? 그들은 각자 의회의 다수당을 대변한 것입니까? 아니면 군사적·제국주의적 소수당을, 지금까지 그 나라의 정책 전반을 지배했고, 터키와 발칸 제국의 정사를 장악하여 그들을 부득이하게 전쟁에서 자신의 편으로 이끈 소수당을 대변한 것입니까?

러시아 대표단은 매우 정당하고 현명하게, 더불어 진정한 현대 민주주의 정신을 받들며 이렇게 주장했습니다. 그들이 독일과 터키 정치인들과 연 회담은 비밀리가 아닌 공개적으로 진행되었으며, 그들이 바란 대로 온 세계가 그 회담의 청중이었다고 말입니다.

그렇다면 우리는 누구의 말을 들은 것입니까? 지난 7월 9일에 열린 독일 의회 결의안에 담긴 정신과 의도를 들은 것입니까? 아니면 독일 자유당 지도자와 자유당의 정신, 의도를 들은 것입니까? 아니면 자유당의 정신과 의도를 거부하고 이에 저항하며, 정복과 지배를 주장한 이들의 말을 들은 것입니까? 그것도 아니면 우리는 사실 일치되지도 않은 채 가망 없는 모순으로 가득 찬 그들 양편의 목소리를 모두 듣고 있었던 것입니까? 이것은 아주 심각하고 중대한 질문입니다. 이에 대한 대답에 세계 평화가 달려 있습니다.

하지만 브레스트리토프스크 조약의 결과가 어떻게 되든, 자문단이 어떤 혼란을 일으키든, 동맹국 대표단의 발언 목적에 대해 어떤 혼란이 일든 상관없이 동맹국은 다시 한 번 세계에 전쟁에 대한 자신의 목적을 알리려 했고, 상대에게 그들의 목적이 무엇인지, 그들은 어떤 협상이 정당하고 만족스럽다 여기는지 알리려 했습니다. 그들의 이런 도전에 우리가 왜 대응해서는 안 되는지, 왜 지극히 허심탄회하게 대응하면 안 되는 것인지, 마땅한 이유는 없습니다.

우리는 기다리지 않았습니다. 단 한 번만이 아니라 몇 번이고, 우리는 전 세계에 우리의 전반적인 생각과 목적을 알렸습니다. 비단 보편적인 말만이 아니라 정확히 어떤 종류의 합의 조건이 나와야 하는지 분명히 하기 위해 매번 충분한 의미도 함께 알렸습니다. 지난주에는 로이드 조지 총리가 대영제국의 국민과 정부를 위해 감탄할 정도로 솔직하게, 훌륭한 정신을 담아 뜻을 전달했습니다.

반면 연합국 측에는 어떤 혼란도 없습니다. 원칙이 불확실하지도 않으며 세부사항이 모호하지도 않습니다. 자문단이 유일하게 엄수하는 비밀, 거칠 것 없는 솔직함이 유일하게 부족한 부분, 전쟁의 목적에 대해 분명히 진술하지 못한 이유는 독일과 그 동맹국에 있습니다. 이들이 어떤 정의를 내리느냐에 생사의 문제가 달려 있습니다.

자신의 책임에 대해 조금이라도 인식하고 있는 정치인이라면 그 누구도, 단 한 순간이라도 이 비참하고 끔찍한 피바다가 계속되도록, 인류의 보물이 사라지도록 놔두지 않을 것입니다. 이 중요한 희생이 사회의 목숨을 위한 것이라고 확신하거나, 국민들도 이 희생이 정당하며 필수적이라고 받아들인다는 사실을 의심 없이 확신하는 일이 없다면, 그 정치인은 지금의 참혹한 현실이 계속되도록 놔두지 않을 것입니다.

더군다나 원칙과 목적에 대한 정의를 요구하는 목소리가 들려오고 있습니다. 그 목소리는 소란스러운 세계를 가득 메우는 그 어떤 선동적인 목소리보다 열렬하고 강력합니다. 그것은 바로 러시아 국민들의 목소리입니다. 러시아인들은 독일의 암울한 힘 앞에서 몸을 가누지 못한 채 무력한 상태에 빠져 있습니다. 지금까지 독일인은 연민이나 동정심이 없기로 잘 알려져 있습니다. 그 앞에서 러시아의 힘은 산산이 조각났습니다. 하지만 그들의 정신은 아직 굴복하지 않았습니다. 그들은 원칙적으로든 행동으로든 항복하지 않을 것입니다.

러시아 인들은 옳은 것, 인간적이고 명예로운 것에 대한 그들의 신념을 명시한 바 있습니다. 여기에는 러시아 인들의 솔직함이 담겨 있고, 그들의 드넓은 시야와 관대한 정신이 담겨 있으며, 모든 인류의 감탄을 넘어서는, 인간에 대한 보편적인 연민이 담겨 있습니다. 또한 러시아 인들은 자신의 안전을 위해 이상을 더럽히거나 다른 무엇을 저버리려 하지 않았습니다.

그러면서 그들은 우리가 바라는 것은 무엇인지, 우리의 목적과 정신이 그들의 것과 다르다면, 그 차이는 무엇인지 말하라고 합니다. 이에 대해 우리 국민들은 제가 무엇보다 간결하고 솔직하게 대답하기를 바랄 것입니다. 러시아 지도자들이 믿을지는 모르겠지만 우리의 진심 어린 바람이자 희망은, 어떤 방법으로든 러시아와 교류를 맺어서 러시아 국민들이 바라는 자유와 질서정연한 평화를 누릴 수 있도록 돕는 것입니다.

우리의 바람이자 목적은, 평화를 이룩하기 위한 첫 걸음을 땐 뒤에는 그 과정을 전적으로 공개하며, 그 이후 어떤 종류로든 비밀 협약은 포함하지도, 허용하지도 않는 것입니다. 정복과 확장의 시대는 끝났습니다. 비밀 협약이 특정 정부의 이익에 영합되어 체결되거나, 그밖에 예기치 않은 순간에 체결되어 세계의 평화를 그르치던 시대 역시 끝났습니다.

이는 이제 모든 일반인의 관점에서도 분명해진 사실입니다. 오늘날 일반인들의 생각은 죽어 없어진 시대에 머물러 있지 않습니다. 따라서 세계 평화와 정의 실현을 목표로 하는 국가라면 그 목적을 지금은 물론 그 어느 때든 천명할 수 있게 되었습니다.

우리가 이 전쟁에 참여하게 된 것은 인권 유린이 발생하여 우리의 가슴 깊숙한 곳을 자극했기 때문이었습니다. 이 사태를 바로잡지 않는다면, 되풀이되는 인권 유린의 현장에서 이 세계를 구하지 못한다면 우리 국민들의 삶마저 위태로워지기 때문이었습니다.

그러므로 우리가 이 전쟁을 통해 얻고자 하는 것은 비단 우리 자신에게만 국한되는 것이 아닙니다. 우리의 바람은 이 세계가 살기 좋고 안전한 곳이 되는 것입니다. 그리고 무엇보다, 우리처럼 평화를 사랑하는 모든 나라들이 그들의 삶을 영유하고 그들만의 제도를 구축하며, 그 어떤 폭력이나 이기적인 침략에 맞서 정의를 바로세우고, 세계 다른 국가들과 공정한 거래를 꾸려나가는 것입니다.

이런 점에서 볼 때 전 세계 모든 국민들은 사실상 동반자입니다. 더불어 우리는 타인에게 정의가 실현되지 않는다면 우리에게도 정의는 실현되지 않는다는 사실을 뚜렷이 확인했습니다.

따라서 전 세계 평화 구축이라는 계획은 우리의 계획이기도 합니다. 또한 세계 평화를 구축하기 위한 유일한 계획은 보시다시피 바로 이것입니다.

1. 공개적인 평화조약이 공개적으로 체결된 이후에는 어떤 종류의 국제적인 비공개 합의도 있어서는 안 되며, 외교는 언제나 대중 앞에서 솔직하게 진행되어야 한다.
2. 영해 밖의 공해상에서는 평시나 전시를 막론하고 절대적인 자유가 보장되어야 한다. 단 국제 협약을 시행하기 위한 국제적 조치에 따라 공해의 전부 혹은 일부가 폐쇄될 시에는 예외로 한다.

3. 평화 구축에 합의하고 평화 유지에 관여하는 모든 국가들 간에는 가능한 한 모든 경제 장벽을 제거하고 대등한 통상 조건을 확립한다.

4. 각국의 군비는 적절한 보장 아래 국내 안보에 적합한 최저수준으로 감축한다.

5. 식민지의 주권 문제를 결정할 때에는 관련 주민의 이익이 앞으로 수립될 당 정부의 권리 주장과 동등한 중요성을 띠어야 한다는 엄격한 원칙을 바탕으로, 식민지가 주장하는 모든 요구를 자유롭고 편견 없이, 절대적으로 공평하게 조정한다.

6. 러시아 전 영토에서 외국군을 철수하고 러시아와 관련된 모든 사안을 해결하기 위해 세계 다른 국가들은 최선의 자유로운 협정을 보장하며, 이로써 러시아 내의 정치적 발전과 국가정책에 대한 러시아의 독립적인 결정을 제약하거나 방해하지 않는다. 또한 자국의 선택에 따라 자유국가 사회의 일원이 된 러시아를 진심으로 환영함은 물론, 러시아에 필요하거나 러시아가 희망하는 모든 종류의 원조를 아끼지 않는다. 수개월 내에 러시아에 대해 행해질 우방국의 원조는 러시아에 대한 선의나 자국의 이해와는 별개로 러시아의 요구에 대한 이해와 사려 깊고 사심 없는 호의를 반영하는 척도가 될 것이다.

7. 벨기에는 주권을 회복할 것이며 벨기에 주둔 외국군은 철수할 것이다. 전 세계가 이 사실에 동의할 것이고, 다른 자유 국가와 마

찬가지로 벨기에가 누리는 주권을 제한하려는 어떠한 시도도 일어나지 않을 것이다. 이러한 조치는 다른 어떤 행위보다 각국이 자발적으로 국가 간 상호 관계를 정립하기 위해 설정한 법에 대해 신뢰를 회복하는 계기가 될 것이다. 이러한 치유책이 없다면 국제법의 전체 구조와 효력은 영원히 손상될 것이다.

8. 프랑스의 모든 영토는 해방되어야 하고 침략당한 지역은 회복되어야 한다. 또한 1871년 알자스로렌(프랑스 북동부 지역으로, 독일과 프랑스 사이의 격전지) 문제와 관련해 프로이센이 프랑스에 가한 부당행위는 근 50년 간 세계 평화를 교란한 만큼 모든 나라의 이익을 위해 평화가 다시 한 번 구축될 수 있도록 시정되어야 한다.

9. 이탈리아 국경의 재조정 문제는 명백히 인식할 수 있는 국적의 경계에 따라 행해져야 한다.

10. 오스트리아-헝가리 제국 내 민족에 대해 우리는 그들의 국제적 지위가 보호되고 보장받길 바라며, 그에 따라 그들이 자율적으로 발전할 수 있는 기회가 자유롭게 부여될 것을 촉구한다.

11. 루마니아와 세르비아, 몬테네그로에 주둔한 외국군은 철수해야 하며 점령지역은 복구되어야 한다. 세르비아에서는 해상으로 자유롭고 안전한 접근이 가능해져야 한다. 발칸의 여러 국가들 간의 상호관계는 역사적으로 확립된 충성심과 민족의식의 경계선에 따라 우호적 합의를 통해 결정되어야 하며 발칸 국가들의 정치적 · 경제적 독립 및 영토 보전은 국제적으로 보장되어야

한다.

12. 현재 오스만 제국 내 투르크인의 영토에 대한 주권은 확실히 보장되어야 하며, 한편으로 현재 투르크의 지배하에 있는 다른 민족들에게는 생활에 대한 확실한 안전과, 절대 방해받지 않는 자율적인 발전의 기회가 보장되어야 한다. 다르다넬스 해협은 국제적 보장 아래 모든 나라의 선박과 교역의 자유로운 통로로서 영원히 개방되어야 한다.

13. 독립된 폴란드 국가가 수립되어야 한다. 폴란드에는 반론의 여지없이 폴란드 주민이 거주하는 영토가 포함되어야 하고, 해상으로 자유롭고 안전하게 접근할 수 있는 길이 확보되어야 한다. 또한 국제 협약에 따라 폴란드의 정치적·경제적 독립 및 영토 보전이 보장되어야 한다.

14. 강대국과 약소국을 막론하고 정치적 독립과 영토 보전이라는 상호 보장을 목적으로 하는 특별 협약 아래 국가 연합이 수립되어야 한다.

잘못된 것을 필수적으로 시정하고 옳은 것을 주장하는 일과 관련하여 우리는 제국주의자에 대항해 연합한 모든 정부와 국민들의 친근한 동반자라고 생각합니다. 우리는 이해관계로 분리되거나 목적으로 분열될 수 없습니다. 우리는 끝까지 단결할 것입니다.

이와 같은 조정과 협약이 성사될 때까지 우리는 기꺼이, 계속해서 싸울 것입니다. 이는 다만 정의가 승리하기를 바라기 때문이며, 전쟁을 도발하는 주요 자극제를 제거해야만 확립할 수 있는 정당하고 안정적인 평화를 갈망하기 때문입니다. 바로 위의 조항들이 이들 자극제를 제거할 것입니다.

우리는 독일의 위대함을 시기하지 않으며, 이 계획에는 그들에 손해를 입힐 항목이 전혀 없습니다. 우리는 독일의 업적이나 뛰어난 학문에 대해, 혹은 독일을 찬란한 국가, 선망의 대상으로 만든 평화 사업에 대해 아무런 원한이 없습니다. 우리는 독일을 해치거나 그들의 정당한 영향력과 힘을 어떤 식으로든 봉쇄하는 것을 원치 않습니다. 독일이 정의와 법, 공정거래 관련 협약을 통해 우리는 물론 평화를 사랑하는 전 세계 국가들과 협력할 용의가 있다면, 우리는 독일과 군사적으로나 적대적인 통상 조치로 싸우는 것을 원치 않습니다.

우리는 오로지 독일이 지금 우리가 살고 있는 새로운 세계에서 지배자로 군림하는 것이 아니라 전 세계 국민들과 평등한 위치에 서는 것을 수락하기를 바랄 뿐입니다.

우리는 독일에게 제도의 변경이나 수정을 제안하지 않을 것입니다. 하지만 이 사실은 솔직히 말씀드려야 하겠습니다. 우리 측에서 독일과 심도 깊은 거래를 할 경우를 대비해 우리는 독일 측 대변인이 독일 의회의 다수당을 대표하는지, 아니면 제국 지배를 신조로 하는 사람들이나 군부당을 대표하는지 알 필요가 있습니다.

우리는 이제 어떤 의심이나 의문도 허용할 수 없을 만큼 구체적으로 확실히 말하였습니다. 지금까지 제가 설명한 계획을 관통하는 분명한 원칙이 하나 있습니다. 바로 모든 국민과 민족에게 정의가 적용되며, 강자와 약자를 막론하고 인류가 자유와 안전이라는 동등한 조건 속에서 살아가는 권리가 확보된다는 원칙입니다.

이 원칙이 기반이 되지 않는 한 국제 정의의 체제를 이루는 그 어떤 부분도 바로설 수 없습니다. 미국 국민들은 다른 어떤 원칙에 입각해 행동할 수 없으며, 이 원칙을 지지하기 위해 자신의 목숨과 명예, 그들이 소유한 모든 것을 바칠 준비가 되어 있습니다. 이 원칙의 도덕적 절정을 장식할 시간이, 인류의 자유를 위한 결전의 날이 다가왔습니다. 미국 국민은 이 시험에 자신의 힘과 숭고한 목적을, 자신의 고결함을 바쳐 헌신을 다할 준비가 되어 있습니다.

우드로 윌슨의 참전교서

1917년 4월 2일, 미국 제28대 대통령 우드로 윌슨은 의회의 연단에 서서 이렇게 제1차 세계대전 참전을 선언했다. 대단한 문필가였던 윌슨의 이 연설은 연설문이 갖추어야 할 모든 것을 갖춘 훌륭한 명문으로 대중이 품고 있던 자유의 이상에 부합하였으며 깊은 감동을 주었다. 참전을 할 것인지 말아야 할 것인지 고민하던 미국은 이 연설을 계기로 민주주의와 자유, 정의, 온갖 아름다운 이상의 이름으로 나아가는 결단을 내렸다.

이 위대한, 평화로운 국민을 전쟁으로, 그것도 가장 무섭고 참담한 전쟁으로 이끌어야 한다는 것이 너무나 두렵습니다.
그러나 정의는 평화보다 더 중요합니다. 우리는 가슴 속 깊이 우리가 언제나 소중히 했던 것들을 위해 싸워야 합니다. 민주주의를 위해, 약소국가들의 권리와 자유를 위해, 모든 나라의 평화와 안전을 위해, 그리고 궁극적으로는 세상을 자유롭게 만들어 줄 정의의 보편적인 지배를 위해…
이제 미국이 피를 흘릴 때입니다. 이 나라를 탄생시킨 원칙, 행복과 평화를 지켜온 원칙을 위해 싸울 때입니다. 신께서 우리를 도우시기를 빕니다. 우리가 아니면 아무도 이 싸움에서 이길 수 없기 때문입니다.

―중략―

모한다스 간디
MOHANDAS KARAMCHAND GANDHI

―――― GREAT SPEECHES ――――

생애
모한다스 간디(1869~1948)는 마하트마(성인)로도 알려져 있는 인도의 독립운동 지도자이다. 구자라트 포르반다르의 정치가문에서 태어났다. 런던대학에서 법학을 공부하고 이후 남아프리카공화국에서 변호사 일을 하게 된다. 남아공에서 간디는 공민권 운동에 참여하고 비폭력 시위 정책을 받아들인다. 1915년 인도로 돌아온 뒤 내정자치를 위한 투쟁에서 주요 인물로 부상하였다. 간디는 인도가 독립을 쟁취한 후 몇 개월 뒤에 암살당하였다.

연설의 배경 및 의의
모한다스 간디의 비폭력 비협력운동인 사티아그라하(Satyagraha)가 2년째에 접어든 1922년, 인도 북부 차우리 차우라에서 경찰이 시위대에 총격을 가했다. 뒤이어 추격전이 벌어졌고 군중은 경찰들을 경찰서 안에 가둔 채 그 건물을 불태워 경찰 22명을 살해했다. 간디는 다급히 모든 시위를 중지시켰지만 얼마 안 있어 체포영장을 받게 되었다. 죄목은 '영국령 인도의 법에 따라 수립된 국왕폐하의 정부에 대한 불만 조성 또는 선동'이었고, 그 증거는 1921년 9월부터 1922년 2월까지 〈영 인디아〉에 실린 세 가지 기사였다.
검사의 주장과 유죄를 인정하는 간디의 반응을 참작하여 블룸필드 판사는 간디의 유죄와 징역 6년을 선고하였다. 판사는 이렇게 결론 내렸다.
"인도의 상황이 달라져서 정부가 형기를 감형하고 당신을 석방할 수 있게 된다면 그 누구도 나만큼 기뻐하지는 않을 것입니다." 이후 간디는 2년 간 복역했다.

연설의 특징
강대국 영국의 폭압적인 식민정책이 낳은 20세기의 성인, 간디는 재판 진술을 하는 피고인 입장이면서도 너무도 당당하게, 판사에게 자리에서 물러나든가 자신에게 가장 엄격한 처벌을 내려 달라고 주장하여 민중에겐 감동을, 영국 공권력에겐 당황스러움을 던지고 있다.

재판 진술
인도, 아메다바드 최고 법정. 1922년 3월 18일

••• 진술서를 읽기 전에 이 말씀부터 드리고 싶습니다. 저에 대해 법무감이 한 말은 전적으로 사실임을 인정하는 바입니다. 현존하는 정부 체제에 대해 불만을 역설하는 것이 저에게는 삶의 열정이 되었다는 것은 엄연한 사실이며, 저는 이 사실을 법정에서 추호도 숨길 생각이 없습니다. 또한 제가 정부에 대해 불만을 토로하기 시작한 것은 〈영 인디아〉와 관련을 맺은 뒤부터가 아니라 훨씬 전부터라는 법무감의 주장 역시 사실입니다. 더불어 제가 잠시 후 읽게 될 진술서에서도 밝히겠지만 제가 정부에 대한 불만을 토로하기 시작한 것은 법무감이 지적한 시기보다 훨씬 이전이었음을 인정하는 것이 괴롭지만 저의 의무입니다.

괴로운 일이기는 하지만 제가 짊어진 책임을 통감하면서 그 의무를 이행하겠습니다. 아울러 봄베이 사건과 마드라스 사건, 차우리 차우라 사건과 관련해 법무감께서 물은 책임은 모두 제가 질 것을 희망합니다. 이들 사건에 대해 며칠 밤을 설치며 깊이 생각해 보았지만 차우리 차우라에서의 끔찍한 폭동이나 봄베이, 마드라스의 사건은 저와 무관하다고 할 수 없습니다.

법무감의 말씀이 맞습니다. 책임을 진 사람으로서, 충분한 교육을 받고 이 세계에서 충분히 경험을 쌓은 사람으로서 저는 제 행동 하나하나의 결과를 미리 내다보아야 했습니다.

저도 압니다. 제가 위험천만한 일을 했다는 것을 압니다. 하지만 저는 그 위험을 무릅썼고, 다시 자유의 몸이 된다 하더라도 여전히 같은 일을 할 것입니다. 지금 이 사실을 말씀드리지 않으면 제 의무를 저버리게 된다는 사실을 저는 오늘 아침에야 깨달았습니다.

저는 폭력을 피하고 싶었습니다. 비폭력은 저에게 첫째가는 신념이며 제 마지막 신조이기도 합니다. 하지만 저는 선택을 해야 했습니다. 우리 조국에 돌이킬 수 없는 해를 가한 체제에 굴복하느냐, 아니면 우리 민족의 광적인 분노가 폭발할 위험을 감수하면서 내 입으로 사실을 전하느냐 하는 것이었습니다. 우리 민족이 때로 평정을 잃는다는 사실은 저도 잘 알고 있습니다. 그에 대해 가슴 깊이 사과드리며 이 자리에서 가벼운 처벌이 아닌 가장 무거운 처벌도 달게 받을 것임을 말씀드립니다. 자비를 바라지 않겠습니다. 그 어떤 정상참작도 원하지 않겠습니다.

그러므로 이 자리에서 저는 고의적인 범죄에 대해 가장 무거운 처벌을 요청하는 바이며, 국민의 가장 고귀한 의무로서 이를 기꺼이 받아들일 것임을 말씀드립니다. 재판장님, 진술문에서도 말씀드리겠지만, 지금의 자리에서 물러나시던지, 아니면 지금 집행하는 법과 체제가 우리 국민들에게 도움이 된다고 믿으신다면 저에게 가장 엄격한 처벌을 내리십시오. 저는 재판장님이 이처럼 사상을 전향하는 가능성도 배제하지 않겠습니다. 하지만 진술문을 끝까지 듣고 나면, 재판장님은 제 가슴 속에 무엇이 치밀고 있었기에 제가 정신이 온전한 사람으로서 할 수 있는 가장 터무니없는 위험을 무릅쓴 것인지 희미하게나마 짐작할 수 있을 것입니다.

인도 국민을 비롯해 이 고소를 통해 위안을 받고자 하는 영국 국민들에게, 현 체제에 대한 확고한 지지자이자 협력자였던 제가 비타협적인 불순주의자이자 비협력자가 된 이유를 설명하는 것이 저의 의무인 것 같습니다. 더불어 제가 인도 법에 따라 수립된 정부를 향해 불만을 선동한 죄를 인정하는 이유 역시 재판관님 앞에 설명하는 것이 마땅할 것입니다.

저의 공직 생활은 1893년 곤경에 처한 남아프리카공화국에서 시작되었습니다. 그곳에서 제가 영국 당국과 처음으로 맺은 접촉은 그리 행복한 경험이 아니었습니다. 한 사람의 인간이자 인도인으로서 저에게는 아무런 권리도 없다는 사실을 알게 되었습니다. 더 정확히 말하면 저는 인도인이라는 이유로 인간으로서 그 어떤 권리도 행사할 수 없었습니다.

하지만 저는 좌절하지 않았습니다. 인도인에 대한 이런 대우는 대체적으로 훌륭한 체제의 혹과 같은 것이라고 생각했습니다. 저는 정부에 자진하여 진심을 다해 협력하면서 잘못되었다고 생각하는 부분을 자유롭게 비난하였지만 결코 정부의 파멸을 바라지는 않았습니다.

1899년 보어 전쟁으로 제국의 안위가 위기에 처해 있을 때 자원입

대한 저는 야전 의무대를 이끌고 레이디스미스 시를 구하기 위한 수많은 작전에 참여하였습니다. 줄루족의 '반란'이 일어난 1906년에도 의무 부대를 이끌고 '반란'이 끝날 때까지 싸웠습니다. 두 전쟁에서 모두 훈장을 받았으며 이 사실이 공문에 실리기도 했습니다. 남아프리카공화국에서의 업적을 인정받아 하딘지 경으로부터 카이저-아이-힌드 금메달을 받았습니다.

1914년 영국과 독일 사이에 전쟁이 발발하였을 때에도 저는 런던에서 자원야전의무대를 이끌었습니다. 그 부대에는 당시 런던에 거주하던 인도인들, 주로 학생들이 다수 포함되어 있었습니다. 그 당시의 활동으로 당국으로부터 그 가치를 인정받았습니다.

마지막으로 1918년 인도 델리에서 열린 전시 회담에서 첼름스포드 경이 특별 지원을 요청했을 때에도 저는 병약해진 몸을 무릅쓰고 케다에서 부대를 이끌었으며, 교전이 끝나고 더 이상 징병이 필요 없다는 명령을 받은 뒤에 보상을 받았습니다. 제가 이 모든 병역 활동에 기꺼이 참여한 것은 이러한 의무를 다함으로써 제국 내의 우리 동포들이 완전히 평등한 지위를 확보할 수 있으리라는 신념 때문이었습니다.

첫 번째 충격은 롤라트 법(1919년 3월, 반영(反英)운동을 탄압하게 위해 제정된 법)이었습니다. 이 법은 민중에게서 진정한 자유를 박탈하였습니다. 저는 이에 대항하는 집중 시위를 이끌어야겠다고 생각했습니다. 그리고 펀잡 지방의 공포가 뒤따랐습니다. 잘리안왈라 바그의 대학살

(1919년 4월, 롤라트 법에 반대하는 집회에서 영국 군인이 인도 민중들을 무력으로 탄압, 학살한 사건으로 암리차르 학살사건이라고도 함)에서 시작해 인도인을 향한 굴종 명령, 공개적인 태형, 그밖에 말로 다 표현할 수 없는 굴욕적인 사건들로 우리의 공포는 극에 달했습니다. 또한 저는 이슬람교도와 인도인들에게 이슬람 성전과 터키를 보전하겠다고 한 총리의 약속도 지켜지지 않았다는 사실을 알게 되었습니다.

하지만 주변 동료들의 불길한 예감과 심각한 경고를 전해 듣고도 저는 1919년 암리차르에서 열린 의회에서 몬타구-첼름스포드 개혁 운동을 추진하고 협조를 얻어내기 위해 싸웠습니다. 총리가 이슬람교도 인도인에게 지키지 못한 약속을 만회하는 방편으로 펀잡 주민들의 상처를 치유하고, 부적절한데다 불만족스러웠지만 인도인들의 삶에 새로운 희망을 안겨줄 개혁을 추진하리라 기대했기 때문입니다.

하지만 그 모든 희망은 산산이 부서졌습니다. 힐라파트에서의 약속은 지켜지지 않았습니다. 펀잡의 범죄는 은폐되었고 당시의 범죄자들은 대부분 처벌받지 않았을 뿐만 아니라 여전히 현직에 남아 있었으며, 인도인의 혈세에서 끌어낸 연금을 계속 받는 이들이 있는가 하면 심지어 보상을 받은 이들도 있었습니다. 또한 저는 개혁이 중대한 변화를 가져오지 못한 것은 물론이고, 개혁이 다만 인도의 부를 앗아가기 위한 수단, 인도인의 노예상태를 연장하기 위한 수단에 불과하다는 사실을 알게 되었습니다.

어쩔 수 없이 저는 인도가 영국과 관계를 맺은 이후 정치·경제적으로 무력해졌다는 결론에 도달했습니다. 무장 해제된 인도는 그 어떤 침략자에 맞서 무장 항쟁을 벌이고 싶어도 그럴 힘이 없습니다. 인도의 일부 지식인 계층에서는 인도가 자치령의 지위에 올라서기까지는 몇 세대가 더 지나야 한다는 사실을 통감하게 되었습니다. 인도는 가난에 처참히 시달린 나머지 기근에 맞설 힘도 없습니다.

영국이 진출하기 전의 인도는 백만 채의 오두막 안에서 실을 잣고 천을 짰습니다. 그 정도면 변변찮은 농업 자원을 보충하기에 충분했습니다. 인도의 존립에 그토록 중요한 가내 공업이 영국인 목격자들이 묘사한 것처럼 무정하고 비인간적인 절차에 따라 몰락했습니다.

도시 사람들은 반기아 상태에 처한 인도 군중이 서서히 생명을 잃고 허물어진다는 사실을 알지 못합니다. 도시 사람들은 그들이 누리는 비참한 안락이 외국인 착취자들을 위해 노동한 대가라는 사실을 알지 못합니다. 그들이 얻은 이익과 대가가 바로 인도 군중에게서 빨아들인 것이라는 사실을 알지 못합니다. 도시 사람들은 영국령 인도의 법에 따라 수립된 정부가 군중을 착취하고 있다는 사실을 깨닫지 못합니다.

수많은 마을에 숨은 수치스러운 사실이 육안에 드러난다는 사실은 그 어떤 궤변론으로도, 그 어떤 변장술로도 변명할 수 없습니다. 저 위에 신이 정말 존재한다면, 영국 당국과 인도 내 도시 거주자들은 이 반인륜적 범죄에 대해, 역사상 타의 추종을 불허할 이 참상에 대해 답을 내놓아야 한다고 저는 의심의 여지없이 주장하는 바입니다.

이 나라의 법은 그 자체로 외국인 착취자들을 위해 사용되었습니다. 펀잡의 결혼법에 대해 공평하게 조사한 결과, 판결 사례의 96퍼센트가 상당히 심각한 수준이라는 사실을 알게 되었습니다. 인도의 정치계를 겪어본 결과 유죄 선고를 받은 열 명 중 아홉은 전적으로 무고하다는 결론에 이르렀습니다. 그들이 저지른 범죄에는 조국에 대한 사랑이 담겨 있었습니다. 유럽인의 경우와 비교했을 때 인도 법정에선 인도인 백 명 중 아흔 아홉에게는 공정한 판결이 시행되지 않았습니다. 과장된 이야기가 아닙니다. 이러한 사례와 어떻게든 관련이 있었던 모든 인도인이 겪은 일입니다. 따라서 저는 법 집행 당국이 의식적으로든 무의식적으로든 착취자의 이익을 위해 자신을 팔아 넘겼다고 밖에 달리 생각할 수가 없습니다.

가장 큰 불행은 인도 정부의 영국인, 인도인 관계자들은 제가 설명하려 하는 이 범죄에 자신도 연루되었다는 사실을 모른다는 것입니다. 확신컨대 영국인과 인도인 공무원 대다수는 자신이 세계 최고 수준으로 고안된 체제를 집행하고 있으며, 인도가 느리기는 하지만 조금씩 진보하고 있다고 믿고 있습니다.

그들은 한편으로는 테러라는 미묘하지만 효과적인 시스템과 조직적인 힘을 과시하면서, 그리고 다른 한편으로는 보복이나 자기 방어와 관련된 모든 힘을 박탈하면서 대중을 무력화시키고 이를 반복하는 습관에 빠졌다는 사실을 알지 못합니다. 이 지독한 습관은 행정부의 무지와 자기기만 위에 덧대어진 것입니다.

제가 기소된 근거인 124A 항(폭동과 정부에 대한 반감을 선동하는 것은 범죄라고 규정짓는 조항으로 19세기 영국 식민지 때 제정되어 지금까지 유지되고 있다)은 인도 형법의 정치적 조항 중에서도 아마 단연 최고일 것입니다. 애정은 법으로 만들어 내거나 규제할 수 없습니다. 어떤 사람이나 체제에 대해 아무런 애정도 없다면, 폭력을 고려하거나 자극하고 선

간디(왼쪽)와 라빈드라나트 타고르. 타고르는 인도의 작가이자 시인, 음악가로 1913년 노벨 문학상을 받았다.

동하지 않는 한 자신의 불만을 자유롭게 마음껏 표현할 수 있어야 합니다.

하지만 저와 뱅커 씨의 기소 근거가 된 그 조항은 단순한 불만 선동조차도 범죄가 될 수 있다고 말하고 있습니다. 저는 이 조항에 따라 기소된 몇 가지 사례를 알아보았고, 인도에서 가장 사랑받는 애국자 몇몇이 이 조항에 따라 유죄판결을 받았다는 사실을 알게 되었습니다. 따라서 저는 이 조항에 따라 기소된 것을 영광으로 생각합니다.

저는 제 불만의 이유를 되도록 간결하게 제시해보려 노력했습니다. 저는 그 어떤 관리에게도 개인적인 악의는 없으며, 영국왕의 신하에게는 더더욱 그렇습니다. 하지만 저는 이전의 그 어떤 체제보다 인도에 심각한 해를 끼친 정부 전체를 향해 불만을 표하는 것이 옳다고 생각합니다.

인도는 영국의 지배 아래에서 그 어느 때보다 무력해졌습니다. 이러한 믿음이 있기 때문에 저는 오히려 이 체제에 대해 애정을 품는 것 자체가 죄라고 생각합니다. 따라서 제 유죄의 증거로 제출된 여러 편의 글을 쓸 수 있었던 것은 저에게 귀중한 영광이었습니다.

사실 저는 비협력을 제시함으로써 인도인과 영국인들에게 지금 살고 있는 비정상적인 상태에서 벗어날 길을 보여주었다는 점에서 그들에게 도움이 되었다고 믿습니다. 저는 선에 협력하는 만큼이나 악에 협력하지 않는 것이 우리의 의무라고 생각합니다. 하지만 과거에 비협력이라는 말은 악행을 일삼는 자들에 대한 폭력을 의도적으로 표현하는 것이었습니다.

저는 동포들에게 폭력적인 비협력은 오로지 악을 증식시킬 뿐이며, 악은 폭력을 통해서만 지탱될 수 있기 때문에 악에 대한 지지를 철회하려면 폭력을 완전히 삼가야 한다는 사실을 알리고 싶습니다. 악에 협력하지 않는 대가로서 자발적으로 따라야 하는 것이 바로 비폭력입니다. 따라서 저는 법에 제시된 바와 같이 고의적인 범죄를 저지른 것에 대해 가장 엄중한 벌이 내려지기를 바라며, 이를 시민의 고귀한 의무로서 기꺼이 받을 것임을 말씀드립니다.

재판장님과 배석 판사님들께는 두 가지 대안밖에 없습니다. 여러분이 집행하는 법이 악이며, 제가 무고하다고 생각하신다면 자리에서 물러남으로써 여러분 자신을 악으로부터 단절시키십시오. 반대로 여러분이 집행하는 법과 체제가 이 나라 국민들에게 좋은 것이며, 그러므로 제 행동이 공공의 복리에 해가 된다고 믿으신다면 저에게 가장 가혹한 처벌을 내리십시오.

프랭클린 델러노 루스벨트 ①
FRANKLIN DELANO ROOSEVELT

―――― GREAT SPEECHES ――――

생애

프랭클린 루스벨트(1882~1945)는 미국의 32대 대통령으로서 최장기간(1933~1945) 재임한 대통령으로 남았다. 뉴욕 시 하이드파크에서 미국 내 유서 깊은 상류층 자제로 태어났다. 하버드 대학에서 법학을 공부하고 1910년에 뉴욕주 상원의원으로 선출되었다. 1928년에 뉴욕 주지사로 임명되고 4년 뒤, 재임을 노리던 허버트 후버 전 대통령을 제치고 대통령 직에 올랐다. 대통령 직에 세 번 재임한 루스벨트의 임기는 대공황과 제2차 세계대전으로 장식되었다. 루스벨트는 종전 몇 달 전에 집무실에서 사망하였다.

연설의 배경 및 의의

프랭클린 루스벨트 대통령의 네 번에 걸친 취임 연설 가운데 첫 번째 연설은 미국 역대 대통령의 연설 가운데 최고로 꼽힌다. 이는 루스벨트가 고된 선거 운동 당시 미국 전역을 돌아다니며 경제 개혁을 선전하면서 200번이 넘는 연설을 펼친 뒤 하게 된 연설이었다.

취임식 당시 미국의 대공황은 4년째에 접어들고 있었다. 실업자는 수백만에 달했고 미국의 은행 2만 4천 곳 가운데 절반 가까이가 파산했다. 이런 상황에서 루스벨트의 당선은 결정적인 것이었다. 선거인단 투표에서 허버트 후버 전 대통령은 59표를 얻으면서 48개 주 가운데 6개 주에서 승리하는 데 그쳤지만 루스벨트는 472표를 얻었다. 루스벨트는 지금까지도 현직 대통령 가운데 가장 큰 득표차로 당선된 대통령으로 남아 있다.

루스벨트는 당선 이후 취임 전까지 5개월 동안 전국 순회를 계속하였다. 1933년 2월 15일, 벽돌공 주세페 장가라가 대통령 당선자를 암살하려 했다.

연설의 특징

공교롭게도 히틀러와 비슷한 시기에 집권하고 비슷한 시기에 사망한 루스벨트는 취임 연설에서 대공황에 신음하는 국민들을 위로하고 두려워할 것은 두려움 자체뿐이라는 명언을 던진다.

첫 번째 취임 연설
워싱턴 DC, 국회의사당. 1933년 3월 4일

••• 후버 대통령, 재판장, 친구 여러분. 오늘은 국가적 축성의 날입니다. 동료 국민 여러분은 제가 취임을 하면서 현재 미국의 상황에 걸맞게 솔직하고 결연한 연설을 하리라 기대하실 것입니다.

지금은 진실을, 온전한 진실만을 솔직하고 용기 있게 말씀드려야 하는 중대한 시기입니다. 오늘날 우리 국가가 처한 상태를 가감 없이 대면한다고 해서 움츠러들 필요는 없습니다. 이 위대한 국가는 예전에도 그러했듯 반드시 견뎌낼 것입니다. 우리는 부활할 것이고 번영할 것입니다.

그러니 우선 제 확고한 믿음부터 말씀드리겠습니다. 우리가 두려워해야 할 것은 두려움 그 자체뿐입니다. 이름도 없고 터무니없으며 정당하지 못한 그 공포는 후퇴에서 전진으로 전환하기 위해 필요한 노력마저 마비시킵니다. 조국에 암흑이 드리울 때마다 정직하고 박력 있는 리더십은 승리에 필수적인 국민들의 이해와 지지를 만났습니다. 저는 국민 여러분께서 지금처럼 중대한 시기에 다시 한 번 그러한 지지를 보내주시리라 확신합니다.

여러분과 저는 그런 마음으로 공통된 어려움에 맞서고 있습니다.

다행히 그 어려움은 물질적인 문제에 국한되어 있습니다. 화폐가치는 기상천외한 수준으로 추락하였습니다. 세금이 인상되었지만 우리의 납부능력은 떨어졌고, 정부 모든 부처의 세금 소득은 감소했습니다. 거래 시장에서는 화폐 흐름이 얼어붙었습니다. 기업은 시든 잎사귀처럼 여기저기 떨어져 있습니다. 농부들이 생산물을 팔 시장이 없어졌습니다. 수천 가구가 수년 동안 저축한 돈이 모두 사라졌습니다.

그보다 더, 실업자 대다수가 암울한 생존 문제에 직면해 있으며 그에 못지않게 많은 사람들이 보잘것없는 임금으로 고통 받고 있습니다. 어리석은 낙관주의자들만이 지금의 암울한 현실을 부인할 수 있을 것입니다.

하지만 우리의 괴로움은 물질적 결핍에서 비롯된 것이 아닙니다. 우리는 메뚜기 떼의 습격에 시달리는 것이 아닙니다. 우리 선조들이 확신을 품고 두려워하지 않았기에 이겨낼 수 있었던 무수한 역경과 비교해보면 우리에게는 아직 감사해야 할 일이 더 많습니다. 자연은 여전히 너그럽게 자신을 내어주고, 인간은 노력을 통해 그 혜택을 늘려 왔습니다. 눈앞에서는 모든 것이 풍요롭게 널려 있는데 이들을 너그럽게 쓰지 못해 공급 부족이 일어나고 있습니다. 이는 인류의 상품 교역을 지배하는 사람들이 완고하고 무능한 탓에 상품 교역에 실패하고는 그 실패를 인정한 뒤 자리에서 물러났기 때문입니다. 부도덕한 금융업자의 소행은 여론의 심판대에 오르면서 사람들의 마음과 지지를 잃었습니다.

실로 그들은 노력했지만 그 노력은 낡은 전통의 틀에 얽매여 있었습니다. 신용거래가 실패하고 있는데 그들은 오로지 더 많은 돈을 대출하라는 제안만 했습니다. 국민들에게 자신의 그릇된 리더십을 따르게 하려고 던졌던 이윤이라는 미끼마저 잃어버리자 그들은 이제 강력한 권고에 기대고 눈물로 호소하면서 신뢰를 회복하려 했습니다. 그들은 이익 추구 세대의 원칙만 알고 있습니다. 그들에겐 비전이 없으며, 비전이 없는 사람은 파멸하고 맙니다.

금융업자들은 우리 문명의 신전에서 차지하고 있던 높은 지위로부터 도망쳤습니다. 이제 우리는 그 신전을 다시 고대의 진실로 회복시킬 것입니다. 회복의 가능성은 우리가 단순한 금전적 이익보다 더 숭고한 사회적 가치를 얼마나 중시하느냐에 달려 있습니다.

행복은 단순히 돈을 소유하는 데서 오지 않습니다. 행복은 성취하는 기쁨에서, 창조적으로 노력하는 전율에서 옵니다. 일을 하는 기쁨과 그에 따른 도덕적 자극이 더 이상 덧없는 이윤에 대한 맹목적인 추구 때문에 가려져선 안 됩니다. 지금과 같은 암흑기를 통해 우리가 진정한 운명이란 섬김을 받는 것이 아니라 자신과 동포를 섬기는 것임을 배우게 된다면, 지금 받는 고통도 그만한 가치가 있을 것입니다.

물질적 부가 성공의 기준이 아니라는 사실을 인식하면, 그에 발맞춰 관공서나 고위급 정치인의 지위가 직위에 대한 자부심이나 개인적 이익만을 기준으로 평가된다는 그릇된 믿음도 사라질 것입니다. 또한 냉담하고 이기적인 부정행위를 선호함으로써 성스러운 진실을 호도

하는 은행이나 기업체의 행태도 막을 내릴 것입니다. 신뢰가 사라진다고 해서 걱정할 것은 없습니다. 신뢰는 정직과 명예를 통해서만, 의무를 신성시하고 충실히 보호하며 이타적으로 행동할 때에만 퍼져나가기 때문입니다. 이들이 없으면 신뢰는 존속할 수 없습니다.

하지만 회복을 위해서는 윤리적인 변화만 필요한 것이 아닙니다. 이 나라는 행동이, 즉각적인 행동이 필요합니다.

우리의 최우선적인 과업은 국민들에게 일자리를 선사하는 것입니다. 이는 현 상태에 현명하고 용기 있게 대처한다면 충분히 해결할 수 있는 문제입니다. 이 문제는 정부가 급박한 전쟁의 위기를 다루듯 신속히 직접 일자리 창출에 나선다면 해결할 수 있습니다. 그런 한편으로 우리는 일자리 창출을 통해 국가 자원의 활용을 자극하고 재조직하는 과제 역시 완수해야 할 것입니다.

이와 발맞춰 우리는 산업중심지 내의 인구 불균형을 바로 인식해야 하며, 국가적 차원에서 인구 재분배를 추진함으로써 토지의 쓰임새에 걸맞은 인구 분배로 토지 활용도를 높여야 합니다. 이 과업은 농산물의 가치를 높이면서 더불어 각 도시 생산물에 대한 구매력을 높이고자 분명히 노력할 때 달성될 수 있습니다. 이 과업은 우리의 작은 집과 농장이 압류되면서 점차 커져가는 손실의 비극을 현실적으로 예방할 때 달성할 수 있습니다. 이 과업은 연방 정부와 주 정부, 지방 정부가 지금 당장 경비를 과감하게 축소해야 한다는 요구를 따를 때 달성할 수 있습니다. 이 과업은 현재 드문드문 흩어져 있고 비경제적이며 불평등한 구호 활동을 통합할 때 달성할 수 있습니다. 이 과업은 모든 교통수단과 통신수단, 그밖에 공공성이 분명한 공익사업을 국가적으로 계획하고 관리할 때 달성할 수 있습니다. 우리의 과업을 달성할 방법은 무수히 많습니다. 하지만 이에 대해 단순히 이야기하는 것만으로는 아무런 소용이 없습니다. 우리는 반드시, 지금 당장 행동해야 합니다.

마지막으로, 업무를 재개하는 시점에서 우리는 낡은 제도라는 악이 되살아나지 않도록 두 가지 방어책을 쓸 필요가 있습니다. 첫째, 모든 은행과 신용, 투자 업무에 대한 엄격한 관리가 필요합니다. 둘째, 다른 사람의 돈으로 투기하는 행태를 종식시키고, 충분하면서 안정적인 통화를 공급해야 합니다.

그밖에도 대처 방안이 마련되어 있습니다. 이와 관련해서는 빠른 시일 내에 새 국회의 특별회의에서 자세한 방안을 촉구할 것이며, 몇몇 주의 즉각적인 지원도 요청할 것입니다.

이러한 행동 방침을 통해 우리는 국내 주택상황을 정비하고 수지를 맞출 것입니다. 국제무역 관계 역시 대단히 중요하긴 하지만 그 시기성이나 필요성에서 볼 때 국내경제의 안정성 확보에 비하면 부차적인 문제일 뿐입니다. 저는 가장 중요한 일부터 먼저 한다는 현실적인 방침을 따르겠습니다. 저는 국제 경제를 재조정하여 세계 무역시장을 재건하는 노력을 게을리 하지 않을 것이지만, 이를 위해 국내의 시급한 문제까지 미룰 수는 없는 노릇입니다.

국내 경제 회복을 위한 구체적인 방침을 이끄는 기본 이념은 편협한 국수주의가 아닙니다. 미국 전반의 다양한 요소가 상호 의존하는 것이 우선이라는 것입니다. 전통적이면서 언제까지나 중요한 미국인의 개척자 정신을 인식해야 한다는 것입니다. 이것이야말로 회복으로 가는 길입니다. 이것이야말로 즉각적인 방법입니다. 이것이야말로 회복이 지속되리라고 강력히 확신할 수 있는 길입니다.

세계 정책분야와 관련해 저는 선린 외교를 이 나라의 정책으로 삼고자 합니다. 자신을 단호하게 존중하는 이웃은 그럼으로써 타인의 권리도 존중하며, 자신의 의무를 존중하는 나라는 세계 이웃 나라와 체결한 협정 역시 신성한 것으로 존중할 것입니다.

제가 우리 국민의 기질을 제대로 파악했다면 우리는 지금 과거 어느 때보다도 서로의 상호 의존성을 잘 인식하고 있습니다. 우리는 받기만 할 수는 없으므로 베풀어야 합니다. 앞으로 나아가고자 한다면 우리는 잘 훈련된 충성스러운 군대처럼 공동의 규율이라는 선을 위해 기꺼이 자신을 희생하면서 전진해야 합니다. 이러한 규율이 없으면 어떠한 전진도 할 수 없으며, 어떠한 리더십도 효과를 발휘할 수 없습니다. 우리가 이러한 규율에 자신의 목숨과 재산을 기꺼이 바칠 준비가 되어 있음을 저는 알고 있습니다. 이러한 희생이 뒷받침될 때 더 큰 선을 목표로 하는 리더십이 가능해지기 때문입니다. 따라서 저는 더 큰 목표를 위해 한데 단결하여, 지금까지는 전시 중에나 불러일으키던 의무를 통합하여 신성한 복종을 약속할 것을 제안합니다.

이 맹세를 통해 저는 우리 국민이라는 이 위대한 군대의 지도자로서

미국 대통령으로서 재임 12년째를 맞은 당시의 프랭클린 델러노 루스벨트.

우리의 공통된 문제에 대해 혼신을 다해 질서정연한 공격을 퍼부을 것을 주저 없이 다짐합니다.

이러한 구상과 목적에 따른 행동은 조상으로부터 물려받은 정부 형태 아래에서 실현 가능합니다. 우리 헌법은 간결하고 현실적이기 때문에 기본 틀을 잃지 않고도 강조점이나 배열만 바꾸어서 특별한 필요에 맞출 수 있습니다. 이야말로 우리의 헌법이 현대 사회가 만들어낸 정치제도 중 가장 뛰어나며 영속적이라는 사실을 증명하는 것입니다. 우리의 헌법은 방대한 영토 확장, 외국과의 전쟁, 격렬한 국내 분쟁, 세계 관계 등에 모두 훌륭하게 대응하였습니다.

따라서 우리 앞에 놓인 전례 없는 과업을 완수하기 위해 행정부와 입법부 사이의 정상적인 균형 상태가 적절히 유지되기를 바랍니다. 하지만 전례 없이 벌어지는 상황에 따라 지체 없는 행동이 요구될 때에는 공공 절차상의 정상적인 균형을 잠시 벗어날 수도 있습니다.

저는 헌법에 명시된 임무에 따라 세계 한복판의 곤경에 처한 국가에 필요한 방안을 제안하려 합니다. 이 방안, 혹은 의회가 경험과 지혜로부터 끌어낸 또 다른 방안을 저는 헌법에 명시된 권한 안에서 신속히 채택할 것입니다.

하지만 의회가 두 방안 중 어느 하나도 채택하지 않는다 해도, 혹은 국가의 비상사태가 여전히 위태로운 상황이라 해도 저는 그로써 감당해야 할 명백한 의무를 회피하지는 않을 것입니다. 저는 이 위기상태에 맞서기 위해 남은 한 가지 수단을 의회에 요구할 것입니다. 즉 위급상황에 대처하기 위해 저는 외적의 침략을 받을 시 제게 부여될 권한만큼이나 광범위한 집행권을 요구할 것입니다.

저는 여러분께 받은 신뢰에 대해 적절한 시기에 용기와 헌신으로써 보답할 것입니다. 그렇게 해낼 수 있습니다.

우리는 거국적으로 단결하여 용기를 잃지 않고 눈앞의 이 고된 시기에 맞설 것입니다. 그 과정에서 오랜 세월 소중하게 여겨온 도덕적 가치를 뚜렷이 의식할 것이며, 노인이든 젊은이든 자신의 의무를 엄격히 수행하면서 완전한 만족을 누릴 것입니다. 통합적이고 영속적인 국민 생활을 확보하는 것이 우리의 목표입니다.

우리는 필수적인 민주주의의 미래를 의심하지 않습니다. 미국 국민은 한 번도 실패하지 않았습니다. 그들은 필요에 따라 직접적이고 강력한 행동을 취할 권한을 위임해 왔습니다. 그들은 지도자에게 규율과 방향을 요구했습니다. 그리고 이제는 저를 여러분의 소망을 실현할 도구로 임명하였습니다. 선물을 받듯이 저는 그 임무를 받아들일 것입니다.

국가에 대한 헌신을 다짐하는 이 자리에서 우리는 겸허히 신의 축복을 기원합니다. 신이시여, 우리 국민 한 사람 한 사람을 보호해주소서. 다가올 날들에 저를 인도해 주소서.

에드워드 8세
EDWARD VIII

———— GREAT SPEECHES ————

생애

에드워드 8세(1894~1972)는 영국 윈저 왕가의 두 번째 국왕이었다. 영국 리치몬드의 화이트로지에서 조지 5세의 아들로 태어난 그는 오스본에 있는 왕립해군사관학교와 다트머스 왕립해군사관학교, 옥스퍼드의 모들린 대학에서 수학하였다. 1936년 부왕의 죽음으로 국왕의 자리를 계승한 에드워드 8세는 그로부터 11개월 뒤 왕위에서 물러나 다시는 왕위에 오르지 않게 된다. 윈저 공으로서 그는 이후 36년 동안 아내와 함께 프랑스에 살게 된다.

연설의 배경 및 의의

왕위에 오르기 전 에드워드는 유명세를 떨치는 정력적인 왕자로서 수많은 여인들과 염문을 뿌렸다. 그 상대 중에는 영국 사교계 인사인 프레다 더들리 워드와 레이디 퍼니스, 그리고 찰리 채플린의 전처인 여배우 밀드레드 해리스도 있었다. 에드워드의 여인 중에는 유부녀도 몇 명 있었는데 그 중 마지막을 장식한 주인공이 월리스 심슨이었다. 훗날 영국의 왕이 될 에드워드가 사교계 명사인 심슨 부인과 만난 것은 1931년 1월, 심슨의 두 번째 결혼 생활이 3년도 채 접어들기 전이었다. 그리고 1936년 11월, 조지 5세의 죽음 후 10개월이 지났을 때 에드워드는 당시 영국 총리인 스탠리 볼드윈에게 심슨 여사와 결혼할 것을 알렸다. 그때 심슨 여사는 두 번째 남편과 별거 중이었다. 이 위기 사태는 그로부터 24일 후, 에드워드가 퇴위 성명을 제출하면서 막을 내렸다. 에드워드의 짧막한 퇴임 연설은 전문이 7분도 되지 않았다. 연설 다음 날 왕좌에서 물러난 그는 영국을 떠나 오스트리아로 향했다.

연설의 특징

심슨 부인과의 사랑을 위해 왕위를 아우에게 물려준 희귀한 사례를 남긴 에드워드 8세의 퇴임 연설은 짧고 깔끔하게 인사를 맺는다. 게다가 신임국왕에 대한 충성을 약속하는 대목에서는 가슴 아픈 심정이 느껴진다.

퇴임 연설
버크셔 주 윈저, 윈저 궁전 내 라디오 방송. 1936년 12월 11일

••• 마침내 저는 제 입으로 몇 마디 말씀을 드릴 수 있게 되었습니다. 저는 결코 그 무엇도 숨기려 하지 않았습니다. 하지만 지금까지는 제가 국민 여러분께 직접 말씀드리는 것이 법적으로 가능하지 않았습니다.

몇 시간 전 저는 국왕으로서, 황제로서 제 마지막 의무를 다했으며, 이제 제 아우인 요크 공작에게 왕위를 내주었습니다. 무엇보다 먼저 저는 새 국왕에게 충성을 맹세합니다. 저는 이 맹세를 가슴 깊이 간직할 것입니다.

제가 왕위에서 물러나야만 하는 이유는 여러분 모두 아시리라 생각합니다. 하지만 이 결정을 내리기까지 저는 지난 25년간 왕세자로서, 그리고 방금 전까지는 왕으로서 제 자신을 바치고자 한 우리나라, 대영제국을 단 한 번도 잊지 않았다는 사실을 알아주시기 바랍니다.

그러나 이 사실은 믿어주셔야 합니다. 저는 사랑하는 여인의 도움과 지지 없이는 이 막중한 책임을 짊어지는 것이, 제가 소망한 바대로 국왕의 임무를 다하는 것이 불가능하다는 사실을 알게 되었습니다.

또한 제가 내린 이 결정은 오로지 저 혼자 내린 저만의 결정이라는 사실을 알아주시기 바랍니다. 이것은 전적으로 제 스스로 판단해야

할 일이었습니다. 이 문제와 가장 직접적으로 관계가 있는 한 사람은 마지막까지 제가 다른 선택을 내릴 것을 설득하려고 노력했습니다.

제 인생에서 가장 중대한 이 결정을 내리면서 저는 단 한 가지, 결국 모두에게 최선이 되는 일이 무엇인가만을 생각했습니다.

이 결정을 내리는 일은 그리 어렵지 않았습니다. 오래 전부터 이 나라의 공적 업무를 익혀 왔고 훌륭한 기량을 갖춘 제 아우가 지금 당장 제 권좌를 이어 받더라도 대영제국의 존폐나 발전을 저지하거나 이에 해를 입히는 일은 없으리라 확신하기 때문입니다.

더군다나 그는 비할 데 없는 축복을, 여러분 다수는 기쁘게 누리고 있지만 저에게는 부여되지 않은 축복을 받은 사람이기 때문입니다. 바로 그는 사랑하는 아내와 자녀들과 함께 행복한 가정을 꾸리고 있기 때문입니다.

이처럼 고된 시기에 제게는 어머니인 여왕 폐하를 비롯해 제 가족들이 위안이 되어 주었습니다. 정부 각료들, 그 중에서도 볼드윈 총리께서는 언제나 저를 깊이 배려해주셨습니다. 저와 그들 사이에, 그리고 저와 의회 사이에는 어떠한 법적 의견 차이도 없었습니다. 부왕의 뜻에 따라 법적 전통을 받들며 자란 만큼 저는 애초에 그런 문제를 일으키지 말아야 했습니다.

왕세자 시절부터 그 후 국왕으로 재위하는 기간 동안 저는 우리 대영제국 내에서 어디에 머물든, 어디를 가든 모든 계층으로부터 최고의 환대를 받았습니다. 이에 대해 깊이 감사드립니다.

이제 저는 모든 공직에서 물러나 제 짐을 내려놓습니다. 제가 다시 고국으로 돌아오기까지는 한동안 시간이 지나야 할 것입니다. 하지만 저는 언제나 우리 영국 국민과 대영제국의 앞날을 깊은 관심을 두고 지켜볼 것입니다. 그리고 훗날 언젠가 민간인의 신분으로 국왕폐하께 봉사할 기회가 온다면 저는 어김없이 의무를 다할 것입니다.

이제 우리는 새 국왕을 맞이하였습니다. 새 국왕폐하와 국민 여러분의 행복과 번영을 진심으로 소망합니다.

여러분 모두에게 신의 축복이 있기를 기원합니다!

국왕폐하 만세!

사랑을 위해 왕관을 버린 최고의 로맨티스트, 에드워드 8세

왕자 시절의 에드워드 8세는 적극적으로 사회 활동에 참여하며 사회 빈곤층에 대해 관심을 갖고 보살피는 성품의 소유자였다.

그들이 처음 만난 것은 1931년 1월 영국의 사냥 여행에서였는데 당시 에드워드 8세는 37세, 베시 월리스 심슨은 35세였으며 두 번째 남편과 별거 중이었다.

1936년 1월 조지 5세가 사망하자 에드워드 8세가 왕위에 오르게 되었다. 그러자 갑자기 영국의 여론은 들끓기 시작했다. 자신들의 왕이 미국 이혼녀의 세 번째 남편이 되는 것을 절대로 용납할 수 없었기 때문이었다.

수사국에서는 심슨 부인의 방탕한 행적 등의 흠을 찾아내기 위해 혈안이 되었다. 심지어는 심슨 부인을 나치의 스파이로 몰기도 했으며, 유태인이라고 주장하기도 했다. 그러나 그녀를 알고 있는 많은 사람들의 결론은 이렇다.

"심슨 부인을 알게 되면 에드워드 8세가 왜 그녀에게 그토록 깊이 빠져버렸는지 금방 알게 된다."

결국 에드워드 8세는 동생에게 왕위를 물려주고 사랑을 찾아 떠났다. 왕관을 노리고 계획적으로 왕을 유혹했다는 끈질긴 의심에도 불구하고 두 사람은 죽을 때까지 함께 살았다.

나는 아무 것도 후회할 필요가 없습니다. 또 그렇게 하지도 않습니다. 당신 없이 내가 존재할 수 없다는 단 한 가지 사실을 알기 때문입니다. —에드워드 8세

데이비드 로이드 조지 ②
DAVID LLOYD GEORGE

═══ GREAT SPEECHES ═══

생애
데이비드 로이드 조지(1863~1945)는 대영제국의 마지막 자유당 총리였다. 맨체스터의 웨일스인 부모 밑에서 태어난 그는 웨일스에서 자라고 수학하였다. 변호사로 재직하던 로이드 조지는 부시장으로 처음 공직에 진출하고 이듬해에 하원의원에 당선되었다. 이후 재무장관을 비롯한 여러 요직을 역임하였다. 제1차 세계대전이 2년째에 접어들 때 로이드 조지는 전시 국무장관으로 임명되었다. 당시 총리였던 H. H. 애스퀴스의 정책에 비난을 퍼붓던 그는 야당의 지지를 등에 업고 몸소 총리직에 올랐다. 1921년에 아일랜드 자유국 건립에 합의하였다. 다음 해에 귀족 지위를 판매했다는 혐의에 연루되면서 총리 직을 사퇴하였으며 죽기 전까지 국회의원으로 재직하였다.

연설의 배경 및 의의
하원의사당에서 마지막 연설을 펼치던 당시 77세였던 데이비드 로이드 조지는 주변 인물이 되어 있었다. 대영제국의 마지막 자유당 총리인 그는 야당의 지지를 등에 업고 공직에 올랐으나 결국 귀족 지위와 기사 작위를 팔아 넘겼다는 혐의에 휘말리면서 몰락하고 말았다. 그럼에도 불구하고 조지는 1차 세계대전에서 영국을 승리로 이끈 사람으로 기억되었다.
새로운 세계대전이 발발한지 일 년이 채 되지 않은 시점에 펼친 이 연설에서 로이드 조지는 노르웨이 군사 작전을 냉혹하게 비난하는 것으로 시작하여 정부의 기량부족을 요목조목 따졌다. 그의 칭송은 단 한 사람만을 향해 있었다. 그 대상은 바로 증가하는 독일의 위협을 인식한 유일한 인물이라 칭송된 해군장관, 윈스턴 처칠이었다. 로이드 조지는 잘 알려졌다시피 이 연설을 마치면서 네빌 체임벌린 당시 총리가 사임해야 한다는 주장을 피력했다. 그리고 사흘 뒤, 궁지에 몰린 체임벌린은 로이드 조지의 말을 따라 사임했고, 새 총리로 처칠이 임명되었다.

연설의 특징
미증유의 인류 대참사 2차대전이 발발한 이후, 무책임한 유화정책을 편 체임벌린 총리의 사임을 주장하고 다급한 전황을 전하며 국민들에게 투지를 발휘하자고 독려한다.

총리는 희생의 본보기가 되어야 한다
웨스트민스터, 하원의사당. 1940년 5월 7일

••• 저는 이번 회의에 어쩔 수 없이 개입하게 되었습니다. 제가 여기에 참여해도 되는지 망설였다는 사실은 의원 여러분 모두 잘 알고 있을 것입니다. 이번에는 정부 요직 관계자가 아닌 의원들이 충분히 시간을 두고 논의하는 것이 더 바람직하다고 생각했기 때문입니다. 하지만 이번 문제와 관련해서 제가 일말의 경험이 있다는 사실을 고려하여, 이 자리에 서는 것이 저의 의무라고 생각하게 되었습니다.

이 자리에서 저는 지난 전쟁을 치르며 승리와 재앙을 두루 겪은 경험을 토대로, 현재 상황에 대한 제 의견에 관해, 그리고 지금 우리에게 진정 필요한 조치 등에 관해 말씀드려야 한다고 생각합니다. 공군장관의 연설을 들으면서 저는 그가 우리에게 전한 바는 정부를 향한 비난을 정당화하고 정부를 전혀 옹호하지 않는 것이었다는 생각을 하게 되었습니다.

공군장관은 노르웨이에서 파괴적인 독일 폭격기에 맞서려면 우리 군대를 상공에 투입할 공군기지가 그곳에 마련되어야 하는데, 이것이 불가능하다면 노르웨이 원정에서 우리가 승리할 가능성은 현실적으로 희박하다고 말했습니다. 하지만 공군기지 설립이 불가능하다는 사실은 우리 모두 알고 있었습니다. 공군기지가 적군의 손에 장악되었다는 사실도 알고 있었습니다.

장관 역시 그 사실을 인정했습니다. 공군기지는 적군으로부터 포획하지 않는 한 마련할 수 없다는 사실을 정부도 사전에 알고 있었다고 장관은 말했습니다. 심지어 장관은 트론헤임 원정의 목적이 공군기지 확보였다는 사실까지 알렸습니다. 그런 상황이라면 우리는 산발적으로 모은 부대가 아니라 정예부대를 내보내야 했습니다. 첫 파병에 부대 전체를 보낼 수 없는 상황이었다면 우리는 기량이 뛰어난 병사들만 보내야 했습니다.

첫 원정군은 정예부대로 구성되어야 했습니다. 독일에는 널리 알려졌다시피 정예부대가 있습니다. 그런데 우리는 그곳에 훈련도 제대로 받지 못한 방위 여단을 보냈습니다. 상당히 어린 청년들로 구성된 그 여단은 원정군의 선발대로서, 그들의 임무 완수가 부대 전체의 성패를 좌우하는 것이었습니다.

또한 우리는 육해군 합동작전을 펼쳐야 했는데 그러지 않았습니다. 그저 공군기지를 확보할 수 있다는 가능성에 모든 것을 걸었습니다. 성공을 보장하는 그 어떤 조치도 취하지 않았습니다. 이 나라의 전략적 거점과는 상당히 차이가 있는데다 성패 여부에 따라 세계 내의 위신도 엄청난 차이가 생기게 될 이 중대한 원정이 육해군의 연합도 없이 준비가 덜 된 어설픈 원정군의 손에 맡겨졌습니다.

노르웨이 원정과 관련한 정부의 전반적인 전략 실패에 대해 이보다 더 심한 비난은 있을 수 없습니다. 정부는 독일이 이웃한 몇 나라, 아마도 발칸반도 쪽을 침략하고자 준비하고 있다는 사실을 누구보다 잘 알고 있었습니다. 그런 정부가 이런 식으로 도박을 했다는 사실은 가혹히 비난을 해야 마땅합니다. 공군장관은 우리 군대의 용맹함을 이야기하는데, 그들에 대해서는 우리도 자랑스럽게 생각합니다. 그들의 이야기를 읽는 것만으로도 전율이 입니다. 그런 그들을 웃음거리로 만들었다는 사실이 그래서 더더욱 수치스러운 것입니다.

지금 상황은 심각한 수준입니다. 총리께서 하신 말씀에 저도 동감하는 바, 지금 이 상황을 무시한다면 우리는 치명적인 실수를 저지르게 됩니다. 전쟁을 직접 진두지휘해본 저는 지금껏 단 한 번도 이러한 재앙의 심각성을 축소하려 하지 않았습니다. 저는 사실을 알아내려고 노력했습니다. 사실을 있는 그대로 받아들이지 않으면 곤경을 극복할 수도, 원상태로 복구할 수도 없기 때문입니다.

제가 판단하건대 우리 국민은 공황상태에 빠진 적이 없습니다. 오랜 시간 심사숙고한 끝에 말씀드리는 것입니다. 하지만 우리 국민이 협력을 보여준 사례는 많습니다. 국가에 사실을 알리지 않는 한 국민의 힘을 모을 수 없습니다. 우리 국민은 지금 위기의 심각성을 알아야 합니다. 자유를 위한 투쟁에 거대한 두 제국이 연합하였습니다. 세계에서 가장 위대한 이들 두 제국, 바로 대영제국과 프랑스제국은 무궁무진한 자원을 보유하고 있지만 그 자원은 쉽게 동원되지도, 쉽게 봉기하지도 않습니다. 특히 우리 대영제국이 그렇습니다.

우리가 직면한 이 위험사태에 대해 엄정한 현실과 사실을 알리지 않는 한, 여러분은 우리 제국의 무한한 힘을 한데 모으지 못할 것입니다. 비단 영국만이 아니라 전 세계의 힘을 그러모아야 하는 이 상황에서 여러분은 대영제국 국민들을 봉기시키지 못할 것입니다. 불편한 마음을 무릅쓰고 제가 지금 우리의 현실을 알리겠습니다. 공포를 조장하고 경악과 불안을 퍼뜨리려는 것이 아닙니다. 얼마 전과 같은 가식적인 대처가 아니라 실질적인 대처를 모색하기 위해서입니다. 승리의 여신이 우리 편에 서 있다고 말하거나, 양편의 함선이 몇 척씩 가라앉는지를 세고 있어도 아무 소용이 없습니다. 그처럼 사소한 사실을 대차대조 해보았자 얻는 것은 아무것도 없습니다. 그보다 더 심각한 현실은 다른 곳에 있습니다.

우선 현재 우리는 과거에 비해 전략적으로 상당히 열악한 처지에 있습니다. 이 말을 잘 들어보십시오. '전략적 우세', '전략적 열세', 이 두 단어를 어떻게 적용하느냐에 따라 승패가 달라집니다. 비범한 인물인 히틀러가 대승리를 거둔 것은 그가 1914년 당시 전임자보다 독일을 압도적인 전략적 우세로 이끌면서 전쟁을 벌였기 때문입니다. 그리고 지금 히틀러는 자신의 이점을 적극 발휘하여 우리를 더 심각한 위험에 빠뜨리고 있습니다.

이제 영국인으로서 이 현실에 맞섭시다. 과거 우리는 이보다 더한 시련도 끝까지 싸워 이겼습니다. 이제 맞섭시다. 현실을 직시합시다. 선봉에서 독일의 심장부를 겨냥했던 체코슬로바키아는 무너졌습니다. 훌륭한 교육을 받은 유럽 자유인 백만 명으로 구성된 최정예 부대가 모두 사라졌습니다. 체코슬로바키아의 유력한 이점이었던 막강한 방어 전선이, 그리고 1914년 전쟁 당시 최고의 대포를 만들어내던 스코다 공장이 히틀러의 손에 넘어갔습니다. 이는 우리가 적군에게 빼앗긴 여러 전략적 이점 중 하나에 불과합니다.

그리고 둘째로, 우리에게는 프랑스-러시아 협정이 있었습니다. 제 오랜 친구인 M. 바르투 프랑스 장관이 참여한 이 협정에서 러시아는 프랑스가 협력한다면 체코슬로바키아를 지원하겠다고 약속하였습니다. 그러면 독일로서는 이중전선에 걸친 전쟁에 뛰어들어야 하는 상황이었습니다. 독일은 이러한 전쟁을 이미 겪어보았기 때문에 이것이 무엇을 뜻하는지 알고 있었습니다. 그 문이 닫혀버렸습니다. 세계에서 가장 막강한 국가의 총리와 협상을 벌이는 자리에 우리는 하급 관리를 보냈고, 독일 측은 눈부신 수행단을 대동한 외무장관을 보냈습니다. 문은 닫혀버렸습니다. 지금 이 순간 러시아 유조선은 흑해를 가로질러 독일 항공기를 향해 가고 있습니다.

전략적으로 나치 정부가 막대한 승리를 거머쥐었습니다.

세 번째, 루마니아가 있었습니다. 우리는 하나의 거대 연합을 형성하려 했습니다. 하지만 독일이 먼저 나서서 거대한 하나가 아닌 작은 형태의 연합을 여기저기에 만들더니, 토지를 개간하고 생산성을 높이고 온갖 기기류를 잠식하기 시작하였습니다. 결국 루마니아를 사실상 손에 넣게 되었습니다. 하지만 그 한 달 사이에 독일이 루마니아를 손에 넣지 못했다 하더라도 이번 노르웨이 원정이 실패한 이상 우리가 루마니아를 그들의 손에 넘겨주어야 했을 것입니다.

그리고 또 어디가 있습니까? 스페인입니다. 제 걱정이 현실이 되지 않기만을 바랍니다.

전쟁에서 전략적 우위를 점할 수 있었던 스칸디나비아와 노르웨이가 이제 독일의 수중에 들어갔습니다.

스웨덴을 비난해봤자 소용없습니다. 지금 스웨덴은 왼편에 독일, 오른편에도 독일을 둔 채 그 사이에 끼어 있습니다. 이제 아무 힘도 남지 않은 이들을 우리가 무슨 권한으로 비난하겠습니까? 우리는 그들을 구해주리라 약속했습니다. 그들을 보호하리라 약속했습니다. 하지만 우리는 폴란드에 전투기 한 대 보내지 않았습니다. 노르웨이에는 너무 늦게 도착했습니다. 물론 발트 해 연안에 적함이 떠 있으며 바지선 위에 부대가 가득하다는 경고를 받아서 그런 것이지만 말입니다. 스웨덴은 그들 자신의 안위를 생각해야 했습니다. 그들은 독일군을 자신의 영토에까지 끌어들이고 싶지 않았고, 누가 뭐라 해도 두려움에 떨고 있었으며, 그럴만한 이유도 충분했습니다.

결국 우리는 그 방향에서 전쟁을 시작할 기회를 잃었습니다. 기회는 날아가 버렸습니다. 그로 인해 독일 전투기와 잠수함이 우리 연안으로부터 200마일 반경까지 밀고 들어 왔습니다. 사태는 여기서 그치지 않습니다. 발트 해가 뚫렸습니다. 이는 우리의 통상무역 보호 차원에서 심각하게 위험한 상황이라고 감히 말씀드립니다. 전략상 우리는 한없는 열세에 빠져 있습니다.

우리의 위신이 땅에 떨어졌다는 사실을 의심할 수 있겠습니까? 여러분은 우호적인 미국의 언론 보도만 보아도 이 사실을 확인할 수 있을 것입니다. 우리 연합군 편이었던 미국의 언론은 좋을 때나 나쁠 때나 우리를 지지하며 다분히 우호적인 태도를 보였습니다. 의원 여러분께서 BBC를 통해 중계되는 미국 해설가 레이먼드 그램 스윙의 방송을 들어보신 적이 있는지 모르겠습니다. 스윙은 아주 유명한 해설가입니다. 그가 미국의 입장 변화에 대해 설명하기를, 이번 사태가 미국에 강타를 가했다고 했습니다. 미국은 망연자실해 있습니다. 얼마 전까지 그들은 연합국이 승리하리라 확신하였고, 이를 단 한 번도 의심하지 않았기 때문입니다. 미국인들의 마음속에 처음으로 의심이 파고들었습니다. 이제 그들은 이렇게 말합니다. "민주주의 수호는 우리 손에 달려 있다."

지금으로부터 5년 전인 1935년 당시 우리의 준비 상태도 그랬습니다. 1935년에 정부는 재군비를 약속했습니다. 1936년에는 의회에 재군비를 강력히 촉구하는 제안이 발의되었고 이 안은 표결 없이 통과되었습니다. 정부는 재군비 작업에 15억 파운드를 투자하겠다고 발표하였습니다. 그 이상을 요구하는 목소리가 있었다 해도, 또 그 이상이 필요하다는 말이 나왔다 해도 이의를 제기할 정당은 없었을 것입니다. 설령 어떤 당이 이의를 제기했다 하더라도 과반수는 그 이의를 받아들이지 않았을 것입니다.

그렇다면 의원 여러분 중에 육해공군의 전쟁 준비 상태에 대해 속도나 효율성의 측면에서 만족스럽다고 하실 분이 있을까요. 모두가 실망했습니다. 정부가 어떤 조치도 건성으로, 비효율적으로, 추진력 없이, 우둔하게 취했다는 사실은 모두 다 알고 있습니다. 지난 3~4년 동안 저는 독일과 관련된 사실을 장관이 과장하고 있다고 생각했습니다. 지금의 총리가 아니라 당시 총리는 독일과 관련된 소문이 사실이 아니라 말했기 때문입니다. 그런데 처칠 장관의 말이 맞았습니다. 결국 전쟁이 닥쳤습니다.

총리는 그가 평화 시에나 전쟁 시에나 가공할만한 적을 만났다는 사실을 잊지 말아야 합니다. 총리는 언제나 패배했습니다. 모든 사태를 우애관계로 받아들일 처지가 아니었습니다. 총리는 희생을 호소했습니다. 이 나라는 훌륭한 지도력이 존재하는 한 어떤 희생도 감수할 준비가 되어 있습니다. 정부가 겨냥하는 목표가 무엇인지 뚜렷이 볼 수 있는 한, 국가를 이끌 지도자가 최선을 다하고 있다는 사실을 확신하는 한, 이 나라는 어떤 희생도 감수할 준비가 되어 있습니다. 따라서 저는 엄숙히 말씀드립니다. 총리께서 희생의 본보기가 되어야 합니다. 이번 전쟁을 승리로 이끌기 위해 총리가 헌신할 수 있는 길은 공직에서 물러나는 일밖에 없기 때문입니다.

윈스턴 처칠 ①
SIR WINSTON LEONARD SPENCER-CHURCHILL

=== GREAT SPEECHES ===

생애
윈스턴 처칠, 또는 윈스턴 스펜서 처칠(1874~1965)은 영국 정치가이자 역사학자, 작가이며 제2차 세계대전기간 동안 대영제국의 총리로 널리 알려져 있다. 옥스퍼드셔의 블렌하임 궁전에서 유복한 가정의 아들로 태어났다. 해로우 스쿨과 샌드허스트 육군사관학교를 졸업하고 인도와 수단, 남아프리카공화국에서 군에 복무하였다. 1900년에 처칠은 보수당 하원의원으로 당선되었으나 4년 뒤에 자유당으로 당적을 옮긴다. 이후 20년 간 처칠은 정치권에서 여러 요직을 차지하게 되는데, 그 중 내무장관과 전시 중 첫 번째 해군 장관으로 재임하기도 하였다. 1922년에 처칠은 재임에 실패한 뒤 1924년에 보수당으로 돌아갔다. 제2차 세계대전이 발발하자 처칠은 다시 해군 장관으로 임명되었다. 1940년에는 연립정부의 총리직에 올라 1945년까지 자리를 지켰지만 다음 해 재임에는 실패하고 만다. 다시 1951년에 총리로 재당선되어 1955년까지 재임하면서 그 사이에 노벨 문학상을 받기도 하였다.

연설의 배경 및 의의
네빌 체임벌린이 총리직에서 물러나고 사흘 뒤, 윈스턴 처칠이 총리로서 처음으로 의사당에 발을 들였다. 이로써 처칠의 고무적이고도 도전적인 첫 번째 전시 연설이 시작되었다.
사실 '피와 땀, 눈물과 노력'이라는 표현은 처칠이 처음 고안한 것이 아니다. 시어도어 루스벨트가 1897년 해전대에서 연설할 당시 처음 사용한 표현이었다. 윈스턴 처칠 자신이 역사학과 학생이자 해군이었으니, 그도 루스벨트의 연설을 접해보았을 것이다.

연설의 특징
전 유럽을 석권한 독일 앞에 해협 건너 영국은 풍전등화와도 같았다. 독일 폭격기가 영국의 대도시를 폭격하는 와중에서도 절대로 굴복하지 않겠다는 처칠의 불굴의 의지는 미국의 협력을 이끌어낸다.

피와 땀, 눈물과 노력
웨스트민스터, 하원의사당. 1940년 5월 13일

••• 저는 우리 의회가 이번 정부 개각을 환영하기를 바랍니다. 이번 개각은 독일과의 전쟁을 승리로 이끌겠다는 이 나라의 통합적이고 강경한 의지를 반영하고 있습니다.

지난 금요일 저녁, 저는 국왕폐하로부터 새로운 내각을 조직하라는 임무를 받았습니다. 새 정부는 최대한 광범위한 기반 위에 세워져야 하며, 따라서 지난 정부를 지지하던 정당이나 반대하던 정당이 모두 포함되어야 한다는 것이 의회와 국민의 명백한 희망이고 의지였습니다.

저는 이 임무의 가장 중요한 부분을 완수하였습니다. 새로운 전시 내각은 다섯 명으로 구성되었으며, 야당인 자유당이 참여함으로써 조국이 단결하게 되었습니다. 3대 정당의 지도자들은 전시 내각이나 행정부 고위직에서 소임을 다할 것에 동의했습니다. 육해공 삼군의 병력도 모두 동원되었습니다. 이번 개각은 사태의 심각성과 긴박성을 고려해 단 하루 만에 단행해야 했습니다. 다른 요직은 어제 충원되었으며 후속 각료 명단은 오늘밤 폐하께 제출할 것입니다. 주요 장관직은 내일 중으로 임명할 예정입니다. 그밖에 다른 장관들의 임명에는 시간이 더 걸리는 것이 일반적이지만, 의회가 다시 소집될 때면 남은 임무도 모두 끝날 것이고, 그로써 새 정부 구성이 모든 점에서 완료되리라고 생각합니다.

의원 여러분, 저는 공익을 위해 의회가 오늘 소집되어야 한다고 건의하였습니다. 의장님이 이에 동의한 바, 의회의 결의로 수여된 권한에 따라 필요한 절차를 밟게 되었습니다. 오늘 의회가 끝나면 5월 21일 화요일까지 휴회를 제안하고자 합니다. 물론 그 전에 필요시 개회한다는 조건을 달 것입니다. 조기소집 사유가 발생하면 의사일정에 대해서는 주중으로 즉시 의원 여러분께 통보하겠습니다.

저는 의회가 결의안을 통해 지금까지의 조치들을 승인하고, 그로써 새 정부에 대한 신임을 천명해주기를 바랍니다.

의원 여러분, 이처럼 대규모의 복잡한 정부를 구성한다는 일은 그 자체로 중대한 임무입니다. 하지만 우리는 지금 역사상 최대 결전의 시발점에 서 있다는 사실을 잊어서는 안 됩니다. 우리는 노르웨이와 네덜란드 등 무수한 격전지에서 전투 중입니다. 지중해 방면에서도 이제 전투태세를 갖추어야 하며, 항공전은 계속되고 있습니다. 국내에서 역시 전투 준비를 단행해야 합니다.

이처럼 급박한 위기 상황이기에 오늘 의회에서 길게 말씀드리지 못한다는 점을 양해해 주시기 바랍니다. 이번 내각 개편으로 영향을 받게 된 전·현직 동료와 벗들에게 마땅한 예의를 충분히 갖추지 못하는 점도 너그러이 용서해주시기 바랍니다.

이 정부에 참여하게 된 분들에게 이미 말했지만 오늘 이 자리에서 다시 한 번 말씀 드립니다. 제가 드릴 것은 피와 땀, 눈물과 노력밖에 없습니다.

우리 앞에는 비통하고 극심한 시련이 놓여 있습니다. 우리 앞에는 길고 긴 투쟁과 고통의 나날이 놓여 있습니다. 여러분은 묻습니다. 당신의 정책은 무엇인가? 나는 이렇게 말하겠습니다. 하늘에서, 땅에서, 바다에서 전쟁을 수행하는 것입니다. 신께서 내려주신 그 모든 힘과 능력을 총동원하여 저 극악무도한 독재자에 대항하는 것입니다. 그 어떤 음험하고 개탄스러운 범죄도 능가하는 포악한 전제에 맞서 싸우는 것입니다. 이것이 우리의 정책입니다.

여러분은 묻습니다. 당신의 목표는 무엇인가? 저는 한 마디로 답할 수 있습니다. 바로 승리입니다. 그 어떤 대가를 지불하더라도, 그 어떤 공포를 맞닥뜨리더라도, 가야할 길이 제아무리 멀고 험하더라도, 우리에겐 승리뿐입니다. 승리가 없으면 생존도 없습니다. 이것을 명심합시다. 승리가 없으면 대영제국은 없습니다. 대영제국을 지탱해온 그 모든 대의명분도, 온 인류의 전진을 이끌어온 이 시대의 욕구와 의지도 없습니다.

그러나 저는 희망과 낙관을 견지하며 소임을 다할 것입니다. 우리의 대의는 결코 패배하지 않으리라 저는 확신합니다. 이에 저는 모든 의원 여러분께 마땅히 도움을 요청하는 바입니다.

"이제 모두 모여 힘을 합해 앞으로 나아갑시다."

윈스턴 처칠의 BBC 라디오 연설

1941년 2월 9일 영국 BBC 라디오에서 흘러나온 처칠의 연설 일부다. 전쟁으로 피폐해진 영국은 전쟁 물자를 구입할 돈도, 운송할 여력도 없었지만, 강렬하고 대담하고 자신감 넘치는 처칠의 호소는 미국을 움직였다.

루스벨트 대통령은 지난 대통령 선거에서 상대 후보였던 분(웬델 윌키, 루스벨트는 그를 자신의 개인 특사로 영국과 중동 지역에 파견)을 통해 제게 편지를 보냈습니다. 그 편지에는 대통령이 자필로 쓴 롱펠로우의 시구가 적혀 있었습니다. 대통령은 그 시구가 '우리에게 적용되는 것처럼 귀국 국민들에게도 적용되리라' 말했습니다. 여기 그 시구가 있습니다.

  항진할지니, 공화국이여!
  항진할지니, 합중국이여, 강하게 위대하게!
  미래를 향한 모든 희망을 끌어안으라,
  그대의 운명 숨차도록 계속 나아가리라!

  인구 1억3천만 국가의 수장으로 세 차례 선택된 이 위대한 사람에게 내가 건넬 답이 무엇이겠습니까? 여기 나의 대답이 있습니다.

  우리를 믿어주십시오. 우리에게 신뢰와 축복을 준다면 신의 섭리에 따라 만사형통할 것입니다. 우리는 결코 실패하거나 꺾이지 않습니다. 우리는 약해지거나 지치지 않습니다. 전투의 급작스런 충격도, 눈 부릅뜨고 밤 지새워 전력을 다해야 하는 오랜 시련도 우리를 쓰러뜨리지 못합니다. 장비를 주면, 우리가 끝장내겠습니다.

―중략―

윈스턴 처칠 ②
SIR WINSTON LEONARD SPENCER-CHURCHILL

=== GREAT SPEECHES ===

생애
윈스턴 처칠, 또는 윈스턴 스펜서 처칠(1874~1965)은 영국 정치가이자 역사학자, 작가이며 제2차 세계대전기간 동안 대영제국의 총리로 널리 알려져 있다. 옥스퍼드셔의 블렌하임 궁전에서 유복한 가정의 아들로 태어났다. 해로우 스쿨과 샌드허스트 육군사관학교를 졸업하고 인도와 수단, 남아프리카공화국에서 군에 복무하였다. 제2차 세계대전이 발발하자 처칠은 다시 해군 장관으로 임명되었다. 1940년에는 연립정부의 총리직에 올라 1945년까지 자리를 지켰지만 다음 해 재임에는 실패하고 만다. 다시 1951년에 총리로 재당선되어 1955년까지 재임하면서 그 사이에 노벨 문학상을 받기도 하였다.

연설의 배경 및 의의
1940년 5월 10일 새벽, 독일 군대가 서유럽을 공격하기 시작하였다. 룩셈부르크, 네덜란드, 벨기에가 단 며칠 만에 함락되었다. 5월 13일, 독일군은 뫼즈 강을 건너 프랑스를 휩쓸었다. 윈스턴 처칠 총리는 영국 해협을 넘어 사태를 파악한 뒤 돌아오자마자 국회에서 이 연설을 펼쳤다.
처칠이 이 연설을 발표한 것은 그가 주지하듯 비난하기 위해서가 아니었다. 하지만 사실만을 전한 그의 말 속에는 독일의 급습에 대응하지 못한 책임이 모리스 가믈랭 총사령관에 있다는 것이 분명해보였다.
"베강 장군이 프랑스 전투라 부른 것은 끝났습니다." 처칠이 말했다. 이 전투가 역사 속에서 달리 평가받게 된 것은 당시 '프랑스 전투'라 불리던 것이 이 연설에서 언급되듯 6월 25일 프랑스가 항복한 뒤에도 유럽 전역으로 확산되었기 때문이다.

연설의 특징
영국으로서는 하느님이 도운 철수작전이었고 독일로서는 전쟁을 조기에 끝낼 절호의 기회를 놓친 덩케르크 철수작전 이후 영국은 병력을 보존하고 역전의 날을 기다리게 된다. 굴욕보다는 죽음을 택하겠다는 처칠의 기백은 깊은 감동으로 다가온다.

지금이 가장 좋은 시절
웨스트민스터, 하원의사당. 1940년 6월 18일

••• 저는 일전에 엄청난 군사적 참사가 일어났다고 말씀드렸습니다. 세당과 뫼즈의 프랑스 전선이 무참히 무너졌다는 소식을 들은 프랑스 최고 사령부가 벨기에에서 남하하는 군대를 물리치는 데 실패하였습니다. 이번의 대응 지체로 프랑스는 15에서 16사단을 잃었고, 중요한 시기에 영국 파견군 전체의 전투력은 유명무실해졌습니다. 우리 군대와 프랑스의 12만 병력은 덩케르크에서 영국 해군에게 구조되었지만 기관포와 군용차, 최신 군사 장비를 잃고 말았습니다. 우리 군은 이번에 상실된 전투력을 복구하기까지 몇 주가 걸렸는데 복구 기간 처음 두 주 사이에 프랑스 전투에서 패배하고 말았습니다.

이번 전투에서 프랑스군이 막강한 적을 상대로 고군분투함에 따라 적군이 막대한 손실을 입고 전력마저 소모되었으리라는 점을 고려하면, 최상의 훈련과 최상의 군장비로 무장한 25사단의 군대가 형세를 바꿀 수 있었을지도 모릅니다. 하지만 베강 장군은 우리 군대의 도움 없이 싸워야 했습니다. 영국군 3사단 정도의 규모만이 프랑스 전우들과 한 대열에 설 수 있었습니다. 혹독한 시련을 겪었지만 그래도 잘 싸워 주었습니다. 우리는 재정비를 완료하고 편대를 운송할 수 있는 대로 프랑스에 추가 병력을 남김없이 보냈습니다.

이 사실을 열거하는 것은 비난하기 위해서가 아닙니다. 지금 상황에서 비난해봤자 아무 소용도 없고 해롭기만 할 뿐입니다. 지금은 그럴 여유가 없습니다. 이 사실을 말씀드리는 것은 우리가 이 중대한 전투에 12에서 14사단의 병력을 보낼 수 있었음에도 오직 세 사단만을 투입하게 된 이유를 해명하기 위해서입니다. 이제 이 모든 사실은 제쳐두겠습니다. 이 자료들은 선반 위에 올려 두고 역사가들의 몫으로 남겨두어, 나중에 그들이 시간이 날 때 모아다가 나름의 이야기를 만들도록 하겠습니다.

지금은 과거가 아닌 미래를 생각해야 합니다. 이는 작게 보면 국내에도 적용할 수 있는 문제입니다. 하원 의회에는 정부가, 그리고 정부와 연계된 국회가 지금 재앙의 서곡이 된 지난 몇 해 동안 보여온 처신을 두고 심문하려는 사람들이 많이 있습니다. 지금의 사태를 주도한 책임자들을 기소하기 위해서입니다. 이 역시 어리석고 해로운 처사라고 할 수 있습니다. 이런 사람들이 아주 많습니다. 하지만 우리 각자 자신의 양심에 물어보고 자신이 한 말을 되돌아봅시다. 저 역시 제 과거 언행을 자주 돌아봅니다.

과거와 현재를 싸움에 붙이면 결국 미래를 잃게 된다고 저는 확신합니다. 그러므로 저는 현 정부 구성원들을 구분 짓는 그 어떤 잣대도 받아들일 수 없습니다. 현 정부는 위기의 순간에 모든 정당과 각계의 의견들을 통합하기 위해 조직되었습니다. 또한 의회 양원의 만장일치에 가까운 지지를 얻었습니다. 우리 정부 구성원들은 단결할 것이며, 하원의 지휘 아래 이 나라를 통치하고 전쟁에 나가 싸울 것입니다. 지금 같은 시기에 자신의 임무를 완수하고자 날마다 분투하는 각료들은 모두 존중 받아야 마땅합니다. 그들의 하급자 역시 자신의 우두머리가 언제 권좌에서 내려올지 모르는 절체절명의 위치에 있다고 생각할 것이 아니라, 우두머리의 지시에 정확히, 신의를 다해 복종해야 한다고 생각해야 합니다. 권력을 한 곳으로 모으지 않으면 당장의 위기에 대처할 수 없습니다.

국민의 긴장이 고조되는 이 시점에서 오늘의 이 공방을 연장하는 것은 우리 의회에 이로울 것이 하나도 없습니다. 불분명한 사안들은 조만간 명백해질 것입니다. 목요일에 비밀회의를 열어야 합니다. 그래야만 정부 각료들의 진지한 의견들이 많이 나올 것이며, 그래야만 의회에서 논의한 중요한 사안들이 다음 날 아침이면 위험한 적들의 귀에까지 들어가는 일이 없을 것입니다.

지난 2주 간 펼쳐진 이 끔찍한 군사적 재난에 대해 저는 그리 놀라지 않았습니다. 사실 저는 2주 전에 의회에서 최악의 가능성이 열려 있다는 사실을 가능한 한 분명히 알린 바 있습니다. 더불어 프랑스에서 무슨 일이 일어난다 해도 영국과 대영제국의 결의는 달라지지 않으며, '필요하다면 몇 년씩, 필요하다면 홀로라도' 맞서 싸울 것임을 저는 분명히 알렸습니다.

지난 며칠 사이 우리는 프랑스 전장에 나가 있는 우리 부대 대다수의 병참선을 성공적으로 확보하였고 프랑스로 파병된 군사의 7/8, 그러니까 40만 병사 중 35만 명을 무사히 귀환시켰습니다. 남은 병사들은 지금도 프랑스군과 함께 싸우고 있으며, 현지 전투에서 적을 상대로 혁혁한 공을 세우고 있습니다. 아울러 우리는 지난 9개월 동안 프랑스에 축적해 놓은 무기고와 소총, 각종 군수품들을 상당량 본국으로 되돌려 보냈습니다.

따라서 지금 우리 영국에는 거대하고 막강한 군사력이 주둔해 있습니다. 우리 군은 최상의 훈련을 받은 최정예 부대로 구성되어 있습니다. 그 중 뛰어난 군인 수만 명은 이미 독일군과의 전투에서 그 우수함을 증명해 보였고, 그 어떤 불리한 점도 비치지 않았습니다. 현재 영국에 무장 전투태세를 갖추고 있는 병력은 125만에 달합니다. 그 뒤에 50만 지역의용군이 배치되어 있으며 그 중 소총이나 기타 화기를 소지하지 못한 병력은 일부에 불과합니다. 우리는 무기를 확보하는 대로 방위대의 모든 군인을 무장시켰습니다. 무기는 머지않아 상당량 추가 구비할 수 있을 것으로 보이기 때문에 이에 대비하기 위해 곧 추가 병력을 소집하여 훈련하고 단련시킬 것입니다.

소집에서 제외된 이들은 각 진영에서 방대한 군수품 생산 작업에 투입되었으며 그에 따른 효과는 엄청납니다. 이들은 국가의 호출을 받을 때까지 각기 노동 현장에 남아 자신의 고향을 있는 힘껏 지킬 것입니다. 또한 우리에게는 영연방 자치령의 군대도 있습니다. 캐나다군은 프랑스에 도착하였지만 크게 낙담한 뒤 무사히 철수하였습니다.

하지만 그들 역시 포병대와 군사 장비를 모두 동원해 일사불란한 모습을 보여주었습니다. 영연방의 최정예 부대는 이제 본국 방어 임무에 일조할 것입니다.

우리 대군에 대한 제 말을 듣고 혹시 "왜 그들은 프랑스 대전에 파병하지 않았는가?"라고 질문하실지도 모르겠습니다. 분명히 답해 드리겠습니다. 국내에서 조직되어 훈련 받은 사단을 제외하고 전쟁의 규모를 고려해 12사단만이 파병되었습니다. 이 정도면 전쟁 9개월째에 접어든 프랑스가 충분히 기대할 만한 파병 규모입니다.

국내에 남은 군대 병력은 조국 방위에 적합한 것이며, 물론 그들 병력은 매주 증강하고 있습니다. 따라서 지금 시기에 적군이 대영제국을 침략한다면 그들은 해협을 건널 대규모 운송 수단을 동원해야 하며, 그렇게 건너온다 해도 장기전에 필요한 군수품과 물자를 지속적으로 대량 조달해야 합니다. 전쟁은 분명 쉬이 끝나지 않을 테니 말입니다.

여기서 우리 해군 이야기를 하지 않을 수 없습니다. 그렇습니다. 우리에겐 해군이 있습니다. 간혹 가다 이 사실을 잊어버리는 이들도 있는 것 같습니다. 그들에게 일깨워 줘야 합니다. 지난 30년 간 저는 외국의 침략 가능성을 고심해 왔고, 지난 전쟁이 발발할 당시 모든 상비군을 해외로 파병하면서 그 책임을 해군 본부를 대신해 제 자신이 짊어졌습니다.

당시 우리의 국민 방위군은 소집된 지 얼마 안 되었던 데다 훈련도 턱없이 부족한 상태였기 때문에 그런 결정을 내리기가 쉽지 않았습니다. 그리하여 우리나라는 몇 개월 간 전투 병력 없이 지내게 되었습니다. 당시 우리의 해군은 대규모 침입도 막을 수 있다며 자신했습니다. 당시 독일군은 대형 전투함대를 16대 중 10대 비율로 소유하고 있었고 매일같이 교전을 벌일 수 있을 정도로 군사력이 막강한 상태였습니다. 그런데 지금은 대형 함선이라 말할 수 있는 것도 샤른호스트와 그나이제나우 단 두 척만이 남아 있습니다. 또한 이탈리아 해군이 참전하여 해상 병력의 우위권을 얻게 되리란 말이 들려오고 있습니다.

그들이 진심으로 이런 상황을 야기한다면 우리는 기꺼이 무솔리니 각하가 그토록 열망하는 역할을 맡을 수 있도록 각하에게 지브롤터 해협을 자유롭고 안전하게 건널 통행권을 제공하겠다는 말씀만 드리겠습니다. 다만 우리 영국 함대는 이탈리아 해군의 군사력이 지난 전쟁 당시의 수준을 유지는 하고 있는지, 아니면 맥없이 추락하고 만 것은 아닌지 궁금할 따름입니다.

따라서 해상을 통한 대규모 침입에 관한 논의는 어느 때보다 오늘 이 자리에서 하는 것이 낫다고 생각합니다. 지난 전쟁 기간 중이나 이번 전쟁의 초반 몇 달까지만 해도 다른 부대의 훈련은 미진했고 영국 파견군은 이미 해외 전장으로 나간 상태였기 때문입니다. 현재 우리 해군은 5천에서 만 명에 이르는 적군이 으슥한 밤이나 안개 낀 아침에 우리 해상을 가로질러 해안 몇 군데로 잠입하는 식의 급습에는 준비되어 있지 않습니다. 지금처럼 군사장비가 현대화한 시기에 해군력이 진가를 발휘하는 것은 적군이 대규모로 침입할 때입니다. 우리의 군사력을 감안하면 적의 규모는 커야 합니다. 그래야 우리 해군이 그들을 발견하고 대적하여, 단숨에 집어삼킬 수가 있습니다.

이제는 아무리 가볍게 무장한다 해도 다섯 사단을 실어 나르려면 배가 200에서 250척은 있어야 합니다. 공중 정찰과 사진 탐색이 최신 수준인 상황에서 이런 함대를 강력한 해군부대의 호위 없이 집결하여 통제, 지휘한다는 것은 결코 쉽지 않을 것입니다. 더군다나 조심스럽게 말하자면 이들 함대는 해안에 닿기도 전에 차단되어 모든 병사들이 익사하거나 최악의 경우 상륙을 시도하는 와중에 전 부대가 폭격으로 산산이 찢겨질 가능성이 큽니다. 우리는 얼마 전 지뢰 매설 작업을 확대 강화하면서 방대한 지뢰지대를 갖추었습니다. 물론 그 위치는 우리 군만 알고 있습니다. 적군이 이들 지뢰를 제거하려 한다면 우리 해군이 소해정 이하 관련 병력을 파괴할 것입니다. 우리 해군은 군사력이 월등히 우세하기 때문에 어려움 없이 이 일을 해낼 것입니다.

이와 같은 사실은 우리가 전시 중이나 평시 중에 수년 동안 확인하고 검증하고 증명한 결과입니다. 그러면 이렇게 분명히 확신하는 우리의 방어력을 피해갈 새로운 방법이 있는 것 아니냐는 의문이 생깁니다. 이상해 보일지 모르지만 이 점에 대해서도 우리 해군은 주의를 기울이고 있습니다. 그 어떤 규모의 해상 원정군도 우리 해안에 도달하기 전에, 혹은 도달하는 순간 격퇴시키는 것이 우리 해군의 주된 임무이자 책임이기 때문입니다. 이에 대해 더 상세히 얘기해봤자 좋을 것이 없다는 생각입니다. 그렇게 되면 상대에게 생각지도 못한 단서를 던져주는 것이 되는 반면, 우리는 이에 상응하는 정보를 얻지 못할 테니 말입니다. 다만 해상 보완과 관련해서는 경계 태세를 늦추지 않고 삼엄하게 살펴야 한다고만 말씀드리겠습니다.

적군은 교활하고 간교하며 새로운 배신과 술수에 능합니다. 우리 의회는 잘 짜인 전략과 최신식 무기를 갖춘 뛰어난 장교들이 비상한 계책과 상상력을 동원해 새로운 가능성을 예측하고 이에 대응하리라 확신합니다. 다시 말씀드리지만 우리의 교활한 적군은 그 어떤 비열한 계략도 마다하지 않을 것이기 때문에 우리는 현안에 대해 지치지 않는 경계태세와 지치지 않는 탐색을 계속하고 있으며, 앞으로도 계속할 것입니다.

그렇다면 그런 영국 해군이 스카게라크 해협을 건너 노르웨이를 침입한 독일군은 왜 막지 못했느냐고 반문하실 것입니다. 하지만 스카게라크를 둘러싼 조건은 영국해협이나 북해의 해상 조건과 전혀 다릅니다. 스카게라크에서는 거리상의 문제 때문에 우리 함선에 공중지원을 할 수가 없습니다. 결과적으로 그곳은 적군의 주요 공군력 망에 더 가까우니 잠수함을 쓸 수밖에 없는데, 그렇게 되면 함선으로만 가능한 결정적인 봉쇄나 차단이 불가능하게 됩니다. 따라서 우리의 잠수함은 적군에 심각한 타격을 입히긴 했지만 적군의 노르웨이 침입은 막을 수 없었습니다. 하지만 영국 해협이나 북해에서는 우리의 해군력이 월등한데다 잠수함의 지원을 받을 수 있으며, 가깝고 효율적인 공중지원까지 동시에 받을 수 있습니다.

이럴 때 대규모 공중 폭격이 일어난다면, 그리하여 영국과 독일 공군 사이에 전투가 임박한다면 어떻게 될지 자연스레 궁금해집니다. 우리 공군이 절대적으로 열세에 빠지지 않는 한, 우리 육군력을 초토화할 만큼 압도적인 공중 폭격은 일어나지 않을 것입니다. 하지만 낙하산 부대의 급습이나 공수병 강하는 있을 수 있습니다. 우리는 공중에서나 육지에서나 이들 무리가 어떤 상태에서든 분란을 계속하려 한다면 이들을 융숭히 대접할 수 있어야 합니다. 하지만 여기서 또 한 가지 의문이 생깁니다. 우리가 히틀러의 공중 무기를 파괴할 수 있는가? 물론 유감스럽게도 현재 우리의 공군력은 이 해안에서 손을 뻗으면 닿을 거리에 있는 최강의 적군에 견줄만한 수준은 아닙니다. 하지만 지금까지 독일군에 맞서 벌인 수많은 치열한 공중전이 증명하듯이, 우리 공군은 병사나 무기 수준에 있어서는 독일군보다 훨씬 우세합니다. 프랑스에서는 우리 육군이 심각한 열세에 몰리면서 적군의 비행기가 땅에 내려앉자마자 우리 육군의 군장비가 막대한 손실을 입었지만 공중전에서는 오히려 우리가 적의 전투기를 2.5대 당 한 대 꼴로 격추시켰습니다.

황무지나 다름없던 덩케르크 전투에서는 당연히 우리가 독일 공군을 격퇴시키면서 덩케르크 하늘을 장악했고, 매일 서너 대 당 한 대 꼴로 상대의 전투기를 무찔렀습니다. 한두 주 전, 우리 군의 재승선을 알리는 언론 기사가 사진과 함께 실렸습니다. 그 기사는 각 부대가 해안에 운집한 모습을 보여주면서 몇 시간 만에 한 번씩 이상 목표를 바꾸고 있었는데, 이를 본 분들이라면 적군이 당시 그 장소에서 공군의 우위를 되찾겠다는 희망을 모두 버리지 않았다면 우리 군도 이처럼 재승선하는 일은 없었으리라는 사실을 알았을 것입니다.

국내 방위에 있어서 우리 방위군에게는 덩케르크 전투 때보다는 지금이 더 유리합니다. 우리는 덩케르크에서 파악한 우리군의 적군 격추율을 서너 대 당 한 대꼴에서 더 높일 생각입니다. 아울러 파손된 군사장비와 부상병들을 모두 무사히 고국 땅으로 돌려보낼 것입니다. 실제로 현대 공중전에서는 파손된 군사장비와 부상병 대다수가 무사히 귀환하는 경우가 의외로 많습니다. 이들은 그리운 땅을 밟고 다음 전투를 기약하며 살아갈 것입니다. 한편 이 전투로 파손된 적군의 군 장비와 보완품은 이번 전투에서 완전히 손실될 것입니다.

프랑스 대전 당시 우리는 병사와 폭격기 등 강력한 지원군을 지속적으로 파병하였습니다. 당시 사방에서 온갖 압력을 받았지만, 우리는 본국의 모든 공군력을 전장에 총동원했다가 잃고 싶지는 않았습니다. 그 결정은 고통스럽긴 해도 올바른 것이었습니다. 프랑스전은 우리가 모든 군사력을 쏟아 부었다 해도 결정적인 성과 없이 패하고 말 운명이었기 때문입니다. 그 전투에는 안타깝게도 전략 상 구멍이 있었습니다. 무장한 군대행렬의 예상치 못한 기세에 눌렸고 독일군의 어마어마한 규모에 수적으로 밀렸습니다. 우리 공군은 그 험난한 전투에서 단순한 우연처럼 쉽게 지쳤는데, 이 상황이 지금에 와서는 아주 심각한 위기가 되어 버렸습니다.

하지만 지금은 현재 우리 전사들이 독일군보다 강하다는 사실을 의원 여러분께 말씀드릴 수 있어 기쁩니다. 독일군은 과거에 비해 끔찍한 피해를 입은 상태이기 때문에 우리는 과거 어떤 전투 때보다 유리한 조건 속에서 공중전을 계속할 수 있을 것입니다. 우리의 전투기 조종사들, 이 훌륭하고 빛나는 건아들이 위대한 능력을 발휘해 최악의 격전지에서 우리 조국에, 사랑하는 모든 이들에게 영광스러운 소식을 알려오기를 믿고 고대하겠습니다.

물론 폭격의 위험은 여전히 남아 있습니다. 적의 폭격기는 분명 머지않아 우리 상공을 가로지를 것입니다. 독일 폭격기가 우리보다 수적으로 우세하다는 것은 사실입니다. 하지만 우리 역시 막강한 폭격부대를 동원해 독일 내의 목표물을 끝없이 조준할 것입니다. 우리 앞에 놓인 혹독한 시련을 과소평가하는 것이 아닙니다. 다만 저는 우리 국민들이 무참한 폭격 속에서도 용기를 잃지 않은 바르셀로나 시민들처럼 폭격에 맞서 당당히 잘 싸워줄 것을 믿습니다. 그렇게 잘 맞서 싸워서 전 세계 모든 이들과 마찬가지로 그 모든 역경을 이겨내리라 믿습니다. 이번 전쟁에 많은 것이 달려 있습니다. 전 세계인들이 각자 그들 민족의 가장 뛰어난 모습을 보여주고, 대의를 위해 숭고하게 헌신해야 할 것입니다. 이런 시점에서 영역을 막론하고, 지위를 막론하고, 직업이나 의무를 막론하고 우리 모두에게 도움이 될 구절을 하나 들려 드리겠습니다. "그는 아무나 할 수 없고 흔하지도 않은 일을 했노

독일의 폭격으로 수많은 도시가 파괴된 뒤인 1940년, 폐허가 된 코번트리 대성당을 방문한 처칠.

라 / 저 잊지 못할 장면에서"(영국 시인 앤드루 마블의 시 '크롬웰의 귀환을 기리며' 중의 한 구절)

지금 상황에서 저는 의원과 국민 여러분께 전쟁을 계속해야 한다는 확고한 결단을 지지해줄 든든하고 현실적인 말을 들려 드려야 마땅하다고 생각했습니다. 많은 이들이 이렇게 말합니다. "걱정하지 말라. 승리하든 패배하든, 죽든 살든, 압제에, 그따위 압제에 굴복하느니 차라리 죽는 편이 낫다." 제 생각도 다르지 않습니다. 하지만 우리 삼군의 참모들은 우리에게 전쟁을 치러야 하며, 승리는 결국 우리의 것이라고 확신할 명백하고 합당한 이유가, 희망이 있노라고 한결 같이 말합니다. 우리는 세계 각 자치령에 이 사실을 알리고 자문을 구했습니다. 우리의 법과 문명을 바탕으로 대양 저 너머에 세워진 이들 위대한 사회는 그들만의 자유로운 선택권이 있지만 오래된 모국을 위해 전적으로 헌신하며 우리와 한 마음으로 고무되어, 제가 그러했듯 자신의 모든 명예와 의무를 기꺼이 바치려 합니다.

그렇게 논의한 결과, 캐나다의 맥켄지 킹 총리, 오스트레일리아의 멘지스 총리, 뉴질랜드의 프레이저 총리, 남아프리카공화국의 스머츠 장군이 답변을 보내 왔습니다. 이들 훌륭한 지도자들은 모두 넓고 깊은 마음으로, 유럽의 정세를 저 먼 곳에서 예의주시해 왔습니다. 국민의 손으로 선출된 든든한 정부의 지지를 받으며, 국민의 뜻을 대표하는 자리에 선 이들 탁월한 인사들은 저마다 가슴을 울리는 말과 함께 우리의 결정을 지지해 왔으며, 우리와 끝까지 운명을 함께하며 끝까지 싸울 것을 약속했습니다. 우리는 그렇게 할 것입니다.

그러면 우리는 이렇게 자문하게 됩니다. 우리의 상황은 전쟁이 발발한 뒤 어느 시점부터 악화되었는가? 바로 독일군이 서유럽의 해안 대다수를 점령하면서 작은 나라들까지 잠식하게 된 이후부터입니다. 그 이후로 공습의 위험이 높아지고, 또 그리하여 우리는 더욱더 해전에 집중하게 되었습니다. 하지만 독일군에 대한 우리의 장거리 봉쇄력은 약해지기는커녕 더욱더 강해졌습니다. 마찬가지로 이탈리아가

참전하면서 우리의 장거리 봉쇄력은 더욱더 강해졌습니다. 그로써 우리는 최악의 재앙을 막았습니다. 프랑스전에서 우리 군이 끝까지 저항할 수 있을지 우리는 알 수 없습니다. 하지만 우리가 저항하지 못하게 될 때 독일은 더욱 집중적으로 우리에게 군사적·산업적 압력을 가하게 될 것입니다. 그러나 지금까지 제가 말씀드린 바로 미루어 보아 이러한 재앙은 쉽게 닥치지 않을 것입니다. 독일군의 침입이 바로 눈앞에 닥쳤다면, 사실 의심할 것 없이 닥치고 있습니다만, 우리는 프랑스에서 대규모 군대를 지켜야 한다는 의무에서 벗어나, 우리 조국에 훨씬 더 크고 강력한 군사력을 동원하여 적의 침입에 대항할 것입니다.

히틀러가 정복한 국가의 산업을 독재적으로 통제한다면 이미 상당한 규모에 오른 무기 생산량은 훨씬 더 증가할 것입니다. 하지만 그들의 생산량은 그리 순식간에 증가하지 않을 것입니다. 반면 우리는 미국으로부터 각종 군수물자와 탄약을 상당량 지속적으로 공급받을 것을 약속 받았습니다. 더군다나 적의 사정거리에 미치지 않는 영연방과 대양 너머에서 우리 우방국들이 전투기와 조종사를 보내오고 있습니다.

이러한 지원을 받는다고 해도 우리는 겨울이 오기 전에 상대적 열세를 만회할 수는 없을 것입니다. 이번 겨울에 우리는 나치 정권의 압제에 시달려야 할 것입니다. 유럽 전역이 나치의 잔혹한 군홧발에 짓밟힌 채 굶주리고 몸부림칠 것이며, 그 무자비한 폭력 아래에서 가혹하게 고통 받을 것입니다. 하지만 우리는 잊지 말아야 합니다. 9월 3일, 우리가 선전포고를 하는 순간부터 독일군은 언제든 온갖 무기를 총동원해 모든 공군력의 표적을 우리나라로 돌릴 수도 있었습니다. 게다가 프랑스에는 그러한 독일의 의지를 막을 만한 전투력이 전무하다시피 했습니다. 그렇게 우리는 지난 몇 달을 원칙적인 위험 속에서, 혹은 조금 변형된 형태의 위험 속에서 살아 왔습니다. 그런 한편 우리는 방어력을 키웠습니다. 전쟁 초기에는 군사력의 차이를 가늠할 여력조차 없었지만 이제는 우리 영국의 전투기와 조종사들이 제각각 분명히, 확실히 적군보다 우월하다는 사실을 알게 되었습니다. 그러니 이 끔찍한 비교분석표는 제쳐 버리고 환상에서 깨어나 위험을 직시하게 된 지금, 제 앞에는 공포하고 절망할 것이 아니라 삼엄한 경계태세를 갖추고 분투해야 할 이유만이 남아 있습니다.

　4년간의 지난 1차 세계대전 동안 우리 연합국에게는 참사와 절망만 가득했습니다. 우리는 끝없이 공포에 시달렸습니다. 전장은 쉼 없이 초토화되었고, 처참한 손실을 입었으며 끔찍한 위험과 맞닥뜨렸습니다. 모든 것이 실패했습니다. 하지만 4년간의 전쟁이 막바지에 이르자, 연합군의 사기가 독일군을 앞질렀습니다. 당시 독일군은 연달아 광폭한 승리를 거두며 전진해 나갔고, 그렇게 어디를 가든 승리를 거두며 의기양양한 침략자로 남아 있었습니다. 전쟁 당시 우리는 계속해서 이런 의문을 던졌습니다. "과연 이길 수나 있단 말인가?" 당시 그 누구도 확실히 대답할 수 없었습니다. 그런데 전쟁이 막바지에 이르자 불현듯, 생각지도 않게 우리의 잔인한 적군이 무너져 내렸습니다. 갑작스레 닥친 승리를 만끽하며 우리는 지난 어리석은 의문을 내던져 버렸습니다.

 프랑스전이 어떻게 될지, 프랑스와 해외 프랑스 제국에서 프랑스군이 과연 끝까지 저항할 수 있을지 우리는 아직 모릅니다. 프랑스 정부가 불침번조약의 의무에 따라 전쟁을 계속할 수 없다면, 그들의 모든 기회는 날아가고 미래는 손아귀에서 빠져나갈 것입니다. 우리로서는 프랑스를 조약의 의무에서 놓아줄 수 있을 것 같지는 않습니다. 하지만 우리 의회는 수많은 프랑스인들의 바람과 우리 자신의 소망을 담아 역사적인 선언문을 발표하는 바입니다. 프랑스에겐 최악의 암흑기인 지금, 영국은 기꺼이 이 전투에 나가 우리의 공동체 의식을 발휘할 것을 선언합니다. 프랑스나 프랑스 정부, 혹은 프랑스 연방 정부에 그 어떤 시련이 닥친다 해도 우리나라, 우리 대영제국 국민들은 프랑스 국민들과의 동지의식을 결코 잃지 않겠습니다. 프랑스인들이 겪은 고통을 이제는 우리가 겪어야 한다면 우리는 그들의 용기를 본받을 것입니다. 마침내 승리하여 지난날의 시련을 보상받게 되면 우리는 그 기쁨을 프랑스인과 함께할 것이요, 또한 모든 이들과 다시 얻게 된 자유를 만끽할 것입니다. 우리가 마땅히 짊어져야 할 부담은 결코 덜어내지 않겠습니다. 단 한 걸음도 물러서지 않겠습니다. 체코, 폴란드, 노르웨이, 네덜란드, 벨기에 국민들이 우리와 뜻을 같이 했습니다. 우리는 이 모든 영토를 국민의 손에 되돌려 드리겠습니다.

베강 장군이 말한 프랑스전은 끝났습니다. 이제는 영국전이 시작될 것으로 보입니다. 이 전투에 기독교 문명의 생존이 달려 있습니다. 이 전투에 우리 영국인의 목숨이 달려 있으며 오랜 기간 지속된 우리의 모든 제도와 제국의 역사가 달려 있습니다. 적군의 맹렬한 기세와 막강한 군사력은 머지않아 우리의 것이 될 것입니다.

히틀러는 영국을 무너뜨리지 못하면 이 전쟁에서 패한다는 사실을 알고 있습니다. 우리가 그에 맞서 싸워 이기면 유럽 전역이 자유를 구가할 것이며, 세계인의 삶은 더 넓고 밝고 높은 곳을 향해 나아갈 것입니다. 하지만 우리가 패하면 미국을 포함한 전 세계가, 우리가 아끼고 사랑하는 모든 이들을 포함한 전 세계가 새로운 암흑의 시대라는 나락에 빠지고 말 것입니다. 왜곡된 과학이라는 빛 아래서 더욱 악랄해진 세상을 어쩌면 더 오랫동안 봐야할지도 모릅니다.

그러니 여러분, 이제 우리의 의무를 다하기 위해 단단히 대비합시다. 우리 대영제국이, 영연방이 앞으로 수천 년 계속된다면 시간이 흐른 뒤 후대 사람들은 이렇게 말할 것입니다.

"이 때가 가장 좋은 시절이었다."

1908년 처칠이 행한 연설문(일부)

사회주의는 부유한 자를 끌어내리려 하지만
자유주의(보수주의)는 가난한 자를 끌어올리려 한다.

사회주의는 개인의 이익을 파괴하려 하지만
자유주의는 개인의 이익을 공적인 권한과 조화시킴으로써
오히려 보호하는 효과를 꾀한다.

사회주의는 기업을 죽이려고 하지만
자유주의는 특권과 편애의 질곡으로부터 기업을 구해내려 한다.

사회주의는 개인의 우선성이 극대화되는 것을 공격하지만
자유주의는 많은 대중이 적어도 최저수준을 유지하며
살아가는 것을 추구한다.

사회주의는 자본을 공격하지만
자유주의는 독점을 공격한다.

극단적인 사회주의 정책을 쓰게 되면
나라 전체가 폭력적인 사회투쟁에 휩싸일 것이며,
그렇게 되면 단 한 사람분의 연금조차 마련할 수 없게 될 것이다.

미래는 우리의 것이다.
우리는 한편으로는 보수적인 것을 지향하는 무리와 한편으로는 혁명을 부르짖는
무리를 두고 그 가운데로 가는 길을 걸을 것이다.

프랭클린 델러노 루스벨트 ②
FRANKLIN DELANO ROOSEVELT

===== GREAT SPEECHES =====

생애
프랭클린 델러노 루스벨트(1882~1945)는 미국의 32대 대통령으로서 최장기간 재임한 대통령으로 남았다. 뉴욕 시 하이드파크에서 미국 내 역사 깊은 상류층 자제로 태어났다. 하버드 대학에서 법학을 공부하고 1910년에 뉴욕주 상원의원으로 선출되었다. 그로부터 10년 뒤에 제임스 N. 콕스 대선 후보의 부통령 후보로 지명되었지만 선거에서는 패배하였다. 1928년에 뉴욕 주지사로 임명되고 4년 뒤, 재임을 노리던 허버트 후버 전 대통령을 제치고 대통령 직에 올랐다. 대통령 직에 세 번 재임한 루스벨트의 임기는 대공황과 제2차 세계대전으로 장식되었다. 루스벨트는 종전 몇 달 전에 집무실에서 사망하였다.

연설의 배경 및 의의
델러노 루스벨트 대통령은 이 연설을 발표하며 의회에 선전포고를 요청하였다. 그가 일본군의 진주만 공격 소식을 처음 접한 뒤 24시간도 채 지나지 않은 시점이었다. 루스벨트 대통령은 수상 경력이 있는 극작가이자 시나리오 작가인 연설문 작성자 로버트 E. 셔우드와 사무엘 I. 로즌만을 믿고 그들에게 대국민 방송 연설 원고를 맡긴 뒤, 대국회 연설문은 자신이 집적 작성하였다. 초안은 공격이 있던 날 오후에 완성하였고, 상황의 추이에 따라 원고를 수정해 갔다.
이 연설에서는 대통령의 실수도 엿보이는데, 미국 부통령이 상원의원석에 앉으려 하자 루스벨트 대통령은 그를 상원의장이라 착각한 나머지 '의장'이라 부르게 된다.

연설의 특징
미국으로서는 결코 잊을 수 없는 진주만 피격 다음날 루스벨트 대통령은 국회에서 분기충천하여 일본군의 동남아 지역과 태평양 지역 도발을 거론하며 일본에 대해 선전포고를 한다.

진주만 공격 후 의회 연설
워싱턴 DC, 국회의사당. 1941년 12월 8일

••• 부통령, 의장, 상하원의원 여러분. 어제 1941년 12월 7일, 우리에겐 치욕으로 기억될 이날, 미합중국의 해상과 상공이 일본제국의 의도된 급습을 받았습니다.

그 전까지 미국은 일본과 평화로운 관계를 유지하고 있었으며, 일본의 간청에 따라 일본 정부, 황제와 함께 태평양 지역에 평화를 유지하기 위한 방안을 모색하고 있었습니다.

사실 일본 비행중대가 미국 하와이의 오아후 섬에 폭격을 개시한 지 한 시간 뒤, 주미 일본대사관 측이 최근 미국이 보낸 서한에 대한 공식 답변서를 우리 국무장관 쪽에 전하였습니다. 이 답문에는 현재 미일간의 외교 협상을 존속시키는 것이 소용 없을 것 같다는 언급은 있었지만, 전쟁이나 무장 공격에 대해서는 단 한 마디 위협이나 암시도 없었습니다.

하와이에서 일본까지의 거리를 고려할 때 이번 공격은 수일 전, 혹은 수 주 전부터 치밀하게 계획된 것이 확실합니다. 이 준비 기간 동안 일본 정부는 평화가 지속되기를 희망한다는 거짓 진술과 표현으로 미국을 의도적으로 속여 왔습니다.

어제 하와이 섬에 가해진 공격으로 미국 해군과 육군이 심각한 타격을 입었습니다. 안타깝게도 수많은 미국인들이 희생되었음을 알려 드립니다. 아울러 샌프란시스코와 호놀룰루 해안에서 미국 전함이 격파되었다는 보고가 들어왔습니다.

어제 일본 정부는 말레이 반도에 공격을 지시했습니다.
어제 밤 일본군은 홍콩을 공격했습니다.
어제 밤 일본군은 괌을 공격했습니다.
어제 밤 일본군은 필리핀 군도를 공격했습니다.
어제 밤 일본은 웨이크 섬을 공격했습니다.
그리고 오늘 아침 일본은 미드웨이 섬을 공격했습니다.

이로써 일본은 태평양 전역에 걸쳐 기습 공격을 감행하였습니다. 어제와 오늘의 사건이 그 사실을 여실히 말해주고 있습니다. 미국 국민들은 이미 사태를 파악하였으며 이번 사건이 우리나라의 목숨과 안전에 미칠 영향도 잘 이해하고 있습니다.

미국의 군통수권자로서 저는 우리 방위를 위해 필요한 모든 조치를 취하였습니다. 우리 국민은 우리에 대한 이 기습 공격을 언제까지나 잊지 않을 것입니다.

사전에 계획된 이 침공을 격퇴하기까지 얼마나 오랜 시일이 걸릴지는 모르지만 미국인은 정당한 힘을 모아 이 난국을 헤쳐 나가 완전한 승리를 거두겠습니다.

우리 조국을 끝까지 방위하는 것은 물론이고 이런 식의 배신행위가 다시는 우리를 위협하지 못하도록 확실히 해두겠습니다. 이런 저의 주장이 의회와 국민의 뜻을 모두 반영하는 것이리라 저는 믿습니다.

전쟁이 시작되었습니다. 우리 국민, 우리 영토, 우리의 이익이 중대한 위험에 처해 있다는 사실을 한시라도 잊어선 안 됩니다.

우리 군에 대한 신뢰와 우리 국민의 결연한 투지로 우리는 기필코 승리할 것입니다. 신의 가호가 있기를 빕니다.

이로써 저는 1941년 12월 7일 일요일, 일본의 부당하고 비열한 공격이 개시된 이후부터 미합중국과 일본 제국 사이에 전쟁이 시작되었음을 의회가 선언해줄 것을 요청합니다.

루스벨트가 연두 교서에서 밝힌 4가지 자유

1940년 11월 세 번째 대통령 임기에 당선된 프랭클린 루스벨트 대통령은 1941년 1월 6일, 연두 교서에서 그 유명한 '4가지 자유'를 언급했다.

1. 언론의 자유
2. 신앙의 자유
3. 결핍으로부터의 자유
4. 공포로부터의 자유

세계 인권사상의 초석이 된 이 4가지 자유는, 1941년의 대서양헌장, 1942년의 연합국공동선언을 거쳐, 국제연합(UN)헌장의 인권조항이 되고, 1948년 12월 10일 국제연합(UN) 총회에서 채택된 세계인권선언의 전문에 당당히 자리 잡았다.

프랭클린 루스벨트 대통령은 이 연설에서 민주 국가를 하나로 뭉쳐 이 4개의 자유를 구현하는 세계를 재건해야 한다고 역설했다.

그해 3월 미 의회는 이 교서에 나타난 정신과 정책에 입각하여 70억 달러의 지출을 승인하는 무기 대여법을 통과시켰다.

제2차 세계대전 중, 대서양헌장을 발표하였고, 카사블랑카·카이로·테헤란·얄타 등의 연합국 회의에서 전쟁의 결정적 지도권을 장악하였으며, 영국의 처칠 총리와 긴밀하게 연락하면서 전쟁 종결에 많은 노력을 기울였다.

1944년 대통령에 4선에 성공하고 국제연합 구상을 구체화하는 데 노력하였으나, 1945년 4월 세계대전의 종결을 보지 못하고 뇌출혈로 사망하였다.

윈스턴 처칠 ③
SIR WINSTON LEONARD SPENCER-CHURCHILL

=== GREAT SPEECHES ===

생애

윈스턴 처칠, 또는 윈스턴 스펜서 처칠(1874~1965)은 영국 정치가이자 역사학자, 작가이며 제2차 세계대전기간 동안 대영제국의 총리로 널리 알려져 있다. 옥스퍼드셔의 블렌하임 궁전에서 유복한 가정의 아들로 태어났다. 해로우 스쿨과 샌드허스트 육군사관학교를 졸업하고 인도와 수단, 남아프리카공화국에서 군에 복무하였다. 1900년에 처칠은 보수당 하원의원으로 당선되었으나 4년 뒤에 자유당으로 당적을 옮긴다. 이후 20년 간 처칠은 정치권에서 여러 요직을 차지하게 되는데, 그 중 내무장관과 전시 중 첫 번째 해군 장관으로 재임하기도 하였다. 1922년에 처칠은 재임에 실패한 뒤 1924년에 보수당으로 돌아갔다. 제2차 세계대전이 발발하자 처칠은 다시 해군 장관으로 임명되었다. 1940년에는 연립정부의 총리직에 올라 1945년까지 자리를 지켰지만 다음 해 재임에는 실패하고 만다.

연설의 배경 및 의의

처칠은 평화로운 시기의 정부 지도자로서는 부적절하다는 국민의 판단에 따라 총리직에서 물러났다. 이후 10개월 만에 웨스트민스터 대학에 모습을 드러낸 그는 '서구 민주주의'에 소련 팽창주의의 위험성을 경고했다. 연설 당시 처칠은 풀턴의 청중들로부터 중간 중간 박수갈채를 받았지만 정치 지도자들과 여론 형성가들로부터는 크게 환영 받지 못했으며, 오히려 전쟁광이라는 비난을 받게 되었다. 처칠은 이 연설을 '평화의 핏줄'이라 이름 붙였지만 세상에는 '철의 장막'으로 알려지게 되었다. 처칠은 이 제목이 자신이 지어냈다고 주장한 적이 없었다. 정치 용어인 '철의 장막'은 1814년에 바이올렛 파제트가 신문 기사에서 처음 언급한 것이다. 그 기사에서 파제트는 영국인과 독일인이 '전쟁이라는 거대한 철의 장막'으로 멀어졌다고 썼다.

연설의 특징

악몽 같은 2차대전을 승전으로 마무리하고 이듬해 미국을 방문하여 대학강단에 서게 된 처칠은 영미 양국의 우호·협력을 역설하고 소련의 팽창을 경고한다. 그리고 UN의 적극적인 역할을 강조한다.

철의 장막

미주리 주 풀턴, 웨스트민스터 대학. 1946년 3월 5일

••• 저는 오늘 이곳 웨스트민스터 대학을 방문해 학위까지 받게 되어 기쁩니다. '웨스트민스터'는 제게도 어느 정도 익숙한 이름입니다. 예전에도 이 이름을 들어본 것 같은 기분이 듭니다. 사실 제가 정치학과 변증법, 수사학 등의 대부분을 교육 받은 곳이 바로 웨스트민스터입니다. 그러니 우리는 같은, 혹은 비슷한, 아니면 어찌됐든 가까운 시설에서 교육을 받은 셈입니다.

아울러 개인 방문자로서 대학 강단에 오르면서 미국 대통령의 소개를 받는다는 사실 또한 저로서는 아주 특별한 영광입니다. 대통령께서는 그밖에 짊어진 무거운 짐과 의무, 책임감을 뒤로하고 물론 스스로 원한 것은 아니겠지만 그렇다고 이에 물러서지도 않으며 수천 마일을 날아와 오늘 우리의 만남에 기품과 품위를 더해주셨으며, 저에게 이곳 이웃 나라와 대양너머 제 조국, 그리고 다른 민족들 앞에 이렇게 설 수 있는 기회를 마련해 주셨습니다.

대통령께서는 지금처럼 불안하고 당혹스러운 시기에 제 진실하고 솔직한 의견을 자유롭게 말씀드리는 것이 자신의 희망이라고 하셨습니다. 저는 그것이 또한 여러분의 희망일 것이라고 믿습니다. 저는 오늘 이 자유를 충분히 활용할 것입니다. 또한 젊은 시절에 품은 개인적

인 야망을 상상 이상으로 실현한 사람으로서 그러는 것이 마땅하다고 생각합니다. 하지만 이 사실만은 분명히 해두겠습니다. 저는 어떤 공적인 임무나 자격으로 이 자리에 서 있는 것이 아니며, 오로지 개인 자격으로 말씀드리는 것입니다. 지금 여러분이 보시는 것이 제 전부입니다.

그러므로 저는 전쟁에 완전히 승리한 이후 우리에게 닥친 문제들을 제 인생 경험에 비추어 생각해 보고자 합니다. 무수한 희생과 고통의 대가로 얻은 것은 미래의 영광과 인류의 안전을 위해 보존해야 한다는 사실을 있는 힘껏 확실히 하고자 합니다.

미국은 현재 세계열강의 정상에 올라 있습니다. 지금 미국은 민주주의 역사상 엄숙한 시기에 놓여 있습니다. 이처럼 막강한 힘을 보유하고 있으면 미래에 대해 막중한 책임 역시 떠안게 되기 때문입니다. 주변을 둘러보면서 여러분은 임무를 완수했다는 안도감도 느끼겠지만, 이루어놓은 업적에 미치지 못할지 모른다는 불안도 역시 느낄 것입니다.

기회는 지금 여기, 미국과 영국에서 뚜렷이 빛을 발하고 있습니다. 그 기회를 거부하거나 무시하거나 낭비한다면 우리는 훗날 비난의 소리를 오래도록 들어야 할 것입니다. 따라서 전시는 물론이고 평시에도 변함없는 마음, 확고한 목적, 단호한 결정으로 영어권 국민들의 행동을 이끌고 지배해야 합니다. 우리가 이 힘겨운 여건을 이겨낼 수 있다는 사실을 보여줘야 합니다. 분명 그럴 수 있다고 저는 믿습니다.

심각한 상황에 직면했을 때 미군은 언제나 그렇듯이 명령 앞에 이런 문구를 끼워 넣습니다. '전반적 전략 개념' 명확한 사고를 이끈다는 이 문구에는 지혜가 깃들어 있습니다. 그렇다면 지금 우리가 써 넣어야 할 전반적 전략 개념은 무엇일까요? 다름 아닌 세계 모든 국가의 남성과 여성, 모든 가정과 가족의 안전과 복지, 자유와 진보입니다. 그 중에서도 저는 무수한 오두막과 아파트에 사는 봉급자 가정을 언급하고 싶습니다. 삶의 숱한 시련과 고난의 한복판에 선 가장은 처자식을 가난에서 구하기 위해 하느님을, 혹은 그들 삶의 일부를 차지하는 윤리적 신념을 받들며 가족을 부양하고자 고군분투하고 있습니다.

이 무수한 가정의 안전을 도모하기 위해서는 전쟁과 폭정이라는 두 가지 거대한 약탈자로부터 이들을 지켜야 합니다. 전쟁이라는 저주가 단숨에 가장을 덮치고, 또 가장이 애써 일하며 살아가는 이유인 가족을 덮칠 때 평범한 가족이 얼마나 끔찍한 소란을 입게 되는지 우리는 잘 알고 있습니다. 영광이 사라진 자리에 남은 유럽의 잔혹한 폐허와 아시아 전역이 눈앞에 아른거립니다. 사악한 자의 계략이나 강력한 국가의 충동적 공격이 문명사회의 틀 전반에 스며들면, 힘없는 사람들은 도저히 이겨낼 수 없는 시련을 마주하게 됩니다. 그들의 모든 것이 일그러지고 무너지고 으스러져 내리게 됩니다.

오늘처럼 한가로운 오후에 이곳에 서고 보니 지금 이 순간에도 수백 만 사람들에게 실제로 닥치고 있는 일이, 이 지구상에 기근이 만연할 때 우리 세대에 일어나게 될 일이 눈앞에 그려지면서 몸서리가 쳐집니다. 흔히 말하는 '추정할 수 없는 인간의 고통'이 어느 정도일지 누구도 가늠할 수 없습니다. 우리의 지상 과제와 임무는 또 다른 전쟁이 몰고 올 공포와 참사로부터 평범한 가정을 지키는 것입니다. 이에 대해 우리는 모두 한 마음 한 뜻입니다.

우리 미군 동지들은 '전반적 전략 개념'을 선포하고 가능한 자원을 산출해낸 뒤 언제나처럼 그 다음 단계, 즉 그 다음 방법으로 나아갑니다. 여기에 우리 전 세계인은 다시 한 번 뜻을 모았습니다. 전쟁 방지를 주된 목표로 삼는 기구가 설립되었습니다. 국제연맹의 후신인 국제연합(UN)은 결정적으로 미국까지 가입하면서 이미 활동에 들어갔습니다. 우리는 UN의 업적이 결실을 맺기를, UN의 활동이 가식이 아니라 진심이기를 바랍니다. 단지 허황된 말뿐이 아니라 현실적인 행동이 되기를 바랍니다. UN이 단지 바벨탑 꼭대기에 앉은 조종실이 아니라 각국이 내건 방패들이 언젠가 모두 스러지는 진정한 평화의 전당이 되기를 바랍니다.

자기 보호를 위해 증강해온 군비에 대한 굳은 믿음을 내던지기에 앞서 우리는 이 평화의 전당이 연약한 모래밭이나 진창 위가 아닌 튼튼한 바위 위에 세워졌다는 사실을 확신해야 합니다. 우리가 가야 할 길이 멀고 험하리라는 것은 누구나 알아볼 수 있습니다. 하지만 우리가 두 번의 세계 대전에서 그랬듯 다함께 인내한다면, 물론 중간에 갈등 시기도 있었지만, 우리는 마침내 공통의 목적을 달성할 수 있으리라 믿어 의심치 않습니다.

하지만 저는 우리의 결행을 위해 확고하고 현실적인 제안을 하나 하려고 합니다. 법원과 치안판사가 있다 해도 이들은 보안관이나 경찰이 없으면 제대로 기능할 수 없습니다. 그러니 국제연합기구는 빠른 시일 내에 국제연합군을 조직해야 합니다. 그렇게 해도 고작해야 한 걸음씩 나아갈 수 있을 텐데 우리는 지금 당장 시작해야 합니다. 저는 각 강대국과 기타 국가가 연합군 조직을 위해 각 군의 비행 중대를 일정 규모씩 파견할 것을 제안합니다. 이들 비행 중대는 훈련을 비롯한 전투 준비는 각국에서 마치되, 다만 차례로 해외 각국에 파병을 나갈 것입니다. 군복은 각국의 군복을 입되 배지만 바꿔 달 것입니다. 각 군이 조국에 맞서 싸우는 일은 없을 것이며, 그 밖의 경우에는 세계기구의 지시에 따르게 될 것입니다. 연합군은 소규모로 시작하여, 이에 대한 신임을 얻게 되면 규모도 늘려나갈 것입니다. 사실 저는 연합군이 1차 세계대전이 끝나는 즉시 조직되길 바랐지만 아마 조만간 그런 날이 오리라 굳게 믿습니다.

그렇지만 현재 미국과 영국, 캐나다가 공유하고 있는 원자폭탄에 대한 지식이나 경험을 이제 걸음마 단계인 국제기구에 위임하는 것은 현명치 못할뿐더러 옳지도 않습니다. 이러한 기밀 지식을 흘러 보낸다는 것은 여전히 불안하고 분열된 세계에 죄를 범하는 어리석은 짓입니다. 원자폭탄에 대한 지식과 제조 방법, 그 원자재의 대부분이 현재 미국의 손에 놓여 있다는 사실 때문에 늦은 밤까지 잠 못 이루는 사람은 전 세계 어디에도 없을 것입니다. 하지만 상황이 뒤바뀌어 이 무시무시한 지식을 어느 공산국가나 네오파시즘 국가가 독점하고 있다면 그 누구도 마음 편히 발 뻗고 잘 수 없을 것입니다. 원자폭탄에 대한 공포만 잘 이용해도 이 자유민주주의 사회에 전체주의 사상을 주입하기는 쉬울 것이며, 그 결과 상상만 해도 오싹해지는 일이 벌어질 것입니다.

하지만 신의 뜻이 그러하지 않으셨고, 우리는 그나마 숨 돌릴 틈을 얻어서 이런 위험이 닥치기 전에 국내 질서를 회복할 수 있게 되었습니다. 짧은 시간이나마 어떤 노력도 헛되이 쓰지 않는다면 우리는 막강한 우위를 차지하여 적군의 핵무기 사용을, 혹은 사용 위협을 효과적으로 억제할 수 있을 것입니다. 결국 우리에게 필수적인 인류애가 세계기구 안에서 진정으로 구현되고 표출된다면, 더불어 세계기구가 현실적으로 불가피한 안전장치를 통해 효율적으로 운영된다면 이러한 힘도 자연스레 세계 기구에 맡겨질 것입니다.

이제 평범한 사람들, 그들의 오두막과 가정을 위협하는 두 약탈자의 두 번째 위험, 폭정에 대해 말해보려 합니다. 대영제국의 모든 국민들은 자유를 마음껏 누리고 있지만, 이러한 자유가 일부 강대국을 포함한 무수한 국가의 국민들에게는 허락되지 않고 있다는 사실을 우리는 모르는 체 할 수가 없습니다. 이들 국가에서는 모든 권력을 아우르는 다양한 경찰 정부가 일반 시민을 통제하고 있습니다. 국가의 권력은 특권 정당이나 정치 경찰로 구성된 소규모 과두정부나 독재자의 손에서 아무런 규제 없이 남용되고 있습니다.

무수한 시련이 도사리고 있는 지금 같은 시기에, 전쟁을 통해 정복하지도 않은 국가의 내정에 강제로 개입할 수는 없는 노릇입니다. 하지만 우리는 자유와 인권이라는 위대한 원칙을 끊임없이, 용감하게 주장해야 합니다. 영어권 국가가 공동으로 물려받은 자유와 인권은 마그나 카르타, 권리 장전, 인신 보호 영장, 배심 재판, 영국 관습법을 거쳐 마침내 미국 독립 선언서에서 우리에게 잘 알려진 지금의 모습을 드러내었습니다.

이는 다시 말해 어느 나라 국민도 헌법에 따라, 비밀 선거가 보장되는 제한 없는 자유선거에 따라 국가 정부의 성격이나 형태를 선택하고 바꿀 권리가, 힘이 있다는 뜻입니다. 언론과 생각의 자유가 군림해야 한다는 뜻입니다. 사법재판소는 행정부로부터 독립하여 어떤 정파에도 치우치지 않아야 하며, 대다수 국민이 승인한 법을, 혹은 시간과 관습에 따라 축적된 법을 정당하게 집행해야 한다는 뜻입니다. 자유권 증서는 모든 가정에 고이 간직해 두어야 합니다. 여기에 우리 영국과 미국 국민들이 인류에게 전하고자 하는 메시지가 있습니다. 우리가 실천한 것을 인류에 전합시다. 인류에 전한 것을 그대로 실천합시다.

지금까지 인류의 가정을 위협하는 두 가지 거대한 재앙, 전쟁과 폭정에 대해 말씀 드렸습니다만, 전 세계에 만연한 가난과 빈곤에 대해서는 말씀드리지 않았습니다. 그러나 지구상에서 전쟁과 폭정이 사라지기만 한다면 과학 기술과 협력 정신을 바탕으로 단 몇 년, 혹은 몇 십 년 안에 전쟁이라는 학교에서 새로이 배우고 연마한 지혜가 전 세계에 널리 퍼질 것이며, 전 인류는 역사상 유례없는 물질적 풍요를 누리게 될 것입니다.

이렇게 가슴 아프고 숨 막히는 지금, 우리는 엄청난 싸움을 치른 여파로 가난과 절망에 빠져 있습니다. 하지만 이 순간도 금세 지나갈 것입니다. 다가오는 풍요의 시대를 마음껏 누릴 국가의 자유를 저지하는 것은 인간의 어리석음이나 인간 이하의 범죄 밖에 없습니다. 저는 50년 전에 아일랜드 출신인 위대한 미국인 연설가, 제 벗이기도 한 버크 코크런에게 들은 말을 종종 인용해 왔습니다. "식량은 충분하다. 지구는 관대한 어머니와 같아서 그 자녀들이 자신의 땅을 정당하고 평화롭게만 경작한다면 식량을 넉넉히 내어줄 것이다."

지금까지 우리의 뜻도 이와 같았습니다. 이제 전반적 전략 개념을 파악할 방법을 여전히 찾아보는 와중에 제가 여기까지 와서 여러분께 이런 말씀을 드리는 가장 중요한 이유를 말씀드리겠습니다. 전쟁 방지나 세계 기구의 지속적 성장은 영어권 국민들의 소위 우호적 연대가 없으면 불가능합니다. 즉 영연방과 대영제국, 미합중국이 긴밀히 단결해야 합니다.

일반론으로 말할 때가 아니니 좀 더 구체적으로 말씀드리겠습니다. 우호적 연대를 위해 우리 거대하지만 비슷한 두 사회는 우애를 굳건히 다지며 상호 이해를 높여가야 합니다. 뿐만 아니라 군사 고문 간 친밀한 관계 유지, 잠재적 위험에 대한 공동 대처 노력, 유사 무기와 매

뉴얼 공유, 기술 전문대학 차원의 장교와 생도 교환 등이 함께 이행되어야 할 것입니다. 그러기 위해서는 각국이 소유한 전 세계 내 모든 해공군 기지를 공유하면서 상호 안전을 위해 현재 군사 시설을 유지해야 합니다. 이로써 미국 해공군의 기동성은 배가될 것입니다. 더불어 대영제국군의 세력도 크게 확장될 것이며, 이후 세계가 안정 국면에 들어서면 군사비도 크게 절감될 것입니다. 이미 미영 양국의 공동기지는 전 세계 수많은 섬에 퍼져 있습니다. 머지않아 더 많은 지역이 우리군의 군사기지가 될 것입니다.

　미국은 이미 영연방과 대영제국에 헌신적으로 협력하는 캐나다 자치령과 영구 방위조약을 맺었습니다. 이 조약은 공식 동맹이라는 이름으로 맺어진 다른 수많은 조약보다 효과적입니다. 이 조약의 원칙은 완벽한 호혜관계 속에 영연방 모든 국가로 확장되어야 합니다. 그로써 우리는 어떤 일이 일어나도 안전을 확보할 수 있을 것이며, 무엇보다 중요하고 그 누구에게도 해가 되지 않는 숭고하고도 단순명료한 대의를 위해 협력할 수 있을 것입니다. 그날은 올 것입니다. 공동체 시민의식이 확립되는 날은 반드시 올 것입니다. 그날이 두 팔을 벌려 우리를 반기는 모습은 이미 우리 눈에 훤히 보이지만, 그 날이 언제가 될지는 운명에 맡겨야 할 것입니다.

　여기서 우리가 스스로에게 물어야 할 중요한 질문이 하나 있습니다. 바로 미국과 영연방이 맺은 이 각별한 협력 관계가 세계기구를 향한 충성에 모순되지는 않는가 하는 것입니다. 저는 이렇게 말씀드리고 싶습니다. 오히려 우리의 각별한 협력 관계야말로 세계기구의 위상과 힘을 끝까지 끌어 올릴 수 있는 유일한 수단입니다. 미국은 앞서 말씀드린 캐나다를 비롯해 남아메리카 국가들과도 이미 특별한 협력 관계를 맺었습니다. 우리 영국은 소비에트 러시아와 20년간의 상호협력 및 원조조약을 맺었습니다. 대영제국의 베빈 외무장관은 이 조약이 향후 50년은 이어질 것이라 했으며 저도 이에 동의합니다. 우리가 러시아에 바라는 것은 다만 상호 원조와 협력뿐입니다. 영국은 포르투갈과 1384년에 맺은 동맹을 지금까지 이행한 덕분에 최근 전쟁에서 중대한 시기마다 의미 있는 결실을 거둘 수 있었습니다. 이들 조약은 세계 협정이나 세계기구가 추구하는 보편적 이익에 모순되기는커녕 큰 도움이 되었습니다.

"내 아버지의 집에는 거할 곳이 많도다." UN 회원국 간에 맺은 특별 협약은 그 어떤 국가에 대해서도 공격성을 띠지 않으며, 그들 협약 사안 중 UN헌장과 상충되는 것은 없습니다. 따라서 이들 협약은 해롭기보다 이로우며, 우리에게 반드시 필요하다고 저는 믿습니다.

저는 앞서 평화의 전당에 대해 말씀드렸습니다. 세계의 모든 일꾼들이 이 전당을 세워야 합니다. 두 일꾼이 서로 각별히 잘 알고 있는 오랜 벗이라면, 그들의 가족 간에도 서로 왕성히 교류하고 있다면, 그리고 제가 며칠 전 여기 와서 읽은 훌륭한 문구를 빌려, '서로의 목적과 희망을 믿고, 서로의 미래를 믿으며, 서로의 결점을 너그러이 받아준다'면 그들이 친구로서, 동반자로서 공동의 과업을 위해 협력하지 못할 이유가 어디 있겠습니까? 서로의 연장을 공유하면서 서로의 힘을 키워나가지 못할 이유가 어디 있겠습니까? 우리는 반드시 그렇게 해야 합니다. 그렇지 않으면 평화의 전당은 세워지지 않을 것이며, 설령 세워진다 해도 이내 무너져 내릴 것입니다. 그렇지 않으면 우리는 가르쳐도 알아듣지 못하는 학생이 되어 전쟁이라는 이름의 학교에 세 번째로 들어가 다시 처음부터 배워야 할 것입니다.

더군다나 세 번째로 만나게 될 학교는 우리가 이제 막 벗어난 곳보다 훨씬 더 혹독할 것입니다. 암흑의 시대는 돌아올 것입니다. 석기시대는 돌아올 것입니다. 그 시대가 달고 올 과학이라는 빛나는 날개는 현재의 인류에게 물질적 풍요라는 찬란한 세례를 퍼붓고 있지만, 결국은 처참한 파괴를 몰고 올 것입니다.

명심하십시오. 시간이 없습니다. 더 늦기 전에 이런 재앙이 우리 앞에 그대로 떠내려 오는 일이 없도록 합시다. 제가 말씀드린 우호적 연대가 필요하다면, 그로써 우리 두 나라가 이끌어낼 수 있는 강력한 힘과 안전이 필요하다면 이 위대한 사실을 전 세계에 알리고, 이를 통해 평화라는 인류의 기반을 변함없이 끝까지 유지할 수 있도록 노력합시다. 선현들은 이렇게 말씀하셨습니다. "예방이 치료보다 낫다."

얼마 전 우리 연합군의 승리로 환히 빛나던 세상에 그늘이 드리웠습니다. 소비에트 러시아와 국제 공산주의 조직의 향후 의도가 무엇인지, 그들의 팽창주의와 체제 확산주의에 끝이 있는지, 있다면 그 끝은 어디인지 아무도 모릅니다. 저는 용감한 러시아 국민, 그리고 제 전

우인 스탈린 장군을 존경합니다. 우리 영국 국민은 러시아의 모든 국민에게 가슴 깊이 지지와 호의를 보내고 있으며, 러시아와 우호적 관계를 지속하기 위해 수많은 차이와 좌절도 끝까지 인내하리라 다짐하고 있습니다. 이런 마음은 이곳 미국 국민 여러분도 마찬가지리라 믿어 의심치 않습니다. 러시아가 독일의 공격 가능성을 완전히 제거하여 서부 전선에 안전을 기하려 한다는 사실을 우리는 이해합니다. 우리는 러시아가 세계 강대국 사이에서 제자리를 찾게 되기를 기대합니다. 러시아 국기가 바다에 나부끼기를 기대합니다. 그리고 무엇보다, 러시아 국민과 대서양 양편에 있는 우리 영연방 국민들이 지속적으로, 빈번히, 더욱 긴밀히 교류하게 되기를 기대합니다, 아니 기대해야 합니다. 하지만 그 전에 여러분께서도 제가 본 사실을 있는 그대로 말씀드리기를 원하실 테니 유럽의 현재 정세를 말씀 드리겠습니다.

발트 해의 슈체친으로부터 아드리아 해의 트리스테까지 유럽 대륙을 가로지르며 철의 장막이 내려졌습니다. 이 장막 뒤에 중부 동부유럽의 모든 수도와 고대 도시들이 자리하고 있습니다. 바르샤바, 베를린, 프라하, 비엔나, 부다페스트, 베오그라드, 부쿠레슈티, 소피아 등 유명한 도시와 그곳의 시민들이 소련권에 속해 있습니다.

이들 모두 조금씩 형태는 다르지만 소비에트의 영향력 아래 있는 것은 물론이고, 그보다 더 높은, 강도가 점점 거세지는 모스크바의 통제 아래 놓이게 되었습니다. 오직 아테네만이 그리스의 사그라지지 않는 영광을 등에 업고 영국과 미국, 프랑스의 주시 하에 선거를 통해 자신의 미래를 자유로이 결정할 수 있는 상황입니다. 러시아의 지배를 받고 있는 폴란드 정부는 러시아의 전략에 따라 독일에 대해 막대하고도 부당한 공격을 감행해 꿈에도 생각 못한 통탄할 만한 규모로 수백만의 독일인을 대거 축출하고 있습니다.

동부 유럽을 통틀어 소규모에 불과했던 공산당이 수적 한계를 뛰어넘어 막강한 힘과 권력을 키우면서 전체주의로 세계를 재패하고자 기회를 노리고 있습니다. 경찰 정부는 동유럽의 거의 모든 국가에 군림해 있으며, 체코슬로바키아를 제외하면 지금까지 진정한 민주주의가 실현된 곳은 없습니다.

터키와 페르시아는 모스크바 정부가 가하는 압력과 요구로 심각한 두려움과 불안에 시달리고 있습니다. 베를린 내 러시아인 사이에서는 독일 점령지역에 유사 공산당을 설치하기 위해 독일 좌파 지도자 집단에 특별한 호의를 보이려는 움직임이 일고 있습니다. 지난 6월 종전을 앞두고 있을 때 미군과 영국군은 기존의 조약에 따라 서구 민주주의가 정복한 광활한 영토를 러시아 동맹국에 양도하기 위해 400마일에 이르는 영토에서 150마일 정도 서부로 철수하였습니다.

소비에트 정부가 지금 이 지역에 단독적으로 친공산주의 독일을 세우려 한다면 그들은 영국과 미국 지역에 새로운 심각한 위험을 가하게 될 것이며, 패배한 독일은 소련과 서양 민주주의 사이에서 저울질하는 힘을 얻게 될 것입니다. 이러한 사실로부터 어떤 결과가 도출되든, 그 모습은 우리가 그토록 고군분투하면서 건설하고자 한 자유 유럽은 분명 아닙니다. 그로부터 도출되는 결과는 또한 영속적인 평화에 필요한 것도 아닙니다.

　세계의 안전을 위해서는 유럽이 새로이 단결해야 합니다. 여기에 그 어떤 나라도 영구히 배제되어서는 안 됩니다. 우리가 목격한 두 차례의 세계대전은 유럽 조상들의 인종 싸움이나 오래 전 갈등에서 비롯되었습니다. 두 번에 걸쳐 우리는 미국이 그 자신의 바람이나 전통에 반하여, 자신의 주장에 반하여 납득하지 않을 수 없는 힘에 따르는 것을 보았습니다. 미국이 저항할 수 없는 힘에 이끌린 채, 대의명분의 승리를 위해 시의 적절하게 전쟁에 참가하는 것을 보았습니다. 하지만 우리는 끔찍한 대학살과 참사가 휩쓸고 간 뒤에야 승리를 거둘 수 있었습니다. 그렇게 두 번, 미국은 몇 백만에 이르는 조국의 청년들을 대서양 너머 전쟁터로 보내야 했습니다. 하지만 이제 전쟁은 황혼에서 새벽을 지나가는 곳이면 어디에서든 볼 수 있게 되었습니다. 우리는 반드시 목표를 뚜렷이 인식하면서 UN의 구조 안에서 유엔 헌장을 지키며 유럽의 평화회복을 위해 노력해야 합니다. 이것이 우리에게 무엇보다 중요한 정책이 될 것입니다.

　유럽을 가로지르는 철의 장막 앞에는 불안의 또 다른 원인이 도사리고 있습니다. 공산주의에 훈련된 티토 장군이 아드리아 해 전방에 위치한 과거 이탈리아 영토에 대해 소유권을 주장하게 되었고, 이탈리아 공산당이 이를 지지해야 하는 난처한 입장에 빠졌습니다. 이탈리아의 미래는 위기에 처해 있습니다.

다시 말하지만 막강한 프랑스가 없다면 유럽의 재건은 상상할 수 없습니다. 공직생활 내내 저는 막강한 프랑스와 한 길을 걸었으며, 암흑의 순간에도 프랑스의 운명에 대한 믿음을 저버리지 않았습니다. 지금도 저는 프랑스를 믿어 의심치 않습니다. 하지만 러시아 국경과 멀리 떨어진 전 세계 수많은 국가에서는 공산주의 제5열이 태세를 갖추고 있으며 공산주의 본부로부터 할당 받은 지시에 절대적으로 복종하면서 완벽히 단결하여 임무를 이행하고 있습니다.

공산주의가 이제 걸음마 수준인 영연방과 미합중국 내를 제외하면 공산당과 제5열이 기독교 문명사회에 가하는 도전과 위협은 점차 강도가 높아지고 있습니다. 이것이 자유와 민주주의라는 대의를 위해 찬란한 군사동맹을 맺으며 승리를 일구어낸 직후 우리가 전해야 할 어두운 현실입니다. 하지만 아직 시간이 남아 있는 지금, 이 현실을 정면에서 대면하는 것은 현명치 못한 처사입니다.

극동 지역 중에서도 만주 지방의 전망 역시 불안하기는 마찬가지입니다. 얄타에서 맺은 협정은 저도 참여하였지만, 소비에트 러시아에 지극히 유리한 것이었습니다. 하지만 그 당시만 해도 독일전이 1945년 여름과 가을까지 이어지지는 않을 것이라고 누구도 장담할 수 없었습니다. 더군다나 일본전이 독일전쟁이 끝난 뒤에도 18개월 동안 이어지리라고는 누구도 예상하지 못했습니다. 미국 역시 중국과 우호관계를 유지하고 있는 만큼 여러분도 극동지역에 대해 잘 알고 계시리라 생각하니, 그곳 상황에 대해서는 자세히 말하지 않겠습니다.

그러나 서양과 동양 할 것 없이 전 세계에 드리워진 그늘에 대해서는 말씀드리지 않을 수 없습니다. 베르사유 조약이 체결되던 당시 저는 장관직에 있었으며, 당시 영국 대표로서 이 조약에 참여한 로이드 조지 전 총리의 가까운 벗이기도 했습니다. 제자신은 체결 사안의 대부분에 동의하지 않았지만 그 당시 상황은 제게 강하게 남아 있습니다. 당시 조약 내용이 지금 만연한 실정과는 반대되는 것이 많아서 저는 고통스러웠습니다. 당시에는 전쟁이 끝난다는 희망이, 무한한 자신감이 있었습니다. 국제 연맹이 전능해지리라는 강한 확신이 있었습니다. 하지만 지금 세계의 처참한 현실 속에서는 예전만큼의 한없는 상상력이나 그만한 희망을 보지도, 느끼지도 못했습니다.

그렇긴 하지만 새로운 전쟁이 불가피하다는, 더군다나 전쟁이 임박했다는 주장에는 저도 반대합니다. 우리의 운명이 아직 우리 손 안에 있다고 확신하기 때문입니다. 우리에게는 미래를 구할 힘이 남아 있다고 믿기 때문입니다. 따라서 저는 상황과 기회가 닿을 때 이 말을 전해야 할 의무가 있다고 생각합니다. 소비에트 러시아도 전쟁을 원하지는 않을 것입니다. 그들이 원하는 것은 전쟁으로 얻게 될 결실이며, 그들의 권력과 사상에 대한 무한한 확산입니다.

하지만 아직 시간이 남은 오늘 우리가 고민해야 할 것은 전쟁을 영원히 예방하고, 모든 나라에 자유와 민주주의를 조속히 정착시키는 것입니다. 우리에게 닥친 시련과 위험은 단순히 그들을 묵인한다고 해서 없어지지 않습니다. 시련과 위험은 가만히 앉아 기다리기만 한다고 해서 없어지지 않습니다. 유화정책으로 없어지는 것도 아닙니다. 우리에게 필요한 것은 갈등 해소입니다. 갈등 해소 시기가 늦춰질수록 시련은 더욱 커질 것이며 우리 앞에 놓인 위험도 더욱 거대해질 것입니다.

전쟁 동안 러시아와 그 동맹국의 행보를 지켜보면서 저는 확신했습니다. 그들이 무엇보다 열망하는 것은 힘이며, 그들이 무엇보다 경멸하는 것은 나약함, 특히 군사적 나약함뿐입니다. 그렇기 때문에 힘의 균형이라는 낡은 정책은 적절치 않습니다. 우리로서는 힘겨루기라는 유혹에 굴복해 아슬아슬한 간극을 두고 이길 여유가 없습니다. 서양 민주주의 사회가 결속하여 UN 헌장의 원칙을 엄수한다면 그들의 영향력은 막강해지고 그들의 원칙은 멀리까지 퍼져나갈 것이며, 그 누구도 이에 대적하지 못할 것입니다. 하지만 서양 민주주의 사회가 분열되거나 의무를 게을리 한다면, 이 중차대한 시기를 그저 흘려보낸다면, 결국 우리 모두는 끔찍한 재앙에 휩싸이고 말 것입니다.

지난 번 저는 눈앞에 닥친 재앙을 알아차리고 영국 국민들과 세계에 소리 높여 외쳤지만 아무도 귀 기울이지 않았습니다. 1933년, 혹은 1935년까지만 해도 독일은 그들을 잠식한 지독한 운명에서 벗어날 수 있었습니다. 우리 역시 히틀러가 인류에 저지른 참혹한 만행을 겪지 않을 수 있었습니다. 얼마 전 전 세계의 엄청난 지역을 초토화시킨 전쟁 만큼 인류 역사상 적절한 시기에 제대로 조치만 취했다면 쉽게 예방할 수 있었던 전쟁은 없었습니다. 그 전쟁은 총 한 번 발사하지 않고 막을 수 있었습니다. 그랬다면 독일은 지금 막강한 힘과 번영, 명예를 누리고 있을 것입니다. 하지만 아무도 제 말을 들으려 하지 않았고, 결국 하나씩 하나씩 잔혹한 소용돌이 속에 휘말려 들어가기 시작했습니다.

이런 일이 또 다시 일어나게 해서는 안 됩니다. 따라서 1946년인 지금 우리가 할 수 있는 유일한 일은 국제연합기구의 보편적 권한 아래 러시아와 모든 면에서 상호 이해를 도모하는 것입니다. 또한 영어권 국가와 우호국들의 전적인 지지를 얻은 세계 기구를 통해 러시아와 맺은 우호 관계를 수년 간 평화롭게 유지하는 것입니다. 이 자리를 빌려 세계 평화를 위한 해결책을 존중하는 여러분께 말씀드리겠습니다. 이에 저는 이 연설의 제목을 '평화의 핏줄'이라 지었습니다.

대영제국과 영연방의 변치 않는 힘에 대해서는 그 누구도 과소평가 하지 말아야 합니다. 우리 섬의 4천 6백만 국민들은 전쟁 기간에조차 전 국민의 1/2밖에 생산하지 못하는 식량 부족으로 괴로움에 시달렸습니다. 우리 국민은 지난 6년 간 전쟁에 전력을 쏟아 부은 뒤 산업과 수출무역을 재가동하기까지 많은 어려움을 겪었습니다. 그러나 고통스러웠던 지난 영광의 나날도 이겨낸 우리가 궁핍했던 지난 암흑기를 이겨내지 못하리라는 생각은 거두어들이십시오. 지금으로부터 반세기 후에는 7, 8천만 영국인이 전 세계 각지로 뻗어나가 일치단결하여 자신의 전통과 삶의 방식을 수호하고, 여러분과 우리가 지지하는 대의명분을 수호하게 되리라는 사실을 명심해 주십시오.

영어권 영연방의 모든 국민들이 미국 국민과 상공에서, 해양에서, 전 세계 각지에서 연합하며, 과학과 산업, 도덕적 힘을 통합한다면 아슬아슬하고 위태로운 힘의 균형 때문에 야망이나 모험이라는 유혹에 굴복하는 일은 없을 것입니다. 그와 반대로 전 세계에 굳건한 안전이 뿌리내릴 것입니다. 우리가 UN 헌장을 충실히 지켜 차분하고 진지한 힘을 싣고 앞으로 나아간다면, 그 와중에 누구의 영토나 보물을 찾으려 하지도 않고 인류의 사상을 임의로 지배하려는 야욕을 버린다면, 또 영국의 도덕적이고 물리적인 힘과 확신이 우호적 관계 속에서 미국의 힘과 만난다면, 미래로 향하는 길이 우리 눈앞에 뚜렷이 펼쳐질 것입니다.

이 길은 비단 우리만의 것이 아니요, 전 인류의 것입니다. 우리 시대만의 것이 아니요, 다가올 시대의 것입니다.

유럽의 비극(The Tragedy of Europe)

시대가 영웅을 낳는다고 한다. 그러나 처칠은 시대의 진로를 바꾼 대표적 영웅이다. 처칠은 매일 영국군과 영국 국민의 사기를 높이기 위해 연설했다. 처칠의 연설을 들을 때마다 영국 국민들은 불타올랐다. 사납고 고집스런 불독에 비유되기도 하는 그의 불굴의 용기와 리더십이 아니었다면, 그가 영국민들을 하나로 결집시키지 못했다면, 오늘날 우리는 지금과 다른 세상을 살고 있을지도 모를 일이다.

윈스턴 처칠이 취리히 대학에서 1946년 9월에 한 이 연설은 유럽의회를 탄생시키고 유럽연합의 초석을 다지는데 큰 역할을 한다.

이 연설에서 주목해야 할 3가지

1. 미국의 존재를 언급하고 있다.
  미국은 2차 세계대전을 계기로 결국 국제역학관계의 헤게모니를 잡게 된다. 처칠도 이러한 현실을 충분히 알고 있었다.

2. 원자폭탄에 대한 언급이다.
  처칠은 유럽연합이 원자폭탄의 확산을 방지하는데 커다란 역할을 해야 함을 비치고 있다.

3. 독일-프랑스의 관계 개선을 촉구하고 있다는 점이다.
  처칠은 독일과 프랑스가 유럽의 정신을 이끄는 나라들이었음을 밝히고 이들이 유럽연합의 리더가 되어야만 한다고 말하고 있다.

자와할랄 네루
PANDIT JAWAHARLAL NEHRU

―――― GREAT SPEECHES ――――

생애
자와할랄 네루(1889~1964)는 인도 역사상 첫 총리이자 최장기 집권한 총리로 남아 있다. 현재의 우타 프라데쉬에 자리한 알라하바드에서 태어났다. 부유한 법정 변호사이자 정치인의 아들로 태어난 네루는 영국 해로 스쿨과 캠브리지의 트리니티 대학에서 수학하였다. 친구 모한다스 간디의 영향을 받아 내정자치 운동에서 비폭력과 비협력주의를 받아들였다. 이른 시절부터 인도 국민회의의 당수로 지낸 네루는 인도의 독립과 더불어 총리가 되었고, 74세에 생을 마감할 때까지 총리직에 머물렀다. 네루의 딸 인디라 간디, 네루의 손자 라지브 간디 모두 그의 뒤를 이어 총리직에 올랐다.

연설의 배경 및 의의
자와할랄 네루의 국회 연설은 인도 식민지 역사의 마지막 순간에 펼쳐졌다. 네루가 연설을 마친 직후 자정을 넘어서자마자 인도는 독립국가가 되었다. 당시 58세였던 네루는 자신의 반평생을 나라의 독립을 위해 싸웠으며 그 중 10년을 감옥에서 보냈다. 가장 최근 받은 형벌에서 네루는 가장 긴 수감기간을 보내야 했다. 감옥에서 나온 지 2년 조금 넘은 사람이 인도 첫 번째 수상의 자리에 오르게 된 것이다.
이 역사적인 순간에 모한다스 간디가 빠져 있었다. 네루는 연설에서 '위대한 인물의 야망은…'으로 시작하며 간디의 말을 인용했다.
또한 식민지 시대 인도의 마지막 총독, 얼 마운트배튼과 마운트배튼 여사 역시 역사적·현장에서 제외되었다. 당시 그들은 총독 관저에 남아서 밥 호프와 도로시 레이머 주연의 할리우드 영화, 〈마이 페이버릿 브뤼넷〉을 보며 저녁 시간을 보냈다.

연설의 특징
수백년에 걸친 영국 식민지를 청산하고 오랜 독립투쟁의 결실을 맺어 신생국으로 탄생한 거대 인도의 초대 총리 네루는 간디에게 경의를 표하고, 국민들에게 새로운 자유와 책임을 호소한다.

운명과의 약속
뉴델리, 국회의사당. 1947년 8월 14일

••• 수년 전에 우리는 운명과 약속하였습니다. 그리고 지금, 약속을 지켜야 할 시간이 다가왔습니다. 그 약속을 전적으로, 최대한도로 지키는 것이 아니라 상당부분을 지켜야 할 때가 왔습니다.

온 세상이 잠들어 있을 때, 시계가 자정을 넘어서면 인도는 깊은 잠에서 깨어나 삶과 자유를 맞아들일 것입니다. 역사에서 보기 드문 순간이 다가오고 있습니다. 낡은 것을 뒤로하고 새 시대로 나아갈 순간, 한 시대가 끝나는 순간, 오랜 압박을 견뎌온 이 나라의 영혼들이 입을 열 순간이 다가오고 있습니다.

이런 엄숙한 순간에 우리는 인도와 그 국민들을 위해, 그리고 인류애라는 대의를 위해 몸 바칠 것을 마땅히 약속합니다.

이 땅에서 역사가 시작된 이래 인도는 끝없는 열망의 길에 서 있었습니다. 자취를 남기지 않은 몇 세기 동안 인도는 굶주림에 시달렸고, 장엄한 성공과 실패를 맛보았습니다. 행복한 시절이든 불행한 시절이든 인도는 이 열망의 끈을 놓지 않았으며 인도에게 힘이 된 이상을 잊지 않았습니다. 오늘 인도는 불운의 시기를 끝내고 자신을 재발견할 것입니다. 오늘 우리가 축하하게 된 이 성취는 첫 걸음에 불과합니다.

우리를 기다리는 더 큰 승리와 성취를 향한 기회의 시작에 불과합니다. 그런데 우리는 이 기회를 움켜쥘 만큼, 미래의 도전을 받아들일 수 있을 만큼 용감하고 지혜롭습니까?

자유와 힘에는 책임이 따릅니다. 이 책임은 인도의 자주 국민을 대표하는 자주 조직인 우리 의회의 몫입니다. 자유가 탄생하기 전, 우리는 노동으로 인한 온갖 고통을 감내해야 했으며 우리의 가슴 속에는 그때의 슬픔에 대한 기억이 가득 차 있습니다. 그때의 고통 중 일부는 지금까지도 계속되고 있습니다. 그렇지만 과거는 이미 끝났습니다. 이제는 미래가 우리에게 손짓하고 있습니다.

미래도 편안하거나 안락하지는 않습니다. 미래란 우리가 끊임없이 추구하면서 그토록 자주 다짐했고 지금도 다짐해야 할 맹세를 지켜나가는 것입니다. 미래란 가난과 무지, 질병의 종말, 기회의 불평등의 종말을 의미합니다.

우리 시대 위대한 인물의 야망은 모든 이들의 눈가에 맺힌 눈물을 닦아주는 것이었습니다. 이는 우리의 능력 밖에 있는 일이지만 세상에 눈물과 고통이 있는 한 우리의 과업은 끝나지 않을 것입니다.

또한 우리는 꿈을 이루기 위해 노동하고 노력하며 땀 흘려 일해야 합니다. 이 꿈은 인도의 것이면서 전 세계의 것이기도 합니다. 오늘날 모든 나라와 국민들은 매우 밀접하게 연결되어 있어서 어느 누구도 떨어져 살 수 없기 때문입니다.

평화는 나눌 수 없는 것이라고 합니다. 번영도 그렇습니다. 아울러 이 세계에 닥친 재난 역시 이제 더 이상 고립된 채 조각 조각 갈라질 수 없습니다.

인도 국민을 대표해 국민 여러분께 믿음과 자신감을 품고 이 위대한 모험에 동참해주실 것을 부탁드립니다. 지금은 사소하고 파괴적인 비난을 할 때가 아닙니다. 서로에게 악감정을 품고 서로를 탓할 때가 아닙니다. 우리는 자유 인도라는 웅장한 저택을 세워 우리 모든 자녀들에게 보금자리를 마련해주어야 합니다.

약속된 날, 운명의 날이 다가왔습니다. 우리 인도는 긴 잠에서, 오랜 투쟁에서 깨어나 자유와 독립을 향해 활기차게 나아갈 것입니다. 과거의 편린들은 아직 우리에게서 떠나지 않았고, 우리가 이전에 그토록 맹세한 약속을 지키기에 앞서 해야 할 일들이 많이 남아 있습니다. 하지만 과거를 전환점으로 하여 역사는 우리를 위해 새로이 시작할 것입니다. 지금부터 우리의 삶과 행동은 역사라는 이름 아래서 쓰일 것입니다.

지금은 우리 인도에게, 모든 아시아와 온 세계에 운명적인 순간입니다. 새로운 별이, 동양의 자유라는 새로운 별이 떠올랐습니다. 새로운 희망이 탄생했습니다. 오래 간직한 환상이 실현되었습니다. 이 별이 결코 지지 않기를, 이 희망이 결코 배반당하지 않기를 바랍니다.

주변에는 아직도 구름이 가득합니다. 우리 국민들은 여전히 슬픔에 잠겨 있으며 시련에 둘러싸여 있습니다. 하지만 우리는 자유를 기쁘게 맞아들일 것입니다. 그러나 자유에는 책임과 부담도 뒤따릅니다.

우리는 이 역시 자유롭고 단련된 정신으로 마주해야 합니다.

지금 이 순간 우리는 이 자유를 세운 인도의 아버지 간디를 생각해 봅니다. 그는 인도의 오랜 정신을 품고 자유라는 횃불을 하늘 높이 들어 올려 주변의 어둠을 불 밝히셨습니다.

우리는 간디의 보잘것없는 추종자였고, 언제나 그가 전하는 가르침에서 벗어나 있었습니다. 하지만 우리는 물론 우리 후손들은 간디의 가르침을 기억하며 인도의 위대한 아들인 그를 가슴 깊이 새길 것입니다. 믿음과 힘, 용기와 겸손을 몸소 실천한 위대한 그를 가슴 깊이 간직할 것입니다. 우리는 그 어떤 모진 바람 앞에서도, 그 어떤 거센 폭풍 앞에서도 자유라는 횃불이 꺼지는 것을 결코 용납하지 않을 것입니다.

그리고 지금 이 순간 우리는 자유를 위해 몸 바친 이름 없는 자원병과 군인들을 생각해야 합니다. 그들은 그 어떤 칭송이나 보상도 없이 인도를 위해 자신의 목숨까지 바쳤습니다.

아울러 우리는 정치적 경계로 인해 우리와 갈라지게 된 형제자매들, 우리에게 다가온 자유를 안타깝게도 지금 당장은 함께 나눌 수 없는 그들을 생각해 봅니다. 그들은 우리의 일부이며, 어떤 일이 닥친다 해도 그들은 언제나 우리의 일부일 것입니다. 행복할 때나 불행할 때나 우리는 여전히 그들과 함께할 것입니다.

미래가 우리에게 손짓하고 있습니다. 우리는 어디로 가야하며 무엇을 해야 합니까? 미래에 우리는 모든 이들에게, 인도의 모든 농부와 노동자들에게 자유와 기회를 안겨줄 것입니다. 미래에 우리는 가난과 무지, 질병에 맞서 싸우며 이를 종식시킬 것입니다. 미래에 우리는 이 나라에 민주주의와 번영, 진보를 정착시킬 것입니다. 모든 남녀에게 공평함을 보장하고 삶의 충만을 안겨줄 사회적·경제적·정치적 제도를 마련할 것입니다.

우리 앞에는 고된 과업이 기다리고 있습니다. 과거의 약속을 충실히 지키기 전까지는, 인도의 모든 국민들이 운명이 결정한 바에 따라 충만한 삶을 구가하기 전까지는 그 누구도 편히 쉴 수 없을 것입니다.

우리 위대한 국가의 시민은 용감한 전진을 앞두고 있습니다. 우리는 고귀한 기준에 맞춰 살아가야 할 것입니다. 종교와 관계없이 우리는 모두 동등한 권리와 특권, 의무를 부여 받은 인도의 자녀입니다. 우리는 국민들의 집단 배타주의나 편협한 태도를 지양합니다. 국민의 생각과 행동이 편협한 나라는 결코 위대해질 수 없기 때문입니다.

이에 우리는 전 세계 국가와 국민들께 인사를 드리며, 평화와 자유, 민주주의가 더 멀리 퍼져나갈 수 있도록 그들과 협력할 것을 약속합니다.

그리고 사랑하는 우리 조국을 향해, 유서 깊고 영원하며 그 어느 때보다 새로운 인도를 향해 우리는 마음을 다해 경의를 표하며, 조국을 위해 새로이 결속하여 헌신할 것을 맹세합니다.

재 힌드!(Jai Hind, 인도 만세!)

네루의 평전과 일화

인도 독립 이후 17년 동안 자와할랄 네루는 곧 인도였다. 네루는 역설로 가득 찬 인물이었다. (중략) 열정적인 사회주의 신념을 지녔으면서도 특권에 익숙한 귀족이었다. 해로와 케임브리지에서 영국풍으로 키워졌으나 영국 식민당국의 감옥에서 근 10년을 보낸 사람이었고, 불가지론적 급진주의자로서는 뜻밖에도 마하트마 간디의 추종자이기도 했다. 그리하여 마하트마 간디가 암살된 뒤로는 그가 민족주의의 불꽃을 이어갔고, 인도 독립투쟁의 상징이 되었다. 누구도 부패시킬 수 없었고, 종파를 초월했으며, 비전을 지닌 정치 위의 정치인이었던 네루. 그의 위상은 너무 커서, 그를 빼놓고는 그가 이끄는 인도를 생각할 수 없을 것 같았다.
―《네루 평전》(샤시 타루르)

인도의 정신적 지도자를 꼽으라면 단연 간디일 것이다. 그러나 실제로 현대의 인도를 세운 것은 간디가 아니라 인도의 초대 수상으로 17년간 인도를 이끈 네루였다. 샤시 타루르가 쓴 《네루 평전》에는 그의 출생에 대한 재미있는 이야기가 있다.

두 번의 결혼에도 불구하고 자식이 없어서 고민하던 모틸랄 네루는 리쉬케쉬(요가와 명상의 도시)에 은거하는 한 요기(수행자)를 찾아갔다. 요기는 아들이 없는 운명이라고 잘라 말했다. 그러자 함께 갔던 모틸랄의 친구가 높은 수행자는 운명을 바꿀 수도 있다면서 고대의 경전을 들먹였다. 요기는 한숨을 쉬더니 모틸랄에게 물을 세 번 뿌리고 말했다.
"나는 몇 생에 걸쳐서 한 고행으로 얻은 이익을 포기했다."
다음 날 요기는 세상을 떠났고 모틸랄은 아이를 얻게 되었는데 그 아이가 바로 자와할랄 네루였다.

엘리노어 루스벨트
ANNA ELEANOR ROOSEVELT

———— GREAT SPEECHES ————

생애
엘리노어 루스벨트(1884~1962)는 공민권 지지자이자 미국의 영부인이었다. 뉴욕 시의 부유한 가문에서 태어난 그녀는 미국과 영국 등지에서 학업을 마쳤다. 1905년에 5촌인 프랭클린 델러노 루스벨트와 결혼하였다. 남편의 정치적 지위가 상승함에 따라 엘리노어 루스벨트 역시 점차 공직 생활에 깊이 개입하게 되었다. 그녀는 국제연합총회 대표직을 맡았으며 UN 인권위원회의 첫 의장직에 오르기도 했다. 평화봉사단을 설립하겠다던 그녀의 마지막 정치적 공약은 존 F. 케네디의 손에서 실현되었다.

연설의 배경 및 의의
제2차 세계대전이 끝난 후 엘리노어 루스벨트는 인권위원회 위원장으로서 두각을 드러냈다. 인권위원회는 세계인권선언의 초안 작성을 맡는 조직이었다. 세계인권선언 채택을 하루 앞두고 발표한 루스벨트의 연설에는 선언문 초안과 관련된 복잡한 현실과 정세, 그 중에서도 소련과의 복잡 미묘한 관계가 드러나 있었다.

연설의 특징
루스벨트 대통령 부인이었던 엘리노어는 인권선언 대회에서, 새로이 떠오른 군사강국 소련과의 팽팽한 긴장을 노출하면서 세계적 인권신장을 위해 노력하자고 역설한다.

세계인권선언 채택을 앞두고

파리 샤이오궁, 국제연합총회. 1948년 12월 9일

••• 대통령 이하 각국 대표 여러분! 오랜 시간 꼼꼼한 연구와 논쟁 끝에 탄생한 세계인권선언은 선언문 작성에 참여한 수많은 사람들과 정부의 견해를 한데 모은 것입니다. 어떤 사람이나 어떤 정부도 이러한 문서에 자신이 원하는 바를 모두 담을 수는 없습니다. 더군다나 선언문 중에는 우리가 완벽히 만족할 수 없는 조항도 있습니다. 다른 대표들께서도 같은 생각이라 믿어 의심치 않습니다. 하지만 수년에 걸쳐 선언문을 계속 작성한다 해도 이 사실은 달라지지 않을 것입니다.

전반적으로 볼 때 미국 대표단은 이 선언문이 훌륭할 뿐 아니라 위대하다고 생각하기에, 인권선언에 지원을 아끼지 않을 것을 약속합니다. 이 선언의 여러 분야에서 미국의 위치는 제3차 위원회에 기록된 바 있습니다. 저는 이 위치를 수정하면서까지 총회, 특히 제3차 위원회의 동료 여러분들께 부담을 끼쳐드리지 않겠습니다.

저는 소련 대표단에서 제안한 수정 조항에 대해 간략하게 언급하고자 합니다. 이 수정안에 쓰인 언어는 다소간 격식을 갖추었지만 그 본질은 일전에 소련 대표단이 위원회에 제안한 뒤, 이후 철저한 논의 끝에 위원회에서 거부된 수정안과 동일합니다. 이전에도 이와 대체로 동일한 수정안이 고려되었으나 인권위원회에서 거부된 바 있었습니다. 우리 미국은 자신의 신념을 위해 싸우는 이들을 존경합니다. 소련 대표단 역시 그들의 신념을 위해 싸웠습니다. 하지만 민주주의 역사가 조금 오래된 우리는 대다수의 의견을 받아들여야 할 때도 있다는 사실을 배웠습니다. 그렇다고 자신만의 신념을 포기한다는 것이 아닙니다. 때로 우리는 자신의 신념을 꾸준히 설득한 끝에 결국 성공하기도 합니다. 하지만 우리는 함께 노력해야 하고 함께 앞으로 나아가야 합니다. 따라서 우리 자신은 진정 잘 싸웠어도 대다수가 반대한다면 결국은 협력하려 노력하는 것이 더 나은 전술이라고 생각합니다.

이 수정안을 이 자리에서 다시 제안하는 것이 저희 위원회로서는 다소 부담스러웠다는 사실을 말씀드리지 않을 수 없습니다. 하지만 이 수정안은 즉결로 거부되리라 확신합니다.

수정안 제3조 첫 두 문단은 소수자 문제를 다루고 있습니다. 이에 대해 제3차 위원회는 더욱 심층적인 연구가 필요하다고 결정하였고, 각 분리된 결의안에서 소수자 인권에 대해 경제사회이사회와 인권위원회의 의견을 요청하였습니다. 소련의 수정안에 따르면 이 조항은 분명히 개인이 아닌 집단의 인권을 명시하고 있습니다.

제20조에 대해 소련이 제시한 수정안은 의사표현의 자유를 상당 부분 제한하고 있습니다. 이 수정안이 내세운 기준을 따르면 실질적으로 그 어떤 나라든 이 조항을 어기지 않고도 모든 의사표현의 자유를 부인할 수 있게 됩니다. 여기에 소개되는 '민주적 견해', '민주주의 제

도', '민주 국가', '파시즘' 등 전쟁 도발 관련 용어는 우리 총회가 지난 2년 간 수많은 논쟁을 통해 익히 알고 있는 바, 노골적인 남용과 다양한 해석의 우려가 있습니다.

이 점에 관해 오늘밤 소련 측이 제시한 성명이 그 좋은 예가 됩니다. 제22조에 대한 소련 측의 수정안은 위원회의 작성안을 수정하지 않고도 새로운 사실을 소개하고 있으며, 구체적인 차별 방식을 제안하고 있습니다.

제3차 위원회에서 거듭 강조했듯이 차별에 대한 질문은 선언문 제2조에서 포괄적으로 다루고 있기 때문에 이를 다른 조항에서 또다시 언급하는 것은 전적으로 불필요한데다, 제2조에서 소개하는 포괄적 원칙의 효력을 약화시킬 뿐입니다.

소련 측이 제안한 새로운 조항은 국가의 의무를 재언급한 것에 지나지 않는데 소련 측은 이 내용을 인권선언문의 사실상 모든 조항에 포함시키려 하고 있습니다. 그렇게 되면 인권선언은 국가의 의무를 나열하는 문서가 될 것입니다. 그렇게 되면 이 선언이 UN 회원국의 인권 실천에 공동 기준이 되는 원칙으로 기능한다는 기존의 성격 역시 바뀌게 될 것입니다.

따라서 인권선언 채택을 제4차 위원회로 연기하자는 소련 측의 제안에 대해서는 언급할 필요가 없습니다. 동일한 안이 제3차 위원회에서 찬성 6표, 반대 26표를 얻어 기각되었습니다.

이로써 확신컨대 저희 위원회는 기나긴 시간 동안 각고의 노력과 심혈을 기울여 작성한 이 선언문이 이번 회기 총회에서 승인되어야 한다는 사실에 모두 동의했습니다.

    선언문의 일부 조항은 개괄적으로 쓰여 있기 때문에 제30조 조항에서는 인권이 제한될 수 있는 경우를 도덕과 사회 질서, 일반 복지를 충족시키기 위한 때로 한정하였습니다. 이는 모든 이들이 자신의 국가에서 동등한 공공 서비스를 받을 권리가 있음을 알리는 한 예입니다. 공공 고용 분야에서는 평등과 비차별에 대한 기본원칙이 엄격히 적용되지만 이 원칙도 제한 없이는 받아들일 수 없습니다. 예를 들자면 우리 미국 정부에서도 평등과 비차별의 원칙은 의문의 여지없이 공공질서와 일반 복지에 부합되는 한에서 적용될 수 있습니다. 체제 전복적인 정치 신념을 품고 있거나 국가의 헌법과 법률의 집행을 소홀히 하고 기본 원칙을 충실히 지키지 않는 사람을 공공 고용에서 배제하는 것은 어떤 경우에도 인권을 침해하는 것이 아닙니다.

    마찬가지로 미국 정부는 선언문 작성 과정에서 분명히 밝힌 바, 선언문에 언급된 경제적·사회적·문화적 권리 부분에는 정부가 이러한 권리 향유에 직접적으로 관여해야 한다는 의무사항이 포함되어 있지 않습니다. 이 사안은 경제적·사회적 권리에 대한 조항의 소위 '상위' 조항이라 할 수 있는 인권위원회 작성안 23조에서 확인되었습니다. 그러나 발표된 선언문에서 이 조항이 뒤이은 조항들에 대해 언급하지 않았다고 해서 기존 원칙이 영향을 받는 일은 없습니다. 이들 조항에 제시된 경제적·사회적·문화적 권리에 관한 기본 원칙을 전폭적으로 지원하는 우리 정부의 입장은 변함없을 것입니다.

오늘 이 선언문을 승인하면서 우리는 무엇보다 이 선언문의 기본 특성을 가슴에 새겨야 합니다. 이것은 조약이 아닙니다. 국제 협정도 아닙니다. 법률이나 법적 의무에 대한 진술도 아니며 그렇게 불리는 것도 아닙니다. 이것은 인간의 권리와 자유에 관한 기본 원칙을 담은 선언문입니다. 국제연합 회원국들의 정식 투표를 거쳐 국제연합 총회에서 승인을 얻은 공식 문서로서, 모든 국가, 모든 국민들의 인권 보장을 위한 공통된 기준이 되는 것입니다.

오늘 우리는 UN을 비롯해 전 인류의 삶에 중요한 사건으로 기록될 시점의 출발점에 서 있습니다. 이 세계인권선언은 전 세계 모든 인류에게 국제적인 마그나 카르타가 될 것입니다. 우리 국제 총회의 인권 선언이 1789년 프랑스 인권선언에 비견되길, 미국 국민들의 권리장전 채택에 비견되길, 그리고 그밖에 다른 시간, 다른 국가에서 있었던 모든 인권 선언에 비견되길 바랍니다.

수많은 쟁점으로 인해 기본적인 합의에 이르기도 힘들었던 시기에 우리 58개국이 인권이라는 복잡한 분야에서 상당한 의견 일치를 보았다는 사실은 각별히 중요합니다. 이는 UN헌장에 처음 명시된 바와 같이 전 세계 인류가 더 나은 수준의 삶을 누리고 더 넓은 자유를 향유하길 바라는 우리의 공통된 염원을 여실히 보여주는 증거입니다.

평화를 향한 인류의 열망이 이 선언문에 담겨 있습니다. 나치와 파시스트 국가가 인류의 인권을 명백히 유린함으로써 지난 세계대전의 씨앗을 뿌렸다는 사실이 촉진제가 되어, 우리는 오늘 이 순간 인권선언을 발표하기에 이르렀습니다.

얼마 전 캐나다에서의 한 연설에서 글래드스톤 머레이는 이렇게 말했습니다.

> 중요한 사실은 인간이 기본적으로 도덕적 존재라는 것입니다. 우리가 품은 빛을 계속 개선해 나가려 노력하는 한, 그 불빛이 불완전하다는 사실은 아무런 문제가 되지 않습니다. 우리는 인간을 인간답게 하는 도덕적 자유를 공유하는 가운데 평등합니다. 인간의 지위에서 개개인은 그 자체로서 목적이 됩니다. 그 어떤 인간도 태어날 때부터 국가나 다른 인간의 종이 될 수 없습니다. 기술이 아닌 자유가 이상이 되고 현실이 되는 것이 우리 인간 문명을 구분하는 진정한 특징입니다.

이 선언은 인간이 자유를 구가하면서 자신의 위상을 드높이고, 공통된 노력을 통해 인간의 존엄성을 끌어올려야 한다는 영적인 사실을 바탕으로 하고 있습니다. 우리는 이 선언에 제시된 권리를 완전히 달성하고 보장하기 위해 많은 일을 해야 합니다. 하지만 이러한 임무를 완수하는 과정에서 56개국의 도의적 지지를 받게 된다는 사실 자체가 우리에게는 커다란 진전입니다.

우리의 노력이 세계인권선언으로 일말의 결실을 맺었지만, 동시에 우리는 앞에 놓인 끝나지 않은 과업을 수행하기 위해 다시금 전념해야 합니다. 이제 우리는 새로운 용기와 열의를 품고 인권 보장이라는 국제적 약속을 지키기 위해, 인권 실현 과정을 완수하기 위해 나아갈 것입니다.

마지막으로 제가 무슨 말씀을 드리는 것보다는 마샬 국무장관이 이번 총회 개회식에서 하신 연설을 인용하는 편이 더 나으리라 생각합니다.

총회의 이번 세 번째 회기에서는 압도적 다수가 세계인권선언을 온 인류의 행동 기준으로 승인하도록 노력합시다. 자신의 단점과 결함을 인식하며, 국제연합의 회원국으로서 올바른 신념을 품고 힘을 한데 모아 인류의 높은 수준의 삶을 고취합시다.

퍼스트레이디의 살아있는 전설

엘리노어 루스벨트는 역대 미국의 퍼스트레이디들 중에서 가장 영향력이 있는, 그리고 가장 호감가는 여성으로 손꼽힌다. 엘리노어 루스벨트 이후 가장 영향력 있는 퍼스트레이디로 꼽히는 힐러리 클린턴 역시, 가장 닮고 싶고 가장 존경하는 여성으로 엘리노어 루스벨트를 꼽았다. 엘리노어 루스벨트가 남긴 따뜻하고 인상적인 말들은 언제까지나 사람들에게 깊은 감동으로 남을 것이다.

- 노여움(anger)이란 위험(danger)에서 한 글자가 빠진 것이다.
- 어제는 역사, 내일은 미스테리, 오늘은 선물!
- 당신이 동의하지 않는 한 이 세상 누구도 당신이 열등하다고 느끼게 할 수 없다.
- 아기가 태어날 때 삼신할머니가 줄 수 있는 가장 좋은 선물은 호기심이다.
- 여성은 티백과 같다. 뜨거운 물에 집어넣기 전에는 그녀가 얼마나 강한지 알 수 없다.

- 돈을 잃은 자는 많은 것을 잃은 것이며
  친구를 잃은 자는 더 많은 것을 잃은 것이며
  신의를 잃은 자는 모든 것을 잃은 것이다.

- 아름다운 젊음은 우연한 자연현상이지만
  아름다운 노년은 예술 작품이다.

앨버트 아인슈타인
ALBERT EINSTEIN

GREAT SPEECHES

생애
앨버트 아인슈타인(1878~1955)은 이론 물리학자로서 20세기의 가장 위대한 과학자로 추앙되고 있다. 독일 울름에서 태어났지만 이후 병역의무를 피하기 위해 독일 시민권을 포기하였다. 아인슈타인은 스위스 취리히의 스위스연방공과대학에서 물리학 전공으로 1900년에 졸업하였다. 자신의 전공 분야에서 일자리를 구할 수 없게 되자 수년 동안 베른에 있는 연방특허국사무소에서 재직하였다. 그곳에서 근무하던 중 아인슈타인은 자신만의 '기적의 해(Annus Mirabilis)'를 경험하게 된다. 그 해에 아인슈타인은 현대 물리학의 중요한 발견에 대해 연이어 네 개의 보고서를 발표하게 되었다. 이후 그는 여러 연구 기관의 자리를 수락하게 된다. 1921년에 노벨 물리학상을 받았으며 상대성 이론으로 널리 알려졌다.

연설의 배경 및 의의
당대 가장 위대한 물리학자였던 앨버트 아인슈타인은 핵이 불러일으킬 수 있는 끔찍하고 파괴적인 힘을 잘 알고 있었다. 1945년 8월 미국이 히로시마와 나가사키에 원자폭탄을 투하한 이후로 아인슈타인은 세계 정부, 혹은 그의 말을 빌려 '국가 안보와 관련된 당면 과제를 해결할 수 있는' 단체를 지지했다.
연설에서 아인슈타인은 원자폭탄을 처음 개발한 것이 미국이라는 사실을 언급하면서 무기를 통한 안보라는 개념에 반대했다. 사실 아인슈타인은 1939년에 프랭클린 델러노 루스벨트 대통령에게 서신을 보내 원자 폭탄의 가능성을 설명한 장본인으로서 원자폭탄 개발에 한 몫을 한 바 있다.
이 짤막한 연설은 엘리노어 루스벨트가 사회를 맡은 일요일 오후 생방송 텔레비전 쇼, 〈루스벨트 여사가 만난 사람〉의 특별 방송에서 펼쳐졌다.

연설의 특징
TV연설에 출연한 아인슈타인은 가공할 수준으로 치닫는 미소 양국의 군사력 경쟁을 우려하면서 상호불신을 없애고 협력해 나아가자고 호소한다.

원자탄 시대의 평화
〈루스벨트 여사가 만난 사람〉 방송, 1950년 2월 12일

••• 이렇게 중차대한 정치적 문제에 대해 제 소신을 말씀드릴 수 있게 해주신 루스벨트 여사께 감사드립니다.

국가의 군사력을 통해 안보를 달성하겠다는 생각은 현재 군사 기술 측면에서 볼 때 파괴적인 환상입니다. 특히 미국에서는 이 나라가 원자 폭탄 생산에 처음으로 성공하였다는 사실에 고무되면서 이러한 환상이 퍼지기 시작하였습니다. 마침내 결정적인 군사적 우위를 점유할 수 있게 된다는 믿음이 퍼진 것입니다.

이렇게 되면 어떤 잠재적 적대세력도 위협을 받게 될 것이고, 온 인류가 그토록 열망하던 안전이 보장될 것이라고 합니다. 지난 5년 간 우리가 따라온 격언은 한 마디로 '어떤 대가를 치르더라도 군사력 우위를 통한 안보 확보'였습니다.

처음에는 전쟁 방지책으로서 시작된 미국과 소련 간의 군비 경쟁은 이제 날카로운 신경전이 되어가고 있습니다. 양편 모두 과열된 흥분 속에 제각기 안보라는 비밀의 벽 뒤에 숨어서 대량 살상 무기를 완성하였습니다. 수소 폭탄은 달성 가능한 목표로서 공공의 영역으로까지 그 모습을 드러냈습니다.

이것이 성공한다면 기술적으로 가능한 범위 내에서 방사능 오염이 일어날 것이고, 그리하여 대기 중의 모든 생명체가 전멸할 것입니다. 이처럼 무기수준이 섬뜩할 정도로 발전한 것은 강제적인 추세 때문입니다. 매 단계는 앞선 단계의 피할 수 없는 결과로서 드러납니다. 그러다 결국 전반적인 파멸이 점점 더 뚜렷이 눈앞에 다가오는 것입니다.

인간 자신이 만들어낸 이 난국을 빠져나갈 방법이 없을까요? 우리 모두, 특히 미국과 소련의 행위에 책임이 있는 사람은 이 사실을 알아야 합니다. 외부의 적은 물리칠 수 있어도 전쟁으로 조성된 사고방식은 떨쳐낼 수 없습니다.

앞으로 일어날 수 있는 충돌을 하나하나 그려보면서 행동을 취하는 한 평화는 달성할 수 없습니다. 따라서 모든 정치 행위에서는 평화로운 공존과 국가 간 성실한 협력을 불러일으키기 위해 우리는 무엇을 할 수 있는가가 주안점이 되어야 합니다.

무엇보다 중요한 문제는 상호간의 공포와 불신을 없애는 것입니다. 대량살상무기는 물론이고 폭력을 엄정히 포기하는 것이 절대적으로 필요합니다.

하지만 이러한 포기 선언은 동시에 각 국가의 안보와 관련된 당면 과제를 해결할 권한이 있는 초국가적인 사법·행정 제도가 설립될 때에만 효력을 발휘할 수 있습니다. 더불어 이러한 '제한된 세계 정부' 실현에 전심으로 협력하겠다는 각 국가의 선언만으로도 급박한 전쟁의 위험은 상당히 줄어들 것입니다.

마지막으로 인간의 온갖 평화 협정의 근간이 되는 것은 첫째가 상호 신뢰이며, 둘째가 법원과 경찰 등의 제도입니다. 이는 개인뿐만 아니라 국가에도 적용되는 사실입니다. 더불어 충실한 상호 교류는 신뢰의 기반이 됩니다.

　그렇다면 국제적 통제는 어떨까요? 국제적 통제는 치안 수단으로서는 유용할지 몰라도 주된 요인은 될 수 없습니다. 그 중요성을 어떤 상황에서든 과대평가하지 않는 것이 현명합니다. 그 대표적인 예로 금주법 시행이 떠오르면서 생각에 잠기게 됩니다.

시카고 십계회에서의 연설문
―1954년 2월 20일 시카고 십계(十戒)회에서 한 연설문의 일부

인권의 존재와 정당성은 허공의 별 속에 적혀 있는 것이 아닙니다. 인간이 상호간에 하는 행동과 바람직한 사회 구조에 관한 이념은 역사의 과정에 있어서 계몽된 개인에 의해서 구상되었으며 가르쳐진 것입니다.

역사적 경험에서 생겼고 미와 조화를 갈구하는 데서 생긴 이 이념과 확신은 이론상으로는 사람들에 의해서 금방 받아들여졌지만, 언제나 똑같은 사람들에 의해 동물적 본능의 압력 밑에서 유린당해 왔던 것입니다.

그러므로 역사의 대부분은 이 인권을 위한 투쟁, 즉 최종의 승리를 거둘 수 없는 영원한 투쟁으로 가득 차 있습니다. 그러나 이 투쟁에서 지쳐 버린다는 것은 사회의 멸망을 뜻하게 됩니다.

오늘날 인권에 관해서 말할 때 우리는 주로 아래의 요구 사항을 언급합니다.

다른 개인이나 정부에 의한 임의의 침범에서 개인을 보호할 것,
일할 수 있는 권리, 그 일에서 적절한 보수를 받을 권리,
토론 및 교육의 자유,
그리고 정부 형성에 있어서 개인의 적절한 참여 등입니다.

이런 인권은 오늘날 이론상으로는 인정되어 있지만, 형식적이며 법적인 책략이 풍부하게 구사됨으로써 전 세대보다도 훨씬 더 유린되고 있습니다.

―중략―

해럴드 맥밀런
MAURICE HAROLD MACMILLAN

---- GREAT SPEECHES ----

생애

해럴드 맥밀런(1894~1986)은 대영제국의 총리였다. 런던에서 태어난 그는 옥스포드에서 수학하고 제1차 세계대전에 참가하였다. 이후 그의 할아버지가 설립한 맥밀런 출판사에 근무하였다. 1924년에 하원의원으로 처음 당선된 맥밀런은 제2차 세계대전 당시 처음으로 장관직에 올랐다. 1957년에 당시 총리 앤토니 에덴이 사임하면서 그 뒤를 이어 총리가 되었다. 1963년, 수술 불가능한 암에 걸렸다는 오진을 받고 사임한 맥밀런은 이듬해에 공직을 떠나 가업을 이어 출판사를 이끌었다.

연설의 배경 및 의의

해럴드 맥밀런 총리는 1960년의 첫 달 동안 아프리카 내 영국 식민지를 방문한 뒤, 여정의 막바지에 남아프리카공화국 케이프타운에 도착했다. 당시 영국은 오스트레일리아와 우호관계에 있었는데, 오스트레일리아가 UN에서 남아공의 아파르트헤이트(남아공 인종차별정책)를 비난하지 않은 영연방의 유일한 일원이었기 때문이다. 남아공 정부는 맥밀런으로부터 아파르트헤이트에 대한 지금의 용인이 계속되리라는 말을 듣고자 했지만 그럴 일은 없다는 사실이 회담 초반부터 뚜렷해졌다. 이후 맥밀런 총리가 연설을 통해 영국 정부의 정책이 탈식민화를 지향하고 있음을 뚜렷이 밝힌 뒤부터 상황은 더욱 긴장 국면에 이르렀다. 이에 남아공의 헨릭 버워드 총리가 다급히 대응하면서 아프리카의 흑인 민족주의자들은 '아프리카의 백인'들에게 빚을 졌다고, 백인들이 아프리카 대륙에 교육과 산업 발전과 문화를 가져왔다고 주장했다.

1961년, 남아프리카 연방은 공화국이 되어 영연방에서 탈퇴하였다. 같은 해 말에는 나이지리아, 소말리아, 시에라리온, 탄자니아가 독립을 쟁취했다.

연설의 특징

해가 지지 않는 대영제국을 뒤로 하고 구 식민지들이 속속 독립하는 시대에 영국 총리는 식민지였던 남아공 국회에서 초청국의 경제성장을 칭찬하고 아프리카의 민족주의 확산을 거론하며 국가 간 상호협력을 강조한다.

변화의 바람

케이프타운, 국회. 1960년 2월 3일

••• 이 자리에 초청되어 남아프리카 연방의 상하의원 여러분께 한 말씀 드리게 된 것을 영광으로 생각합니다. 더욱이 올해 1960년은 남아프리카 연방 국회가 탄생한지 정확히 반세기가 되는 해이기에 특별히 더 영광스럽습니다. 또한 저를 이 나라에 초대해 주시고 이렇게 연설의 자리까지 마련해주신 총리께 감사드립니다. 재직 중인 영국 총리로서는 처음으로 아프리카를, 아프리카의 일부를 방문하게 된 이번 여정이 안타깝게도 끝을 바라보고 있습니다. 저는 이번 여정을 이곳 역사적인 도시에서, 오래 전부터 유럽에서 인도해와 동양으로 나아가는 관문이었던 케이프타운의 국회에서 마치는 것이 마땅하다고 생각합니다.

이번에 방문한 여러 나라에서 제가 체류할 수 있는 기간은 짧기만 했습니다. 이곳에서만큼은 조금 더 오랜 시간을 보낼 수 있기를, 여러분의 아름다운 나라를 조금 더 감상하고 여러분의 국민을 조금 더 알 수 있기를 바랐습니다. 지난 몇 주 동안 저는 수백 마일을 이동하면서 각계각층의 사람들을 수없이 만났습니다. 농장과 숲, 산과 강, 청량한 하늘과 초원의 드넓은 지평선이 펼쳐진 이곳 전원 지방의 찬란한 아름다움도 아쉽게나마 맛볼 수 있었습니다. 번영해 나가는 위대한 도시의 모습도 볼 수 있었습니다. 짧은 시간에 이처럼 많은 광경을 볼 수 있도록 일부러 준비해주신 남아프리카연방 정부에 감사드립니다.

저희 방문단 중 비교적 젊은 층들은 버거운 일정이었다고 술회했지만 제 아내와 저는 매 순간을 그지없이 즐겼음을 확신할 수 있습니다. 아울러 저희는 여러분의 따뜻한 환영에 깊이 감동 받았습니다. 도시나 지방 할 것 없이 어디를 가든 저희는 여러분의 진심 어린 우정과 사랑을 받아 가슴이 따뜻해졌습니다. 여러분이 보여주신 마음은 단지 저희뿐만 아니라 영국 국민 모두를 향한 호의의 표현이라는 사실을 알기에 더욱 더 가치 있게 느껴집니다.

앞서 말씀드렸듯 1960년, 여러분이 남아프리카연방의 소위 금혼식을 기념하는 시기에 이곳을 찾게 된 것이 저로서는 특별한 영광입니다. 지금 이 시기에 여러분이 자신의 위치를 살펴보고 자신이 이룬 업적을 돌아보며 앞에 놓인 길을 내다보는 것은 당연하고 합당한 일이라고 생각합니다.

남아프리카연방의 국민들은 지난 50년 간 한 국가의 국민으로서 건강한 농업과 탄력적으로 성장하는 산업을 기반으로 튼튼한 경제를 이룩하였습니다. 이번 방문 동안 저는 이 나라의 경제 성장에 든든한 버팀목이 된 광업 현장을 찾아가볼 수 있었습니다. 제철 공장도 견학하였고, 프리토리아에 위치한 과학산업연구위원회도 방문하였습니다. 이 두 곳은 각기 방식은 다르지만 생생하고 진보적이며 팽창하는 이곳의 경제를 그대로 상징하고 있었습니다. 멋들어진 항구를 자랑하는 아름다운 도시 더반, 70년 전까지만 해도 확 트인 초원밖에 없었던 자리에 고층빌딩이 늘어선 요하네스버그도 보았습니다. 아름다운 도시 프리토리아와 블룸폰테인도 보았습니다. 오늘 오후에는 저 자신이 지금까지 소비자의 위치에서 감탄만 해 왔던 포도 재배 산업 현장을 찾아가볼 생각입니다.

여러분이 달성한 엄청난 물질적 성장에 누구도 감탄하지 않을 수 없습니다. 이 모든 것을 놀랍도록 짧은 시간에 달성했다는 사실이 여러분의 눈부신 기술력과 에너지, 진취성을 그대로 증명하고 있습니다. 우리 영국 국민은 이 경이로운 성공에 이바지했다는 사실이 자랑스럽습니다. 산업 자금의 대부분은 영국 자본에서 조달하였습니다. 남아프리카 연합 정부가 최근 실시한 조사에 따르면 1956년 말 이곳에 투여된 해외 투자액의 2/3가 영국 자본이었습니다. 우리 영국이 휘청거리는 전쟁을 두 차례나 치른 뒤 자본을 남김없이 짜낸 결과였습니다.

이것이 다가 아닙니다. 우리는 공동의 이익을 위해 무역교류를 증진하였고, 그 결과 경제적으로 상당 부분 상호의존하게 되었습니다. 여러분이 우리에게 음식과 금 등의 원자재를 수출하면 우리는 여러분에게 소비재나 자본재를 보냈습니다. 우리는 남아프리카연합 수출품의 1/3을 사들였고, 남아프리카연합 수입품의 1/3을 우리 제품으로 채웠습니다. 우리의 전통적인 투자와 교역 패턴은 우리 두 경제의 발전에 따라 변화가 있었음에도 꾸준히 유지되었습니다. 이에 힘입어 자신 있게 되돌아보건대, 우리 두 국가의 경제는 급격히 성장하는 가운데 여전히 상호의존적이며, 서로 지속적인 관계를 유지해나갈 수 있었습니다. 기차를 타고 이 나라를 여행할 때 여러분은 국영 제철회사 이스코 사에서 만든 철도 위에서 여행하게 됩니다. 비행기를 즐겨 타신다면 여러분은 브리티시 비스카운트 사를 만나게 됩니다. 이것이 진정한 파트너십이며, 상호 의존적인 국가 관계를 보여주는 산 증거입니다. 영국은 언제나 여러분에게 최고의 고객이었으며, 여러분의 새로운 산업이 발전할 때 영국은 최고의 파트너도 될 수 있을 거라 확신합니다.

국경 내에서 이처럼 강력한 경제를 일구어 내는 동시에 여러분은 또한 세계 속에서 독립 국가로서 본분을 다 해왔습니다.

제1차 세계대전에서는 병사로, 2차 대전에서는 윈스턴 처칠 정부의 장관으로 지낸 저는 자유를 위한 전쟁을 승리로 이끌어 내는 데 여러분 군대가 지대한 공헌을 하였다는 값진 사실을 잘 알고 있습니다. 아울러 가장 어두웠던 시기에 우리 영국에 용기를 불어넣어준 스머츠 장군의 활약도 잘 알고 있습니다. 한국 전쟁에서도 여러분은 임무를 충실히 수행하였습니다. 이처럼 전쟁이나 침략 등 시련의 시기에 여러분의 정치인과 군대는 아프리카 대륙 저 너머에까지 위세를 떨쳤습니다.

말란 전 총리가 이끌던 재건의 시기에 여러분의 자원은 파운드 통용 지역의 경기 회복에 큰 도움이 되었습니다. 평화를 구축하는 일이 쉽지만은 않은 지금 전후 세계에서 여러분의 상공업과 재정분야 지도자들은 오늘날 세계정세에 두드러진 역할을 하고 있습니다. 아프리카의 저개발 국가에 기술적 지원을 아끼지 않으면서 상대 국가에게 엄청난 도움을 주고 있습니다. 그러한 여러분의 활약이 영연방의 우방국과 서양의 다른 나라에 큰 힘이 되고 있습니다. 여러분은 사하라 사막 남부의 아프리카 국가들이 결성한 기술제휴위원회의 활동에 협력하고 있으며, 지금은 국제연합 내 아프리카경제위원회의 활동을 물심양면으로 돕고 있습니다. 여러분의 외무장관은 올해 말 가나 방문을 앞두고 있습니다. 이 모든 업적이 여러분의 굳은 결의를 증명합니다. 그 결의란 바로 여러분이 아프리카 대륙에서 제일 발달한 산업 국가로서 오늘날 새로운 아프리카에 자신의 임무를 다할 것이라는 사실입니다.

　의원 여러분, 이번에 남아프리카 연방을 여행하는 동안 저는 예상했던 대로 어디에서든 아프리카 대륙 전반에서 일어나고 있는 변화에 깊이 심취되어 있는 모습을 곳곳에서 목격하였습니다. 이들 사건에 대한 여러분의 관심과 염려는 저도 이해하며 공감하는 바입니다. 로마 제국의 붕괴 이후 유럽 정계는 독립 국가의 출현이라는 피할 수 없는 현실을 맞닥뜨렸습니다. 독립 국가는 수세기에 걸쳐 각기 다른 형태를 띠고 각기 다른 정부를 앞세워 출현하였습니다. 하지만 그들 모두 민족주의라는 뿌리 깊은 간절한 열망을 품고 있었으며, 이 열망은 국가가 성장함과 동시에 자라났습니다.

20세기에 이르러 전쟁이 끝난 뒤 유럽 민족국가를 탄생시킨 절차가 전 세계에 걸쳐 반복되었습니다. 우리는 지난 수 세기 동안 다른 힘에 의지하여 살아온 사람들이 민족의식을 깨우치는 모습을 봐 왔습니다. 15년 전에 이러한 움직임은 아시아로 번져 나갔습니다. 각기 다른 인종과 문명에 뿌리를 둔 그곳의 국가들이 각자의 독립을 외치며 일어섰습니다.

지금 그러한 움직임이 아프리카에서 일고 있습니다. 한 달 전 런던을 떠난 이후로 저는 아프리카인들의 강한 민족의식을 느끼며 큰 감명을 받았습니다. 장소마다 각기 다른 형태를 띠고 있지만, 이러한 움직임은 어디에서나 일고 있습니다.

변화의 바람이 아프리카 대륙에 불어 닥치고 있습니다. 좋으나 싫으나 이러한 민족의식의 성장은 우리에게 닥친 정치적 현실입니다. 우리는 이를 사실로서 받아들여야 하며, 국가의 정책 역시 이를 고려하여 펼쳐져야 합니다.

물론 이 사실은 누구보다 여러분이 잘 알고 있을 것입니다. 여러분은 민족주의의 산실인 유럽에서 비롯되었고, 이곳 아프리카에서 여러분은 자유 국가를 몸소 창조했습니다. 새로운 국가를 탄생시켰습니다. 실제로 우리 시대의 역사에서 여러분의 국가는 아프리카 최초의 민족주의 국가로 기록될 것이며, 지금 아프리카 대륙에 일고 있는 민족의식의 물결은 여러분과 우리, 그리고 서양의 모든 국가들이 궁극적으로 책임져야 할 현실입니다. 이처럼 민족의식이 확산된 원인은 서양 문명의 성취에서, 지식의 경계 확대에서 찾을 수 있습니다. 그 원인은 또한 인간에게 필수적인 서비스에 대한 과학의 적용에서, 식량 생산 증대에서 찾을 수 있으며, 소통수단의 가속화와 다양화에서 찾을 수 있습니다. 그리고 무엇보다, 그 어느 것보다 교육의 확산에서 찾을 수 있습니다.

앞서 말씀드렸지만 아프리카 내 민족의식의 성장은 정치적 현실이며, 우리 역시 이를 현실로 받아들여야 합니다. 우리가 이 현실을 받아들이려고 노력해야 합니다. 그러지 않으면 세계의 평화를 좌우하는 동서간의 아슬아슬한 균형이 위태로워질 것입니다.

오늘날 세계는 크게 세 집단으로 나뉘어 있습니다. 하나는 흔히 말하는 '서양 열강' 입니다. 우리 남아프리카 연방과 영국을 비롯해 영연방의 다른 우방과 동맹국들이 여기에 속합니다. 미국과 유럽에서는 이를 '자유진영' 이라고도 부릅니다. 두 번째는 공산주의 집단으로 러시아와 그 주변 유럽 내 위성국가, 그리고 향후 10년 안에 인구가 8억 명이 넘을 것으로 추산되는 중국이 이에 속합니다. 마지막으로 현재까지는 공산주의나 서양 열강 어느 쪽에도 지지를 보내지 않은 집단이 있습니다. 이 집단에 속한 국가로는 우선 아시아 국가를 들 수 있고, 아프리카도 여기에 속합니다.

제가 보기에 20세기 후반의 주된 쟁점은 아시아와 아프리카의 중립적인 국민들이 동과 서 중 어느 쪽으로 기울 것이냐 하는 문제입니다. 공산 진영에 가담할 것인가? 아니면 그 반대일 것인가? 아시아와 아프리카, 특히 영연방에서 현재 진행 중인 자치정부에 대한 거대한 실험이 성공적으로 끝나고 그들 사례가 눈길을 끌게 된다면, 그 결과 세계의 균형이 자유와 질서, 정의 편으로 기울 것인가?

투쟁은 시작되었습니다. 이것은 인간의 마음을 차지하기 위한 투쟁입니다. 현재 시험대 위에 오른 대상은 군사력이나 외교술, 행정 기술을 뛰어넘습니다. 그 대상은 바로 우리의 삶의 방식입니다. 이들 중립국은 선택하기에 앞서 직접 눈으로 확인하길 바라고 있습니다.

그들의 올바른 선택을 도우려면 우리는 무엇을 보여줄 수 있을까요? 영연방의 일원은 이 질문에 스스로 답해야 합니다. 내정에 관해서는 타국의 자주권을 존중한다는 것이 우리 현대 영연방의 기본 원칙이기 때문입니다. 더불어 지금 우리가 살고 있는 이 작아진 세상에서는 한 국가의 내정이 외부에도 영향을 미친다는 사실을 알아야 합니다. 때로 우리는 상대에게 이렇게 말하려 합니다. "당신 일에나 신경 쓰시오." 하지만 요즘 저는 이 옛말에 몇 마디 더 덧붙이려 합니다. "당신 일에나 신경 쓰시오. 단, 당신의 일이 내 일에 어떤 영향을 미칠지도 신경 써야 하오."

친애하는 여러분, 허심탄회하게 말씀드리겠습니다. 전쟁 이후 인도와 파키스탄, 실론섬, 말레이 반도, 가나의 독립을 위해 영국 정부와 국회가 한 일, 그리고 현재 독립을 눈앞에 둔 나이지리아와 그 밖의 국가를 위해 하게 될 일 모두에 대해 우리는 당연히 전적으로 책임질 것입니다. 또한 이것이 미래 영연방과 자유진영을 튼튼한 기반 위에 세울 수 있는 유일한 방법이라는 믿음을 품고 지킬 것입니다. 이 모든 사실은 여러분에게도 가슴 깊이 가까이 다가온 고민거리입니다. 이 작은 세계에서 우리가 하는 일은 무엇도 구석으로 내몰리거나 숨겨진 채로 남겨질 수 없기 때문입니다. 오늘 우리가 서양 사회, 중앙아프리카와 동아프리카에서 무슨 일을 할 때 그 소문은 다음 날이면 연방에 있는 모든 이들, 언어와 피부색, 전통이 각기 다른 연방 내의 모든 이들에게 알려집니다. 그러니 여러분께 모든 호의를 담아 말씀드립니다. 우리는 이 사실을 잘 알고 있으며, 우리의 모든 친구들에게 전적으로 책임을 지겠다는 마음으로 과거에도 그랬지만 앞으로도 임무를 충실히 완수해 나가겠습니다.

그렇긴 하지만 책임 영역 안에서 우리는 각자 자신이 옳다고 생각하는 바를 실천해야 합니다. 이에 여러분 역시 동의하시리라 믿습니다. 옳다고 생각하는 기준은 오랫동안 각자 자신의 일을 수행하면서 겪은 성공과 실패에서 나온 것입니다. 우리는 스스로 익힌 옳고 그름에 대한 판단 기준을 배우고 적용하려 노력했습니다. 우리의 정의는 여러분의 정의와 같은 토양에 뿌리를 내리고 있습니다. 그 뿌리란 바로 자유사회의 근간이 되는 법규와 기독교입니다. 이러한 경험이 우리가 책임을 짊어진 나라에 대해 특정한 목적을 품게 된 이유를 설명해줍니다. 이들 나라에서 우리는 물질적인 삶의 수준을 높이는 것에 그치는 것이 아니라 개인의 권리를 존중하는 사회를 만들고자 합니다. 개인에게 자신의 잠재력을 최대한 끌어올릴 기회를 주는 사회를 만들고자 합니다. 여기에는 정치적 힘과 책임을 나눠가질 기회도 포함되어야 합니다. 그리고 우리는 개인이 가치 있는 사회, 오로지 개인의 가치만으로 한 사람의 정치적·경제적 발전 정도를 평가할 수 있는 사회를 만들고자 합니다.

마지막으로 여러 다른 인종이 함께 거주하고 있는 국가에서 우리의 목표는 한 공동체가 더욱 공동체다워지고, 공동체 내 다양한 분야에서 주민간의 유대감이 조성되는 방안을 마련하는 것입니다. 이 문제는 비단 아프리카에만 국한된 것이 아닙니다. 유럽 소수자들의 문제만도 아닙니다. 가령 말레이 반도에는 인도인과 유럽 소수자들도 거주하고 있으며, 그곳 인구의 대다수는 말레이인과 중국인이 차지하고 있습니다. 게다가 중국인의 수는 말레이인보다 크게 적은 것도 아닙니다. 따라서 두 민족은 조화와 통합 속에서 함께 살아가는 법을 배워야 합니다. 이 두 민족이 국가에 각기 어떻게 이바지하느냐에 따라 국가로서 말레이 반도의 힘이 달라질 것입니다.

이 문제에 대한 영국의 입장은 셀윈 로이드 외무 장관이 1959년 9월 17일 국제연합총회에서 분명히 밝힌 바 있습니다. 당시 장관은 이렇게 말했습니다.

다른 인종과 종족이 함께 살아가는 지역에서 우리의 과업은 모든 사람이 안전과 자유를 누리고, 이들 국가의 발전과 행복을 위해 개인이 이바지할 기회를 마음껏 누릴 수 있도록 보장하는 것입니다. 우리는 한 인종이 다른 인종보다 선천적으로 우월하다는 생각에 반대합니다. 그러므로 우리의 정책은 인종 간 평등을 추구합니다. 이로써 미래에는 아프리카인과 유럽인, 아시아인과 태평양 연안의 모든 민족, 그밖에 모든 사람들이 자신이 몸담은 국가에 한 시민으로서 자신의 역할을 충실히 수행하도록 하는 것입니다. 인종에 대한 편견은 새로운 국가에 대한 충성심 아래로 깊이 침몰하도록 하는 것입니다.

여러분은 우리 영국이 추구하는 정책에 대해 제가 숨김없이, 있는 그대로 말씀드리길 바랄 것입니다. 우리가 지금 보이는 대로 임무를 다하려 한다면 때로 여러분께 불편을 끼칠지도 모릅니다. 상황이 이렇게 되면 우리는 후회하게 될 것입니다. 하지만 그럼에도 불구하고 여러분은 우리에게 의무에서 물러나라고 요구하지는 않을 것입니다.

여러분 역시 지금 보이는 대로 여러분의 의무를 다할 것입니다. 지금 여러분이 이곳 남아프리카 연합에서 맞닥뜨리게 된 문제가 특별한 것이라는 사실을 저는 잘 알고 있습니다. 여러분의 상황이 아프리카 내 다른 대부분의 국가와는 다르다는 사실도 알고 있습니다. 이곳에는 유럽 출신이 3백만 명 가량 살고 있습니다. 그들에게는 이곳이 집입니다. 몇 세대에 걸쳐 그들에게는 이곳이 집이었습니다. 그들에게 집이라고는 이곳밖에 없습니다. 중앙아프리카와 동아프리카에 살고 있는 유럽인들도 사정은 마찬가지입니다. 그밖에 다른 아프리카 국가의 유럽 출신들은 일을 하기 위해, 자신의 기술을 나누거나 전하기 위해 이곳에 온 것이지 거주하기 위해 온 것이 아닙니다.

연합의 국회의원으로서 여러분이 해결해야 할 문제는 단일민족 국가의 국회의원이 대면하는 문제와는 사뭇 다른 것입니다. 여러분이 마주한 문제는 복잡하고 난해합니다. 놀라시겠지만 정부 정책과 조치 차원에서 여러분이 마주하고 해석하게 될 여러분의 의무는 때로 우리의 의무와 크게 다르지 않을 것입니다.

영연방의 일원으로서 남아프리카연방에 지지와 격려를 아끼지 않는 것이 우리의 진정한 바람입니다. 하지만 오늘 여러분께 속 시원히 말씀드리는 바, 여러분의 정책 중에는 자유인의 정치적 운명에 대한 우리의 깊은 확신을 그르치지 않고서는 지지할 수 없는 일면이 있습니다. 더군다나 우리는 이 확신에 대해 자국의 영토 안에서 영향력을 미치고자 합니다. 오늘날의 세계에서 우리 사이에 이러한 관점의 차이가 있다는 사실을 우리는 친구로서 칭찬에 인색하거나 서로 비난하는 일 없이 함께 받아들여야 한다고 생각합니다.

저는 여러분을 친구처럼 생각한다고 말씀드렸습니다. 또한 우리는 친척이라고 할 수도 있습니다. 우리 스코틀랜드인은 여러분 중 유럽인들과 친척 관계입니다. 비단 영어권 사람들만이 아니라 공용 네덜란드어권 사람들도 포함됩니다. 굳이 강조할 필요가 없는 케이프타운만 봐도 알 수 있습니다. 이곳에서 여러분은 매일같이 저 위대한 스코트인, 앤드류 머레이 동상을 만납니다. 앤드류가 케이프타운의 네덜란드 개혁교회에 남긴 업적(앤드류 머레이는 남아공 케이프타운에 네덜란드

교회를 전파하였다), 그리고 그의 아들이 오렌지 자유주에서 남긴 업적은 모두 공용 네덜란드어권 사람들과 관계가 있습니다. 스코틀랜드 교회와 네덜란드 교회는 언제나 밀접한 사이였습니다. 이 두 종교의 역사에서 도르트 종교회의는 중요한 위치를 차지합니다. 특히 17세기와 18세기에 스코틀랜드 성직자를 꿈꾸던 많은 이들이 신학 공부를 위해 네덜란드로 떠났습니다. 스코틀랜드는 그 빚을 남아프리카 연합에 갚았다고 할 수 있습니다. 저는 그 중에서도 오렌지 자유주에 있는 스코틀랜드인들을 생각해봅니다. 앤드류 머레이 주니어를 비롯해 로버트슨, 프레이저, 맥도날드 가 등 자유주 선언을 한 일가는 구자유주의 주민이 되었고, 그들의 자손 역시 이곳에서 자신의 역할을 다하고 있습니다.

저는 스코틀랜드인으로 태어났지만 제 어머니는 미국인입니다. 이런 점에서 미국은 제가 오늘 말씀드리고자 하는 요지를 잘 보여주는 소중한 본보기가 됩니다. 미국에는 다양한 인종이 공존하고 있는데, 수년 사이 북아메리카를 찾은 사람들 중 대다수는 유럽의 환경이 견디기 힘들다는 판단 끝에 유럽을 떠난 것이었습니다. 영국 청교도들은 청교도 박해를 피해서, 매릴랜드 사람들은 로마 가톨릭 교도 박해를 피해서 미국으로 건너왔습니다. 19세기 동안 고국의 가난을 견디지 못한 사람들이 대서양을 넘어 이곳으로 흘러 들어왔습니다. 20세기에 미국은 유럽의 정치적 억압으로 희생된 사람들의 망명처가 되었습니다.

그리하여 미국 거주자들 다수에게 미국은 피난처였고, 유럽을 떠나고자 하는 이들이 찾는 새 안식처였습니다. 그렇기에 미국 대중들의 지지를 받는 미국 정치인들이 수년 간 내건 주된 목표가 자신을 유럽과 분리시키는 것이었다는 점도 놀랄 일은 아닙니다. 막대한 자본과 거대한 자원을 품고 있는 미국에서 이러한 목적은 매력적이고 실현 가능한 것이었습니다. 그럼에도 불구하고 이번 세기에 두 차례의 세계대전을 치르면서 미국은 유럽과 거리를 둘 수가 없다는 사실을 알게 되었습니다. 두 차례에 걸쳐 미국의 군사력은 다시 대서양을 넘어갔고, 미국의 조상들이 신세계를 바라보며 떠난 바로 그곳에서 전투에 참여해 피를 흘렸습니다. 2차 세계대전이 끝난 뒤 미국은 깨닫게 되었습니다. 지금처럼 좁아진 세계에서 고립주의는 시대에 뒤떨어진 것일뿐더러, 그 어떤 안전도 보장하지 못한다는 사실을 말입니다.

지금 같은 현대 세계에서는 그 어떤 나라도, 초강대국이라 할지라도 혼자 힘으로 살 수 없습니다. 약 2천 년 전, 문명 세계 전체가 로마 제국 영토 안에 속해 있었을 때 사도 바울은 역사상 가장 위대한 진실 하나를 천명하였습니다. 바로 우리는 모두 서로에 속해 있다는 사실입니다. 지금 20세기에 이 영원한 진실은 새롭고도 흥미로운 의미를 띠며 우리에게 다가옵니다. 개인이 동료들 사이에서, 가정이나 부족 안에서, 마을이나 도시 안에서 고립된 채 홀로 살아가기란 불가능합니다. 오늘날 그 어떤 나라도 다른 나라와 고립된 채 홀로 살아갈 수 없습니다. 300년 전 존 던이 남긴 말은 우리나라와 여러분의 나라, 그리고 전 세계 모든 나라에 그대로 적용할 수 있습니다.

> 그 어떤 인간의 죽음도 나를 감소시키는 것이다. 나는 이미 인류에 속해 있기 때문이다. 그러니 누구를 위하여 조종(弔鐘)이 울리는지 묻지 말라. 종은 바로 그대를 위해 울리나니.

이제 모든 국가들은 서로가 서로에 의존하고 있으며, 이런 인식은 서양 사회 전반에 널리 퍼져 있습니다. 공산주의 사회 역시 적절한 시기에 이 사실을 인식하기를 바랍니다.

이 사실을 고려한 끝에, 저는 작년 이맘때에 모스크바를 방문하기로 결심하였습니다. 지난 시절 러시아는 고립된 국가였고 지금도 여전히 그런 성향을 보이고 있습니다. 하지만 우리는 러시아와 같은 세계에서 함께 살아가야 하며 공생할 방도를 강구해야 한다는 사실은 변함이 없습니다. 지난해 우리가 택한 정책은 어느 정도 성공적이었다고 생각합니다. 비록 그 때문에 심각한 문제가 발생할지도 모르지만, 개인 간 교류 증대와 무역 교류 확대, 관광객 교환을 통해 우리는 좋은 결과만 얻을 수 있을 것입니다.

상대의 내정 방식이 마음에 안 들기 때문에 그와 교류를 거부한다는 말을 저는 믿지 않습니다. 그렇게 거부한다 해서 득이 되는 일은 결코 없을 것입니다. 아울러 저는 남아공 물품에 대해 구매 거부를 선언한 영국의 정책에 강력히 반대합니다. 제가 아는 한 영국 정부가 어떤 형태로든 이처럼 다른 영연방 국가의 내정에 영향을 끼칠 만한 행동을 직접 실행하거나 지지하는 것은 지극히 이례적인 일입니다. 더불어 영국에 있는 제 동료조차 이 구매 거부 정책이 어느 모로 보나 바람직하지 않다며 개탄하고 있습니다. 이런 결정은 영연방 사이의 관계와 무역에 심각한 영향을 끼칠 뿐만 아니라 그 정책이 표적으로 삼은 대상보다는 다른 국가에 궁극적인 피해를 입힐 것입니다.

지금까지 저는 국가 간 상호 의존에 대해 말씀드렸습니다. 영연방 국가들은 상호 의존의 중요성을 유독 강하게 인식하고 있습니다. 좁아지는 세계에서 그들은 어느 국가보다 독립적이지만 서로 협력할 것을 자발적으로 동의하였습니다. 그들은 국가마다 제도나 내부 방침이 다를 것이라는, 아니 다를 수밖에 없다는 사실을 알고 있습니다. 또한 이들 연합은 상대의 내정을 비판하거나 숨 막히는 통일을 강요하지 않겠다고 암묵적으로 합의한 상태입니다. 이러한 사실은 영연방 국가들 사이에 경성헌법에 대한 논의가 전혀 없다는 사실만으로도 알 수 있습니다. 대영제국이 성문 헌법을 못미더워하는데다 실제로 그들이 성문헌법 없이도 내정을 잘 꾸려 왔기 때문일 것입니다. 무엇이 됐든 영연방 국가 사이의 성문헌법 제정은 효과가 없으리라는 사실만큼은 분명합니다. 지금처럼 압박감과 중압감을 피할 수 없는 시기에 성문헌법을 제정한다면 곳곳에 균열이 생길 것이며 종국에는 전체 구조가 무너질 것입니다. 우리 영연방에 힘을 불어 넣는 것이 이러한 제도적 유연성입니다.

존경하는 대통령, 의장, 의원 여러분, 그리고 신사 숙녀 여러분! 제가 너무 오랫동안 여러분을 붙잡지 않았나 염려스럽습니다. 이렇게 대규모 청중 앞에 서게 된 것은 저에게 더없는 영광입니다. 마지막으로 한 말씀 더 드려도 되겠습니까? 저는 현재 우리가 맞닥뜨린 중대한 문제에 대해 우리 두 국가가 대처하는 방법이 다르다는 사실을 솔직히 말씀드렸습니다. 우리는 각자의 책임이 미치는 영역 안에서 이 문제를 다뤄야 할 것입니다. 양국 간의 차이는 이미 잘 알려져 있습니다. 이는 공공연한 사실이며 논란거리입니다. 이 문제가 존재하지도 않는 것처럼 입을 다물고 있다면 저는 결코 솔직하다고 말할 수 없습니다. 더군다나 아무리 중요한 문제라 해도 그에 대한 의견이 다르다 해서 협력 가능성이 악화될 필요도 없고, 그래서도 안 됩니다. 그로써 우리가 수많은 현실적 이익을 나눌 수 있는 가능성까지 희미해져서는 안 됩니다.

영연방의 독립적인 일원들이 합의를 보지 못한 문제들도 많이 있습니다. 모든 문제에 모든 국가가 동의해야 한다는 것은 우리 연합의 조건이 아닙니다. 그와 반대로 우리 연방은 각 독립적인 자주국의 자유로운 연합이라는 사실이 우리 영연방의 강점입니다. 우리는 각국의 내정에 대해서는 각자 책임을 지는 한편으로 세계정세에 대한 공통된 목적과 목표를 위해 협력합니다. 더군다나 각 국가 간의 차이는 일시적인 것입니다. 이러한 차이도 언젠가 해결될 것입니다. 우리의 임무는 우리의 오랜 연합관계를 바탕으로 서로간의 차이를 긴 안목에서 내다보는 것입니다. 이에 대해 저는 어떻게든 확신합니다. 우리는 유권자들의 선택에 따라 잠시 조국의 내정에 책임을 지게 된 것이며, 역사라는 거대한 무대 위에 잠시 왔다 사라질 것입니다. 그런 우리에게는 두 국가 간의 차이를 이유로 들어 그들 사이의 우호관계를 저버릴 권리가 없습니다. 국가 간 우호 관계는 역사의 유산이기 때문입니다. 우리가 마음대로 정할 수 있는 우리만의 것이 아니기 때문입니다. 유명한 구절을 빌리자면, 우리 국가 간의 우호관계는 살아 있는 사람들의 것일 뿐만 아니라 죽은 자들의 것이요, 아직 태어나지 않은 자들의 것이기도 합니다. 우리는 서로의 차이를 마주해야 합니다. 그러면서 차이를 넘어 먼 미래의 앞날까지 내다보고자 노력합시다.

앞으로 50년 사이에 우리가 지금 보이는 두 국가 간의 차이를 역사적 관점에서 되돌아보게 되기를 바랍니다. 아니, 그렇게 되리라 자신합니다. 시간이 흘러 세대교체가 이루어질 때쯤이면 인간사는 변하고 희미해집니다. 이 사실을 기억합시다. 파괴하지 말고 건설합시다. 그리고 언제나, 약함은 분열에서 오고, 강함은 통일에서 온다는 사실을 기억합시다.

존 F. 케네디 ①
JOHN FITZGERALD KENNEDY

 GREAT SPEECHES

생애

존 피츠제럴드 케네디(1917~63)는 메사추세츠 브루클린의 유복한 정치 가문에서 태어났다. 하버드 대학에서 국제학을 전공하였다. 제2차 세계대전에서 해군으로 복무한 뒤 하원의원으로, 이후 상원의원으로 선출되었다. 1960년 대선에서 리처드 닉슨을 제치고 제35대 미국 대통령으로 당선되었다. 케네디는 1961년 1월 20일부터 텍사스 댈러스에서 암살당한 1963년 11월 22일까지 대통령직을 지켰다.

연설의 배경 및 의의

1960년 미국 대선에서 리처드 닉슨을 근소한 차로 따돌리며 대통령에 당선되고 73일 뒤, 존 F. 케네디가 취임을 선서하며 취임 연설을 시작하였다. 이 연설은 가장 유려한 연설로 사람들의 입에 두고두고 오르내리게 된다. 케네디는 이미 두 달 전부터 지인과 조언자들에게 의견과 자문을 구하며 연설문을 작성하기 시작했다. 성경에서 빌려온 두 구절 "무거운 짐을 내려주고… 억압받은 자들을 자유롭게 하라."(이사야서 58장 6절), "희망 속에서 환호하고 고난 속에서 인내하라."(로마서 12장 12절)을 제외하면 나머지 연설문은 모두 케네디가 직접 썼다.

연설의 특징

패기 넘치는 젊은 대통령은 제3세계의 신생 독립국들의 독재정권에 경고를 보내고 소련에게 건설적으로 경쟁해 나가자고 제의하며 국민들에겐 국가를 위해 힘을 보태줄 것을 당부한다.

취임 연설

워싱턴 DC, 국회의사당. 1961년 1월 20일

••• 존슨 부통령, 의장, 연방 대법원장, 아이젠하워 대통령, 닉슨 부통령, 트루먼 대통령, 성직자, 시민 여러분. 오늘 우리가 목격하는 것은 한 정당의 승리가 아니라 자유의 축복입니다. 이 자유는 우리의 출발점인 동시에 목적지를 상징하며, 변화인 동시에 쇄신을 의미합니다. 제가 여러분과 전능하신 하느님 앞에서 우리 선조들이 175년 전에 정해 놓은 바로 그 엄숙한 선서를 했기 때문입니다.

지금 세계는 매우 달라졌습니다. 인간은 그 어떤 형태의 가난도, 어떤 형태의 삶도 물리칠 수 있는 힘을 얻게 되었습니다. 그렇긴 하지만 우리 선조들이 쟁취하려한 혁명의 신조는 여전히 전 세계적인 쟁점이 되고 있습니다. 그 신조란 바로 인간의 권리는 국가의 관대함에서 비롯된 것이 아니라 하느님의 손길에서 나온다는 것입니다.

우리는 그 최초의 혁명을 계승한 사람이 우리 자신임을 감히 잊어선 안 됩니다. 그러니 그 혁명의 횃불이 미국의 새로운 세대로 넘어왔다는 사실을 지금 이 시간, 이 자리에서 우리의 우방과 적 모두에게 알립시다. 20세기에 태어난 우리 새로운 세대는 전쟁으로 단련되었고 힘겹고 혹독한 평화에 훈련되었으며, 선조의 유산을 자랑스러워한다는 사실을 알립시다. 더불어 이 나라가 과거에도 그래왔으며 지금까지도 국내와 세계 전역에서 인권수호를 맹세하는 바, 인권이 서서히 유린되는 것을 좌시하거나 허용하지 않으리라는 사실을 알립시다.

우리에게 행복을 빌든 불행을 빌든, 모든 나라에게 알립시다. 자유를 수호하고 성취하기 위해서라면 우리는 그 어떤 대가도 달게 받고 그 어떤 짐도 짊어지며, 그 어떤 고난에도 맞설 것입니다. 그 어떤 우방도 도울 것이며 그 어떤 적에게도 대항할 것입니다.

우리는 다음과 같은 사실을, 아니 그 이상을 맹세합니다.

우리와 문화적·정신적 뿌리가 같은 오랜 우방국에게 충성과 신의를 다할 것을 맹세합니다. 힘을 모으면 우리는 무수한 협력 사업을 통해 어떤 일도 해낼 것입니다. 힘이 흩어지면 우리는 그 어떤 일도 해내지 못할 것입니다. 갈등과 불화가 만연하면 호된 시련을 이겨낼 수 없기 때문입니다.

자유국가 대열에 합류하게 된 신생국에게 맹세합니다. 식민 통치가 물러난 자리에 오히려 그보다 더 가혹한 폭정이 들어서는 일은 없을 것임을 맹세합니다. 그들 신생국이 우리의 견해를 언제나 지지해 주리라고는 기대하지 않겠습니다. 다만 그들이 자신의 자유만큼은 강력히 지지하고 지켜나가기를 바랍니다. 더불어 과거에 호랑이 등에 올라타 권력을 탐하던 어리석은 자들이 결국은 호랑이에게 잡아먹히고 말았다는 사실을 기억하기 바랍니다.

오두막과 촌락을 전전하며 극심한 빈곤의 사슬에서 벗어나기 위해 사투를 벌이는 전 세계 극빈층에게 맹세합니다. 얼마나 많은 시간이 걸리든 그들이 스스로 일어설 수 있을 때까지 최선을 다해 돕겠습니다. 우리가 이런 약속을 하는 것은 공산주의자들이 이 일을 하고 있어서도 아니고 그들의 지지표를 얻기 위해서도 아닙니다. 다만 그 일이 옳기 때문입니다. 자유사회가 가난한 다수를 돕지 못한다면 부유한 소수 역시 구하지 못할 것입니다.

우리의 국경 남쪽에 자리한 중남미 형제국들에게 특별히 맹세합니다. 진보를 위한 새로운 동맹을 맺으며 선의의 말을 선의의 행동으로 옮기겠습니다. 자유 국민과 자유 정부를 도와 가난의 사슬을 끊어내겠습니다. 그러나 이 평화로운 희망의 혁명이 적대적 권력의 먹잇감으로 전락해서는 안 됩니다. 우리는 아메리카 대륙에서 벌어지는 그 어떤 침략이나 전복 사태에도 이웃 나라와 동맹하여 대항할 것임을 알립니다. 아울러 우리 반구는 이곳의 주인으로 남아있을 것임을 다른 열강들에게도 알립시다.

세계 주권 국가들의 연합체인 국제 연합에게 다시 한 번 맹세합니다. 전쟁의 수단이 평화의 수단을 크게 앞지르게 된 이 시대에 최후의 희망으로 남은 국제 연합이 단순히 욕설의 장에 그치지 않도록 노력하겠습니다. 국제 연합이 신생국과 약소국을 보호하는 방패로서의 역할을 강화하도록, 그리고 국제 연합 헌장의 영향력이 더욱 확장되도록 노력하겠습니다.

마지막으로 우리의 적이 된 국가들에게, 맹세가 아닌 요청을 하겠습니다. 과학이 불러일으킨 무서운 파괴력이 온 인류를 계획적, 혹은 우발적인 자기 파멸 속으로 집어삼키기 전에 양 진영이 새로이 평화를 추구해 나갈 것을 요청합니다.

더 이상 힘을 키우지 말자고 유도하는 것이 아닙니다. 우리는 군사력이 의심의 여지없이 막강해야 비로소 그 군사력이 사용되지 않는다는 것을 의심의 여지없이 확신할 수 있기 때문입니다.

그러나 이 거대하고 강력한 두 국가 집단 중 어느 한 진영도 현재 정세에서는 마음을 놓을 수 없습니다. 양 진영 모두 현대식 무기 비축으로 인해 막대한 비용을 부담하고 있습니다. 양 진영 모두 치명적인 핵무기의 지속적 확산에 따라 마땅히 긴장하고 있습니다. 그러면서도 양 진영은 인류 최후의 전쟁을 좌우하는 불확실한 공포의 무게중심을 옮기기 위해 앞 다투어 경쟁하고 있습니다.

이제 다시 새롭게 시작합시다. 정중한 태도는 나약함의 표시가 아니라는 사실을, 진심은 언젠가 증명된다는 사실을 양 진영 모두 기억해야 할 것입니다. 두려움 때문에 협상하는 일은 없도록 합시다. 그렇다고 협상을 두려워하지도 맙시다.

양 진영은 무엇이 우리를 분열시키는지를 두고 싸울 것이 아니라, 무엇이 우리를 단결시키는가를 탐험합시다.

양 진영은 사상 처음으로 무기 사찰과 통제에 대한 진지하고 정확한 제안을 구상합시다. 또한 다른 국가를 파괴하는 절대적인 힘을 모든 국가의 절대적인 통제로 억압합시다.

양 진영은 과학의 공포가 아닌 과학의 경이로움을 끌어냅시다. 함께 힘을 모아 별을 탐험하고 사막을 정복하며, 질병을 퇴치하고 심해를 개발하고 예술과 상업을 장려합시다.

양 진영은 힘을 모아 지구상 어디에서든 이사야서의 말씀을 실천합시다. "무거운 짐을 내려주고… 억압받는 자들을 자유롭게 하라."

또한 협력의 교두보가 마련되어 의심이라는 밀림 지대가 쓸려나가면 양 진영은 힘을 모아 새로운 노력을 이끌어 나갑시다. 새로운 힘의 균형을 만들지 말고 새로운 법이 지배하는 세계를 만듭니다. 강자는 정의롭고 약자는 안전하며 평화가 존속되는 세계를 만듭시다.

이 모든 과업이 단 백일 안에 완수되지는 않을 것입니다. 천일 안에도, 현 정부의 임기 중에도 끝나지 않을 것입니다. 어쩌면 이 지구상에서 우리의 목숨이 다하는 날까지도 못마칠지 모릅니다. 그래도 시작해 봅시다.

시민 여러분, 우리 진로의 성패는 제가 아닌 여러분의 손에 달려 있습니다. 이 나라가 건국된 이래로 미국인들은 세대가 바뀔 때마다 국가에 대한 충성을 증명해보여야 했습니다. 그러한 부름에 답하다 목숨을 잃은 미국 젊은이들이 세계 곳곳에 묻혔습니다.

이제 그 나팔 소리가 다시 우리를 부르고 있습니다. 우리에게 무기가 필요한 것은 사실이지만 무기를 들라는 부름은 아닙니다. 우리가 전투태세를 취하고 있는 것은 사실이지만 전투에 임하라는 부름도 아닙니다. 기나긴 황혼녘의 투쟁을 짐으로 짊어지라는 부름입니다. '희망 안에서 환희하고 고통 안에서 인내하며' 인류 공통의 적인 폭정과 가난, 질병과 전쟁에 대항해 투쟁하라는 부름입니다.

그렇다면 이들 적에 맞서 전 세계 동서남북을 아우르는 거대한 동맹을 맺을 수 있지 않겠습니까? 그리하여 온 인류에게 더욱 풍요로운 삶을 안겨줄 수 있지 않겠습니까? 이 역사적인 노력에 여러분도 참여하지 않으시겠습니까?

기나긴 세계사를 되돌아보면 위험이 극에 달한 시기에 자유를 수호하는 역할은 소수의 세대만이 맡을 수 있었습니다. 저는 이러한 임무 앞에서 몸을 사리지 않겠습니다. 기꺼이 받아들이겠습니다. 우리 중 자신의 임무를 다른 이와, 또는 다른 세대와 맞바꾸려는 사람은 없으리라 저는 믿습니다. 우리가 이 임무를 달성하기 위해 끌어들일 무한한 힘과 믿음, 헌신은 우리 조국에게, 그리고 조국을 위해 봉사하는 모든 이들에게 빛이 될 것입니다. 그로부터 나오는 불빛은 진정으로 온 세상을 환히 밝힐 것입니다.

그러니 국민 여러분, 조국이 여러분을 위해 무엇을 할 수 있을지를 묻지 마십시오. 여러분이 조국을 위해 무엇을 할 수 있을지를 물으십시오.

세계 시민 여러분, 미국이 여러분을 위해 무엇을 해줄 것인가를 묻지 마십시오. 인류의 자유를 위해 우리가 힘을 모아 무엇을 할 수 있을지를 물으십시오.

끝으로 미국 시민을 비롯해 세계 시민 여러분, 우리가 여러분에게 요구한 고결한 노력과 희생을 똑같이 우리에게 요구하십시오. 올바른 양심이 유일하고 확실한 보상을 해주리라 믿고, 최후의 순간에는 역사가 우리를 심판하리라 믿으며, 사랑하는 이 대지를 이끌어 앞으로 나아갑시다. 하느님의 은총과 가호를 빌되, 이 땅에서 하느님의 과업은 곧 우리의 과업이 되어야 한다는 사실을 인식하며 앞으로 나아갑시다.

미국 대통령으로 재직한 지 22개월째에 접어든 존 F. 케네디

20세기를 대표하는 4대 연설문

존 F. 케네디의 〈취임 연설〉과 〈베를린 연설〉은 에이브러햄 링컨의 〈게티스버그 연설〉, 마틴 루터 킹의 워싱턴 평화행진 연설인 〈나에게는 꿈이 있습니다〉 그리고 패트릭 헨리의 〈자유가 아니면 죽음을 달라〉와 함께 미국 역사상 가장 위대한 연설로 손꼽힌다.

또 존 F. 케네디의 〈취임 연설〉은 20세기를 대표하는 4대 명연설로 선정되기도 했다. 타임지가 선정한 '20세기 4대 명연설'은 다음과 같다.
- 프랭클린 루스벨트의 〈취임 연설〉
- 윈스턴 처칠의 〈나치 침략에 대한 전쟁 독려사〉
- 존 F. 케네디의 〈취임 연설〉
- 마틴 루터 킹 목사의 〈워싱턴 평화행진 연설〉

그들이 전하고자 한 핵심 키워드는 희망과 용기 그리고 통합이었다.

존 F. 케네디 ②
JOHN FITZGERALD KENNEDY

=== GREAT SPEECHES ===

생애
존 피츠제럴드 케네디(1917~63)는 메사추세츠 브루클린의 유복한 정치 가문에서 태어났다. 하버드 대학에서 국제학을 전공하였다. 제2차 세계대전에서 해군으로 복무한 뒤 하원의원으로, 이후 상원의원으로 선출되었다. 1960년 대선에서 리처드 닉슨을 제치고 제35대 미국 대통령으로 당선되었다. 케네디는 1961년 1월 20일부터 텍사스 댈러스에서 암살당한 1963년 11월 22일까지 대통령직을 지켰다.

연설의 배경 및 의의
베를린이 악명 높은 베를린 장벽으로 나뉘어 있을 때 케네디가 미국 대통령으로서 이곳을 방문했다. 서베를린은 서독에 속해 있었지만 지리상으로는 공산주의 동독의 영토 내에 있었다. 냉전에 강력히 대항하는 내용을 담은 이 연설은 서독 국민은 물론 동독 국민의 마음까지 사로잡았다.
연설을 시작하면서 케네디는 베를린 시장(이후 서독 총리가 된 빌리 브란트)과 서독 총리(콘라드 아데나워), 1947년부터 1949년까지 독일 주둔 미국 사령관이었던 루시어스 클레이 장군을 거론했다.

연설의 특징
냉전 시대 동서대립의 상징도시인 서베를린을 방문하여 공산주의와 외롭게 싸우고 있는 서베를린 시민들에게 격려와 존경을 표하며 자신도 베를린 시민이라고 응원을 보낸다.

저 또한 베를린 시민입니다
서독 서베를린, 라트하우스 쇠네베르크, 1963년 6월 26일

••• 저는 서베를린의 투지를 전 세계에 알린 훌륭한 시장의 초청으로 이 도시를 방문하게 된 것이 자랑스럽습니다. 또한 저는 지난 수년 동안 독일의 민주주의와 자유와 진보를 위해 헌신한 훌륭한 총리가 있는 이 연방공화국을 방문하게 된 것이 자랑스럽습니다. 그리고 제 동지, 클레이 장군과도 이 자리에 함께하게 되어 자랑스럽습니다. 장군은 중대한 위기의 순간에 이 도시를 지켰고, 앞으로도 필요할 때면 언제든 이곳으로 돌아올 것입니다.

2천 년 전, 세계 시민에게 가장 큰 자랑거리는 'civis Romanus sum(나는 로마 시민이다)' 이었습니다. 그리고 오늘, 이 자유의 세계에서 가장 큰 자랑거리는 'Ich bin ein Berliner(나는 베를린 시민이다)' 가 되었습니다.

제 서툰 독일어를 옮겨주신 통역가님 감사합니다.

세상에는 자유진영과 공산진영 사이의 가장 큰 문제가 무엇인지 모르는 사람도 많고, 모르는 체하는 사람도 많습니다.

그들도 베를린에 와보라고 합시다.

공산주의가 미래의 물결이라 말하는 사람도 있습니다.

그들도 베를린에 와보라고 합시다.

유럽 등지에서는 공산주의자들과 함께 일할 수 있다고 말하는 사람도 있습니다.

그들도 베를린에 와보시라고 합시다.

심지어 공산주의가 유해한 제도이긴 하지만 경제 성장을 가능하게 한다고 말하는 사람도 있습니다.

Lasst sie nach Berlin kommen.

그들도 베를린에 와보라고 합시다.

자유는 얻기 어렵고 민주주의도 완벽한 것은 아닙니다. 그래도 우리는 높은 담을 쌓아 사람들을 그 안에 가둔 채 담 밖으로 벗어나지 못하도록 막은 적은 없습니다. 저는 미국인들을 대신해 말씀드리고 싶습니다. 비록 미국인은 대서양 반대편에 멀리 떨어져 있지만, 여러분과 멀리 떨어진 곳에 살고 있지만, 그 먼 곳에서나마 지난 18년간의 역사를 여러분과 공유해온 것을 자랑스럽게 생각하고 있습니다. 18년간 포위되어 있었음에도 여전히 활력과 힘이 넘치는 곳, 희망과 의지가 넘실대는 곳은 서베를린뿐, 그에 필적하는 마을이나 도시를 저는 알지 못합니다. 베를린 장벽이 공산주의의 실패를 전 세계 앞에 가장 뚜렷하고 생생히 보여주고 있지만 우리는 이것으로 만족할 수 없습니다. 시장님이 말했듯이 가족을 떨어뜨려 놓고 남편과 아내를, 형제자매를 떼어 놓으며, 함께 하고 싶은 사람들을 갈라놓는 것은 역사에 반할뿐더러 인륜에 반하는 범죄입니다.

베를린에서 진리인 것은 독일에서도 진리입니다. 독일인 네 명 중한 명이 자유인으로서의 기본권, 자유로운 선택권을 박탈당하고 있는 한, 유럽에서 진정한 평화는 지속될 수 없습니다. 지난 18년 동안 평화와 믿음을 지켜온 독일의 현세대는 자유로울 권리가 있습니다. 모든 이들에게 선의를 지키면서 지속적인 평화 속에 가족과 국가를 통합할 권리가 있습니다.

여러분은 자유가 수호되는 외딴 섬에 살고 있지만 여러분의 삶은 중심에 속해 있습니다. 그러니 마지막으로 여러분에게 부탁드리고 싶습니다. 눈을 들고 오늘의 위험을 넘어 내일의 희망을 바라보십시오. 베를린 시나 독일을 넘어 세계 전역에 자유가 퍼지는 날을 바라보십시오. 베를린 장벽을 넘어 정의와 함께 평화가 찾아오는 날, 너와 나를 넘어 전 인류가 함께하는 날을 바라보십시오.

자유는 나뉠 수 없습니다. 그렇기에 이 세상에 노예가 단 한 명이라도 있는 한 인류는 자유롭지 못합니다. 모든 사람이 자유를 얻는 날, 이 도시가 하나가 되고 이 나라가 하나가 되며, 위대한 유럽 대륙이 하나가 되어 평화롭고 희망찬 세계를 마주하는 날, 그 날을 기대해봅시다. 마침내 그 날이 오면, 서베를린 시민들은 자신이 20년 가까이 자유의 최전방에 있었다는 사실을 겸허히 기뻐하게 될 것입니다.

그러니 세상 어디에서든 자유인은 모두 베를린 시민입니다. 또 하나의 자유인으로서 저 역시 이 말을 하게 되어 자랑스럽습니다.

'Ich bin ein Berliner.'

존 F. 케네디의 미국 대통령 취임 연설

이제까지의 미국 대통령 취임연설은 대부분 자신이 임기 내에 국민을 위하여 무엇 무엇을 할 것이며, 미국이라는 국가와 국민복지에 어떻게 이바지할 것인지를 말하는 것이었다.

그러나 케네디는 반대로 국민이 국가를 위해 무엇을 해야 할 것인가를 물었다.

미국 국민 여러분, 조국이 여러분을 위해 무엇을 할 수 있을지를 묻지 말고, 여러분이 조국을 위해 무엇을 할 수 있을지를 물으십시오.

민주주의라는 것이 권리만 있는 것이 아니라 의무라는 것도 있다는 사실을 극적으로 환기시킨 매우 의미심장한 말이었다.

또한 비난은 쉽고, 누구나 할 수 있지만 정작 필요한 것은 국가에게 건전한 대안을 제시하고 국가가 나아갈 방향을 제시하는 것이며 그것이야말로 국가의 주인인 국민이 해야 할 가장 중요한 의무라는 사실을 확실하게 주지시키는 말이기도 했다.

이 참신하고도 대담하며 카리스마 넘치는 연설은 미국 국민들의 열광적인 지지를 받았다.

가장 젊은 대통령으로 겨우 3년 남짓 임기도 다 채우지 못했지만 그는 미국인이 너무나 사랑하는 대통령으로 언제나 미국인의 가슴속에 묻혀 있다.

마틴 루터 킹 주니어 ①
MARTIN LUTHER KING, JR.

― GREAT SPEECHES ―

생애
마틴 루터 킹 주니어(1929~68)는 침례교 목사로 미국 시민권 운동을 이끈 주요 지도자였다. 본명은 마이클 킹 주니어였으나, 독일 개신교 혁명가인 마틴 루터를 기리는 성직자 아버지의 뜻에 따라 개명하였다. 킹 목사는 뛰어난 학자이기도 했다. 열 다섯 살에 모어하우스 대학에 입학하였고 이후 크로지어 신학교와 보스턴 대학에서 수학하였다. 운동가로서 킹 목사는 1955년 몽고메리 버스 보이콧 운동을 이끌면서 처음으로 세간의 관심을 받게 되었다. 그리고 2년 뒤 남부기독교지도자협회 설립에 참여하였다. 35세에 최연소 노벨평화상 수상자가 되었다. 1968년 4월 4일, 테네시 주 멤피스에서 암살당하였다.

연설의 배경 및 의의
이 연설은 미국 역사상 가장 위대한 연설로 손꼽힌다. 하지만 그 위상 때문에 이 연설이 '일자리와 자유를 위한 워싱턴 평화행진 대회'의 일부였다는 사실은 간과하기 쉽다. 사실 킹 목사는 이 날 그 자리에 모인 2, 30만 군중들 앞에 서게 된 연설가 9명 중 마지막 연사였다. 이 행진대회의 목적에 대해서는 주최자들 사이에서도 논란이 많았다. 어떤 이들은 이 대회가 얼마 전 공민권 법안을 제출한 존 F. 케네디 대통령을 지지하기 위한 것이라 주장했고, 또 다른 이들은 아직 상정안이 통과되지도 않았으니 갈 길이 멀다고 일축하면서 이 대회를 시위의 하나로 받아들였다. 킹 목사 자신은 이 대회가 공민권법안 자체만이 아닌 그 이상의 대화를 끌어나갈 자리라고 생각했고, 연설 당시에도 법안과 관련한 내용은 언급하지 않았다.
공민권법안은 케네디 대통령 암살 7개월 후인 1964년, 상하 양원에서 통과하여 법령으로 제정되었다.

연설의 특징
노예해방이 이루어진지 100년이 지났건만 흑인에 대한 차별이 엄존하는 현실과 투쟁해온 킹 목사, 백인들의 학대를 겪으면서도 자손들은 백인들과 사이좋게 손잡고 평등해지길 바란다는 그의 아름다운 꿈을 읽노라면 역사상 그 어느 연설보다 벅찬 감동을 주는 불후의 예술작품과도 같다.

나에겐 꿈이 있습니다
워싱턴 DC, 링컨 추모관. 1963년 8월 28일

••• 저는 오늘 우리 역사에서 자유를 위한 가장 위대한 행진으로 기억될 이 자리에 여러분과 함께 하게 되어 기쁩니다.

100년 전, 우리 위대한 미국인(링컨 대통령)이 노예 해방령에 서명했습니다. 지금 우리는 그를 상징하는 자리에 서 있습니다. 그 중대한 선언은 부당함이라는 불길에 몸을 데이며 시들어간 수백만 흑인 노예들에게 희망의 등불이었습니다. 그 선언은 노예 생활의 기나긴 밤을 걷어내는 환희의 새벽이었습니다.

그러나 그로부터 100년이 지났지만 흑인은 여전히 자유롭지 못합니다. 100년이 지났지만 흑인은 여전히 인종분리정책이라는 족쇄와 인종차별이라는 쇠사슬에 묶인 채 절뚝거리며 비참하게 살고 있습니다. 100년이 지났지만 흑인은 이 거대한 물질적 풍요의 바다 한 가운데 가난이라는 섬에 고립되어 살고 있습니다. 100년이 지났지만 흑인은 여전히 미국 사회의 후미진 곳으로 내몰려, 자신의 땅에서 추방당해 살고 있습니다. 그리하여 우리는 이 치욕스런 현실을 알리고자 오늘 이 자리에 모였습니다.

한편으로 우리는 한 장의 약속어음을 현금으로 바꾸기 위해 이 나라의 수도 워싱턴에 모였습니다. 미국을 건국한 사람들은 헌법과 독립선언문에 근사한 말들을 써 넣으면서 모든 미국인이 상속받게 될 약속어음에 서명하였습니다. 그 약속어음이란 백인, 흑인 할 것 없이 모든 사람이 '삶과 자유, 행복 추구'라는 '양도할 수 없는 권리'를 보장받는다는 약속이었습니다. 그러나 지금 미국이 우리 유색인종에게 만큼은 이 약속을 이행하지 않고 있다는 사실이 분명해졌습니다. 미국은 이 신성한 의무를 지키지 않으면서 대신 흑인에게 '예금 잔고 부족'이라는 도장이 찍힌 부도수표를 되돌려 주었습니다.

그러나 우리는 정의라는 이름의 은행이 파산했으리라고는 생각하지 않습니다. 미국이 소유한 기회라는 이름의 거대한 금고에 잔고가 부족하다고는 생각하지 않습니다. 그렇기에 우리는 자유라는 재물과 정의라는 보호막을 지급해줄 약속어음을 교환하러 왔습니다.

더불어 우리는 그 때가 '바로 지금'이라는 긴박함을 미국인들에게 알리기 위해 이 자리에 모였습니다. 지금 우리에겐 냉정을 되찾으라는 사치스러운 말을 들을 여유도 없고, 점진주의라는 안정제를 먹을 시간도 없습니다. 지금이 바로 민주주의에 대한 약속을 실현할 때입니다. 지금이 바로 인종 차별이라는 어둡고 황량한 골짜기에서 벗어나 인종 간의 정의라는 양지 바른 길에 들어설 때입니다. 지금이 바로 미국을 인종간의 불의라는 모래밭에서 들어내 형제애라는 단단한 바위 위에 올려놓아야 할 때입니다. 지금이 바로 하느님의 자녀들을 위해 정의를 실현할 때입니다.

지금 이 순간의 긴박함을 간과한다면 미국은 치명적 손실을 입게 될 것입니다. 흑인의 정당한 불만이 끓어 오르는 이 뜨거운 여름은 자유와 평등으로 가득한 활기찬 가을이 찾아오기 전까지 계속될 것입니다. 1963년은 끝이 아니라 시작입니다. 흑인에겐 울분을 토할 곳이 필요했는데 이제 소원을 풀었으니 그것으로 만족하고 말 것이라 생각한 사람들은 이 나라가 다시 일상으로 돌아갔을 때 달갑지 않은 사실을 깨닫게 될 것입니다. 흑인이 공민권을 얻기 전까지 미국에는 안정도, 평온도 없을 것입니다. 정의의 새벽이 밝아오기 전까지 폭동의 소용돌이는 계속해서 미국의 기반을 뒤흔들 것입니다.

여기서 정의의 궁전에 이르는 문턱에 서 있는 여러분께 꼭 해야 할 말이 있습니다. 우리는 정당한 자리를 되찾는 과정에서 그릇되게 행동하는 죄를 범하지 말아야 합니다. 자유를 향한 갈증을 비탄과 증오가 가득한 술잔으로 채우며 달래지 맙시다. 우리는 언제까지나 고상한 위엄과 원칙을 지키며 투쟁해 나가야 합니다. 우리의 창조적인 항의 운동을 물리적 폭력으로 더럽혀서는 안 됩니다. 몇 번이 됐든, 우리는 물리적 힘이 영혼의 힘과 하나가 되는 그 장엄한 위치에 올라서야 합니다.

흑인 사회를 휩쓴 이 새롭고 놀라운 투쟁 정신 때문에 백인의 불신을 받는 일은 없어야 합니다. 오늘 이 자리에 함께한 백인 형제들이 보여주듯이 백인은 자신의 운명이 흑인의 운명과 한데 묶여 있다는 사실을 잘 알고 있습니다. 또한 백인은 자신들의 자유가 우리 흑인의 자유와 단단히 얽혀 있다는 사실 역시 잘 알고 있습니다.

우리는 혼자 걸어갈 수 없습니다. 또한 걸으면서 우리는 언제나 앞으로 나아가겠다고 맹세해야 합니다. 되돌아갈 수는 없습니다.

공민권을 열렬히 지지하는 이들은 간혹 이런 질문을 받습니다. "언제쯤이면 만족하겠습니까?" 차마 입에 담을 수 없는 경찰의 만행에 흑인이 계속해서 희생되는 한, 우리는 결코 만족할 수 없습니다. 여행하다 지쳐 무거워진 우리의 몸을 고속도로 근처 모텔이나 도심 속 호텔에 누일 수 없는 한 우리는 결코 만족할 수 없습니다. 흑인이 이주할 수 있는 기본 반경이 작은 빈민가에서 큰 빈민가 정도밖에 되지 않는 한 우리는 만족할 수 없습니다. 우리의 자녀가 '백인 전용'이라는 표지판 앞에서 자존심을 짓밟히고 존엄성을 박탈당하는 한 우리는 결코 만족할 수 없습니다. 미시시피에 사는 흑인이 투표를 할 수 없고 뉴욕에 사는 흑인이 투표할 이유를 찾지 못하는 한 우리는 만족할 수 없습니다. 아니, 안 됩니다. 우리는 만족하지 않습니다. '정의가 강물처럼 흘러내리고 정당함이 거센 물결이 되어 흐를' 때까지 우리는 결코 만족하지 않을 것입니다.

여러분 중에는 크나큰 시련과 역경을 겪고 이곳을 찾은 사람도 있다는 사실을 저도 모르지 않습니다. 여러분 중에는 좁은 감옥에서 이제 막 나온 사람도 있을 것입니다. 자유를 추구하면 박해를 당하고 경찰의 만행에 시달려 만신창이가 되는 지역에서 온 사람도 있을 것입니다. 여러분은 온갖 독창적인 고통에 이미 익숙해져 있습니다. 이유

없이 고통을 받으면 언젠가 구원을 얻으리라는 믿음으로 계속 나아가십시오. 미시시피로 돌아가십시오. 앨라배마로, 사우스캐롤라이나로 돌아가십시오. 조지아로, 루이지애나로 돌아가십시오. 북부 도시의 빈민가로, 흑인 거주지로 돌아가십시오. 돌아가더라도 이 상황은 언젠가 변할 수 있으며 반드시 변할 것이라는 사실을 명심하십시오.

동지 여러분, 저는 오늘 여러분에게 말씀드리고 싶습니다. 절망의 구렁에 빠져 허우적대지 맙시다.

비록 우리는 지금 고난을 마주하고 있지만 나에게는 꿈이 있습니다. 그 꿈은 아메리칸드림에 깊이 뿌리를 내리고 있습니다.

나에게는 꿈이 있습니다. 언젠가 이 나라가 '모든 인간은 평등하게 태어난다는 사실을 우리는 자명한 진리로 받아들인다'는 이 나라 건국 신조의 참뜻을 되새기며 살아가리라는 꿈입니다.

나에게는 꿈이 있습니다. 언젠가 조지아 주의 붉은 언덕에서 노예의 후손과 노예 주인의 후손이 형제애라는 식탁 앞에 나란히 앉을 수 있는 날이 오리라는 꿈입니다.

나에게는 꿈이 있습니다. 부당함과 억압의 뜨거운 열기로 신음하는 미시시피 주도 언젠가 자유와 정의가 샘솟는 오아시스가 되리라는 꿈입니다.

나에게는 꿈이 있습니다. 언젠가 내 아이들이 자신의 피부색이 아니라 인격으로 평가 받는 나라에서 살게 되리라는 꿈입니다.

지금 나에게는 꿈이 있습니다!

나에게는 꿈이 있습니다. 지독한 인종차별주의자들이 들끓는 앨라배마, 주지사가 '주권 우위'라느니, '연방 법령 실시 거부'라느니 같은 말만 떠벌리는 저기 앨라배마에서도 언젠가 흑인 소년소녀들이 백인 소년소녀들과 형제자매처럼 손을 마주 잡게 되리라는 꿈입니다.

지금 나에게는 꿈이 있습니다!

1964년의 마틴 루터 킹 주니어 목사

나에게는 꿈이 있습니다. 언젠가 모든 골짜기가 솟아오르고 모든 언덕과 산등성이가 낮아지며, 고르지 않은 곳은 평평해지고 굽이진 곳은 곧게 펴질 것이요, '주님의 영광이 나타나 모든 인류가 그 영광을 함께 보게 되리라'는 꿈입니다.

이것이 우리의 희망입니다. 저는 이러한 믿음을 안고 남부로 돌아갈 것입니다.

이러한 믿음이 있으면 우리는 절망이라는 산을 깎아 희망이라는 돌

'일자리와 자유를 위한 워싱턴 행진 대회' 의 참가자들

을 만들 수 있을 것입니다. 이러한 믿음이 있으면 우리는 이 시끄러운 불협화음을 형제애라는 아름다운 교향곡으로 바꿀 수 있을 것입니다. 이러한 믿음이 있으면 우리는 언젠가 자유로워지리라는 사실을 알면서 함께 일하고 함께 기도하며, 함께 투쟁하고 함께 감옥에 갈 것이요, 함께 자유를 옹호할 것입니다.

그 날, 바로 그 날 주님의 자녀들은 이 구절을 새로운 의미를 담아 부르게 될 것입니다.

"나의 조국이여, 그대는 달콤한 자유의 땅, 나는 그대를 노래하리라.
나의 선조들이 묻힌 땅, 개척자의 자부심이 깃든 땅.
산비탈마다 자유가 울려 퍼지게 하라!"

미국이 위대한 국가가 되려면 이 구절은 반드시 실현되어야 합니다. 그러니 뉴햄프셔의 높은 언덕 꼭대기에서 자유가 울려 퍼지게 합시다.

뉴욕의 우람한 산에서 자유가 울려 퍼지게 합시다.

펜실베이니아의 드높은 앨러게니 산맥에서 자유가 울려 퍼지게 합시다.

콜로라도의 눈 덮인 로키 산맥에서 자유가 울려 퍼지게 합시다.

캘리포니아의 굽이치는 산비탈에서도 자유가 울려 퍼지게 합시다.

그뿐만 아니라 조지아의 스톤 산에서도 자유가 울려 퍼지게 합시다.

테네시의 룩아웃 산에서도 자유가 울려 퍼지게 합시다.

미시시피의 언덕과 둔덕마다 자유가 울려 퍼지게 합시다.

전국의 산허리마다 자유가 울려 퍼지게 합시다.

그렇게 한다면, 자유가 울려 퍼지게 한다면, 촌락과 마을마다, 주와 도시마다 자유가 울려 퍼지게 한다면, 우리는 주님의 모든 자녀들이, 흑인과 백인이, 유대인과 비유대인이, 개신교도와 가톨릭교도들이 손에 손을 잡고 옛 흑인 영가를 부르게 될 그날을 앞당길 수 있을 것입니다.

"드디어 자유, 드디어 자유다!

전지전능한 신이시여, 감사합니다.

우리는 드디어 자유로워졌나이다!"

마틴 루터 킹 주니어 ②
MARTIN LUTHER KING, JR.

=== GREAT SPEECHES ===

생애

마틴 루터 킹 주니어(1929~68)는 침례교 목사로 미국 시민권 운동을 이끈 주요 지도자였다. 본명은 마이클 킹 주니어였으나, 독일 개신교 혁명가인 마틴 루터를 기리는 성직자 아버지의 뜻에 따라 개명하였다. 킹 목사는 뛰어난 학자이기도 했다. 열 다섯 살에 모어하우스 대학에 입학하였고 이후 크로지어 신학교와 보스턴 대학에서 수학하였다. 운동가로서 킹 목사는 1955년 몽고메리 버스 보이콧 운동을 이끌면서 처음으로 세간의 관심을 받게 되었다. 그리고 2년 뒤 남부기독교지도자협회 설립에 참여하였다. 35세에 최연소 노벨평화상 수상자가 되었다. 1968년 4월 4일, 테네시 주 멤피스에서 암살당하였다.

연설의 배경 및 의의

1968년 봄 내내 마틴 루터 킹은 멤피스에서 열린 흑인 환경미화원의 파업 투쟁을 지지하는 데 열을 올리고 있었다. 킹 목사는 4월 3일, 그리스도하나님의교회 본당인 멤피스 템플에서 집회가 열리는 날에 맞춰 이 도시에 도착했다. 처음부터 집회에 참석할 예정은 아니었으나 3만 명의 관중들이 그의 연설을 듣기 전에는 회장을 나가지 않으려 하자 어쩔 수 없이 연단에 서게 되었다.
즉흥으로 이루어진 이 연설에서 킹 목사는 미래를 향한 목적과 전략뿐만 아니라 공민권법 획득을 위한 과거 투쟁의 역사에 초점을 맞추었다. 연설이 막바지에 이르자 목사는 지난 1958년에 뉴욕 시에서 자신이 이졸라 웨어 커리라는 흑인으로부터 칼에 찔린 사건을 회상하였다. 더불어 목사는 최근에 폭파 협박을 받아 멤피스 행 비행기가 연착되었다는 사실도 언급하였다. 마지막에 킹 목사가 자신의 죽음을 암시하는 말을 하면서 이 연설의 마지막 부분은 미래를 예견하는 기념비적인 의미를 띠게 되었다. 다음 날 킹 목사는 암살당하고 말았다.

연설의 특징

불의의 암살을 당하기 직전 킹 목사는 인류 역사 전체를 조망하며 자유를 위한 비폭력 투쟁을 외친다. 연설 말미 자신의 죽음을 암시하는 듯한 대목이 있지만, 불굴의 의지와 박력으로 그의 마음 속에는 이미 자신의 꿈을 실현된 것이 느껴진다.

나는 산 정상에 올랐습니다

테네시 주 멤피스, 메이슨 템플. 1968년 4월 3일

•••대단히 감사합니다, 동지 여러분. 랠프 애버내시의 유려하고 후한 소개말을 들으며 제 자신에 대해 생각해보고 있자니 그가 말하는 사람이 과연 제가 맞는지 의아해졌습니다. 자신에 대해 좋은 말을 해줄 수 있는 가까운 친구이자 동지를 둔다는 것은 언제나 기분 좋은 일입니다. 과연 랠프 애버내시는 저에게 세상에서 가장 소중한 친구입니다. 더불어 저는 폭풍우 경보가 내려진 가운데에도 오늘밤 이 자리에서 여러분을 만나게 되어 기쁩니다. 여러분은 무슨 일이 있어도 그만두지 않겠다는 의지를 보여주셨습니다.

멤피스에서 무슨 일이 벌어지고 있습니다. 이 세계에서 무슨 일이 벌어지고 있습니다. 제가 태초의 지점에 서서 지금까지의 인류사 전반을 개관할 수 있는 능력을 얻었다고 해봅시다. 그곳에서 전지전능한 하느님이 제게 "마틴 루터 킹, 너는 어느 시대에 살고 싶으냐?" 하고 물으신다면 저는 이집트로 날아갈 것입니다. 그곳에서 주님의 자녀들이 이집트의 어두운 지하 감옥으로부터 홍해를 지나고, 아니 가로지르고, 황무지를 지나 약속의 땅에 이르는 장대한 여정을 두 눈으로 확인할 것입니다. 하지만 그 여정이 제아무리 장대하여도 저는 거기서 멈추지 않을 것입니다.

저는 그리스로 가서 올림포스 산 위에 오를 것입니다. 그곳에서 플라톤과 아리스토텔레스, 소크라테스, 그리고 에우리피데스와 아리스토파네스가 판테온 신전에 모여 있는 모습을 눈에 담을 것입니다. 그들이 현실이라는 위대하고 영원한 문제에 대해 토론하는 모습을 지켜볼 것입니다. 하지만 저는 거기서 멈추지 않을 것입니다.

저는 더 나아가 전성기 시절의 로마 제국으로도 가볼 것입니다. 그곳에서 여러 황제와 지도자들을 보며 그곳의 발전 과정을 지켜볼 것입니다. 하지만 거기서 멈추지 않을 것입니다.

저는 르네상스 시대로 가서 그 시대가 인간의 문화적·미적 삶에 이루어낸 성과를 재빨리 둘러볼 것입니다. 하지만 거기서 멈추지 않을 것입니다.

저는 제 이름을 따온 주인공이 살던 시절에도 가볼 것입니다. 그곳에서 마틴 루터가 위텐베르크 성당 문에 95개 조항을 달아 놓는 모습을 지켜볼 것입니다. 하지만 저는 거기서 멈추지 않을 것입니다.

저는 1863년으로 가서 에이브러햄 링컨 대통령이 망설인 끝에 노예 해방 선언에 서명하겠다고 결정하는 모습을 지켜볼 것입니다. 하지만 거기서 멈추지 않을 것입니다.

저는 1930년대 초반으로 가서 한 남자가 파산에 처한 조국을 일으켜 세우고자 고심한 끝에 이렇게 외치는 모습을 지켜볼 것입니다. "우리가 두려워할 것은 두려움 그 자체뿐입니다." 하지만 거기서 멈추지 않을 것입니다.

이상하겠지만 저는 다시 전능하신 하나님을 찾아가 이렇게 말할 것입니다. "20세기 후반의 몇 년 만이라도 살아볼 수 있게 해주신다면 저는 더할 나위 없이 기쁠 것입니다."

제가 모든 것이 엉망인 지금의 세계로 오려 한다는 것이 이상하게 들릴 것입니다. 지금 이 나라는 병들어 있습니다. 이 땅에 골칫거리가 산재해 있고, 곳곳이 혼란에 빠져 있습니다. 그러니 제 바람이 이상한 것도 맞습니다. 하지만 저는 알고 있습니다. 어느 정도 어두워야 비로소 별을 볼 수 있습니다. 주님께서는 우리 인간이 다소 이상한 방식으로 응답하는 바에 따라 20세기 후반 지금의 모습을 일구어내신 것입니다.

이 세계에서 무슨 일이 벌어지고 있습니다. 군중이 봉기하고 있습니다. 어디든 그들이 모인 곳에서는, 남아공의 요하네스버그나 케냐의 나이로비, 가나의 아크라, 뉴욕시나 조지아 주 애틀랜타, 미시시피 주의 잭슨이나 테네시 주의 멤피스 등 그들이 있는 곳에서는 언제나 같은 목소리가 울려 퍼지고 있습니다. "우리는 자유를 원한다."

제가 지금 이 시대를 살아가는 것이 행복한 이유가 또 하나 있습니다. 우리는 역사를 통틀어 인류가 해결하고자 고심해 온 문제를 해결해야 할 지점에 이르렀습니다. 하지만 우리를 이끈 것은 그러한 역사적인 요구 자체가 아니었습니다. 우리가 이 문제를 해결하도록 강요한 것은 바로 생존의 문제였습니다. 지난 몇 년 사이 인류는 전쟁과 평화에 대해 이야기하였습니다. 하지만 지금, 인류는 그에 대해 더 이상

이야기만 할 수는 없게 되었습니다. 이제는 더 이상 폭력이냐 비폭력이냐의 선택 문제가 아닙니다. 우리에게 남은 것은 비폭력 아니면 멸망입니다. 이것이 지금 우리의 모습입니다.

아울러 인권 혁명과 관련해 유색인종을 오랜 가난으로부터, 오랜 상처와 방치로부터 구하기 위해 아직 하지 못한 일이, 서둘러 하지 못한 일이 남아 있다면 세계는 멸망하고 말 것입니다. 저는 이 시대에 살아서 아직 이루지 못한 것들을 보게 해주신 주님께 감사드릴 따름입니다. 더군다나 주님께서 저를 멤피스에 보내주신 것을 감사드립니다. 저는 앞서 랠프가 말했듯 흑인들이 그저 돌아다니면서 가렵지도 않은 곳을 긁고, 간지럽지도 않으면서 웃던 때를 기억합니다. 그 시절은 이제 모두 끝났습니다. 지금 우리는 진심을 다하고 있습니다. 우리는 신의 세계 안에서 마땅한 자리를 얻겠다고 굳게 마음먹었습니다.

이것이 지금 우리의 모습입니다. 우리는 그 어떤 부정적인 저항에도, 그 누구와의 부정적인 논쟁에도 가담하지 않았습니다. 우리는 인간이 되고자 결심하였습니다. 우리는 국민이 되고자 결심하였습니다. 우리도 주님의 자녀이기 때문에 강요받은 대로 살 필요가 없다고 말하려는 것입니다.

이처럼 역사적으로 위대한 시기에 이 모든 사실은 무엇을 의미하는 것일까요? 바로 우리가 협력해야 한다는 의미입니다. 우리는 협력하여 계속해서 단결해야 합니다. 파라오 왕은 이집트의 노예제를 오랫동안 끌고 가려 할 때마다 자신이 좋아하는 법칙을 적용하였습니다.

그것이 무엇이었을까요? 바로 노예 간에 싸움을 유도한 것입니다. 하지만 노예들이 단결할 때마다 파라오의 법정에서 무슨 일이 벌어졌고, 결국 파라오는 노예들을 노예제 속에 가둬놓을 수 없게 되었습니다. 노예들 간의 단결이 노예제로부터 빠져나올 수 있는 시발점이 된 것입니다. 그러니 우리도 단결합시다.

둘째로 쟁점의 추이를 항상 주목합시다. 우리의 쟁점은 부당함입니다. 우리의 쟁점은 환경미화원이라는 공복을 공정하고 정직하게 대하지 못한 멤피스 시의 처신입니다. 우리는 계속해서 이 쟁점을 주목해야 합니다. 언제나 사소한 폭력에서 문제가 발생합니다. 이전 날 무슨 일이 일어났는지 여러분은 알고 있습니다. 그에 대해 언론은 창문이 깨진 사실만을 언급하였습니다. 저도 그러한 기사를 읽었습니다. 그들 기사에는 1,300명의 환경미화원이 파업 중이며 멤피스 시가 그들에게 공정하지 않았다는 사실, 로엡 시장에게 의료진의 치료가 절실히 필요하다는 사실은 거의 언급하지 않았습니다. 그들은 그 사실까지는 전하지 않았습니다.

이제 우리는 다시 행진하려 합니다. 우리는 다시 행진해야 합니다. 그리하여 지금의 쟁점을 있어야 할 자리에 올려놓고 모든 이에게 알려야 합니다. 여기에 1,300명에 이르는 주님의 자녀들이 고통 받고 때로 굶주리면서 그 끝에 무엇이 기다리고 있을지 궁금해 하며 이 어둡고 음울한 밤을 견디고 있다는 사실을 알려야 합니다. 이것이 우리의 쟁점입니다. 우리는 국가에 알려야 합니다. '우리는 끝이 어떻게 될지 알고 있다'고 말입니다. 사람들이 옳은 일에 열중하면서 이를 위해 기꺼이 자신을 희생하려 한다면 결국은 승리를 맛보게 될 것입니다.

그 어떤 철퇴로도 우리를 막지 못할 것입니다. 우리는 경찰력을 무장 해제시키는 비폭력 운동에 능합니다. 우리 앞에서 경찰은 어쩔 줄을 모릅니다. 저 역시 그런 장면을 자주 목격해 왔습니다. 앨라배마 주 버밍엄에서 장엄한 투쟁을 치르던 당시, 우리는 16번가 침례교회를 매일같이 나섰고, 그 숫자는 수백 명에 이르렀습니다. 이에 대해 불 코너(Bull Conor, 버밍엄 경찰서장. 흑인 시위에 대해 소방 호스와 맹견, 소형 탱크 등을 동원해 폭력적으로 대응하였다)는 개를 앞줄에 세워 대응했습니다. 하지만 우리는 아랑곳없이 개 앞으로 다가가며 이렇게 노래 불렀습니다. "누구도 나를 되돌리지 못하리라."

그러자 불 코너가 외쳤습니다. "소방 호스로 공격하라." 지난 밤 제가 말씀드렸다시피 불 코너는 지난 역사를 알지 못했습니다. 그가 아는 물리적 사실로는 우리가 아는 물리학을 초월한 사실을 이해할 수 없었습니다. 그것은 바로 어떤 물로도 끌 수 없는 불이 존재한다는 사실입니다. 그리하여 우리는 소방 호스 앞으로 나아갔습니다. 우리는 물을 잘 알고 있었습니다. 우리가 침례교도나 다른 종파였다면 우리는 벌써 물에 잠겼을 것입니다. 감리교도나 그밖에 다른 종파였다면 물에 살짝 젖었을 것입니다. 하지만 우리는 물을 알고 있었습니다. 물로는 우리를 멈출 수 없었습니다.

그리하여 우리는 맹견 앞으로 나아가 그들을 바라보았습니다. 우리는 소방호스 앞으로 나아가 이를 바라보며 계속해서 노래를 불렀습니다. "내 머리 위 자유의 공기를 보리라." 우리는 호송차에 끌려 들어갔고, 때로는 캔 속의 정어리처럼 호송차 안에 실렸습니다. 그렇게 경찰은 우리를 밀어 넣었고, 그 사이로 불 서장의 말이 들렸습니다. "끌어내라." 우리는 호송차에 실리면서도 계속 노래했습니다. "우리는 승리하리라!" 감옥에 갇혀 있을 때에는 창문 너머로 죄수들이 우리의 기도 소리에, 우리의 말과 노래 소리에 감동 받은 모습이 보였습니다. 여기에 불 코너가 바로잡을 수 없는 힘이 있었습니다. 그리하여 우리는 결국 황소(Bull, 불 코너의 이름을 빗대어 표현하였다)를 거세된 소로 만들었고, 버밍엄 투쟁에서 승리하였습니다. 우리는 그와 같은 투쟁을 멤피스에서 계속하려 합니다. 돌아오는 월요일, 여러분도 우리와 함께 하기를 부탁드립니다.

이제 법원의 명령에 대해 말씀드리겠습니다. 우리는 법원의 명령을 받아 내일 아침 법원으로 가서 이 불법적이고 위헌적인 명령에 맞서 싸우려 합니다. 우리가 미국에 할 말은 이것뿐입니다. "서면으로 한 약속을 지키시오." 제가 중국이나 러시아 등 다른 전체주의 국가에 살고 있었다면 이러한 불법 명령을 얼마간 이해할 수도 있었을 것입니다. 그랬다면 헌법 수정 조항 제1조(언론, 종교, 집회의 자유를 정한 조항)에 따른 권리 부여 거부를 이해할 수도 있었을 것입니다. 왜냐하면 그들 전체주의 국가는 이러한 사실을 약속하지 않았기 때문입니다. 하지만 어딘가에서 저는 집회의 자유를 읽었습니다. 어딘가에서 연설의 자유를 읽었고, 어딘가에서 언론의 자유를 읽었습니다. 어딘가에서 미국이 위대한 것은 권리를 주장할 권리가 있기 때문이라는 사실을 읽었습니다. 따라서 방금 말씀드린 바와 같이 그 어떤 맹견이나 소방호스도 우리를 되돌릴 수 없을 것입니다. 그 어떤 법원의 명령도 우리를 되돌릴 수 없을 것입니다. 우리는 계속 나아갈 것입니다.

여러분이 필요합니다. 제게 가장 아름다운 것은 복음 전도자들이 한 자리에 모이는 광경이라는 사실을 여러분은 알고 있습니다. 그 모습은 그야말로 장관입니다. 설교자만큼이나 사람들의 갈망과 열망을 뚜렷이 나타내는 사람이 어디 있겠습니까? 어떻게든 설교자는 뼛속 깊은 곳에 불길을 담고 있어야 합니다. 그리하여 부정이 횡행할 때마다 이를 소리 높여 말해야 합니다. 어떻게든 설교자는 아모스(성경의 예언자)가 되어 이렇게 말해야 합니다. "주께서 말씀하시는데 그 누가 예언하지 않겠느냐." 또 이렇게 말해야 합니다. "정의가 강물처럼 흘러내리고 정당함이 거센 물결이 되어 흘러내리게 하소서." 어떻게든 설교자는 예수 그리스도의 힘을 빌려 이렇게 말해야 합니다. "예수 그리스도께서 내게 빈곤 문제를 다루게 하시며 성유를 부어 주셨나니, 성령이 내게 있도다."

저는 이처럼 고결한 분들의 지도 아래 계시는 설교자 여러분을 소개하고자 합니다. 여러 해 동안 투쟁에 가담해온 제임스 로슨은 투쟁 중에 투옥되기도 했으며 이번 투쟁으로 인해 밴더빌트 대학에서 쫓겨나기도 했습니다. 이에 굴하지 않고 로슨은 흑인의 권리를 위해 계속해서 투쟁하였습니다. 랠프 잭슨 목사와 빌리 카일스 목사, 그밖에 여러 훌륭한 분의 이름을 언급하고 싶지만 시간이 허락해주지 않는군요. 그래도 이들 모두에게 감사의 말씀을 전하고 싶습니다. 더불어 여러분께서도 이들에게 감사를 표해주시기 바랍니다. 설교자들은 자신의 안위는 안중에도 두지 않을 때가 많습니다. 언제나 이들과 같은 목사를 볼 때마다 저는 그지없이 행복합니다.

저쪽에서 상징처럼 흰 가운을 길게 늘어뜨린 차림에 대해 말해도 좋습니다. 하지만 기본적으로 이곳 사람들은 양복과 드레스에 구두 차림을 원합니다! 젖과 꿀이 흐르는 땅에 대해 말해도 좋습니다. 하지만 하느님은 우리가 여기 빈민가를, 하루 세끼도 제대로 챙겨 먹지 못하는 자녀들을 생각하도록 명하셨습니다. 예루살렘에 대해 말해도 좋습니다. 하지만 언젠가 하느님의 설교자는 새로운 뉴욕, 새로운 애틀랜타, 새로운 필라델피아, 새로운 로스앤젤레스, 테네시 주의 새로운 멤피스에 대해 말해야 할 것입니다. 이것이 우리가 해야 할 일입니다.

지금 우리가 해야 할 일이 또 하나 있습니다. 경제적 철회를 대외적인 직접 행동의 기본 바탕으로 삼는 것입니다. 지금 우리는 가난합니다. 미국의 백인 사회와 개별적으로 비교해보면 우리는 가난합니다. 하지만 이 사실은 잊지 마십시오. 집단으로, 그러니까 우리 모두를 통합해서 집단으로 볼 때 우리는 세계 9개국을 제외한 그 어느 나라보다 부유합니다. 이에 대해 생각해보신 적 있습니까? 미국과 소련, 대영제국과 서독, 프랑스, 그리고 몇몇 나라를 제외하면 미국 흑인은 세계 그 어떤 나라보다 부유합니다. 우리의 연간 소득은 300억 달러가 넘습니다. 이는 미국의 총 수출액보다 많으며 캐나다의 국가 예산보다 많은 액수입니다. 알고 계셨습니까? 이것이 우리의 힘입니다. 우리는 이 힘을 끌어 모을 방법만 알면 됩니다.

우리는 다른 이들과 논쟁할 필요가 없습니다. 남에게 저주를 퍼붓고 욕을 하며 부정한 짓을 할 필요가 없습니다. 벽돌이나 병도 필요 없습니다. 화염병도 필요 없습니다. 우리는 그저 이 나라의 주변 상점과 거대 기업을 돌아다니며 이렇게 말하면 됩니다. "하느님께서 우리를 이곳으로 보내시어 당신이 하느님의 자녀를 바로 대하지 않는다는 사실을 전하라 하셨습니다. 그리하여 우리는 당신이 하느님의 자녀를 공정히 대하겠다는 사실을 의제의 첫 번째 항목으로 받아들일 것을 요청하고자 여기에 왔습니다. 아직 받아들일 준비가 되지 않았다면 우리에게도 따라야 할 의제가 있습니다. 바로 당신에 대한 경제적 지원을 철회하는 것입니다."

따라서 오늘밤 여러분에게 청합니다. 가서 이웃들에게 멤피스의 코카콜라를 사지 말라고 말하십시오. 가서 그들에게 실테스크 우유를 사지 말라고 말하십시오. 가서 말하십시오. 다른 빵 브랜드가 무엇이 있지요? 원더 브레드를 사지 말라고 말하십시오. 그리고 또 다른 브랜드는 무엇이 있나요, 제시 하트의 빵을 사지 말라고 말하십시오. 제시 잭슨이 말했듯이, 지금까지는 환경미화원만이 고통을 받았습니다. 이제 우리는 그 고통을 분담해야 합니다. 우리가 이들 기업을 택한 것은 그들의 고용정책이 공평하지 않았기 때문입니다. 이들 기업을 택한 것은 그들이 지금 파업 중인 사람들의 필요와 권리를 지원해주겠다고 공언할 수 있기 때문입니다. 이들 기업의 목소리가 도시로, 시내로 퍼져나가 로엡 시장에게 옳은 일을 하도록 재촉할 수 있기 때문입니다.

하지만 여기서 그치면 안 됩니다. 우리는 흑인 기관에 힘을 실어줘야 합니다. 그러니 여러분에게 청합니다. 시내 은행에서 예금을 인출하여 트리스테이트 은행에 예치하십시오. 멤피스에서 은행 운동을 벌이는 것입니다. 저축대부조합에 찾아 가십시오. 그렇다고 우리 남부기독교지도자회의는 아무 일도 안 하겠다는 것이 아닙니다. 훅스 판사를 비롯한 다른 관계자들이 말씀 드리겠지만 우리 남부기독교지도자회의도 저축대부조합에 계좌를 개설하였습니다. 저희가 한 대로 해주십사 말씀드리는 것입니다. 그곳에 저금하십시오. 멤피스 시에는 보험 회사가 예닐곱 군데 있습니다. 그곳에서 보험을 드십시오. 우리는 보험 운동도 벌일 것입니다.

이것이 우리가 현실적으로 실천할 수 있는 운동입니다. 우리는 거대한 경제 기반을 세우기 시작할 것입니다. 그러면서 동시에 우리에게 상처를 주는 상대에게 압박을 가할 것입니다. 여러분께 이 운동을 따를 것을 부탁드립니다.

그럼 마무리하기 전에 한 말씀 더 드리겠습니다. 우리는 끝까지 이 투쟁에 온몸을 바쳐야 합니다. 이 시점에서 멤피스의 이 투쟁을 그만두는 것은 우리에겐 무엇과도 비교할 수 없는 비극입니다. 우리는 끝까지 해내야 합니다. 우리만의 행진에 여러분도 참석해야 합니다. 이를 위해 직장을 떠나고 학교를 떠나야 하는 상황이라면 그 자리를 지키십시오. 그 자리에서 형제들을 생각하십시오. 여러분은 파업 현장에만 없을 뿐, 우리는 일어서도 함께 일어서고 쓰러져도 함께 쓰러질 것입니다.

　우리 위험한 박애주의를 키워 나갑시다. 어느 날 한 남자가 예수 그리스도에게 다가와 삶에 대해 몇 가지 중요한 문제를 질문하려 하였습니다. 그때 이 남자는 자신이 예수보다 조금 더 많이 아는 것처럼 예수를 속여서 예수를 당황하게 하려 했습니다. 남자가 던진 질문이 철학적이고 신학적인 논쟁에 빠질 수 있었기에 예수는 즉시 이 문제를 허공에서 끌어내어 예루살렘과 예리코 사이의 위험한 길 위에 올려놓았습니다. 예수는 그곳에서 강도를 만난 한 남자의 얘기를 꺼냈습니다. 이 남자를 본 레위인과 사제가 반대 길로 지나갔다는 사실을 여러분도 기억할 것입니다. 그들은 가던 길을 멈추고 남자를 도우려 하지 않았습니다. 그때 마침 다른 민족이 그 길을 지나가게 되었습니다. 그 사람은 노새에서 내리면서 남자를 대신해 연민을 느끼지 않겠다고 다짐했습니다. 하지만 그는 남자에게 다가가 응급 처치를 하고 어려움에 처한 남자를 도왔습니다. 이 이야기를 마치면서 예수께서는 이 사람이 선량한 자이며 위대한 자라고 말씀하셨습니다. '나'를 '너'에게 투영하면서 자신의 형제를 걱정하였기 때문입니다.

　자 이제 상상력을 무한대로 동원하여 왜 성직자와 레위인은 그 길에서 멈추지 않았는지 생각해 봅시다. 우리는 그들이 교회 모임이나 기독교 모임에 가야하는 상황이었는데, 모임에 늦지 않으려면 예루살렘 쪽으로 내려가야 했다고 말할 수 있습니다. 아니면 "종교 의식에 참석하는 자는 의식이 시작되기 24시간 전부터 사람의 몸을 만지면 안 된다."는 종교법 때문이라고 추측할 수도 있습니다. 그것도 아니면 우리는 그들이 '예리코 도로 개발협회'를 조직하려던 것일 뿐, 예루살렘으로는 물론 예리코 쪽으로도 가는 것이 아니었는지 모른다고 반문할 수도 있습니다. 가능한 이야기입니다. 또 어쩌면 그들은 이 문제에 대해 개인적인 수고를 들였다가 진창에 빠지느니 무심히 지나치는 편이 낫다고 생각했는지도 모릅니다.

여기서 제가 상상한 바를 말씀드리겠습니다. 레위인과 성직자는 두려웠을지도 모릅니다. 여러분도 알다시피 예리코 도로는 위험합니다. 제가 아내와 처음으로 예루살렘에 간 기억이 납니다. 우리는 차를 한 대 빌려서 예루살렘을 거쳐 예리코로 향했습니다. 그 도로에 들어서자 저는 아내에게 '예수님이 왜 이 길을 우화에 썼는지 알 것 같다'고 말했습니다. 길은 종잡을 수 없이 구불거렸습니다. 실로 숨어 있기에 좋은 곳이었습니다. 예루살렘에서 출발해 1,200마일 정도 가면 해발 1,200피트 정도 됩니다. 예리코를 향해 15분에서 20분 정도 내려가면 해수면에서 2,200피트 아래에 도달하게 됩니다. 과연 위험한 도로입니다. 예수님이 살던 시대에 이 길은 '피의 도로'로 알려졌습니다. 따라서 성직자와 레위 인은 땅에 쓰러진 사람을 발견하고는 강도가 아직 주변에 있지 않을까 걱정했을 수도 있습니다. 아니면 그들은 쓰러진 남자가 자신을 해하기 위해 그저 자신이 강도를 만나 상처를 입었다는 연극을 하고 있을 뿐이라고, 자신을 유인하여 손쉽고도 재빨리 자신을 강탈하려는 것이라고 생각했을 수도 있습니다. 이 때 성직자와 레위 인이 제일 먼저 스스로에게 물은 말은 이러했을 것입니다. "내가 가던 길을 멈추고 그를 도와준다면 나에게 무슨 생길까?" 하지만 이후 다가온 착한 사마리아인은 이 질문을 뒤집었습니다. "내가 이 남자를 도와주기 위해 가던 길을 멈추지 않는다면 남자에게는 무슨 일이 생길까?"

오늘 밤 여러분 앞에 놓인 질문도 이와 같습니다. 그 질문은 "환경미화원을 돕기 위해 가던 길을 멈춘다면 내 일은 어떻게 될까?"가 아닙니다. "환경미화원을 돕기 위해 가던 길을 멈춘다면 내가 매일 직장에서 평범하게 보내던 시간, 내가 목사로서 매주 교회에서 평범하게 보내던 시간은 어떻게 될까?"도 아닙니다. "내가 이 곤궁에 처한 사람을 돕기 위해 가던 길을 멈춘다면 나에게 무슨 일이 생길까?"도 아닙니다. 우리 앞에 놓인 질문은 바로 이것입니다. "내가 저들 환경미화원을 돕기 위해 가던 길을 멈추지 않는다면, 저들에게는 무슨 일이 생길까?"

오늘밤 기꺼이 일어납시다. 위대한 결의로 굳게 일어섭시다. 이처럼 강력한 날에, 도전의 날에 스스로 움직이면서 미국이 가야 할 방향을 제시합시다. 미국을 더 나은 나라로 만들 기회가 우리에게 왔습니다. 그리고 저는 다시 한 번 이 자리에서 여러분과 함께 서게 된 것을 주님께 감사드립니다.

아시겠지만 몇 년 전에 저는 첫 번째 책을 낸 기념으로 뉴욕시에서 사인회를 열었습니다. 자리에 앉아 사인을 하고 있는데 정신이 온전치 않은 한 흑인 여성이 다가왔습니다. 그녀가 저에게 던진 질문은 이 한 마디였습니다. "당신이 마틴 루터 킹인가요?" 책에 사인을 하느라 고개도 들지 않은 채 제가 대답했습니다. "그렇습니다." 그 순간 무언가 제 가슴을 치는 느낌이 들었습니다. 눈 깜짝할 사이 저는 그 여성의 칼에 찔리고 말았습니다. 저는 할렘 병원으로 이송되었습니다. 어두컴컴한 토요일 오후였습니다. 엑스레이를 찍어 보니 가슴에 박힌 칼날은 대동맥 끝에 닿아 있었습니다. 한 번 더 찔렸다면 저는 피범벅이 된 채 인생을 마쳤을 것입니다.

다음 날 아침 〈뉴욕 타임즈〉에서는 제가 재채기라도 했다면 죽었을 것이라는 기사가 실렸습니다. 그리고 나흘 뒤, 수술을 하고 가슴을 열어 칼날을 빼낸 뒤에 휠체어를 타고 병원 주위를 돌아다녀도 좋다는 말을 들었습니다. 제게 온 편지를 읽어도 좋다는 얘기도 들었습니다. 전국 곳곳에서, 세계 각지에서 따뜻한 편지가 와 있었습니다. 몇 통을 읽어 보았는데 그 중에 결코 잊지 못할 편지가 하나 있었습니다. 대통령과 부통령의 편지도 받았습니다. 뭐라고 쓰여 있었는지는 잊었습니다. 뉴욕 주지사는 직접 찾아와 편지를 전해 주었지만 그 내용 역시 잘 기억나지 않습니다. 그런데 한 소녀가 보낸 편지는 뚜렷이 기억합니다. 그 소녀는 화이트 플레인 고등학교에 다닌다고 했습니다. 저는 그 편지를 결코 잊지 못할 것입니다. 내용은 간단했습니다. "존경하는 킹 박사님, 저는 화이트 플레인 고등학교에 다니는 9학년 학생입니다." 그러면서 소녀는 이렇게 썼습니다.

"별로 중요한 것은 아니지만 제가 백인이라는 사실부터 말씀드리고 싶네요. 신문에서 박사님이 불행한 사건으로 고통 받고 있다는 소식을 보았습니다. 박사님께서 재채기를 했더라면 죽었을 것이라는 내용도 보았습니다. 박사님이 재채기를 하지 않아서 너무 기뻐요. 이 말씀을 드리고 싶어서 이렇게 편지를 쓰는 거예요."

오늘밤 저도 여러분께 말씀드립니다. 저 역시 제가 재채기를 하지 않아서 기쁩니다. 재채기를 했더라면 저는 1960년대를 살지 못했을 것입니다. 남부 각지의 학생들이 간이식당에서 연좌농성을 벌이는 모습도 지켜보지 못했을 것입니다. 그들은 앉아 있었지만 실제로는 아메리칸 드림을 가슴에 품고 일어선 것이었다는 사실을 저는 알았습니다. 그 학생들은 우리 건국의 아버지들이 독립선언문과 헌법을 기반으로 하여 깊이 판 민주주의라는 위대한 우물로 전 국민을 이끈 것이라는 사실도 알았습니다.

재채기를 했다면 저는 자유를 위해 주(州)간 여행에서 마주치는 차별을 종식시키자고 단결하던 1961년을 살지 못했을 것입니다.

재채기를 했다면 저는 조지아 주 올버니의 흑인들이 허리를 곧게 펴자고 다짐하던 1962년을 살지 못했을 것입니다. 남성이든 여성이든 허리를 곧게 펴야 어디든 갈 수 있습니다. 허리가 굽어 있으면 차에 탈 수 없기 때문입니다.

재채기를 했다면 저는 앨라배마 주 버밍엄의 흑인들이 이 나라의 양심을 일깨우고 공민권 법안을 탄생시키던 1963년을 살지 못했을 것입니다.

재채기를 했다면 저는 그 다음해 8월, 저에게 꿈이 있다는 사실을 미국을 향해 말하지 못했을 것입니다.

재채기를 했다면 저는 앨라배마 주 셀마에서 그 위대한 시위 현장을 목격하지 못했을 것입니다.

재채기를 했다면 저는 멤피스에서 고통 받고 있는 형제자매들이 공동 집회를 여는 모습을 보지 못했을 것입니다.

제가 재채기를 하지 않아서 저는 몹시 기쁩니다.

사람들이 제게 지금은 그것이 문제 되지 않는다고 말했습니다. 지금 무슨 일이 벌어지는가는 문제가 아니라고 말했습니다. 오늘 아침 저는 애틀랜타를 떠나 왔습니다. 일행 6명이 탄 비행기가 출발할 때 조종사가 기내 방송을 통해 이렇게 말했습니다. "출발이 지체되어 죄송합니다. 그러나 이 비행기에는 마틴 루터 킹 박사가 탑승하고 계십니다. 모든 화물을 확실히 검사하여 운항에 안전을 기하기 위해 모든 화물을 꼼꼼히 검사해야 했습니다. 가시는 길 내내 이 비행기를 안전하게 보호하겠습니다."

그렇게 멤피스에 도착하고 나니 누군가가 암살 위협을 입에 담기도 했고, 이미 지난 위협에 대해 말하기 시작했습니다. 일부 병든 백인 형제들이 제게 무슨 일을 저지르게 될까요?

지금 무슨 일이 일어날지 저는 모릅니다. 우리 앞에는 험난한 나날이 기다리고 있습니다. 하지만 지금 저에게는 전혀 문제 되지 않습니다. 저는 산 정상에 올랐기 때문입니다.

저는 상관하지 않습니다.

다른 사람들처럼 저도 오래 살고 싶습니다. 장수할 운명도 정해져 있다지만 지금 저는 그에 연연하지 않습니다. 저는 다만 주님의 뜻을 바랄 뿐입니다. 주님의 부르심을 받고 저는 산에 올랐습니다. 그리고 내려다보았습니다. 약속의 땅을 보았습니다. 저는 그곳에 여러분과 함께 가지 못할지도 모릅니다. 하지만 오늘밤 이 사실만은 알아주십시오. 우리는 한 국민으로서 약속의 땅에 도달할 것입니다!

저는 행복합니다. 그 무엇도 걱정하지 않습니다. 그 누구도 두렵지 않습니다. 저는 두 눈으로 다가오는 신의 영광을 보았습니다!

로버트 F. 케네디
ROBERT FRANCIS KENNEDY

=== GREAT SPEECHES ===

생애
로버트 프란시스 케네디(1925~68)는 존 F. 케네디의 동생으로 메사추세츠 브루클린에서 태어났다. 하버드 대학과 버지니아 대학교 로스쿨에서 수학하였다. 이후 정계에서 변호사로 활동하다가 형인 존 F. 케네디가 대통령에 당선된 뒤 법무장관으로 임명되었다. 1964년에 장관직을 사임하고 상원의원에 올랐다. 캘리포니아 로스앤젤레스에서 미국 대선을 위한 민주당 전당대회 선거운동을 하던 중 암살되었다.

연설의 배경 및 의의
1968년 4월 4일, 로버트 F. 케네디는 민주당 대통령 후보 경선을 위한 선거 운동을 펼치고 있었다. 케네디는 노트르담 대학과 볼 주립대에서 연설을 마친 뒤 그 날의 마지막 일정인 인디애나폴리스 도심에서 수많은 흑인들 앞에 펼치게 될 연설을 앞두고 있었다. 이를 위해 그는 이동하는 중에 마틴 루터 킹 주니어의 암살 소식을 접하게 되었다. 일정을 취소하라는 경찰의 당부도 외면한 채 케네디는 평상형 트럭에 올라 만 명이 넘는 군중들에게 마틴 루터 킹의 암살 소식을 전했다.
이 연설은 로버트 케네디가 그의 형 존 F. 케네디의 암살을 공식석상에서 유일하게 언급한 연설로도 기억된다. 그리고 인디애나폴리스에서의 이 연설 이후 두 달 뒤, 로버트 케네디 역시 로스앤젤레스에서 암살당한다.
연설 당시 케네디는 군중들에게 피켓을 내릴 것을 당부한다. 피켓에는 이렇게 적혀 있었다. 'RFK를 대통령으로'

연설의 특징
케네디의 뒤를 이을 재목으로 기대를 모으던 로버트는 킹 목사 암살을 전하며 흑인들에게 깊은 위로와 상호 이해를 당부한다. 하지만 두 달 후 로버트는 불의의 암살을 당하며 케네디 가의 비극에 정점을 찍는다.

킹 목사의 암살 소식을 알리며

인디애나 주, 인디애나폴리스. 1968년 4월 4일

••• 신사 숙녀 여러분, 오늘 저녁은 여러분께 잠시만 말씀드리고 이 자리를 마무리하겠습니다. 방금 전 저는 우리 모두에게 매우 슬픈 소식을 접하게 되었습니다.

피켓 좀 내려주시겠습니까?

방금 저는 우리 모두에게 아주 슬픈 소식을 접했습니다. 아마 미국 시민 여러분, 평화를 사랑하는 전 세계인 모두에게 슬픈 소식이 될 것입니다. 마틴 루터 킹 목사가 오늘 저녁 테네시 주 멤피스에서 총에 맞아 생을 마감하셨습니다.

마틴 루터 킹 목사는 인류의 사랑과 정의를 위해 자신의 한 평생을 바쳤습니다. 목사는 그 대의를 위해 싸우다 목숨을 잃었습니다. 이처럼 힘든 하루, 힘든 시기를 맞아 우리 미국인은 미국이라는 나라에 대해, 우리가 가고자 하는 방향에 대해 자문해봐야 할 것입니다.

목사의 죽음에 대한 책임이 백인에게 있다는 증거가 분명한 상황이니 흑인 여러분의 마음 속에는 비통함과 증오, 복수심이 가득할 것입니다.

그런 상황에서 우리나라는 극단적인 양극화에 접어들 수도 있습니다. 흑인은 흑인끼리, 백인은 백인끼리 어울리며 서로에 대한 증오심만 채우는 것입니다. 아니면 우리는 마틴 루터 킹 목사가 그래왔듯이 서로 이해하고 배려하며 우리 땅에 선연히 퍼진 유혈의 흔적을, 폭력이라는 얼룩을 이해와 동정과 사랑으로 대신할 수 있습니다.

흑인 여러분, 오늘 이 부당한 사건을 접하면서 백인들을 향해 증오와 불신을 쌓아 가려 하는 흑인 여러분, 저 역시 그러한 감정을 느끼고 있다는 사실을 말씀드리고 싶습니다. 저 역시 암살 사건으로 가족 하나를 잃었으며, 그의 암살범 역시 백인이었습니다. 하지만 우리 미국인은 노력해야 합니다. 이 어려운 시기를 마주하며 이 고난을 이겨내고 뛰어넘어 서로를 이해할 수 있도록 노력해야 합니다.

제가 좋아하는 시인인 아이스킬로스의 시에는 이런 말이 있습니다.

> 잠을 잘 때에도 고통은 잊히지 않고
> 우리의 가슴에 한 방울 두 방울 떨어진다.
> 그리하여 절망 속에 있을 때,
> 우리의 의지에 반하여
> 신의 은혜로운 영광을 통하여
> 지혜가 찾아온다.

우리 미국에 필요한 것은 분열이 아닙니다. 우리 미국에 필요한 것은 증오가 아닙니다. 우리 미국에 필요한 것은 폭력도, 무법도 아닙니다. 우리에게 필요한 것은 사랑과 지혜, 서로를 향한 이해, 그리고 이

나라에서 흑과 백을 막론하고 여전히 고통 받고 있는 이들을 위한 정의입니다.

이 자리에서 여러분께 부탁드립니다. 오늘 밤 집으로 돌아가 마틴 루터 킹 목사의 가족들을 위해 기도드립시다. 그렇습니다. 마땅히 해야 할 일입니다. 그리고 무엇보다 우리 조국, 우리가 사랑하는 조국을 위해 기도드립시다. 말씀드린 이해와 배려가 이 나라에 가득하기를 기도드립시다.

우리는 해낼 수 있습니다. 우리는 힘든 시간을 만날 것입니다. 과거에도 힘든 시간을 보냈듯 미래에도 우리는 힘든 시간을 만날 것입니다. 이것이 폭력의 끝은 아닙니다. 이것이 무법의 끝도 아니요, 무질서의 끝도 아닙니다.

하지만 이 땅의 수많은 백인들, 수많은 흑인들은 함께 더불어 살기를 원합니다. 삶의 질을 높이며 이 땅에 사는 모든 이들에게 정의가 실현되기를 원합니다.

우리는 오래 전 그리스인들이 남긴 말을 따르기 위해 전념을 다했습니다. 그것은 "인간의 야만성을 길들이고 이 세상에서 온화한 삶을 살라."는 말이었습니다. 이제 이 말을 실천하기 위해 우리 모두 전념을 다합시다. 그리고 우리 조국과 우리 국민들을 위해 기도드립시다.

감사합니다.

미국인이 사랑한 정치인의 표상

이니셜 RFK, 또는 바비 케네디(Bobby Kennedy)라는 애칭으로 불리며 격동의 1960년대를 풍미했던 로버트 케네디는, 지금도 미국인들의 기억 속에 강렬하게 남아 있는 정치인이다.

1968년 대통령 선거에서 유력한 후보로 부상한 로버트 케네디는 6월 4일 캘리포니아 주 예비선거에서 승리를 거둔 것을 비롯해 5개 주에서 승리를 거두었다.
그러나 6월 5일 자정, 로스앤젤레스 앰배서더 호텔에서 지지자들에게 연설을 마치고 주방 통로를 이용해 호텔을 떠나려 할 때, 로버트 케네디의 이스라엘 지지에 분노한 요르단 이민자이자 팔레스타인 학생 시르한 비샤라 시르한의 총격으로 8발의 총을 맞고 치명상을 입었다. 그는 곧 병원으로 옮겨졌으나, 다음 날 아침, 큰 충격과 혼란 속에 빠져든 미국 국민들을 뒤로 한 채 세상을 떠나고 말았다.
그의 시신은 알링턴 국립묘지의 형 옆에 묻혔다. 각지에 그를 기념하는 건물과 기념물이 생겼다.
2001년 11월, 조지 W. 부시 대통령은 그의 탄생 76주년을 기념하여 법무부 청사 건물의 이름을 로버트 F. 케네디 법무부 청사로 바꿨다.
로버트 케네디를 그린 영화 〈Bobby〉에서는 그의 암살 소식을 듣고 충격에 휩싸인 사람들의 표정을 배경으로 그의 마지막 연설을 들려준다. 미국이 사랑한 정치인, 따뜻하고 인간미 넘치는 정치인의 표상으로!

리처드 닉슨
RICHARD MILHOUS NIXON

―――― GREAT SPEECHES ――――

생애
리처드 닉슨(1913~94)은 미국의 37대 대통령이었다. 캘리포니아 요르바 린다에서 태어난 닉슨은 위티어 칼리지와 듀크 대학에서 수학한 뒤 제2차 세계대전 당시 군에 복무하였다. 닉슨은 1947년에 의원직에 당선되면서 정계에 진출하였다. 1950년에 상원의원 직에 오르고 3년 뒤 드와이트 D. 아이젠하워 정권에서 부통령 직에 올랐다. 1960년에 공화당 대표로 대선에 출마하였으나 존 F. 케네디에 간발의 차이로 밀려 패배하였다. 이후 1968년에 조지 맥거번 후보를 누르고 대통령에 당선되었다. 1974년에 정치적 도청 사건에 휘말리면서 탄핵의 위기에까지 몰려 직접 사임하였다.

연설의 배경 및 의의
워터게이트 사건이 3년째에 접어들었을 때 리처드 닉슨은 미국 역사상 처음이자 마지막으로 대통령직을 사임한 대통령이 되었다. 더 이상 "의회에서 강력한 정치적 기반을 얻을 수 없다."는 것이 그가 말한 사임의 이유였지만 이는 대통령으로서 닉슨이 직면한 시련의 극히 일부에 불과했다. 닉슨은 당 내에서 거의 모든 지지를 잃었으며 한 달 전에는 사법 위원회에서 탄핵서가 의결된 상태였다. 이런 시점에서 사임은 불가피해 보였지만 1974년 8월 초까지만 해도 확실한 것은 아무것도 없었다. 사실 닉슨의 사임 연설이 있기 하루 전, 워터게이트 사건을 최초로 폭로한 〈워싱턴 포스트〉지의 1면에는 이런 제목의 기사가 실렸다. "닉슨 대통령 사임 안한다." 닉슨이 사임 여부를 두고 고민에 빠졌을 때 그의 연설문 작성자 레이 프라이스는 두 가지 연설안을 모두 준비하고 있었다. 하나는 여기에 소개된 것처럼 사임을 발표하는 것이었고, 다른 하나는 국가를 위해 대통령직에 남아 있겠다는 연설이었다.

연설의 특징
세간에 알려진 공작정치 때문에 의회의 지지를 완전 상실한 닉슨은 담담한 어조로 사임의 변을 밝힌다. 누구보다 자부심이 넘치고 남성적인 대통령이기에 사죄하지 않는 모습이 인간적이지는 않지만 닉슨답다고 하겠다.

사임 연설
워싱턴 DC, 백악관. 1974년 8월 8일

••• 국민 여러분 안녕하십니까? 오늘로서 저는 이 집무실에서 37번째 연설을 하게 되었습니다. 이곳에서 저는 이 나라의 역사를 형성한 수많은 결정을 내렸습니다. 매번 연설을 할 때마다 저는 국익에 영향을 미친다고 생각하는 문제들을 여러분과 논의하고자 했습니다.

공직 생활을 하면서 결정을 내릴 때마다 저는 나라를 위해 최선의 결정을 내리고자 노력하였습니다. 워터게이트 사건을 통해 길고 고된 시간을 보내며 저는 여러분이 선출해주신 대통령으로서 그 어떤 노력을 다해서라도 임기를 완수하는 것이 저의 임무라고 생각했습니다.

하지만 지난 며칠 사이 제가 이 노력을 정당히 지속하도록 지지해줄 강력한 정치적 기반이 의회에 더는 남아 있지 않다는 사실을 분명히 알게 되었습니다. 정치적 기반이 존재하는 한 그 헌법 절차는 끝까지 이행되어야 합니다. 이를 어기는 것은 의도적으로 까다롭게 만든 절차의 정신을 외면하는 것이며, 헌정을 불안하게 만드는 위험한 선례를 만드는 것이라고 저는 굳게 믿었습니다.

하지만 그러한 지지 기반이 사라진 지금, 저는 헌법의 목적이 달성되었으며 까다로운 절차를 연장할 필요도 더는 없어졌다고 믿게 되었습니다.

저는 그 어떤 개인적인 고통을 감수하고서라도 끝까지 가보고 싶었습니다. 제 가족 역시 한결같이 그렇게 하기를 원했습니다. 하지만 국익은 언제나 개인의 이익보다 우선해야 합니다.

의회를 비롯해 여러 지도자들과 논의한 결과, 저는 워터게이트 사건을 계기로 의회 내에서 지지를 얻기 힘들어졌다는 결론에 이르렀습니다. 의회의 지지는 대통령으로서 어려운 결정을 뒷받침하는 데 필요할 뿐만 아니라, 국익을 따라 대통령직을 수행할 때에도 없어서는 안 되는 것입니다.

저는 결코 중도에 포기하는 사람이 아닙니다. 임기도 마치기 전에 대통령직을 떠난다는 사실에 저는 본능적으로 거부감마저 느낍니다. 하지만 대통령으로서 저는 미국의 이익을 우선시해야만 합니다.

미국에는 각자의 직무에 전념할 대통령과 의회가 필요합니다. 더군다나 지금처럼 국내외적으로 여러 문제에 직면해 있을 때에는 더욱 그렇습니다.

대외적으로는 평화, 대내적으로는 인플레이션 없는 번영이라는 위대한 대의에 모든 힘이 집중되어야 할 시기에, 제 개인적인 해명을 위해 앞으로 몇 달간 싸움을 계속한다면 대통령과 의회의 시간과 관심은 모두 그곳에 빼앗기고 말 것입니다. 따라서 저는 내일 정오를 기해 대통령직을 사임하려고 합니다. 그 시간 이후로는 포드 부통령이 대통령으로서 선서를 하게 될 것입니다.

제가 두 번째 임기를 시작하면서 품었던 미국을 위한 고귀한 희망을 회상하면 커다란 슬픔이 차오릅니다. 제가 이 집무실에서 앞으로 2년 반을 더 여러분을 대신해 그 희망을 달성하고자 정진할 수 없게 되었기 때문입니다. 하지만 정부의 지휘권을 포드 부통령에게 위임하였으니 열 달 전 제가 그를 부통령 후보로 지목했을 때 말씀드렸다시피 미국의 지도력이 훌륭한 사람의 손에 맡겨졌다는 사실을 저는 잘 알고 있습니다.

이 자리를 부통령에게 인계하면서 내일부터 그의 어깨를 짓누르게 될 막중한 책임감을 저 또한 느끼고 있습니다. 더불어 앞으로 그에게 필요할 모든 미국인들의 이해와 인내, 협조를 저 역시 깊이 생각해 봅니다.

막중한 책임을 맡게 된 포드 부통령은 우리 모두의 도움과 지지를 받을 자격이 있습니다. 미래를 내다보면서 우리에게 가장 필요한 것은 이 나라의 상처를 치유하고, 지난 시절에 겪은 악감정과 분열을 뒤로 하는 일입니다. 더불어 위대하고 자유로운 국민으로서 우리의 힘과 단결의 중심에 있는 공통된 이상을 다시 발견하는 일입니다.

저의 사임이 미국에 절대적으로 필요했던 치유 과정을 조금이라도 앞당기는 계기가 되길 바랍니다.

이번 결정에 이르는 일련의 과정에서 제가 가했을지 모르는 모든 상처들을 저는 대단히 유감스럽게 생각합니다. 제 판단이 잘못되었다면, 실제로 그런 일도 있었습니다만, 그 당시에는 그것이 국익에 최선이라 믿었다는 것을 말씀드리고 싶을 뿐입니다.

힘겨웠던 지난 몇 달간 제 곁을 지켜주신 분들, 저의 가족과 친구, 그리고 제 대의가 옳다고 믿었기에 저를 지지해주신 여러분, 여러분의 지지에 감사하는 마음을 영원히 간직하겠습니다.

그리고 저를 지지할 수 없다고 느낀 여러분께 말씀드립니다. 저는 이 자리를 떠나면서 여러분께 그 어떤 원한도 품지 않았습니다. 비록 판단은 서로 달랐지만 결국 우리는 모두 조국의 이익을 생각했기 때문입니다.

그러니 여러분, 이제 힘을 합쳐 우리의 공통된 신념을 확인하고 우리의 새 대통령이 모든 국민을 위해 대통령직을 성공적으로 수행할 수 있도록 도웁시다.

임기를 마치지 못하고 떠난다는 사실이 유감스럽지만 저는 지난 5년 반 동안 대통령으로서 국민 여러분에게 봉사하는 특권을 누렸다는 사실을 감사하게 생각합니다. 지난 시간은 우리나라와 세계 역사에서 중대한 시기였습니다. 그동안 우리는 자랑스러운 업적을 세웠습니다. 이는 행정부와 의회, 국민 여러분이 하나 되어 노력한 결과입니다.

하지만 우리 앞에 놓인 길 역시 그와 마찬가지로 중요합니다. 따라서 새 정부는 이를 위해 의회와 국민 여러분의 지지와 협조가 필요합니다.

우리는 이제 미국 역사상 가장 길었던 전쟁을 끝냈습니다. 하지만 세계에 지속적인 평화를 정착시키기 위해 우리가 달성해야 할 목표는

첫 번째 임기 동안의 리처드 닉슨. 결국 두 번째 임기는 마치지 못하였다.

그보다 더욱 광범위하고 힘든 것입니다. 우리는 평화의 구조를 완성하여 세계 온 국민들로부터 미국의 이 세대, 우리 세대가 지금 이 전쟁을 끝냈을 뿐 아니라 미래의 전쟁까지 막아냈다는 평가를 들어야 합니다.

우리는 지난 4반세기 동안 미국과 중화인민공화국 사이에서 굳게 잠겨 있던 문을 열었습니다. 이제 우리는 중화인민공화국에 살고 있는 세계 인구의 1/4이 더 이상 우리의 적이 아닌 친구가 될 것이며 앞으로도 그럴 것이라는 사실을 확신해야 합니다.

중동의 아랍 국가들에는 1억 명의 사람이 살고 있습니다. 그들 대다수는 지난 20년 가까이 우리를 적으로 여기고 있었지만 이제는 우리를 친구로 바라보고 있습니다. 우리는 그 우정을 유지해 나가 중동에 마침내 평화가 정착할 수 있도록, 문명의 요람이 문명의 무덤이 되지 않도록 노력해야 합니다.

    소련과 함께 우리는 중요한 돌파구를 찾아서 핵무기 제한 작업에 착수하게 되었습니다. 하지만 우리는 핵무기를 단순히 제한하는 것에 그치는 것이 아니라 핵무기를 감축하여 마침내 이 끔찍한 무기들을 파괴하는 것을 목표로 삼아야 합니다. 그리하여 핵무기로 인류 문명이 파괴되지 않도록, 핵무기가 세계와 인류를 위협하는 일이 더는 없도록 해야 합니다.

    우리는 소련과 새로운 관계를 열었습니다. 앞으로 이 관계를 계속해서 발전시키고 확장하여 이 두 강대국이 대립보다는 협력하며 함께 살아갈 수 있도록 해야 합니다.

    아시아, 아프리카, 라틴 아메리카, 중동 등 세계 곳곳에서는 수백만 명이 극심한 가난과 심지어는 굶주림 속에서 살고 있습니다. 우리는 전쟁을 위한 생산에서 평화를 위한 생산 확대로 목표를 전환하여야 합니다. 그리하여 우리 시대에 안 된다면 우리 자녀들의 시대에는 마침내 지구 전역의 사람들이 인간답게 살기 위한 필수 조건을 모두 갖출 수 있도록 노력해야 합니다.

    이곳 미국에서는 다행히 우리 국민 대다수가 자유의 축복을 받았을 뿐 아니라 세계의 기준으로 볼 때 여유롭게 생활하고 있으며 나아가 풍족한 생활까지 누리고 있습니다. 하지만 우리는 여기서 안주하지 말고 더 나은 일자리를 더 많이 창출하는 데 그치는 것이 아니라 모든 미국인에게 충분한 기회가 돌아갈 수 있도록 계속 전진해야 합니다.

더불어 그 과정에서 인플레이션 없이 번영을 누리기 위해 노력해야 합니다.

4반세기 넘게 공직 생활을 하면서 저는 격동의 역사 한 복판에 있었습니다. 저는 제 신념을 위해 싸웠습니다. 저는 맡은 바 임무를 다하고 책임을 지기 위해 최선을 다했습니다. 성공할 때도 있었고 실패할 때도 있었지만 언제나 저는 시오도어 루스벨트 전 대통령이 경기장 안의 선수에 대해 한 말을 되새기며 마음을 다잡았습니다. 그 선수는 바로 '얼굴이 먼지와 땀과 피로 범벅된 사람, 용감하게 노력하는 사람, 실수를 범하더라도 이내 돌아오고 또 돌아오면서 실수나 단점이 없으면 노력도 없다고 말하는 사람, 그러면서 실제로 실천하려 노력하는 사람, 위대한 열정과 위대한 헌신을 아는 사람, 가치 있는 대의에 자신을 바치는 사람, 최상의 경우에는 승리의 성취감을 맛보고 최악의 경우에는 실패를 해도 최소한 용감하게 도전하다가 실패하는 사람' 입니다.

오늘밤 저는 여러분께 약속드립니다. 제 몸에 숨이 붙어 있는 한 이 정신을 계속 이어가겠습니다. 하원의원으로, 상원의원으로, 부통령으로, 그리고 대통령으로서 제 모든 것을 바쳤던 위대한 대의를 위해 계속해서 일하겠습니다. 미국만이 아닌 세계 모든 나라의 평화를 위해, 모든 인류의 번영과 정의와 기회를 위해 계속해서 일하겠습니다.

이 중에서 제가 지금까지 그 무엇보다 헌신해왔던, 그리고 앞으로 죽는 날까지 언제나 헌신하게 될 대의가 하나 있습니다.

5년 반 전 처음으로 대통령 취임 선서를 할 때 저는 이런 신성한 맹세를 했습니다. "나의 모든 지위와 힘, 지혜를 바쳐 국가 간의 평화를 도모하겠습니다."

그날 이후 저는 이 맹세를 지키기 위해 언제나 최선을 다했습니다. 그 결과 오늘날 세계는 미국뿐만 아니라 모든 나라가 전보다 더욱 안전해졌다고 저는 확신합니다. 우리의 자녀들이 전쟁으로 죽어가기보다 평화 속에 살아갈 기회도 더욱 많아졌습니다.

이것이 바로 제가 대통령 선거에 출마하면서 무엇보다 이루고 싶은 목표였습니다. 이것이 바로 제가 대통령직을 물러나면서 여러분에게, 우리나라에게 무엇보다 바치고 싶은 유산입니다.

대통령으로 지내면서 저는 여러분 한 사람 한 사람과 한 가족 같은 친밀함을 느꼈습니다. 이제 이곳을 떠나게 된 지금, 여러분과 나눈 친밀함을 가슴에 담으며, 하느님의 은총이 여러분의 앞길에 언제나 함께 하기를 기도드립니다.

피에르 엘리엇 트뤼도
PIERRE ELLIOTT TRUDEAU

―― GREAT SPEECHES ――

생애

피에르 엘리엇 트뤼도(1919~2000)는 20세기 캐나다에서 가장 영향력 있는 정치인이었다. 부유한 몬트리얼 가문에서 태어난 그는 몬트리얼 대학과 하버드 대학, 파리 정치대학과 런던 정경대에서 수학하였다. 트뤼도는 정계에 입문하기 전 변호사와 저널리스트, 교수 등 여러 직업을 거쳤다. 1965년에 캐나다 하원의원으로 당선되고 레스터 B. 피어슨 캐나다 총리 집권 시절에 정무 차관과 법무 장관을 지냈다. 1968년에 트뤼도는 캐나다 15대 총리직에 올랐다. 중간에 8개월의 공백기를 제외하고 그는 1984년 정계에서 은퇴할 때까지 총리직을 맡았다.

연설의 배경 및 의의

피에르 엘리엇 트뤼도의 좌우명은 '이성을 앞세운 열정'이다. 이 연설은 그가 사형 집행 금지를 위한 정부 법안을 제출하면서 발표한 것으로, 그의 신념을 전적으로 보여준다. 트뤼도가 제출한 법안은 찬성 131, 반대 124표를 얻어 통과되었다. 야당을 비롯해 여당인 자유당에서 표를 끌어 모은 결과였다.

연설의 특징

21세기 현재 사형제를 유지하는 선진국은 미국과 일본뿐이다. 1976년 당시 캐나다 총리로서 그는 사형제도의 문제점을 조목조목 열거하며 사형제도의 무용론을 주장한다.

사형에 반대하며
오타와, 하원의사당. 1976년 6월 15일

••• 우리 중에 공직에 출마하면서 자신이 앞으로 삶과 죽음 같은 엄청난 문제를 결의할 결정적인 역할을 하게 되리라고 의식적으로 생각해본 사람은 거의 없을 것입니다. 하지만 결국 우리는 이 자리에 모였습니다. 개인으로서의 한계를 뛰어넘어, 캐나다 국민을 갈라놓은 지극히 중요한 문제를 결정하기 위해 의회의 요청으로 이 자리에 모였습니다.

지금 우리가 다루는 문제는 형법 제도라는 추상적인 이론에 불과한 것이 아닙니다. 어느 누구도 그런 편안한 환상에 빠져 현실을 외면할 수 있는 상황이 아닙니다. 이 법안이 무산되면 살인자들의 실제 운명을 좌우한 책임은 전적으로 우리 의회에 있는 것입니다.

이 사실 하나는 분명히 해두고 싶습니다. 의원 여러분 대다수가 이 법안에 반대하면 누군가가 교수형에 처해집니다. 의회에서 이 법안에 부정적인 결정을 내리면 그 직접적인 결과로 누군가가 죽게 되는 것입니다.

의원 여러분, 저는 지금 소름끼치는 반응을 의도하거나 멜로드라마를 연출하려는 것이 아닙니다. 이 법안이 무산된 이후 사람의 목숨을 앗아간 의회의 책임을 무마하려는 것도 아닙니다. 저는 우리가 이 법안에 투표하면서 실제로 결정하게 되는 것은 단지 이 땅의 법이 어떻게 적혀질지의 문제가 아니라, 일부 인간이 죽느냐 사느냐의 문제라는 사실을 의원 여러분께 있는 힘껏 강력히 알리고 싶은 것입니다.

지금 이 순간 캐나다 감옥에는 경찰관이나 교도관 살인죄로 사형선고를 받은 캐나다 인이 11명 수감되어 있습니다. 그 중에는 항소권을 모두 써버린 사람도 있고 그렇지 않은 사람도 있습니다. 우리는 정부가 사형수 개개인에게 어떠한 처신을 내릴지 속단할 수 없습니다. 따라서 군주의 특권으로 자비를 베풀어 사형선고를 종신형으로 대체할 것인지 결정해야 할 시점에서 이 법안이 부결된다면 결국 누군가의 목에 올가미가 씌워진다는 것은 피할 수 없는 사실입니다.

다시 한 번 분명히 말씀드립니다. 이 법안이 부결되면 누군가는 틀림없이 교수형에 처해질 것입니다.

의원 여러분은 원하는 대로 자유롭게 투표할 수 있지만, 어떤 이유에서든 법안에 반대표를 낸 사람은 법안이 부결되었을 경우 발생할 교수형에 대해 일말의 책임을 나눠져야 할 것입니다.

그런 의미에서 이 문제에 대한 제 의견을 말씀드리고자 합니다.

사형에 대한 논의를 시작하기에 앞서, 우선 사형의 목적을 정의내릴 필요가 있습니다. 사형은 사회 안전을 위한 것이며, 무고한 시민들을 궁극적으로 폭력 범죄에서 보호하기 위한 제도입니다. 이 점에 대해서는 이견의 여지가 없습니다. 우리 모두 동의하는 바입니다. 다만 우리의 견해차가 발생하는 것은 이 목표를 이루기 위한 수단으로서 살인자를 사형에 처하는 것이 적절한가의 문제입니다.

물론 목숨과 자유를 공격하는 위험에서 무고한 국민들을 보호하는 것은 틀림없이 국가의 가장 중요한 임무입니다. 더불어 폭력 범죄를 적극적이고 효율적으로 예방하고 기소하며 처벌하는 것 또한 틀림없이 국가의 중대한 임무입니다.

국민이 국가의 법을 신뢰하는 것은 기본적인 문제이며, 자신들을 무법 상태에서 보호해주는 법적 절차의 능력을 신뢰하는 것 또한 기본적인 문제입니다. 이처럼 국민의 기본적인 신뢰와 안전을 강화하는 것이 우리가 현재 논의하고 있는 안의 형제 격인 C-83법안의 궁극적인 목표입니다.

유죄판결을 받은 살인범죄자에 대해 의무 징역기간을 연장하고 가석방 규정을 엄격화하면 안전에 대한 사회의 욕구를 충족시킬 수 있습니다. 즉, 이제 타인의 목숨을 앗아간 범죄자는 사회에서 아주 오랜 시간 동안 격리된다는 확신을 국민들에게 심어주는 것입니다. 그밖에 다른 법적 조항으로는 가장 일반적인 살인 무기인 총기 소지를 제한하고, 범죄 예방과 해결을 위해 경찰력을 강화하는 것이 있습니다. 이러한 조치들이 범죄 발생을 효과적으로 억제할 것이라는 사실은 당연히 믿을 수 있습니다. 하지만 사형이 범죄를 억제하리라고 확신하기는 힘듭니다. 그런 까닭에 의회가 이제 형사법에서 사형집행 관련 법규를 제거해야 할지 결정해야 하는 것입니다.

이 문제의 핵심은 국가의 사형집행이 과연 살인 가능성을 막을 수 있는 효과적이고 정당한 무기인가 하는 것입니다.

그 어떤 개인, 그 어떤 집단도 한 인간의 목숨을 좌우할 권한은 없다고 진심으로 믿는 사람들이 있습니다. 그들은 생명이란 신이 내린 선물이기에 이를 앗아갈 권한은 오직 신에게만 있다고 합니다. 저는 그런 생각을 믿는 것이 아닙니다.

우리의 법은 처음 제정될 때부터 지금까지 당사자나 타인의 목숨을 보호하기 위해 범법자를 죽여야 한다고 믿을 만한 타당한 이유가 존재하는 한, 한 개인이 타인을 살해할 권리를 인정해 왔습니다.

윤리학자나 신학자들은 한 국가가 방위를 위해서라면 적군을 살해하는 경우가 있다 해도 정당한 전쟁을 치를 권리가 있다고 몇 세기 동안 인정해 왔습니다.

따라서 지금 우리 앞에 놓인 문제는 국가의 사형 집행이 그 자체로 정당한가를 따지는 것이 아닙니다. 문제는 사형 집행이 살인범죄를 효과적으로 막을 수 있는지, 따라서 집단의 자기 방어 수단으로서 정당화될 수 있는지를 논하는 것입니다.

이번 문제의 주된 핵심은 사형 집행의 범죄 억제 효과입니다. 이로 볼 때 사형의 범죄 억제 효과를 개인이 어떻게 판단하느냐에 따라 사형의 정당성에 대한 개인의 도덕적 견해가 결정됩니다. 그렇기에 이 논제의 주안점은 도덕 철학이 아니라 사실에 입각한 자료를 토대로 한 논리적 추론이 되어야 합니다. 따라서 이번 문제는 도덕이 아닌 현실적인 판단에 따라 결정되어야 합니다.

사형이 정당한 것은 한 살인자가 같은 범죄를 다시 저지르지 못하게 하기 때문이라는 주장도 있습니다. 물론 맞는 말입니다. 하지만 그런 추론으로 따져보면 한 인간을 죽이는 것은 그 사람의 죽음으로 다른 범죄자의 범죄를 막기 위해서가 아니라, 향후 같은 범죄자의 같은 범죄를 막기 위해서라는 뜻이 됩니다. 이러한 예방책으로서 사형을 정당화하기 위해서는 유죄 선고를 받은 살인자가 사회로 돌아가면 다시 살해를 저지른다고 믿을 만한 타당한 근거가 있어야 합니다. 사실 그러한 개연성은 다른 상황에서 더욱 뚜렷이 나타납니다.

캐나다 법정에서 살인죄로 유죄 판결을 받은 뒤에 또 다시 살인 유죄 판결을 받은 사람은 단 네 명뿐입니다. 그 어떤 살인자도 다시는 살인을 저지르지 못하도록 확실히 해두려면 우리는 1급이든 2급이든 유죄 판결을 받은 살인범은 모두 죽여야 합니다. 그들이 목숨을 부지한다 해도 다시 살인을 저지를 가능성은 극히 미미한데도 말입니다. 지금보다 터무니없이 높아진 안전의식을 지키기 위해 바쳐야 하는 것이 인간의 목숨이라면 그 대가가 너무 큽니다.

미래의 살인을 막으려면 사람을 죽여야 한다고 생각하는 분들께 묻겠습니다. 정신 장애 때문에 살인할 가능성이 있는 사람이 있다면, 그 사람에 대한 사형은 어떤 논거를 들어 반대하시겠습니까?

여러분은 이렇게 말할 지도 모르겠습니다. 저 살인자가 지은 죄를 처벌하자. 목숨은 목숨으로 갚자. 저 야만적인 짐승을 인류에서 몰아내자.

범죄자를 처벌할 권한이, 죄질에 맞게 처벌할 권한이 사회에 있다는 사실은 부인하지 않겠습니다. 하지만 처벌을 위해 사람을 죽인다는 것은 보복행위입니다. 그 외에는 아무것도 아닙니다. 누군가는 이를 '징벌'이라 부르려 할 것입니다. 하지만 '징벌'도 그저 듣기에만 조금 더 좋을 뿐, 그 뜻은 같습니다.

국가 차원의 복수를 형벌의 철학으로 받아들일 정도로 우리 사회는 그렇게 자존감이 없습니까? 인간성 향상에 대한 희망이 그렇게 없습니까? 우리는 그렇게 황폐화된 것입니까?

사랑하는 이를 죽인 자에게 보복을 하거나 극한의 슬픔으로 격분하여 사람을 죽인 자들은 일시적으로 이성을 잃은 것이라는 판단 하에 법정에서 정상이 참작되기도 합니다. 저는 희생자의 부모와 친지들이 살인자의 사형 선고를 요청하는 편지를 받은 적이 있습니다. 사랑하는 사람을 잔인하게 잃은 그들의 비극적인 고통이 저에게까지 가슴 깊이 전해졌습니다. 하지만 국가는 맹목적인 슬픔이나 비이성적인 격정을 정상 참작의 이유로 들 수 없습니다. 그 도발적 행위가 지나간 뒤 침착하게 숙고해 보면, 그 행위도 결국은 살인이기 때문입니다.

여기서 저는 살인자를 동정하자는 것이 아닙니다. 이 사회가 보복을 집단행동의 동기로 받아들이는 것을 걱정하는 것입니다. 사형을 인정하면 우리는 자신과 타인에 대한 무한한 희망과 자긍심을 한꺼번에 파괴하는 것이 됩니다. 사람에 대한 희망과 자긍심이야말로 자유인으로서의 성숙을 말해주는 지표입니다. 사형을 인정하면 우리는 공식적인 혐오 대상인 폭력에 대항하기 위해 역시 폭력이라는 무기를 선택하는 격이 됩니다. 이렇게 폭력을 공인한다 해도, 우리가 개선시켜야 할 이 사회가 폭력에 둔감해지는 일은 없을 것이라고 그 누가 자신할 수 있겠습니까? 사회 내의 다양한 관계 속에 폭력이 서서히 침투하지는 않을 것이라고 그 누가 자신할 수 있겠습니까? 국가적 폭력을 용인한다 해서 국민들 사이에 그보다 약한 폭력이 용인되지는 않으리라고 그 누가 자신할 수 있겠습니까?

보복과 폭력을 받아들인 사람은 결국 그로써 파괴되고 파멸됩니다. 보복과 폭력을 용납한 사람은 타인의 존엄성과 권리에 대한 존경심마저 잃게 됩니다.

사형을 정당화할 수 있는 것이 단 하나 있습니다. 앞서 얘기했듯 살인자를 사형에 처하면 또 다른 범죄자의 살인을 막아 이 사회를 보호할 수 있다는 믿음입니다.

사형의 범죄 억제력에 대한 의문을 실험 방식으로 접근해보려는 이들이 있습니다. 새로운 치료약을 개발하려는 과학자들이 화학 물질을 여러 방법으로 결합해보는 것처럼 말입니다.

그 사람들은 이렇게 말합니다. "잘 되는지 한 번 해봅시다. 잘 되면 계속 유지하는 것이고, 잘 안 될 땐 언제든 그만두면 됩니다. 사형이 살인을 막는 효과적인 무기일 수 있다는 사실을, 이에 대한 그럴듯한 철학적 근거를 애초에 차단하지 맙시다." 사형은 무고한 사람의 목숨이 달린 문제입니다. 그런데 그들은 "사형이 살인을 단 하나라도 막을 수 있다면 그것만으로도 사형은 정당화될 수 있다."고 말합니다.

설득력 있는 말이지만 여기에는 치명적인 오류가 하나 있습니다. 바로 사람의 목숨을 담보로 실험을 한다는 점이 그렇습니다. 인명 존중은 우리가 모두 누려야 할 절대적으로 중요한 권리이자 자유입니다. 제아무리 파렴치한 범죄자의 목숨이라 해도 자유 사회에서는 어느 정도 존중 받아야 마땅합니다.

그 목적이 입증되지 않고, 필요성도 입증되지 않은 상태에서 사람의 목숨을 앗아가는 것은 평화와 조화, 상호 존중 속에서 우리가 함께 살아가게 하는 기본 원칙 하나를 위험에 빠뜨리는 것입니다. 어떤 이가 타인의 생명이나 자유를 해하는 것이 공익에 필요한지 증명하기 위해 실제 그런 행동을 했다면, 모든 책임은 행위자 자신에게 있다고 자유민들이 주장하는 것도 이 때문입니다.

따라서 살인자를 사형한다고 해도 다른 살인을 막지는 못한다는 사실은 엄밀히 말해 사형 반대론자인 저로서는 증명할 책임이 없습니다. 사형과 살인의 긍정적인 관계를 증명할 책임은 사형 옹호론자들이 져야 하는 것입니다. 그렇지 않으면 이 논쟁은 추측 게임으로 변질될 것이고, 사람의 목숨은 포커 테이블에 놓인 무수한 칩의 신세가 되고 말 것입니다. 썩 기분 좋은 상황은 아닙니다.

사형의 범죄 억제 효과에 대한 여러분의 추측은 듣고 싶지 않습니다. 직감 같은 것은 듣고 싶지 않습니다. 전 증거를 원합니다. 확실한 증거가 아니어도 좋습니다. 의심할 여지없는 증거가 아니어도 좋습니다. 수적으로 우세한 증거라도 좋습니다. 사형이 다른 살인을 억제한다고 증명할 만한 다수의 증거가 있다면 그것으로 사형이 정당화될 것입니다. 그것으로 인간의 목숨이 변덕에 좌우되지 않는다는 사실이 보장될 것입니다.

그러니 어디에서든, 어느 시대에서든 사형이 살인을 억제한다는 증거가 있으면 보여주십시오. 제가 5월 첫째 주부터 이곳에서 이 문제에 대해 줄곧 연설해 온 이후 법무차관이 이 논쟁을 하루 단위로 검토해 본 결과, 우리 의회에 그러한 증거는 제출되지 않았습니다.

그러한 증거는 없습니다. 캐나다만이 아니라 다른 사법권에서도 마찬가지입니다. 기껏 있다는 통계도 결정적인 것이 아닙니다. 그들은 아무 것도 증명하지 않습니다. 사형 제도의 유무가 살인율 감소에 어떻게든 효과가 있다는 사실은 세계 어느 나라에서도 증명되지 않고 있습니다.

고백하자면, 어떻게 사람이 한 사람의 죽음에 동의할 수 있는지, 그것도 그 사람의 죽음이 사회의 목적에 어떻게든 이바지한다는 티끌만한 확신도 없이 어떻게 그럴 수 있는지 저로서는 납득이 잘 되지 않습니다. 범법자에게 국가가 가하는 처

벌이 그들의 갱생이나 징벌, 범죄 억제 등의 가치로 정당화될 수 없다면, 그 처벌은 절대 정당화될 수 없습니다. 문명사회에서는 더더욱 그렇습니다.

사형은 처벌의 이 세 가지 목적 중 무엇에도 해당되지 않습니다. 캐나다 형사법에 사형 항목을 그대로 포함시킨다는 것은 보복을 위해 이성을 버린다는 뜻입니다. 폭력범죄에 대해 폭력 없이는 맞설 수 없다는 우리의 무능력을 암담하게 받아들이면서 희망과 자긍심을 버린다는 뜻입니다.

저는 언제까지나 인류의 가능성을 믿습니다. 사람의 목숨을 희생시키지 않고도 안전을 지킬 수 있는 사회의 능력을 믿습니다. 그렇기에 저는 사형폐지 법안을 진심을 다해 지지하며 사형 폐지에 찬성표를 던지려 합니다.

마가렛 대처
MARGARET HILDA THATCHER

=== GREAT SPEECHES ===

생애

마가렛 대처(1925~)는 대영제국의 최초 여성 총리이다. 링컨셔 그랜트햄 출신인 그녀는 옥스포드에서 화학을 전공하였다. 화학 연구원으로 근무하다가 이후 세법 전문 변호사가 되었다. 1958년에 처음 의원으로 당선된 뒤 에드워드 히스 정권 아래에서 교육과학부장관직을 맡았다. 1975년에 대처는 보수당 당수로 선출되고 4년 뒤에 총리 직에 올랐다. 11년간의 재임 기간 동안 그녀는 경제적 자유주의를 주장하고 포클랜드 전쟁을 치렀으며, 소련에 대해 강경정책을 고수하였다. 총선에서 세 번 승리를 거둔 대처 정권은 19세기 초반 이후 최장기 집권한 보수당 정권으로 남아있다.

연설의 배경 및 의의

1979년 총선거에서 보수당을 승리로 이끈 마가렛 대처 영국 총리는 그로부터 17개월 후 발표한 이 연설에서 자신의 결단력을 잘 보여준 끝에 '철의 여인'이라는 별명을 얻게 되었다. 대중의 불만은 고조되고 지지율은 하락하는가 하면, 보수당 내에서도 의심이 커지는 와중에도 대처는 자신의 결정을 굳건히 밀고 나갔다. '이상한 총회'라고 불리는 험악한 노동당 회의가 바로 전주 블랙풀에서 열린 뒤, 그 결과 보고를 통해 대처는 힘을 얻게 된다.

이 녹취록에서도 드러나듯이 대처는 연설 도중 시위자 두 명의 방해를 받게 된다. 그들은 '노동권'이라는 기치 아래 행진하던 중 회의장에 난입한 것이었다. 보수당 집권 당시 실업자는 50만 명을 넘은 상태였고, 1983년에는 실업자 수가 절정에 달하면서 300만 명에 이르렀다.

연설의 특징

위대한 시대가 지나간 영국에는 경제 불황과 높은 실업률로 신음하는 국민들이 넘친다. 철의 여인 대처는 경제 회복을 위한 노력을 다짐하고, 소련의 군사 위협을 우려하면서 미국과의 협력을 얘기한다.

이 사람은 돌아가지 않겠습니다
브라이튼, 보수당 회의장. 1980년 10월 10일

••• 의장님, 신사 숙녀 여러분. 저의 내각 동료 여러분이 각 차관보들께 마땅한 경의를 표하는 답례 연설을 시작하였습니다. 제 수상 관저에는 차관보가 없습니다. 남편 데니스와 저 둘 뿐입니다. 하지만 데니스가 없으면 저는 아무것도 못합니다.

그러나 다행스럽게도 저에게는 언제 어디서든, 어떤 일이든 멋지게 해내는 훌륭한 부총리, 윌리 화이트로가 있습니다.

지난 해 보수당 총회에서 저는 당시 정부가 추진하던 정책인 국가의 태도 변화가 그 어떤 업무에서든 전쟁 이래로 가장 큰 시련에 부딪히리라 말씀드린 바 있습니다. 이제 그 시련은 유쾌한 것이 되었습니다. 이번 주 우리 보수당은 지난 정책을 검토하면서 그간의 성과와 실패를 논하고, 2년차에 접어든 우리 국회 앞에 놓인 과업에 대해 논의하였습니다. 의장께서 말씀하신 바와 같이 논의 결과는 고무적이었으며 우리가 내놓은 비판은 건설적이었습니다. 이번 주 논의 결과는 우리가 목적과 전략, 결의 측면에서 통합된 당이라는 사실을 잘 말해주고 있습니다.

더군다나 우리는 서로를 좋아합니다.

향후 몇 달, 혹은 몇 년 간을 자세히 예견해달라는 요청을 받을 때면 저는 샘 골드윈의 충고를 되새깁니다.

"절대 예언하지 말라. 더군다나 미래에 대해서는."

[갑자기 청중석 일대 소란 발생 "토리당은 물러나라! 토리당은 물러나라! 우리에게 일자리를 달라!"]

그렇긴 하지만… 괜찮아요. 밖에 비가 오고 있습니다. 저분들도 들어오고 싶으리라 예상했습니다.

여러분은 저들을 비난할 수 없습니다. 언제나 토리당이 있는 곳이 더 좋아서 그렇습니다. 그리고 여러분, 또 아마 저분들 역시 오늘 제 연설을 기다리고 있었을 것입니다. 우리 정부가 앞에 놓인 과제를 어떻게 바라보고 있는지, 그리고 우리가 왜 이렇게 힘들게 씨름하고 있는지 듣고 싶었을 것입니다. 말씀드리기에 앞서 한 가지 짚고 넘어가겠습니다.

이번 주 브라이튼에서 우리는 지난 주 블랙풀에서 있었던 일을 소상히 들었습니다. 이 이상한 총회에 대해서는 나중에 더 말씀드리기로 하고, 지금은 이 말만 전하겠습니다. 그곳의 회의 결과를 알고 난 뒤 이번 주에 열린 모든 심의에서 우리는 그 어느 때보다 지금, 우리 보수당 정부가 반드시 성공해야 한다는 사실을 더욱 의식하게 되었습니다. 우리는 기필코 성공해야 합니다. 지금 상황은 일각에서 인식한 것보다 훨씬 위태롭기 때문입니다.

이 나라를 회복시키기 위해 해야 할 일이 많습니다. 비단 경기 회복만을 말하는 것이 아닙니다. 정신의 독립과 성공을 향한 열의까지 포함하는 것입니다.

우리 국민들은 과거에 부귀영화를 누려본 까닭에 너무 많이 기대하고 너무 높이 본다고들 합니다. 하지만 제 생각은 다릅니다. 정계에서 보낸 지난 시간을 되돌아보면 우리 국민의 야망은 오히려 서서히 움츠러들었습니다. 경기가 위축되자 그에 대한 대응책으로서 우리 국민은 속도를 높이기보다는 앞날을 더 짧게 내다보게 되었습니다. 하지만 우리 자신과 미래에 대한 자긍심으로 우리는 원하는 국가를 이룰 수 있었습니다.

처음 17개월 동안 우리 정부는 회복을 위한 기반을 다져 놓았습니다. 우리는 막대한 법률 제정에 착수했습니다. 그리고 다시는 이런 막대한 제정 작업을 반복하지 않을 것입니다. 우리는 사회주의자들처럼 통과된 법률안 숫자로 성공 여부를 책정하는 환상에 빠지지 않았기 때문입니다. 하지만 우리가 쓸어버려야 할 어마어마한 장애물이 하나 있었습니다. 이를 위해 우선 제프리 하우 재무부 장관은 첫 해 예산에서 재능 있고 창의적인 인재 양성을 위해 장려책을 부활시키기 시작했습니다. 번영은 경제학자들이 대거 모인 자리에서 나오는 것이 아닙니다. 자신감 넘치고 독립심 강한 개개인의 무수한 행동에서 비롯되는 것입니다.

또한 제프리의 지휘 하에 영국은 전임 정부가 쌓아온 해외부채액 36억 달러를 상환하였습니다. 더군다나 부채액 대부분은 채무 기한이 끝나기 전에 상환할 수 있었습니다. 지난 12개월 동안 제프리 장관은 영국 정부가 지난 수십 년간 미루어 온 외환 관리제도 폐지를 이행했습니다. 이제 우리 기업들은 해외에서 기회를 자유로이 찾을 수 있게 되었습니다. 그로써 우리는 북해 원유가 고갈 되더라도 오랫동안 현 생활수준을 유지할 수 있게 되었습니다. 우리 정부는 미래를 생각합니다.

여러분도 알다시피 우리는 처음으로 노동조합법을 개정하는 중요한 성과를 달성하였습니다. 이로써 클로즈드숍(노동조합원만 고용하는 사업장)에 대한 억압 실태를 몰아내고 분쟁 중인 사업장에서의 피켓 시위를 제한하며 무기명 투표를 권장할 수 있게 되었습니다. 짐 프라이어 고용부 장관은 노동조합원 다수의 지지를 등에 업고 이 모든 정책을 완수하였습니다.

키스 조셉(산업부), 데이비드 하월(자원부), 존 노트(무역부), 노먼 파울러(운송부) 장관은 국유화라는 독점 권력을 무너뜨리기 시작했습니다. 그들의 노고에 힘입어 영국의 우주항공산업은 곧 민간투자업체에 개방될 것입니다. 우편 사업과 영국 통신사업에 대한 국가의 독점권 역시 약화될 것입니다. 민간에 대한 발전사업 매각 억제 장벽 역시 낮아졌습니다. 국유산업체와 공기업은 처음으로 독점위원회의 조사를 받게 될 것입니다. 이미 오래 전부터 필요한 개혁이었습니다.

여객 운송 사업에 대한 자유 경쟁으로 승객들은 더 나은 서비스를 받을 수 있을 것입니다. 마이클 헤슬타인(환경부) 장관은 임대주택 세입자 백만 명, 그렇습니다, 백만 명에게 내 집 마련을 약속하였습니다.

'재산소유 민주주의' 라는 목표를 설정한 것은 앤소니 이든 전 총리였습니다. 하지만 제가 공직에 진출한 이후 쭉 살펴본 결과 가장 기본적인 소유권인 내 집 마련의 권리마저 박탈당해 '재산소유 민주주의'라는 기치가 멀게만 느껴지는 이들이 너무 많습니다. 그 중 대다수는 구입 능력도 있었습니다. 하지만 공교롭게도 그들은 사회주의 관할권에 살게 된 탓에 주택을 매매할 수도 없었고, 재산 소유로 인한 개인의 독립권도 인정받지 못했습니다.

이제 마이클 헤슬타인 장관이 그분들에게 꿈을 실현할 기회를 제공하였습니다. 우리는 이 모든 일을 비롯해 훨씬 더 많은 업적을 지난 17개월 만에 달성하였습니다. 좌익 집단은 지금 상황이 자본주의의 죽음이라며 연신 즐거워하고 있습니다. 저는 이렇게 말하고 싶습니다. 자본주의가 죽으려면 아직 한참은 멀었습니다.

하지만 의장님. 우리 경제가 주된 목적인 인플레이션 억제를 달성하지 않는다면 지금까지의 업적은 아무 소용이 없습니다. 인플레이션은 침략군처럼 국가와 사회를 파괴합니다. 인플레이션은 실업의 근원이며, 저축한 돈을 앗아 가는 보이지 않는 강도입니다.

인플레이션을 억제하지 못하는 정책은 짧게 보았을 때 제아무리 매력적이라 해도 옳지 않습니다. 하지만 우리의 인플레이션 억제 정책은 사실 오랜 역사와 함께한 것입니다. 파운드화 총유동성이 영국 중앙은행의 분기별 보고서를 장식하기도 훨씬 전, '화폐주의' 란 말이 정치권 내의 욕설로 통용되기도 훨씬 전의 일이니 말입니다.

그런 반면 통화공급억제 정책이 혁명적이었다고 말하는 사람도 있습니다. 하지만 이 정책은 유럽 대륙에 필요한 것이었습니다. 이들 나라는 이전에 걷잡을 수 없이 날뛰는 인플레이션을 겪어본 적이 있었기에 경제 안정을 위해 무엇이 필요한지 알고 있었습니다. 인플레이션이 검은돈과 대량 실업을, 그리고 사회 전반의 붕괴를 몰고 온다는 사실을 그들은 알고 있었습니다. 그리고 다시는 인플레이션을 유도하지 않으리라 다짐했습니다. 그리고 지금, 화폐 경제를 익힌 결과로 그들 나라의 경제는 우리보다 안정되고 발전하였으며, 그런 까닭에 뒤흔들리는 세계의 경기 침체 속에서 무사히 견딜 수 있습니다.

따라서 경제 문제를 논의하는 세계 회담에 참석해보면 다수의 각국 수장들은 우리의 정책이 이상하거나 희귀하거나 혁명적인 것이 아니라 정상적이고 합리적이며 믿을 만한 것임을 인정합니다. 실제로 우리의 정책은 문제없습니다.

다만 각국 정상들이 한결같이 제게 던지는 질문이 하나 있습니다. "영국이 지금의 난국을 헤치고 성공하기까지 그 오랜 시간 동안 용기 있고 단호하게 정책을 유지할 수 있겠는가?" 하는 것입니다.

물론 우리는 할 수 있습니다. 그렇게 할 것입니다. 우리 정부는 이 정책을 지켜나가면서 결과를 끝까지 지켜볼 것입니다. 이것으로서 우리 정부는 전후 영국 사상 진정 철저한 내각으로 기억될 것입니다. 인플레이션은 하락하고 있고, 앞으로도 계속 하락할 것입니다.

하지만 인플레이션이 휩쓸고 가면 고난과 시련, 그 중에서도 실업이라는 어려움이 닥친다는 사실을 우리는 모르지 않습니다. 지금 우리나라의 실업자 수는 2백만을 육박하고 있습니다. 이 수치의 위력은 수십 가지 방법을 동원해 누그러뜨릴 수도 있습니다.

오늘날 2백만이란 숫자는 1930년대에 비하면 큰 의미가 없기 때문에 실업률도 그때에 비해 크게 낮다는, 다분히 합리적인 논리를 세울 수도 있습니다. 오늘날에는 기혼 여성 중에서도 일을 하는 사람이 많다는 사실을 덧붙일 수도 있습니다. 1960년대 초반에 출산율이 높아지면서 올해 들어 학교를 졸업하고 구직 활동에 나선 사람들이 이례적으로 많아졌기 때문이라고, 이 상황은 앞으로 2년 간 계속될 것이라고 주장할 수도 있습니다.

매달 25만 명이 새 일자리를 찾으면서 피고용자 명단에서 빠져 나가기 때문이라고 강조할 수도 있습니다. 아니면 1930년대에는 경제 활동 인구가 천 8백만이었던 데에 비해 현재 경제 활동 인구는 2천 5백만에 달한다는 사실을 내놓을 수도 있습니다. 노동당은 실업자 수가 2백만이라며 그 책임을 우리에게 돌리지만, 사실 그들은 정부 지원을 받는 사람이 백 5십만에 달한다는 사실을 간과하고 있다고 지적할 수도 있습니다.

하지만 이 모든 지적을 차치하고라도 현재 우리나라의 실업률은 가히 인간 비극이라 할 만합니다. 그 모든 의심을 잠재우면서 제가 분명히 한 말씀 드리겠습니다. 저는 현재 실업 사태를 가슴 깊이 걱정하고 있습니다. 사람이 게을러지면 인간으로서의 존엄성과 자아존중감은 떨어지기 마련입니다. 이 나라의 가장 귀중한 재산인 국민의 재능과 힘이 낭비되고 있는 이 현실 속에서 실제적이고 지속적인 해결책을 내놓는 것이 우리 정부가 기필코 달성해야 할 임무입니다.

제가 어떤 버튼 하나만 누르면 실업 문제를 근본적으로 해결할 수 있다고 합시다. 그럼 제가 지금 당장 그 버튼을 누르지 않을 것이라고 생각하십니까? 현 상태의 실업률을 유지해봤자 정치적으로 이득 될 것은 아무것도 없다는 사실을 아십니까? 지금 상태의 실업률이 무시무시한 의식의 전조라 주장하는 경제계의 모호한 전설을 아십니까? 의장님, 우리 정부가 추구하는 정책이라고는 국민들께 실질적이고 지속적인 고용 상황을 돌려 드리는 것밖에 없습니다. 앞서 말했듯 물가 상승률이 비교적 낮은 유럽 대륙의 다른 나라는 실업률도 낮은 편이라는 사실은 우연의 일치가 아닙니다.

이제 알았습니다. 우리 국민들 대다수가 시름에 잠기는 진정한 걱정거리는 따로 있었습니다. 국민들은 우리의 정책에 수긍하긴 하지만, 이 정책에 따른 부담이 공공 부문보다 민간 부문에 더 많이 돌아간다는 사실을 알고 있습니다. 정책을 추진함에 따라 공공 부문은 혜택을 입겠지만 민간 부문은 타격을 입을뿐더러, 힘을 쏟아봤자 정작 자신들은 누리지 못하는 봉급 인상과 연금 혜택을 공공 부문만 지속적으로 누리게 된다는 것입니다.

저 또한 국민 여러분의 근심과 분노를 이해한다고 말씀 드리고 싶습니다. 그렇기 때문에 저를 비롯한 정부 관료들은 공공부문에서 늘어나는 지출이 산업의 확장은커녕 유지에 필요한 자금과 자원까지 앗아간다고 주장하는 것입니다. 공공부문의 지출 증가는 실업을 해소하는 것이 아니라 오히려 무역과 통상에서 일자리를 빼앗고 파산을 야기하는 주범이 될 수 있습니다.

그렇기 때문에 저희는 지역 당국에 이렇게 경고합니다. 산업체가 부담하는 세율이 최대치를 기록하고 있는데 그 상황에서 산업체에 더 많은 세금을 부과하면 지역 경제가 불구가 된다고 말입니다. 그러니 의회는 기업이 그러는 것처럼 공공 부문 지출 비용을 절감해야 합니다.

그렇기 때문에 제가 공공부문 관계자들에게 예산의 대부분을 봉급 인상에 투입하면 기반 시설 확충이나 건물 신설에 대한 투자액은 줄어든다고 거듭 강조하는 것입니다. 더불어 그렇게 되면 특히 경제 상황이 안 좋은 지역의 민간 사업장은 필요한 주문량을 얻지 못하게 됩니다. 따라서 공공부문 종사자들은 민간 부문 사업장에 실업을 야기하지 않기 위해 지나친 봉급 인상을 삼가야 합니다. 국영 독점화 기업이 봉급을 인상할 때마다 전화와 전기세, 석탄과 수도 요금이 증가하고, 그로써 기업이 문을 닫고 사람들이 일자리를 잃게 된다고 우리가 재차 강조하는 것도 그 때문입니다.

돈을 물 쓰듯 써서 문제를 해결할 수 있었다면 지금껏 우리는 아무 문제도 없었을 것입니다. 국가가 돈을 쓰고, 쓰고 또 썼다면 우리나라는 이미 예전에 무너져 내렸을 것이고, 지금 우리의 꿈은 끝났을 것입니다. 그 많은 돈을 쓰고도 우리는 아무것도 이루지 못했겠지만, 돈은 여전히 어딘가에서 나와야 했을 것입니다. 일각에는 긴축 정책을 풀고 자금을 조금 더 유통시켜야 실업자와 영세업자를 도울 수 있다는 사람들도 있지만, 이들은 친절한 것도, 우리를 위하거나 배려하는 것도 절대 아닙니다. 그들은 실업자나 영세 사업자의 친구가 절대 아닙니다. 그들은 애초에 지금 이 문제를 일으킨 주범을 되풀이하라고 요구하고 있는 것입니다.

계속 이 얘기만 반복하고 있군요. 자꾸 강의하고 설교하려 든 제 탓입니다. 무언가를 비판하는 사람은 꼭 이런 식으로 말합니다.

"그 말이 사실인 것은 우리도 안다. 하지만 우리도 무언가 투덜거릴 대상이 있어야 할 것 아니냐."

전 이런 말에 신경 쓰지 않습니다. 제가 신경 쓰는 것은 자유 기업의 미래입니다. 자유기업이 창출할 일자리와 수출품, 자유기업이 우리 국민에게 안겨줄 경제적 독립이 제 관심사입니다.

그렇습니다. 독립입니다. 여기서 독립의 의미를 분명히 해두어야겠습니다. 제가 말하는 독립은 타인과의 관계를 모조리 차단하는 것이 아닙니다. 이웃이나 동맹이 없는 국가는 한동안 자유로울 수는 있겠지만, 언제까지나 자유를 구가하지는 못할 것입니다. 무엇보다 국가가 그만의 방식으로 세계에 대가를 지불하지 못하면 그 국가는 결코 자유롭지 못할 것입니다. 마찬가지로 개인은 공동체의 한 구성원이며, 자신이 공동체의 일부임을 자각해야 합니다. 사회 구성원으로서의 삶에는 단순히 자기 자신과 가족을 위해 생계를 꾸려가는 필수적인 삶 이상의 의미가 있습니다.

물론 우리의 목표와 비전은 복잡한 경제 논리를 훨씬 넘어 서 있습니다. 하지만 경제를 바로잡지 못하면 우리는 국민들과 이 비전을 나눌 수 없을 것이고, 경제적 필요라는 비좁은 수평선에 갇혀 그 너머를 바라보지 못할 것입니다. 건강한 경제가 없으면 건강한 사회도 없습니다. 건강한 사회가 없으면 경제는 건강을 오랫동안 유지할 수 없습니다.

하지만 건강한 사회는 국가가 만드는 것이 아닙니다. 국가가 지나치게 강력해지면 국가에서 국민의 위치는 점점 더 작아집니다. 국가는 사회를 갉아 먹습니다. 사회의 부만이 아니라 자주성, 에너지, 개선하고 개혁하며 최선의 가치를 보존하려는 의지까지 갉아먹습니다. 따라서 우리의 목표는 국가 내에서 국민의 위치를 높이는 것입니다. 국민의 뿌리 깊은 저력을 믿지 못한다면 우리는 더 이상 정치계에 있어선 안 됩니다.

아울러 의장님, 현재 우리 사회에서는 이러한 국민의 저력에 반하는 측면이 몇 가지 눈에 띄고 있습니다. 교양 있는 국민은 돈의 가치를 억누르거나 부풀리는 일이 없는 적절한 일자리를 원합니다. 정직은 무시하는 것이 아니라 존중해야 하는 것이라고 그들은 믿습니다.

교양 있는 국민에게 범죄와 폭력은 사회뿐만 아니라 그들의 질서정연한 삶에도 위협적인 것입니다. 교양 있는 국민은 자신의 자녀 역시 그러한 믿음을 담아 키우고자 하며, 그들의 이러한 노력이 발전이나 자유 표현이라는 이름 앞에 날마다 좌절되리라는 두려움이 없기를 바랍니다. 이것이 가정생활의 모든 것입니다. 행복하고 단란한 가정에는 세대 차이가 없습니다. 사람들은 자신이 일반적으로 받아들여지는 기준에 부합하기를 바랍니다. 그러한 기준이 없다면 개인은 의지할 사회 하나 없이 목적 없는 무정부 상태에 빠지는 것입니다.

아울러 건강한 사회는 제도가 만드는 것도 아닙니다. 위대한 군대가 위대한 국가를 만드는 것이 아니듯, 위대한 학교와 대학이 위대한 국가를 만드는 것은 아닙니다. 위대한 국가만이 위대한 교육 제도와 치료 제도를 만들고, 위대한 과학 발전 제도를 만들며 포함하는 것이기 때문입니다. 위대한 국가는 바로 국민이 자발적으로 만드는 것입니다. 자랑스러운 사회를 위해 자신이 무엇을 할 수 있는지를 알고, 이를 바탕으로 하여 자긍심이 넘치는 사람들이 훌륭한 국가를 만드는 것입니다.

우리 국민이 이 나라가 위대하다 느끼면서 나라를 위해 계속해서 정진하려 한다면 위대한 나라는 여전히 위대한 나라로 남아야 합니다. 그러니 의장님, 무엇이 우리를 멈춰 세울 수 있겠습니까? 무엇이 우리의 앞길을 막을 수 있겠습니까? 불만으로 가득한 또 한 번의 혹독한 겨울이 우리를 기다리고 있을까요? 그럴지도 모릅니다. 하지만 지금껏 그런 시련을 겪으면서 우리도 무언가 배웠다고 저는 확신합니다. 그리하여 우리는 고통스럽지만 서서히, 깨달음이라는 결실의 계절에 들어서고 있다고 확신합니다. 그에 뒤이어 양식이라는 겨울이 따라오기를 저는 희망합니다. 설령 그 희망이 이루어지지 않더라도 우리는 궤도를 벗어나선 안 됩니다.

지금 이 자리에서 숨을 죽이며 요즘 언론에서 떠들어대는 구호인 '유턴(U-turn)'이 나오기만을 기다리는 분이 있다면 그분들께는 이 한 마디만 전하겠습니다.

"원한다면 돌아가십시오. 이 사람은 돌아가지 않겠습니다." 여러분과 더불어 전 세계 모든 동지 여러분, 그리고 우리의 동지가 아닌 분들께도 한 말씀 드리겠습니다.

대외 정책에서 우리는 우리의 국익을 강력히 추구하면서도 타국의 필요와 이해관계에 해가 되지 않도록 애써 왔습니다. 조상들은 머뭇거렸지만 우리는 움직였습니다. 이 자리를 빌려 캐링턴 경에게 경의를 표합니다. 전 세계 곳곳을 누빈 우리 외무 장관을 생각하노라면 광고가 하나 떠오릅니다. 여러분도 아시리라 믿습니다.

'다른 이들은 미치지 못한 낯선 곳을 새롭게 하는 자'

제가 맞게 말했는지 모르겠습니다.

우리 현 정부가 들어서기 훨씬 전, 그러니까 아프가니스탄 침공이 있기도 훨씬 전에 저는 중동에 대한 위협 가능성을 지적했습니다. 그리고 유언비어를 퍼뜨렸다며 비난을 받았습니다. 하지만 실제 사건이 일어나면서 제 말이 정당했음을 보여주었습니다.

소련의 마르크시즘은 이념이나 정치, 도덕면에서 모두 타락했습니다. 하지만 군사력만큼은 소련이 여전히 강력하며, 여전히 위협적입

이름이 알려지지 않은 화가 앞에 선 엘리자베스 1세, 기원전 1557년 경. 이전 소장자의 이름을 따서 〈단리 초상화〉로 알려져 있다. 이 초상화는 여왕 생존 당시에 그려진 것으로 추정된다.

니다.

그런가 하면 코시긴 소련 수상은 이렇게 말했습니다. "

평화를 사랑하는 국가라면, 강직한 사람이라면 인간의 목숨과 세계의 견해를 무참히 경멸하는 침략자를 보고 절대 가만히 있지 않을 것이다."

우리 역시 동의합니다. 우리 영국 정부는 소련의 아프가니스탄 점령에 가만히 있지 않을 것입니다. 이런 일이 잊히도록 내버려두지 않을 것입니다. 소련 군대가 철수하기 전까지는 그 다음 표적이 어디가 될 것인지 전 세계가 불안에 떨 것입니다. 물론 이런 뜻을 공개적으로 밝히면 동서 진영의 관계만 더 복잡해질 뿐이라고, 우리의 긴장 완화 태세가 위험에 빠지게 된다고 말하는 이들도 있습니다. 하지만 진정한 위험은 침묵 뒤에 숨어 있습니다. 긴장 완화는 양방이 함께 노력해야 하는 것, 나눌 수 없는 것입니다.

소련은 동남아시아나 아프리카에서 대리전쟁을 일으키고, 중동과 카리브 해에서 문제를 불러일으키고, 이웃 나라를 침략하면서도 여전히 평소처럼 정사를 다루리라 기대할 수는 없습니다. 긴장 완화는 양 진영 중 어느 하나라도 외면하면 결코 달성할 수 없습니다. 현실이 그런데 다른 기대를 하고 있는 것은 망상일 뿐입니다. 우리는 이 사실을 이번 주 마드리드에서 열리는 유럽 안보협력회의에서 큰 소리로 분명히 전달해야 합니다.

아울러 우리는 헬싱키협약이 사람과 생각의 자유로운 움직임을 고취하기 위한 것이었다는 사실을 마드리드 회의 참가국들에 일깨워줘야 합니다. 지금까지 소련 정부는 스탈린 정권 이후 그 어느 때보다 더 악랄한 탄압 정책을 보여주고 있습니다. 우리는 헬싱키협약이 유럽 전역의 장벽을 허물어뜨리길 바랐습니다. 그런데 지금에 와서 보니 경계는 더욱 삼엄해졌고 장벽은 전혀 낮아지지 않았습니다. 하지만 그 장벽 너머에 있는 인간의 영혼은 어디에도 굴복하지 않았습니다. 폴란드의 수백만 노동자들도 자신의 운명을 형성하는 데 동참하는 굳은 결의를 보여주었습니다. 그들에게 경의를 표합니다.

마르크스주의자들은 자본주의가 위기에 빠졌다고 주장합니다. 하지만 정작 위기에 빠진 것은 공산주의임을 폴란드 노동자들이 보여주었습니다. 폴란드 국민은 외부의 간섭 없이 그들의 미래를 일구어 나가야 합니다.

의장님, 전당대회에서나 매년 11월 국회에서 로디지아와 경제 제재 문제를 다룰 때면 우리는 언제나 어려운 결정과 맞닥뜨렸습니다. 이제 더는 그렇지 않습니다. 지난 번 랭커스터 하우스에서, 이후 솔즈베리에서 모든 역경을 딛고 성공적으로 협정을 맺었기 때문입니다. 이번 성공으로 영국은 새로운 가치를 만들어냈습니다. 남부 아프리카의 고질적인 문제들로 고심하던 이들에게 새로운 희망을 안겨주었습니다. 영연방이 새로운 힘을 얻고 화합하였습니다. 이제 짐바브웨라는 이 새로운 국가는 민주주의가 아프리카에도 뿌리내릴 수 있다고 믿는 사람들의 지원을 받으며 자신의 미래를 구축해나갈 것입니다. 그들의 행복을 빌겠습니다.

우리는 로디지아 문제를 통해 토리당의 특징이 예전에도 항상 그랬듯이 현실주의와 결단력이라는 사실을 다시 한 번 보여주었습니다. 일방적 군비 축소나 NATO(북대서양조약기구) 탈퇴, 북아일랜드의 문제 방치 등은 우리와 어울리지 않습니다. 위험은 점점 더 가까이 다가오는데 방위에 무책임한 좌파진영의 행태는 점점 더 도를 넘어서고 있습니다. 반면 우리 토리당은 프란시스 핌 국방부 장관의 훌륭한 리더십 아래 미래의 적들도 감탄할 만큼 훌륭한 방위 전략을 세워 놓았습니다.

우리는 미국 정부와 협력한 끝에 트라이던트 미사일 시스템을 구축하였습니다. 이로써 20세기 말 이후 우리의 전략적 방어력을 확실히 믿을 수 있게 되었습니다. 또한 우리에게 독립적 핵 억지력이 있다는 사실은 영국 국민에게도 중요하지만, 전 세계에 영국의 위상이 높아진다는 점에서도 아주 중요합니다.

우리는 국내 크루즈 미사일 배치에도 합의하였습니다. 일방적 핵

폐기주의자들은 이에 반대하지만 최근 소련 정부가 새로운 군축 협정에 긍정적인 뜻을 비치고 있는 것으로 미루어 보아 우리의 단호한 조치가 빛을 발휘한 것이라 생각합니다. 재래식 병력은 현 수준을 유지하고 가능하다면 증강하여, 우리는 서양 연맹 안에서 제 몫을 다할 것입니다. 우방국에게 신세를 져가면서 무임승차하고 싶지는 않습니다. 우리는 맡은 바 역할을 충실히 해낼 것입니다.

우리는 자위를 위한 강력한 방어력을 한데 결합하여 공동체의 신념과 이상에 헌신할 수 있음을 유럽 공동체에 보여주었습니다.

의장님, 지난 정부는 영국의 예산 편성이 지독히 불공평하다는 사실을 잘 알고 있었습니다. 하지만 이에 대해 제대로 된 조치를 취하지 못했습니다. 우리는 만족스러운 편성 안을 타결한 덕분에 근본적인 문제를 조금 더 여유롭게 따져볼 수 있었습니다. 우리는 유럽 공동체와 뉴질랜드 사이에서 골치를 썩고 있는 양 무역 문제에 대해 뉴질랜드 농부의 이익을 보호해주는 쪽으로 원활하게 해결하였습니다. 이번 성공의 공은 피터 워커에게 돌아가야 마땅합니다. 그리고 이제 워커는 공동어업정책 협상에서 중요한 진전을 일궈내며 성공의 문턱에 가까이 왔습니다. 이 협상은 우리 국민에게도 매우 중요합니다. 어업으로 생계를 이어가는 국민이 상당수에 이르기 때문입니다.

그밖에도 우리가 유럽 공동체에서 맞닥뜨리는 문제는 많이 있으나 유럽 사회는 결국 우리 정부의 단호하지만 공정한 접근에 손을 들어줄 것이라 저는 확신합니다. 우리의 이러한 접근 방식이 지난 5년 간

머뭇거리기만 했던 전 정부의 태도보다 훨씬 더 효과적임을 우리는 이미 증명해 보였습니다.

세계가 넓어질수록 우리가 마주하는 수평선은 나날이 어두워지고 있습니다. 그 뿌리 깊은 병폐는 얼마 전 이란과 이라크 간의 전쟁으로 그 모습을 드러냈습니다. 유럽과 북아메리카는 불안이 고조되는 세계에서 안정의 중심점입니다. 유럽공동체와 연맹국은 다른 국가들에게 민주주의와 선택의 자유가 여전히 가능하다는 사실을 보여주는 보증서입니다. 그들은 무질서와 무법이 유례없이 번져 나가는 이 시대에 법의 질서와 법치주의를 알리는 상징입니다.

영국 정부는 유럽 공동체와 NATO라는 이 훌륭한 단체 곁을 지키겠습니다. 이들을 배반하지 않겠습니다.

영국이 세계 속에서 과거의 위상을 회복하고, 서양 사회가 그 운명에 대해 자신감을 회복하는 것은 같은 선상에 있는 문제입니다. 그 위에서 여지없이 예기치 못한 시련을 만나겠지만 지혜와 결단력으로 우리는 목표에 도달할 것입니다. 우리가 지혜를 보여주리라 저는 믿습니다. 우리가 결단력을 보이리라 여러분은 확신할 것입니다.

의장님. 피터 소니크로프트는 따뜻하고 너그러운 연설에서 이렇게 말했습니다. "위대한 나라를 이끄는 사람들은 자신이 다스려야 할 이들의 가슴과 심장을 들여다보아야 한다."고 말입니다. 여기에 저는 한마디 더 덧붙이겠습니다. 나라를 다스리는 사람들 역시 자신의 가슴과 심장을 국민들에게 낱낱이 열어 보여야 한다고 말입니다.

오늘 오후, 저는 여러분께 제 가슴 깊이 새겨진 확신과 믿음을 보여드리고자 했습니다. 제게 당수라는 특권을 내린 보수당, 그리고 제가 자랑스럽게 이끌게 된 영국 정부는 국민의 자긍심과 안정을 회복한다는 막중한 임무에 뛰어들었습니다.

임무는 필수적이라는 것을 저는 언제나 알고 있었습니다. 지난주 이후로 임무의 중요성은 훨씬 막중해졌습니다. 블랙풀에서 베일을 벗은 사악한 유토피아의 여파 속에서 우리 총회는 막을 내립니다. 여러분, 노동당 좌파의 전체주의적 악몽을 자극제로 삼읍시다. 이 자유국가를 다시 신속히 일으켜 세우기 위해 모든 힘과 정신력을 남김없이 쏟아 부읍시다.

우리가 실패하면 자유는 위태로워집니다. 그러니 겁쟁이들의 감언이설에 넘어가지 맙시다. 극단주의자들의 아우성과 위협은 모두 무시합시다. 일치단결하여 맡은 바 임무를 다합시다. 우리는 성공할 것입니다.

철의 여인 마가렛 대처의 에피소드

마가렛 대처는 옥스퍼드 대학교의 화학과를 우수한 성적으로 졸업하고 영국 굴지의 화학회사에 들어가기 위해 취직시험을 봤다. 그러나 결과는 낙방이었다.

대처는 다시 법률 공부를 하여 변호사가 된 후, 정계에 진출하여 두각을 나타내었다. 1975년 여성으로는 최초로 보수당 당수로 선출되었으며, 1979년 총선에서 당을 승리로 이끌면서 영국 최초의 여성 수상이 되었다.

어느 날 대처 수상이 기업인들에게 산업훈장을 수여하는 자리에서의 일이다.

대처가 시험을 봤다가 고배를 마셨던 화학회사의 중역이 훈장을 받기 위해 앞으로 나왔다. 대처는 그의 가슴에 훈장을 달아주며 웃으면서 말했다.

"옛날에 귀사에서 시험 봤다가 떨어졌어요."

깜짝 놀란 중역은 회사에 돌아오자마자 당시의 기록을 뒤져보았다. 다섯 명의 심사위원이 채점한 채점표에는 이렇게 적혀 있었다.

"용모 단정
학점 우수
개성이 너무 강함
협조성 결여"

로널드 레이건
RONALD WILSON REAGAN

―― GREAT SPEECHES ――

생애

로널드 레이건(1911~2004)은 미국의 제 40대 대통령이다. 일리노이 주 탬피코에서 태어난 레이건은 근교의 유레카 대학에서 수학하였다. 졸업 후 레이건은 방송과 영화계에 진출하며 여러 할리우드 영화에서 유명세를 날렸다. 그가 출연한 영화로는 〈누트 로크니, 올 아메리칸(Knute Rockne, All American)〉과 〈킬러스(The Killers)〉등이 있다. 민주당원이었던 레이건은 1962년에 공화당에 입당하여 5년 뒤 캘리포니아 주지사로 선출되었다. 1981년에 지미 카터를 누르고 대통령 직에 올랐다.

연설의 배경 및 의의

1987년 로널드 레이건 대통령이 베를린을 방문한 목적은 표면상으로는 당시 분열된 도시의 건립 750주년을 축하하기 위해서였다. 존 F. 케네디의 유명한 연설, "나는 베를린 시민입니다."가 세상에 퍼지고 24년이 지난 뒤였다. 레이건 대통령은 이 사실을 연설 서두에 언급했다. 당시 케네디의 연설은 군중들의 열렬한 지지를 얻은 반면, 레이건의 연설에 대한 반응은 다소 엇갈렸다. 이 역시 연설 말미에 언급된다.

연설의 특징

독일이 통일을 이루기 3년 전 레이건은 서베를린을 방문하여 공산주의의 몰락을 선언하고 자본주의의 우월성을 주장한다. 그리고 소련에 개방정책을 촉구하고 동구권에 협력의 손길을 내밀겠다고 제안한다.

이 벽을 허무시오

서독 서베를린, 브란덴부르크 게이트, 1987년 6월 12일

••• 콜 총리, 디프겐 시장, 신사 숙녀 여러분! 24년 전, 존 F. 케네디 전 대통령이 베를린을 방문하여 이곳 시청에서 베를린과 세계 시민들 앞에 연설을 했습니다. 그 뒤로 다른 대통령 두 분이 차례로 이곳을 방문하였습니다. 그리고 오늘, 저는 여러분의 도시를 두 번째로 방문하게 되었습니다.

우리 미국 대통령들이 베를린을 찾아오는 것은 이곳에서 자유를 외치는 것이 우리의 의무이기 때문입니다. 그러나 사실 베를린 방문에 또 다른 목적이 있었음을 고백하지 않을 수 없습니다. 제가 이곳을 찾는 까닭은 우리나라보다 500년 이상 오래된 이 도시의 역사에 매혹되었기 때문입니다. 그뤼네발트와 티어가르텐의 아름다움에, 그리고 무엇보다 여러분의 용기와 결의에 매혹되었기 때문입니다.

작곡가 파울 링케는 아마도 미국 대통령에 대해 무언가를 알고 있었나 봅니다. 저보다 앞선 여러 대통령처럼 저도 이곳에 오고야 말았습니다. 제가 어디를 가든, 무엇을 하든 Ich hab noch einen Koffer in Berlin.(제 여행 가방은 여전히 베를린에 있습니다.)

오늘 이 연설은 서유럽과 북아메리카 전역에 방송됩니다. 동유럽 시민들도 지금 이 순간을 보고 들으리라 생각합니다. 동유럽 전역에

서 귀를 기울이고 있는 시민 여러분, 미국인을 대신해 여러분을 반갑게 맞아들이며 인사드리겠습니다. 동베를린에서 제 목소리를 듣고 있는 여러분, 특별히 인사드립니다. 제가 여러분과 함께 할 수는 없지만 지금 이 앞에 서 계신 분들 못지않게 보이지 않는 여러분을 향해 말씀드립니다. 여러분, 그리고 여러분의 동포인 서베를린 시민들과 이 굳건하고 변함없는 믿음을 나누고자 말씀드립니다. Es gibt nur ein Berlin.(베를린은 오직 하나입니다.)

제 뒤에는 벽이 서 있습니다. 이 벽은 이 도시의 자유구역을 둘러싼 장벽이며, 유럽 대륙 전역을 가르는 거대한 장벽의 일부입니다. 발트 해 남쪽에서 시작해 철조망, 콘크리트, 감시탑으로 독일을 깊이 갈라놓는 장벽입니다. 더 남쪽으로 내려가면 벽이라 할 것은 뚜렷이 보이지 않습니다. 하지만 무장한 보초와 검문소는 여전히 남아 있습니다. 여행의 자유는 여전히 제한됩니다. 평범한 사람들에게 전체주의 사상을 주입하는 도구는 여전히 남아 있습니다.

그러나 장벽이 가장 분명히 드러나는 곳은 다름 아닌 이곳, 베를린입니다. 보도 사진이나 텔레비전 화면이 잔인하게 갈라진 대륙의 상흔을 전 세계로 실어 나르는 곳은 바로 이곳, 베를린입니다. 브란덴부르크 문 앞에 서면 누구나 동포와 떨어져 사는 독일인이 됩니다. 이곳에서는 누구나 베를린 인이 되어 그 상흔을 바라보게 됩니다.

바이츠제커 대통령은 이렇게 말씀하셨습니다.

"브란덴부르크 문이 닫혀 있는 한 독일의 문제는 남겨져 있다."

오늘 저는 이렇게 말하겠습니다.

"저 문이 닫혀 있는 한, 장벽의 상처가 방치된 채 서 있는 한, 남겨지는 것은 비단 독일 문제만이 아닙니다. 온 인류의 자유문제가 남겨져 있는 것입니다."

그러나 저는 이곳에 애도하러 온 것이 아닙니다. 베를린에서 저는 희망의 메시지를 발견했습니다. 이 장벽의 두터운 그늘 아래에서 승리의 메시지를 읽었습니다.

1945년 봄날, 방공호에서 나온 베를린 시민들은 끔찍한 참상을 목격했습니다. 이곳에서 수천 마일 떨어져 있는 미국인들이 도움의 손길을 건넸고, 1947년에 조지 마셜 국무장관이 잘 알려진 대로 마셜 플랜을 내놓기에 이릅니다.

지금으로부터 정확히 40년 전에 장관은 이렇게 말했습니다.

"우리의 정책은 특정한 국가나 주의에 맞서려는 것이 아니다. 우리는 기아와 가난, 절망과 혼란에 맞서려는 것이다."

몇 달 전 독일 국회의사당에서 마셜 플랜 수립 40주년을 기념하는 팻말을 보게 되었습니다. 불에 처참하게 타버려 재건 중인 건물에 이런 표지가 세워져 있는 것을 보고 저는 놀라지 않을 수 없었습니다. 우리 세대의 베를린 시민들은 이 도시의 서부 곳곳에 흩어져 있는 이러한 표지를 기억하리라 생각합니다. 표지에는 이렇게 쓰여 있었습니다. "마셜 플랜이 이곳을 도와 자유세계를 공고히 하다."

서양의 자유강대국이라는 꿈은 이제 현실이 되고 있습니다. 일본은 폐허에서 일어나 경제 대국으로 도약하고 있습니다. 이탈리아, 프랑스, 벨기에 등 서유럽의 사실상 모든 국가들이 정치·경제면에서 부활하고 있습니다. 유럽공동체가 설립되었습니다.

서독과 이곳 베를린에서 경제 기적이 일어나고 있습니다. 아데나워, 에르하르트, 로이터를 비롯한 여러 지도자들은 일찍이 자유의 현실적인 중요성을 알고 있었습니다. 진실은 언론의 자유가 보장되어야만 드러나고, 번영은 농장과 사업장이 경제적 자유를 누릴 때에야 구가할 수 있다는 사실을 우리 지도자들은 알고 있었습니다. 독일 지도자들은 관세를 낮추고 자유무역을 확대하면서 세금을 인하하였습니다. 1950년부터 60년까지만 보아도 서독과 베를린의 생활수준은 과거에 비해 두 배 높아졌습니다.

40년 전에는 잔해더미만 가득했던 서베를린이 이제는 독일 내에서 최고의 산업 도시가 되었습니다. 붐비는 사무 단지, 멋진 주택과 아파트, 자랑스러운 거리, 드넓은 잔디가 깔린 공원이 들어섰습니다. 한때 문화가 전멸할 위기에 처했던 서베를린에 이제는 훌륭한 대학이 두 곳이나 세워졌고, 오케스트라와 오페라, 수많은 극장과 박물관이 들어섰습니다. 한때 궁핍했던 도시가 이제는 풍요로워졌습니다. 음식과 의류, 자동차는 물론 쿠담 거리의 멋진 상품들이 곳곳에 넘쳐납니다. 파멸 위에, 완전한 폐허 위에 베를린 시민 여러분은 자유를 누리며 이 도시를 재건했습니다. 그리하여 다시 한 번 이곳을 세계에서 가장 뛰어난 도시로 끌어 올렸습니다.

소련 정부가 계획한 미래는 이렇지 않았을 것입니다. 하지만 소련이 놓친 것이 몇 가지 있습니다. "Berliner Herz, Berliner Humor, ja, und Berliner Schnauze.(베를린 사람의 마음, 베를린 사람의 유머, 그리고, 그렇습니다, 베를린 사람의 말입니다.)"

1950년대에 후르시초프는 이렇게 예언했습니다. "우리가 너희를 매장하겠다." 하지만 오늘날 서양은 인류 역사상 유례없이 고도의 번영과 행복을 누리는 자유세계가 되었습니다. 반면 공산주의 사회는 기술 퇴보와 보건 수준 후퇴, 심지어 가장 기본적인 식량 부족으로 실패를 맛보게 되었습니다. 지금까지도 소련 연합은 식량을 자급자족하지 못해 극심한 식량난을 겪고 있습니다.

40년이 흐른 지금, 전 세계는 피할 수 없는 한 가지 중대한 결론을 만나게 되었습니다. 바로 자유가 번영을 이끈다는 사실입니다. 자유가 국가 간의 해묵은 증오를 털어내고 예의와 평화를 끌어들인다는 사실입니다. 자유가 승자입니다.

그리고 이제 소련 정부도 자유의 중요성을 미약하게나마 인지하기 시작한 것 같습니다. 모스크바에서 새로운 개혁과 개방 정책이 시행된다는 소식이 제법 들려오고 있습니다. 일부 정치범들이 석방되었습니다. 외국의 특정 뉴스 방송이 차단되는 일도 더는 없습니다. 일부 기업은 국가의 통제에서 벗어나 자유로운 경영을 하게 되었습니다.

이러한 것들이 소련에서 일어나는 진정한 변화의 시작일까요? 아니면 서구에 거짓된 희망을 심어주기 위해, 소련 체제를 바꾸지 않고 강화하기 위해 의도된 전시 행정일까요? 우리는 변화와 개방을 환영합니다. 자유와 안보는 함께 간다고 믿기 때문입니다. 인류의 자유수준이 높아지면 세계 평화는 더욱 굳건해진다고 믿기 때문입니다. 따라서 인류의 자유와 평화 수준을 극적으로 진전시키기 위해 소련이 보여줄 수 있는 확실한 신호가 하나 있습니다.

고르바초프 공산당 서기장, 평화를 원한다면, 소련과 동유럽의 번영을 원한다면, 자유를 원한다면, 이 문 앞으로 나오십시오! 고르바초프 서기장, 이 문을 여십시오! 이 문을 허물어버리십시오!

저는 이 대륙이 부담해야 할 전쟁의 두려움과 분열의 고통을 이해합니다. 여러분이 이 짐을 극복할 수 있도록 우리나라가 최선을 다해 도울 것임을 약속드립니다. 우리 서구권은 소련의 확장을 반드시 저지해야 합니다. 따라서 난공불락의 힘을 반드시 지켜나가야 합니다. 하지만 우리가 추구하는 평화를 지키기 위해 양 진영은 무기를 반드시 감축해야 합니다.

10년 전부터 소련은 서유럽 연맹에 또 다른 심각한 위협을 가하기 시작했습니다. 유럽 국가의 각 수도를 날려버릴 수 있는 치명적인 SS-20 중거리탄두 핵미사일 수백 대를 배치한 것입니다. 이에 서유럽 연맹은 방어태세를 구축하며 맞서게 되었습니다. 소련이 더 나은 해결방안인 양 진영의 핵무기 폐기 협상에 동의하지 않는 한, 이러한 긴장 상태는 계속될 것입니다. 지난 몇 달 동안 소련은 이 협상을 적극 거부하고 있습니다. 이에 따라 서유럽 연방이 조금 더 강력한 방어 태세를 구축하게 되면서 갈등은 점점 심화되었습니다. 제가 이곳을 방문했던 지난 1982년에 이어진 시위가 그 당시 상황을 말해주었습니다. 그리고 소련은 협상 테이블을 떠났습니다.

그럼에도 서유럽 연합은 기존의 입장을 고수했습니다. 과거에도 그랬고 지금도 저는 우리 정책에 반대하는 이들을 계속해서 협상에 끌어들이고 있습니다. 우리가 건재한 이상 소련은 언제든 다시 협상 자리로 돌아올 것이라 확신하기 때문입니다. 또한 우리가 건재한 이상 우리는 무기 확산을 단순히 저지할 뿐만 아니라 처음으로 핵무기 전체를 이 지구상에서 폐기할 수 있으리라 확신하기 때문입니다.

지금 이 시간 아이슬란드에서는 NATO 장관들이 모여 핵무기 폐기 제안의 진척 상황을 검토하고 있습니다. 제네바 회담에서는 전략공격무기의 대폭 삭감을 논의하였고, 서방 연합국 역시 재래식 전쟁의 위험 축소와 화학 무기 전면 금지를 강력히 제안하였습니다.

하지만 저는 이런 무기 감축을 계속해 나가는 동시에 어떤 수준에서든 소련의 공격 가능성에 대한 저지력은 유지할 것을 약속드립니다. 또한 미국은 여러 동맹국과 협력하여 전략방위구상(SDI)을 추진하고 있습니다. 전략방위구상은 보복공세의 위협을 저지하는 것이 아니라 진정한 방어를 위한 방어 전략입니다.

다시 말해 인류를 표적으로 하는 것이 아니라 인류를 보호하기 위한 전략입니다. 이로써 우리는 유럽과 전 세계의 안전을 높일 것입니다. 그러나 우리는 한 가지 중요한 사실을 기억해야 합니다. 동서 양 진영이 서로 불신하는 것은 양방이 무장하고 있기 때문이 아닙니다. 반대로 우리는 상대를 불신하고 있기 때문에 무장하고 있는 것입니다. 우리의 차이는 군사력이 아닙니다. 우리의 차이는 자유의 유무입니다.

24년 전, 케네디 대통령이 이곳 시청을 찾았을 때 자유는 격리되었고 베를린은 포위 상태에 있었습니다. 그리고 오늘, 그 무수한 억압 속에서도 베를린은 자유 안에서 안전을 구가하고 있습니다. 자유의 힘으로 전 세계가 변화하고 있습니다. 필리핀에서, 남아메리카와 중앙아메리카에서 민주주의가 부활하였습니다. 태평양 도처에서는 자유 시장이 경제 성장이라는 기적을 연이어 낳고 있습니다. 산업 국가에서는 기술 혁명이 추진되면서 컴퓨터와 정보통신 사업이 극적으로 급격히 성장하고 있습니다.

유럽에서는 단 한 나라와 그의 지배를 받고 있는 나라들만이 자유 공동체의 일원이 되기를 거부하고 있습니다. 하지만 지금과 같은 급격한 경제 성장의 시대에, 정보와 혁신의 시대에 소련은 선택의 갈림길에 서 있습니다. 대대적으로 변화하지 않으면 소련은 좌초하고 말 것입니다.

지금 이 시대는 희망을 대변하고 있습니다. 우리 서방은 동구권과 언제든 협력할 준비가 되어 있습니다. 그리하여 진정한 개방을 도모하고 인류를 갈라놓는 장벽을 허물며, 안전하고 자유로운 세상을 만들 준비가 되어 있습니다. 그 대의를 위한 출발점으로 서방과 동구권이 만나는 이곳 베를린만한 곳은 없습니다.

베를린의 자유로운 시민 여러분, 과거에도 그랬듯 현재 미국은 1971년 4강대국 협상안 엄수와 전면 실행을 지지하고 있습니다. 그리고 베를린 시 건립 750주년을 맞아, 이 도시가 새로운 시대를 열어가기를, 미래의 베를린이 더욱 더 풍요롭고 충만한 삶을 영위하기를 바랍니다. 1971년 협상안에 따라 독일 연방 공화국(서독)과 서베를린의 유대 강화를 위해 다함께 힘을 모읍시다.

그리고 이 자리에서 고르바초프 서기장에게 부탁드립니다. 동베를린과 서베를린이 더욱 가까워져서 이곳 시민들이 세계적인 위대한 도시에서의 삶과 혜택을 마음껏 누릴 수 있도록 함께 노력합시다.

베를린을 동서 유럽 전역에 개방하기 위해 이 도시의 필수 항공 접근성을 확장합시다. 그리하여 승객들이 베를린 행 항공 서비스를 더욱 편리하고 편안하며 경제적으로 이용할 수 있도록 노력합시다. 서베를린은 중앙유럽 전역의 항공 중심이 될 수 있을 것입니다.

미국은 프랑스, 영국 동맹국과 함께 베를린에서 국제회의를 개최하려 합니다. UN총회, 세계 인권 총회, 또는 군축 협정 등 기타 논의를 위한 국제 협력의 장으로 베를린 만한 곳은 없습니다.

미래에 대한 희망을 밝히는 최선의 대안은 바로 청소년 교육입니다. 따라서 우리는 동베를린의 청소년들을 위해 청소년 교류와 문화 행사 등 여러 프로그램을 지원할 것입니다. 우리의 우방 프랑스와 영국 역시 뜻을 같이하리라 확신합니다. 또한 동베를린에도 서베를린 젊은이들의 방문을 지지할 기관이 있기를 바랍니다.

그리고 마지막으로, 제 마음 속 깊은 바람을 말씀드리겠습니다. 스포츠는 인류에게 즐거움과 품위를 동시에 선사합니다. 이와 관련해 대한민국, 즉 남한은 1988년 올림픽 대회 일부를 북한에서 개최할 것을 제안했습니다. 베를린에서 역시, 각종 국제 스포츠 대회가 동서 양 지역에서 열릴 수 있습니다. 세계만방에 베를린의 개방성을 알릴 방법으로 이곳, 동서 베를린의 향후 올림픽 대회 개최 만한 일이 어디 있겠습니까?

조금 전 말씀 드렸듯이 지난 40년 동안 베를린 시민 여러분은 위대한 도시를 세웠습니다. 여러분은 동독 통화를 도입하려는 소련의 봉쇄 시도 위협에 맞서면서 위대한 도시를 세웠습니다. 그리고 지금 베를린은 이 장벽의 존재 자체가 암시하는 여러 시련에 맞서며 번영을 누리고 있습니다. 여러분을 이곳으로 끌어당기는 힘은 무엇입니까? 여러분의 의연함과 불굴의 용기는 틀림없이 확고한 인정을 받아 마땅합니다.

하지만 여러분에게는 그보다 더 깊은 무엇이 있다고 저는 믿습니다. 단순한 감상이 아닌 베를린의 전체 풍광과 감정, 삶의 방식 등을 포괄하는 무언가가 있다고 믿습니다. 환상에서 완전히 깨어나지 않고는 어느 누구도 베를린에서 오래 살 수 없었습니다. 베를린에는 이곳에서의 삶이 고단함을 알지만 이를 받아들이게 하는 그 무엇이 있습니다. 인간의 힘이나 열망을 억제하는 주변 전체주의 국가와 대조적으로 이 훌륭하고 자랑스러운 도시를 끝없이 건설하게 하는 그 무엇이 있습니다. 확신을 부르짖는 강력한 목소리가 있습니다. 이 도시를 향해 '예스'라고, 미래를 향해 '예스'라고, 자유를 향해 '예스'라고 부르짖는 목소리가 있습니다. 저는 한 마디로 이렇게 말씀드리고 싶습니다. 여러분을 베를린으로 끌어당기는 힘은 사랑, 깊고도 변함없는 사랑입니다.

어쩌면 이것이 문제의 뿌리이며, 동과 서를 가르는 근본적인 차이일지도 모릅니다. 전체주의 세계는 퇴보하고 있습니다. 정신세계에 폭력을 가하며, 창조하고 즐기고 숭배하려는 인간의 욕구를 좌절시키기 때문입니다. 전체주의 세계는 사랑과 숭배의 상징마저 모욕이라고 여깁니다.

수년 전, 동독이 교회를 재건하기 전에 그들은 비종교적인 구조물을 세웠습니다. 바로 알렉산더 광장의 텔레비전 탑입니다. 그 이후로 당국은 이 탑의 가장 큰 결함이라고 여긴 점을 고쳐나가기 시작했습니다. 탑 꼭대기의 유리 구면에 온갖 페인트와 화학약품을 덧칠하였습니다. 하지만 지금까지도 베를린 시 전체를 내려다보며 우뚝 솟은 그 구면에 태양이 내리쬐면 그 빛이 십자가 모양을 만들어 냅니다. 그곳 베를린에서는 베를린 자체를 억압할 수 없듯이 사랑의 상징도, 숭배의 상징도 억압할 수 없는 것입니다.

방금 전 독일의 통합을 구현한 의회 건물 라이히슈타크에서 밖을 내다보는데 장벽 위에 베를린 젊은이가 스프레이로 휘갈겨 쓴 듯한 글이 눈에 들어 왔습니다. "이 벽은 무너질 것이다. 믿음은 현실이 된다." 그렇습니다. 유럽 전역에서 이 벽은 무너질 것입니다. 이 벽은 신념을 견뎌낼 수 없기 때문입니다. 진실을 견뎌낼 수 없기 때문입니다. 이 벽은 자유를 견뎌낼 수 없기 때문입니다.

끝으로 한 마디만 덧붙이겠습니다. 이곳에 온 이후로 저는 제 방문에 반대하는 특정 시위에 관한 기사를 읽었고, 그에 관한 질문도 받았습니다. 이와 관련해, 시위자들에게 한 마디만 하겠습니다. 저는 이렇게 묻고 싶습니다. 당신들이 추구한다는 그러한 정부를 실현했을 때, 당신들이 반복하게 될 그 일을 따를 사람은 어디에도 없으리라는 사실을 한 번이라도 자문해본 적이 있습니까?

감사합니다. 신의 은총이 여러분과 함께 하기를 기원합니다.

넬슨 만델라
NELSON ROLIHLAHLA MANDELA

― GREAT SPEECHES ―

생애
넬슨 만델라(1918~)는 남아프리카공화국의 대통령이었다. 움타타의 작은 마을 엠베조에서 태어났으며, 그의 아버지는 마을 촌장이었다. 만델라는 포트 헤어 대학에 입학하였으나 대학 당국의 정책에 반대하는 학생운동에 가담했다는 이유로 퇴학당했다. 남아프리카공화국 통신대학에서 학위를 받은 뒤 비트바테르스란트대학에서 법학을 공부하였다. 1943년에 아프리카민족회의에 가입하면서 사보타주와 반역죄로 재판을 받게 되었다. 만델라는 1964년 유죄를 선고 받고 종신형에 처해졌다. 1990년에 석방된 그는 남아프리카공화국에 다민족 민주주의를 수혈하고자 힘썼다. 1993년에 노벨평화상을 받고 다음 해 남아프리카공화국 대통령에 당선되었다. 1999년에 정계에서 은퇴하였다.

연설의 배경 및 의의
남아프리카공화국의 최초 흑인 대통령, 넬슨 만델라의 취임식 방송은 전 세계에서 십억 명가량이 시청한 것으로 추정되었다. 4천 명에 이르는 내빈 중에는 영국의 에든버러 공(엘리자베스 여왕의 남편), 쿠바의 피델 카스트로, 차임 헤르조그 이탈리아 대통령 등도 있었다. 5년 전 같은 자리에서 열린 F. W. 데 클레르크 전 대통령의 취임식과는 극명히 대조되는 풍경이었다. 데 클레르크 전 대통령의 취임식은 전 세계로 방송되지 않았을뿐더러 외국 저명인사 역시 단 한 명도 참석하지 않은 채 조용히 치러졌다.

연설의 특징
27년간이나 옥살이를 하고 나서 대통령의 자리에 오른 불굴의 투사 만델라는 전세계의 축복을 받으며 취임연설을 한다. 그는 백인에게 용서를 흑인에게 정치적 자유를 선언하며 국가 화합을 당부한다.

취임 연설

프리토리아, 유니온 빌딩. 1994년 5월 10일

••• 폐하, 전하, 귀빈 여러분, 전우와 동지 여러분! 오늘 우리는 모두 이곳에 모여, 혹은 이 나라와 세계 전역에서 축하하며 새로이 탄생한 자유에 영광과 희망을 품게 되었습니다.

오랜 시간동안 인간에게 가해진 끔찍한 시련을 딛고, 이제 인류의 긍지를 담은 한 사회가 탄생하게 되었습니다. 남아프리카공화국의 평범한 국민으로서 우리의 일상 속에는 남아프리카 공화국의 실제 현실이 담겨져야 할 것입니다. 그 현실을 통해 정의에 대한 인류의 믿음을 굳게 다지고, 고귀한 인간정신에 대한 자긍심을 강화하며 전 세계인의 눈부신 삶에 대한 희망을 지켜나가야 할 것입니다. 이러한 신념은 우리 자신은 물론 오늘 이 자리를 빛내주신 전 세계 여러분들이 함께 안고 가야 합니다.

동지 여러분, 저는 주저 없이 이렇게 말할 수 있습니다. 여러분 하나하나는 이 아름다운 나라의 토양과 끈끈하게 이어져 있습니다. 프리토리아의 그 유명한 자카란다 나무와 부시벨트의 미모사 나무처럼 말입니다. 이 땅의 토양을 어루만질 때마다 우리는 거듭 새로워짐을 느낍니다. 나라의 분위기는 계절에 따라 바뀝니다. 잔디가 푸르러지고 꽃이 피면 우리는 벅찬 기쁨과 황홀감에 이끌립니다.

우리가 이 조국과 공유하는 정신적·육체적 일체감은 우리의 가슴 깊이 새겨진 뼈아픈 고통 역시 말해줍니다. 조국이 끔찍한 갈등 속에서 분열되고, 세상 사람들에게서 버림 받으며 매장 당하고 고립되는 것을 보면서 우리의 가슴 속에는 고통이 깊숙이 새겨졌습니다. 이 모두 우리의 조국이 악의적인 이데올로기와 더불어 인종 차별주의와 유색인종 억압이 자행되는 본거지였기 때문입니다.

하지만 우리 남아공 국민들은 다시 충만해졌습니다. 인류가 우리를 다시 자신의 품으로 감싸주었기 때문입니다. 얼마 전까지만 해도 세상의 추방자였던 우리가 이제는 귀중한 특권을 얻어 우리 자신의 토양 위에서 조국의 진정한 주인이 되었기 때문입니다.

오늘 우리 국민들과 함께 정의와 평화, 인간 존엄성의 승리를 목격하기 위해 먼 발걸음 해주신 외국 귀빈 여러분께 감사드립니다. 우리가 평화와 번영, 남녀평등과 인종 간의 평등, 민주주의를 구축하기 위해 여러 고난을 이겨낼 때마다 여러분도 끝까지 우리 곁을 지켜 주시리라 믿습니다.

우리가 지금에 이르기까지 각자 맡은 바 임무를 다해주신 대중과 민주주의 지지자 여러분, 종교 지도자, 여성, 젊은이, 사업가, 전통사회 지도자를 비롯한 여러 지도자들에게 가슴 깊이 감사드립니다. 그 중에서도 친애하는 F. W. 데 클레르크 제2대통령 대행께 감사드립니다.

아울러 우리가 최초의 민주주의 선거를 무사히 치르고 민주주의로 이행하는데 일조하며, 아직 세상의 빛을 보려 하지 않는 무장 폭력 집단으로부터 우리의 안전을 지켜준 모든 유엔군에게 경의를 표합니다.

이제 상처 입은 사람들을 치료해줄 시간이 왔습니다.

이제 우리를 갈라놓은 균열 위에 다리를 놓을 때가 왔습니다.

이제 건설할 시간이 우리 앞에 다가왔습니다.

우리는 마침내 정치적 해방을 달성하였습니다. 이제는 모든 이들을 끝없는 가난과 결핍, 고통, 성차별 등의 굴레로부터 자유롭게 할 것을 약속합니다.

우리는 평화가 부분적으로 존재하는 상황에서 자유로 향하는 마지막 걸음을 내디뎠습니다. 이제는 완전한 평화, 정당하고 지속적인 평화를 구축하기 위해 헌신할 것을 약속합니다.

우리는 노력 끝에 수백만 사람들의 가슴 속에 희망을 심을 수 있었습니다. 이제는 남아프리카공화국의 흑인과 백인 모두 그 누구도 빼앗을 수 없는 인간의 존엄한 권리를 확신하며 그 어떤 두려움도 없이 어깨를 펴고 걸어갈 수 있는 사회를 만들겠습니다. 국가 안에서, 세계 속에서 평화를 누리는 무지개 국가를 만들 것을 약속합니다.

이 나라의 새로운 탄생을 약속하는 표시로 거국일치를 위한 새 임시정부는 긴급 사안으로서 현재 복역 중인 각 분야의 사범들을 사면 조치할 것을 알립니다.

우리는 자유를 위해 여러 방면에서 자신을 희생하고 목숨을 다한 이 나라와 세계의 모든 영웅들에게 오늘의 영광을 바칩니다. 그들의 꿈은 이루어졌습니다. 그 희생의 대가로 우리는 자유를 얻었습니다.

여러분, 남아프리카공화국 국민 여러분이 저희에게 부여한 이 명예와 특권은 더없는 영광이며 축복입니다. 여러분의 지지로 저는 인종차별과 성차별이 없는, 민주적이고 단일한 남아프리카공화국의 첫 번째 대통령이 되어 이 나라를 어둠의 골짜기에서 끌어낼 임무를 맡게 되었습니다.

자유로 향하는 길이 평탄치 않으리라는 사실은 잘 알고 있습니다. 홀로 행동하는 사람은 결코 성공할 수 없다는 사실도 잘 알고 있습니다.

따라서 우리는 국가 화합을 위해, 국가 건설을 위해, 새로운 세계의 탄생을 위해 힘을 모아 함께 노력해야 합니다.

모든 이에게 정의를 안겨줍시다.

모든 이에게 평화를 안겨줍시다.

모든 이에게 일과 빵, 물과 소금을 안겨줍시다.

모든 이에게 알립시다. 개인의 몸과 마음과 영혼은 자유로우며, 이는 다만 그 자신의 자아실현을 위해 존재한다는 사실을 알립시다. 이 아름다운 땅이 또다시 누군가의 탄압으로 신음하거나 세계의 스컹크가 되는 모욕에 시달리는 일은 결코, 절대, 다시는 없어야 합니다.

이제 자유가 군림하게 합시다.

인류의 영광스러운 업적 위에 태양은 영원히 지지 않을 것입니다.

하느님의 은총이 아프리카와 함께 하기를 바랍니다. 감사합니다.

교황 요한 바오로 2세
IOANNES PAULUS PP. II

――― GREAT SPEECHES ―――

생애
요한 바오로 2세 또는 카롤 요제프 보이티야(1920~2005)는 로마가톨릭교회의 264대 교황이었다. 젊은 시절에 학자로서 크라쿠프의 야기엘로 대학에서 수학하였지만, 학교는 제2차 세계대전 동안 나치군의 점령으로 폐교되었다. 혼돈의 기간 동안 사제직을 위해 공부하면서 여러 직업을 전전하였다. 1946년에 사제로 임명되고 12년 뒤에 폴란드의 최연소 주교가 되었다. 1978년 요한 바오로 1세의 죽음으로 교황 직에 올랐으며, 3년 뒤 바티칸 시에서 암살 시도가 있었으나 목숨을 부지할 수 있었다. 활동적인 성격의 요한 바오로 2세는 그 어느 전직 교황에 비할 수 없을 만큼 활발하게 세계 각지를 방문하였으나, 임기의 마지막 15년간은 파킨슨병으로 거동이 온전치 못했다.

연설의 배경 및 의의
교황 요한 바오로 2세는 무엇보다 유대인과 로마 가톨릭 교회의 관계 증진을 위해 힘썼다. 그는 교황으로서는 최초로 로마의 유대교 대회당과 아우슈비츠를 방문하였다. 또한 그의 재임기간 중에 교황청과 이스라엘의 외교 통신망이 설립되었다. 교황은 홀로코스트의 유대인 희생자를 기리는 이스라엘의 공식 기념관 야드 바쉠에서 얼마 안 되는 군중을 앞에 두고 연설했다. 당시 교황의 임기는 말미에 접어들어 있었다.

연설의 특징
교황은 이스라엘을 찾아, 오랜 세월이 흘렀지만 홀로코스트를 겪은 유대인들에게 위로와 경의를 표하며 증오와 박해를 없애고 새로운 미래를 만들어가자고 기도한다.

야드 바솀 연설
이스라엘, 야드 바솀 추모의 전당. 2000년 3월 23일

••• 오래된 시편 속 한 구절이 제 가슴 속에서 터져 나옵니다. '나는 깨진 그릇이 되었다. 나를 해하려는, 내 목숨을 앗아가려는 이들의 속삭임이, 사방을 둘러싼 공포의 속삭임이 들린다. 그러나 오 주여, 난 당신을 믿나이다. "당신은 나의 하느님이시나이다."'

여기 이 추모관에서 가슴과 마음과 영혼은 침묵해야만 합니다. 침묵 속에서 기억하기 위함입니다. 침묵 속에서 물밀듯 되살아나는 기억을 더듬어보기 위함입니다. 우리가 침묵해야 하는 것은 홀로코스트의 끔찍한 비극을 강력히 개탄하는 단어가 없기 때문입니다.

제 개인적인 기억 속에는 세계대전 당시 나치가 폴란드를 점령하던 때의 일만이 남아 있습니다. 그때 목숨을 잃거나 살아남은 유대인 친구와 이웃들을 저는 기억합니다. 저는 홀로코스트로 모든 것을, 무엇보다 인간의 존엄성을 박탈당한 채 살해 당한 수백만의 유대인들을 애도하기 위해 이곳 야드 바솀을 찾아 왔습니다. 그로부터 반세기 이상이 지났지만 기억은 여전히 남아 있습니다.

아우슈비츠를 비롯해 끔찍한 기억이 남아 있는 유럽의 여러 장소처럼 이곳에서도 우리는 수많은 사람들의 가슴 끊어지는 애도의 신음소

리 속에서 그때의 참사를 이겨냈습니다. 이미 극단의 공포를 경험한 남녀노소가 비명을 내지릅니다. 그 비명을 어찌 외면할 수 있겠습니까? 누구도 당시의 참사를 잊어버리거나 무시할 수 없습니다. 누구도 그 어마어마한 폭력과 공포를 깎아내릴 수 없습니다.

우리는 기억하고 싶습니다. 그것도 한 가지 목적을 위해 기억하고 싶습니다. 수백만의 무고한 사람들을 희생시킨 나치즘과 같은 악이 만연하는 일은 결코 없기를 확신하기 위해서입니다.

인간이 어찌 인간을 그처럼 완전히 경멸할 수 있었을까요? 바로 그는 신을 경멸하는 단계에 이르렀기 때문입니다. 신을 믿지 않는 자만이 인류를 몰살시킬 계획을 세우며 이를 실행에 옮길 수 있는 것입니다.

이곳 이스라엘의 야드 바쉠에서는 참사에서 유대인을 구하기 위해 자신의 목숨까지 불사한 '비유대인' 영웅들에게 경의를 표했습니다. 이로써 끔찍한 암흑의 순간에도 빛은 사라지지 않았다는 것을 알려주었습니다. 그렇기에 시편과 성경 역시 인간이 악을 품을 수 있다는 것은 알지만 악은 생을 다하는 순간에 남길 말이 없다고 천명하는 것입니다.

깊이를 알 수 없는 고통과 슬픔 속에서도 신자들은 이렇게 외칩니다.

"오, 주여 나는 당신을 믿나이다. 당신은 나의 하느님이시나이다."

유대교도와 기독교도는 신이 몸소 물려주신 막대한 영적 재산을 나뉘 가지고 있습니다. 종교적 가르침과 영적 경험은 우리에게 선으로써 악을 물리치라 말합니다.

그때의 비극을 우리는 기억하지만 복수를 갈망하거나 증오를 키우기 위해 기억하는 것이 아닙니다. 우리가 기억하는 까닭은 평화와 정의를 기도하기 위해서입니다. 그 대의를 우리 스스로 실천하기 위해서입니다. 세상 모든 이에게 평화와 정의가 가득할 때만이 과거의 실수가, 끔찍한 범죄가 되풀이되지 않을 수 있습니다.

로마 주교로서, 사도 바울의 후손으로서 유대교도 여러분께 말씀드립니다. 진실과 사랑을 전하는 복음 말씀을 따르는 가톨릭교회는 그 어떤 정치적 의도 없이 말씀 드립니다. 저희는 시대와 장소를 막론하고 유대교도를 향한 기독교도들의 증오와 박해, 반유대주의로 희생된 분들에게 가슴 깊은 애도를 전합니다.

우리 교회는 어떤 형태의 인종 차별도 거부합니다. 인종 차별은 모든 인간의 모습 속에 살아 계시는 하느님을 부정하는 것입니다.

이 엄숙한 추모의 장에서 저는 온 마음을 다해 기도합니다. 유대인들에게 끔찍한 고통을 안겨준 20세기 비극을 함께 슬퍼하며 기독교도와 유대교도가 새로운 관계를 맺을 수 있기를 기도합니다. 우리 모두 기독교도 사이에서 반유대주의가 사라지고, 유대교도 사이에서 반기독교주의가 사라진 새로운 미래를 구축해 나갑시다. 배척감정이 사라진 자리에 하나의 창조주 주님을 숭배하고 에이브러햄을 신앙의 아버지로 함께 칭송하며 상호존중이 싹트게 합시다.

세계는 홀로코스트의 희생자들과 생존자들이 남긴 경고를 결코 잊지 말아야 합니다. 이곳 야드 바쉠에서는 그때의 기억이 살아 숨 쉬며 타올라 우리의 영혼으로 스며듭니다. 그리하여 우리는 이렇게 외칩니다.

　"사방을 둘러싼 공포의 속삭임이 들립니다. 그러나 오 주여, 나는 당신을 믿나이다. 당신은 나의 하느님이시나이다."

조지 W. 부시
GEORGE WALKER BUSH

── GREAT SPEECHES ──

생애
조지 워커 부시(1946~)는 코네티컷 주 뉴 헤이븐의 부유한 정치 가문에서 태어났다. 그의 아버지 조지 H. W. 부시는 미국의 41대 대통령(1989~93)을 지냈다. 부시는 예일대와 하버드경영대학원을 졸업한 뒤 석유 기업에 종사하였다. 1994년에 텍사스 주지사로 선출되어 6년간 재임하였고 2000년에 대통령에 당선되었다. 부시의 첫 번째 임기는 2001년 9월 11일 테러와 아프가니스탄, 이라크 침략으로 점철되었다. 2004년 대통령 선거에서 재선되었다.

연설의 배경 및 의의
조지 W. 부시 대통령의 이번 의회교서는 2001년 9월 11일 테러가 발생한 뒤 처음 발표된 것이 아니다. 9월 11일 당일 대통령은 백악관에서 방송 연설을 펼쳤고, 이후 9월 14일에 또 다른 연설을 펼쳤다. 이후 세 번째로 발표된 이번 연설은 그 중 가장 유려할 뿐만 아니라, 테러에 대한 정부의 대응책을 처음으로 공개했다는 점에서 가장 중요하다. 이 연설에서 부시 대통령은 '테러에 대한 전쟁'을 선포한다. 이전 연설에서 전했던 자신의 견해를 확장하여 테러리스트가 미국을 공격한 것은 미국이 '자유의 발상지이자 옹호자'이기 때문이라고 주장한다. 더불어 이 연설에서 부시는 처음으로 알카에다와 그 지도자 오사마 빈 라덴을 테러범으로 지목한다. 이에 대해서는 이전 주에 백악관에서 언급한 바 있었다.

연설 도입부에 부시 대통령은 유나이티드 항공 93편 납치범에 맞서 싸운 승객인 토드 비머에게 찬사를 보낸다. 펜실베이니아 외곽에서 폭파된 이 항공기는 부시가 당시 연설하고 있던 국회의사당을 노린 것이었다.

연설의 특징
부시는 대도시에서 벌어진 가공할 테러를 당하여 상심한 국민들에게 위로를 전하고 단합을 강조하며 알카에다 조직엔 경고를 보낸다. 그리고 이슬람 교인에 대해 무분별한 증오를 삼가라고 얘기한다.

9/11 테러 이후 의회교서
워싱턴 DC, 국회의사당. 2001년 9월 20일

••• 존경하는 의장, 의장 임시대행, 의원 여러분, 그리고 국민 여러분! 평상시라면 대통령이 이 자리에서 국정 보고를 하는 것이 마땅할 것입니다. 하지만 오늘 밤에는 그런 보고가 필요 없습니다. 보고는 이미 미국 국민으로부터 받아보았기 때문입니다.

우리는 승객들의 용기에서 보았습니다. 토드 비머라는 이름의 용감한 남성을 위시한 그들은 지상에 있는 다른 이들의 안전을 위해 테러리스트를 공격하였습니다. 이 자리에 토드 비머의 아내, 리사 비머를 모셨습니다. 다 같이 환영해 주십시오.

우리는 탈진될 때까지 자신을 바친 구조대원의 인내에서 우리나라의 현 상황을 보았습니다. 휘날리는 국기와 불 밝히는 촛불, 헌혈 운동을 보았습니다. 영어로, 히브리어로, 아랍어로 울려 퍼지는 기도 소리를 들었습니다. 낯선 이들의 비극을 자신의 것처럼 아파하면서 사랑을 베푸는 사람들의 고귀한 모습을 보았습니다.

시민 여러분, 지난 9일 동안 전 세계인이 우리나라의 상황을 지켜보게 되었습니다. 우리는 역시 강했습니다.

지금 우리는 위험을 자각하고 자유를 수호해야 할 위치에 서 있습니다. 우리의 슬픔은 분노가 되었고, 분노는 굳은 다짐이 되었습니다. 적 앞에 정의를 불러 세우든, 아니면 정의 앞에 적을 불러 세우든, 결국은 정의가 승리할 것입니다.

이처럼 중대한 시기에 훌륭한 지도력을 보여주신 의회 및 의원 여러분께 감사드립니다. 비극이 닥친 날 저녁, 공화당과 민주당 의원들이 이곳 국회 계단에 함께 모여 "신이시여 미국을 축복해주소서!"를 부르는 모습에 모든 미국인들이 감동하였습니다.

여러분은 노래만 부른 것이 아니라 행동으로 보여주었습니다. 우리 사회를 재건하고 군대에 필요한 자금을 조달하기 위해 400억 달러를 기부하셨습니다. 해스터트 의장과 게파르트 소수당 원내총무, 대쉴 다수당 원내총무, 로트 의원께서 보여주신 우정과 지도력에, 국가에 이바지한 노고에 감사드립니다. 그리고 지원을 아끼지 않은 전 세계 국민 여러분께 미국 국민을 대표해 감사드립니다. 미국은 우리 국가가 버킹엄 궁전에, 파리의 거리에, 베를린 브란덴부르크 문에 울려 퍼지던 장면을 결코 잊지 않을 것입니다.

우리는 서울 미국대사관 앞에 모여 기도하던 남한의 아이들을, 카이로 사원에서 마음을 다해 기도하던 이들을 잊지 않을 것입니다. 오스트레일리아와 아프리카, 라틴 아메리카에서 묵념하고 애도하던 이들을 잊지 않을 것입니다. 그밖에 우리 국민들과 함께 목숨을 잃은 80여국의 사람들도 잊지 않을 것입니다. 수십 명의 파키스탄인들, 130여 명의 이스라엘인들, 250명이 넘는 인도인들, 엘살바도르 국민들,

이란과 멕시코, 일본 국민들, 그리고 영국의 수백 명 시민들을 잊지 않을 것입니다. 미국의 진정한 우방은 대영제국뿐입니다. 다시 한 번 우리는 대의를 위해 마음을 모았습니다. 영광스럽게도 대영제국의 총리께서 미국과의 단결을 증명해 보이기 위해 몸소 대서양을 건너 오셨습니다. 감사합니다.

9월 11일, 자유의 적이 우리나라에 대해 전쟁을 도발하였습니다. 지난 136년간 미국은 전쟁을 치러 왔지만 이는 1941년의 어느 일요일(미국 영토인 하와이 진주만에서 벌어진 진주만 폭격)을 제외하면 모두 외국 영토에서 벌어진 전쟁이었습니다. 미국은 전쟁으로 무수한 피해를 입어 왔지만 평화로운 아침에 대도시 한복판에서 이러한 피해를 입어본 적은 없었습니다. 미국은 기습공격을 당해 보았지만 이번처럼 수천 명의 시민들에게 가하는 기습공격은 아니었습니다. 이 모든 일이 하루아침에 일어났습니다. 하루아침에 우리는 다른 세계를, 자유가 공격 받는 세계를 보게 되었습니다.

미국인들은 수많은 의문을 품고 있습니다. 우리 국민들은 묻습니다. "누가 우리나라를 공격한 것인가?" 우리가 다양한 정보원에서 모은 자료들을 취합해보면 알카에다로 알려진 테러리스트 조직으로 결론이 모아집니다. 이들은 탄자니아와 케냐의 미국대사관을 폭파한 혐의로 기소된 바 있으며, 미 해군 구축함 콜 호를 폭파한 전력이 있습니다. 마피아가 범죄에 연루된 조직이라면 알카에다는 테러에 연루된 집단입니다. 하지만 알카에다의 목표는 돈을 버는 것이 아닙니다. 그들의 목표는 세계를 재편하고 자신들의 급진적인 믿음을 세계 모든 이들에게 강요하는 것입니다.

이들 테러리스트는 비주류 형태의 이슬람 극단주의를 실천하였지만 이슬람교도 학자들과 대다수 성직자들에게 거부당하였습니다. 이들은 이슬람교에 대한 평화로운 가르침을 왜곡하는 비주류 운동을 추구합니다. 테러리스트에게는 기독교도와 유대교도를 살해하고 모든 미국인을 살해하며, 군인과 민간인은 물론 여성과 아이들도 가리지 않고 살해하라는 명령을 내렸습니다.

이 조직과 그 지도자인 오사마 빈 라덴은 여러 국가의 무수한 조직과 연계되어 있으며, 그 중에는 이집트 이슬람 지하드와 우즈베키스탄의 이슬람 운동 등도 포함되어 있습니다. 60여 개국에 수천 명의 테러리스트가 속해 있습니다. 이들은 자국이나 이웃 나라에서 뽑힌 뒤 아프가니스탄 등지의 캠프에서 테러 전술을 훈련 받습니다. 그 뒤 다시 자국으로 돌아가거나 세계 각지로 보내져서 그곳에 잠복한 채 악의적이고 파괴적인 테러를 계획합니다.

알카에다 지도자는 아프가니스탄 내에서 막강한 영향력을 발휘하며 나라 전반을 지배하는 탈레반 정권을 지지합니다. 아프가니스탄에서 우리는 세계에 대한 알카에다의 비전을 볼 수 있습니다. 아프가니스탄 국민들은 짐승 취급을 받습니다. 대다수가 굶주려 있고, 대다수가 그 나라를 떠났습니다. 여성은 학교에 다니지 못합니다. 텔레비전을 소유했다는 이유만으로 감옥에 갇힐 수도 있습니다. 종교는 오로지 그들의 지도자가 지시하는 대로만 실천할 수 있습니다. 턱수염이 충분히 길지 못한 남성은 감옥에 갇히기도 합니다.

미국은 아프가니스탄 국민들을 존중합니다. 현재 우리는 아프가니스탄에 인도주의적 지지를 보내는 가장 큰 지원국입니다. 하지만 우리는 탈레반 정권을 규탄합니다. 탈레반 정권은 국민을 탄압할 뿐만 아니라 각지의 국민들에게 테러리스트에 대한 후원과 피신처 제공, 물자 지원 등을 강요, 위협하고 있습니다. 탈레반 정권은 살인을 지지하고 선동하면서 살인을 저지르고 있습니다.

그리고 오늘 미합중국은 탈레반 정권에게 요구합니다. 당신의 나라에 숨어 있는 알카에다의 모든 지도자들을 미합중국 정권으로 인도하십시오. 미국 시민을 비롯해 당신들이 부당하게 감금하고 있는 외국인을 모두 석방하십시오. 당신의 나라에 있는 외국 언론인과 외교관, 구호 요원들을 보호하십시오. 아프가니스탄에 있는 테러리스트 훈련 캠프를 모두, 지금 즉시 영구히 폐쇄하고, 모든 테러리스트와 테러 조직에 가담한 모든 이들을 적절한 정권에 인도하십시오. 미국이 테러리스트 훈련 캠프에 접근하도록 허가하여 훈련 캠프를 확실히 폐쇄하도록 하십시오. 이 요구는 협상이나 논의가 가능한 사안이 아닙니다. 탈레반 정권은 반드시, 지금 즉시 단행해야 합니다. 테러리스트를 인도하지 않으면 탈레반은 테러리스트와 운명을 같이 하게 될 것입니다.

아울러 전 세계의 이슬람교도들에게 직접 말씀드리고자 합니다. 우리는 여러분의 신앙을 존중합니다. 이슬람교는 수백만 미국인을 비롯해 미국의 여러 우방국에서 무수한 사람들의 손으로 자유롭게 전파되고 실천되었습니다. 이슬람교의 가르침은 훌륭하고 평화롭습니다. 그러나 알라신의 이름으로 악을 범행한 자들은 알라신을 모독한 것입니다. 테러리스트들은 이슬람교 자체를 장악하려 함으로써 자신의 신앙을 배반하였습니다. 우리의 무수한 이슬람교도 친구들은 미국의 적이 아닙니다. 우리의 무수한 아랍 친구들도 아닙니다. 우리의 적은 테러리스트 집단이라는 과격한 네트워크, 그리고 이들을 지원하는 모든 정부입니다.

우리의 테러에 대한 전쟁은 알카에다와의 전쟁으로 시작합니다. 하지만 우리의 전쟁은 여기서 끝나지 않을 것입니다. 전 세계에 퍼져 있는 모든 테러리스트 집단을 탐지하고 그들의 만행을 종식시키고 타도하기 전에는 끝나지 않을 것입니다.

미국인들은 묻습니다. "그들이 왜 우리를 싫어하는 것인가?" 그들이 싫어하는 것은 지금 우리의 눈앞에 보이는 것, 즉 민주적으로 선출된 정부입니다. 그들의 지도자들은 스스로 그 지위에 올랐기 때문입니다. 그들이 싫어하는 것은 우리의 자유입니다. 우리가 누리는 종교의 자유, 연설의 자유와 투표의 자유, 집회의 자유와 서로 의견이 엇갈릴 수 있는 자유를 그들은 싫어합니다.

그들은 이집트와 사우디아라비아, 요르단 등 여러 이슬람 국가에 존재하는 모든 정부를 전복시키려 합니다. 이스라엘을 중동 지방에서 추방하려 합니다. 그들은 아시아와 아프리카의 방대한 영역에서 기독교도와 유대교도를 몰아내려 합니다. 이들 테러리스트들이 살해를 일삼는 것은 단순히 생명을 앗아가려는 것이 아니라 삶의 방식을 파멸시키고 종식시키려는 것입니다. 그들은 온갖 잔혹행위를 일삼으며 미국에 두려움을 가하고, 이윽고 미국이 세계 전방에서 물러나 모든 우방국과 우애를 저버리기를 바랍니다. 그들은 우리에 대적합니다. 우리가 그들의 길을 가로막고 있기 때문입니다.

우리는 경건한 체하는 가식에 속지 않습니다. 그런 류의 기만은 전에도 경험한 바 있습니다. 그들은 20세기의 온갖 살인적인 이데올로기를 모두 물려받았습니다. 자신들의 급진적인 이상을 실현하기 위해 사람의 목숨을 희생시키고, 권력을 향한 의지 외의 모든 가치를 저버리면서 그들은 파시즘과 나치즘, 전체주의의 과거를 답습하고 있습니다. 결국 그들은 그 길을 그대로 따르다가 과거의 종말을 되풀이할 것입니다. 역사 속에서 폐기된 거짓말이라는 이름 없는 무덤에 묻히고 말 것입니다.

미국인들은 묻습니다. "이 전쟁에서 어떻게 싸우며 또 어떻게 승리할 것인가?" 우리는 장악하고 있는 모든 군사력을 동원할 것입니다. 모든 외교정책과 모든 정보력을, 법에 관한 모든 집행수단과 모든 자금력을, 전쟁에 필요한 모든 무기를 동원하여 전 세계적인 테러조직을 파괴하고 타도할 것입니다.

이 전쟁은 십 년 전, 결단력 있는 영토 해방과 신속한 판단으로 이루어졌던 이라크 전쟁과 같지 않을 것입니다. 2년 전, 지상부대 하나 없었으며 전투 중 단 한 명의 미군 사상자도 내지 않았던 코소보 상공에서의 공중전과도 같지 않을 것입니다. 우리의 대응은 즉각적인 보복이나 고립된 공격을 뛰어 넘을 것입니다. 미국은 단 한 번의 전투가 아닌 장기간에 걸친 군사 작전을 벌일 것이며, 이는 지금까지 보았던 그 어떤 전쟁과도 다를 것입니다. 텔레비전에서 볼 수 있는 극적인 공격이나 성공적으로 이루어진 비밀 혹은 기밀 작전 등도 포함될 것입니다. 우리는 테러리스트의 자본줄을 차단하고 서로 반목케 하며 피신처나 은신처가 남아 있지 않을 때까지 이리저리 몰아넣을 것입니다. 또한 테러리스트들에 원조를 제공하고 피난처를 마련해주는 국가를 추적할 것입니다. 모든 지역의 모든 국가는 이제 결정을 내려야 합니다. 우리 편에 서지 않는 국가는 테러리스트 편이 되는 것입니다. 지금 이 순간부터 테러리스트들을 보호하고 지원하는 국가는 모두 미국에 대한 적대 정권으로 간주될 것입니다.

앞서 통보한 바처럼 우리는 공격에 익숙하지 않습니다. 우리는 미국인을 지키기 위해 테러리즘에 맞서는 방어책을 강구할 것입니다. 지금 각 주와 지방 정부는 물론 수십 곳에 이르는 연방 부처와 기관은 자국의 안보에 만전을 기하고 있습니다. 이러한 노력에 최고위층의 협력도 더해져야 합니다. 따라서 오늘밤 저는 대통령 직속의 각료급 기관인 국토안보부를 개설하고자 합니다. 더불어 이 기관을 이끌고 미국의 안보 강화에 주력할 유능한 미국인을 임명하고자 합니다. 군사 전문가이자 훌륭한 주지사, 진정한 애국자이며 신임하는 친구인 톰 리지 펜실베이니아 주지사입니다. 이제 그가 이 기관을 이끌고 감독하고 협력하여 테러리즘에 맞서 우리 조국의 안전을 기하고, 앞으로 닥칠지 모르는 그 어떤 공격에도 대응할 수 있는 포괄적인 전략을 세울 것입니다.

이러한 조치는 우리에게 매우 중요합니다. 또한 우리의 생활방식을 위협하는 테러리즘을 물리치고 타파하고 파괴할 수 있는 유일한 길입니다. 우리의 노력에 FBI부터 첩보국, 이제는 현역군으로 부르게 될 예비군 등 많은 이들이 함께할 것입니다. 이 모든 이들에게 우리는 마땅히 감사의 마음을 표하며 이들을 위해 기도드립니다. 저는 오늘 밤, 이번 테러로 피해를 입은 펜타곤의 우리 군인들에게 한 말씀 전하겠습니다. "준비 하십시오." 제가 군대에 경계태세를 명한 데에는 이유가 있습니다. 이제 미국이 행동할 시간이 다가오고 있습니다. 여러분이 우리의 자랑이 되어줄 시간이 다가오고 있습니다.

이번 전투는 비단 미국만의 것이 아닙니다. 지금 위태로운 것은 비단 미국의 자유만이 아닙니다. 이것은 전 세계의 전투입니다. 전 문명의 사활이 걸린 전투입니다. 진보와 다원주의를, 관용과 자유를 믿는 모든 이들의 전투입니다.

모든 국가에게 요청합니다. 우리와 함께 해주십시오. 우리는 전 세계의 경찰력과 정보국, 전 세계 은행 시스템의 지원을 요청할 것입니다. 여러분의 지원이 필요할 것입니다. 미합중국은 이미 위로와 지지의 뜻을 표명해주신 여러 국가와 여러 국제기구들에 감사드립니다. 라틴아메리카부터 아시아, 아프리카, 유럽, 이슬람 세계에 이르는 국가들에 감사드립니다. 전 세계의 이러한 움직임을 가장 잘 반영하고 있는 것은 아마 NATO 헌장일 것입니다. "한 국가에 대한 공격은 전 세계에 대한 공격이다."

문명세계는 미국의 편에 서고 있습니다. 이번 테러에 대해 마땅한 처벌이 내려지지 않는다면 그 다음 테러의 대상은 자국이, 자국의 시민들이 될지 모른다는 사실을 전 세계 국가들은 모두 알고 있습니다. 마땅한 대가를 치르지 못한 테러는 단순히 건물만 무너뜨리는 것이 아닙니다. 이는 합법 정부의 안정성까지 위협할 수 있습니다. 그리고 알아 두십시오. 우리는 이런 사태를 결코 용납하지 않을 것입니다.

미국인들은 묻습니다. "우리는 무엇을 해야 하는가?" 여러분에게 부탁드립니다. 지금의 본분을 다하고, 아이들을 안아 주십시오. 지금도 대다수의 시민 여러분은 두려움에 떨고 있으리라 생각합니다. 계속해서 위협을 맞닥뜨리더라도 침착하고 의연하게 대처해주시기 바랍니다. 미국의 가치를 지켜주십시오. 그리고 왜 이토록 많은 사람들이 이 자리에 모였는지 기억해주시기 바랍니다. 우리는 원칙을 지키기 위한 싸움에 뛰어들었습니다. 우리의 제일 임무는 원칙을 지키며 살아가는 것입니다. 그 누구도 자신의 민족적 배경이나 종교적 신념 때문에 부당한 대우를 받거나 불쾌한 언사를 들어서는 안 됩니다.

성금을 모아 이번 비극의 희생자들을 지속적으로 지원해주시기 바랍니다. 성금을 내고자 하시는 분들은 중앙 관리처인 리버티유나이트 사이트(libertyunites.org)를 찾아가 뉴욕과 펜실베이니아, 버지니아 주에 직접 지원을 제공하는 단체의 이름을 찾아보시기 바랍니다.

이번 사건의 수사를 맡은 수천 명의 FBI 요원들 역시 여러분의 협조가 필요합니다. 도와주시기 바랍니다. 보안을 강화하기 위해 다소 일처리가 지연되거나 불편한 점이 있더라도 양해해 주시기 바랍니다. 또한 장기간 지속될 이번 투쟁을 끈기 있게 지켜봐주시기 바랍니다. 미국의 경제 활동에도 계속해서 참여하여 끝까지 신뢰를 보내주시기 바랍니다. 테러리스트들은 미국의 번영이라는 상징을 공격하였습니다. 하지만 그 상징의 원천은 건드리지 못했습니다. 미국은 각고의 노력과 창의력, 우리 국민들의 진취력이 있었기에 성공한 것입니다. 이들이 9월 11일 이전 우리 경제의 진정한 힘이었고, 지금도 우리의 막강한 힘입니다. 마지막으로 테러의 희생자와 그 가족들을 위해, 제복을 입은 국가의 일꾼들을 위해, 그리고 우리 위대한 국가를 위해 계속해서 기도해주시기 바랍니다. 기도는 슬픔에 빠진 우리를 위로해주었으며, 여정을 앞둔 우리에게 큰 힘이 되어줄 것입니다.

미국 국민 여러분, 오늘밤 저는 여러분이 지금까지 아끼지 않았고 앞으로도 아끼지 않을 노고에 감사드립니다. 의원 및 대표 여러분, 여러분들이 지금까지 아끼지 않았고, 앞으로도 우리가 함께 아끼지 않을 노고에 감사드립니다. 오늘 밤 우리는 새롭고 갑작스런 국가적 위기에 봉착하였습니다. 우리는 힘을 모아 항공 안전을 개선할 것입니다. 국내선에 여객기 보안 요원의 수를 대폭 확대 배치하고, 납치를 방지하기 위한 새로운 방안을 강구할 것입니다. 우리는 힘을 모아 항공 안전을 촉진하고 지금과 같은 비상시기 동안 항공 운항을 계속해서 직접 원조할 것입니다. 우리는 힘을 모아 법 집행 과정에서 국내 테러범 색출에 필요한 추가적인 방안을 제공할 것입니다. 우리는 힘을 모아 정보력을 강화할 것입니다. 테러리스트의 계획을 범행 전에 알아차리고, 범행 발생 전에 그들을 찾아내겠습니다. 우리는 힘을 모아 적극적인 조치를 취하여 미국 경제를 강화하고, 국민들이 속히 직장으로 복귀할 수 있도록 하겠습니다.

오늘 밤 우리는 모든 뉴욕 시민들의 뛰어난 정신을 그대로 받들고 있는 두 지도자를 맞이하려 합니다. 조지 파타키 뉴욕 주 주지사와 루돌프 지울리아니 뉴욕시 시장입니다. 미국의 결의를 상징하는 의미에서 우리 정부는 의회 및 이 두 지도자들과 함께 뉴욕시를 재건하는 모습을 전 세계에 알릴 것입니다.

이제 막 이 모든 일 겪고 난 뒤, 그 모든 생명을 빼앗기고, 그들과 함께 모든 가능성과 희망을 잃은 뒤에 미국의 미래가 두려움에 휩싸이지는 않을지 걱정하는 것도 당연합니다. 누군가는 지금이 테러의 시대라고 말합니다. 우리 앞에 아직 투쟁과 위험이 도사리고 있다는 사실은 저도 잘 알고 있습니다. 하지만 우리의 시대는 다른 누군가가 아닌 우리가 정의내릴 것입니다. 미합중국이 단호하고 강력한 힘을 유지하는 한, 지금은 테러의 시대가 되지 않을 것입니다. 지금은 미국과 전 세계에 걸쳐 자유의 시대가 될 것입니다.

우리는 커다란 피해를 입었습니다. 커다란 손실을 입고 고통에 떨고 있습니다. 슬픔과 분노 속에서 우리는 사명을 찾았고 우리의 순간을 만났습니다. 자유와 공포 사이에 전쟁이 벌어졌습니다. 자유의 진보가, 우리 시대가 달성한 위대한 성취이자 모든 시대의 위대한 희망이었던 자유의 진보가 우리 손에 달려 있습니다. 우리나라, 우리 세대는 우리의 국민으로부터 우리의 미래로부터 폭력이라는 음험한 위협을 걷어낼 것입니다. 우리는 우리의 노력과 용기로 전 세계를 끌어 모을 것입니다. 우리는 지치거나 흔들리지 않을 것이며, 실패하지 않을 것입니다.

제 바람은 몇 개월 혹은 몇 년 뒤 우리의 삶이 정상으로 돌아가는 것입니다. 우리는 이전의 삶으로, 일상으로 돌아갈 것입니다. 이는 좋은 일입니다. 시간이 지나면 슬픔조차 희미해집니다. 하지만 우리의 다짐은 사라지지 않을 것입니다. 우리는 그날 무슨 일이, 누구에게 일어났는지 또렷이 기억할 것입니다. 우리는 그 끔찍한 소식을 듣던 순간을, 당시 우리가 어디에서 무엇을 하고 있었는지를 또렷이 기억할 것입니다. 누군가는 불길이 치솟던 모습을 기억할 것이고 누군가는 구조와 관련된 이야기를 기억할 것입니다. 또 누군가는 사라져버린 얼굴이나 목소리에 대한 기억을 담고 갈 것입니다.

저는 경찰 방패를 기억에 담고 갈 것입니다. 이 방패는 세계 무역센터에서 다른 사람들을 돕다가 세상을 등진 조지 하워드라는 남성의 것입니다. 그의 어머니 아를린이 자랑스러운 아들을 기리는 물건으로 제게 주신 것입니다. 이것을 볼 때마다 저는 끝나버린 삶과 아직 끝나지 않은 과업을 생각하게 됩니다. 저는 이 나라에 새겨진 상처와 이 상처를 입힌 자들을 잊지 않을 것입니다. 굴복하지 않겠습니다. 멈춰 서지 않겠습니다. 미국인의 자유와 안전을 위한 이 투쟁을 결코 늦추지 않겠습니다. 이 갈등이 어떤 모습일지는 아무도 모릅니다. 하지만 그 결과는 명백합니다. 자유와 공포, 정의와 잔인함은 항상 전쟁을 치러왔습니다. 하지만 우리는 하느님이 어느 편에 서 계신지 잘 알고 있습니다.

시민 여러분, 우리는 끝까지 정의를 지키며 폭력에 맞설 것입니다. 우리의 대의가 올바르며 승리는 우리의 것이라 확신할 것입니다. 신이시여, 앞에 놓인 길을 따르는 저희에게 지혜를 내려주시고 미국을 보살피소서.

감사합니다.

앨 고어
ALBERT ARNOLD GORE, JR.

GREAT SPEECHES

생애

앨 고어(1948~)는 환경운동가이자 미국의 45대 부통령이다. 워싱턴 DC에서 대의원과 하원의원을 거친 아버지 밑에서 태어났으며 하버드 대학에서 수학하였다. 1978년에 의원으로 당선되었고 6년 뒤 상원의원직에 올랐다. 1993년부터 2001년까지 고어는 빌 클린턴 정부의 부통령으로 역임하였다. 2000년 대선에서는 민주당 후보로 출마하였으나 이 논란이 많은 선거에서 조지 W. 부시에게 패배하였다. 2007년에는 고어 자신이 작성하고 발표한 강연에 기반을 둔 다큐멘터리, 〈불편한 진실〉이 아카데미상을 받기도 하였다. 그 해 말에 고어는 노벨 평화상도 받았다.

연설의 배경 및 의의

2005년에 열린 미국시에라클럽회의 개회식 날 아침, 앨 고어 전 대통령후보가 2천 명이 넘는 관중 앞에서 연설을 펼쳤다. 허리케인 카트리나가 멕시코만 연안에 닥쳐 뉴올리언스를 초토화시킨 지 11일이 지난 뒤였다. 당시 전체 피해 범위는 아직 알려지지 않았지만 미국 역사상 가장 큰 피해를 입힌 자연재해로 기록될 것은 분명했다.

연설에서 앨 고어는 몇 몇 유명 인사들을 언급하며 그들의 말을 인용한다. 그 중에는 조지 W. 부시와 에이브러햄 링컨, 고발 전문 소설가 업튼 싱클레어도 있었지만 앨 고어가 가장 자주 입에 담은 인물은 윈스턴 처칠이었다. 고어는 영국 정치인인 윈스턴 처칠의 말을 두 번 인용한다. 하나는 1936년에 처칠이 스탠리 볼드윈 총리를 비난하면서 남긴 말이고, 다른 하나는 1938년에 네빌 체임벌린에게 뮌헨 조약의 효과에 대해 경고하며 남긴 말이었다.

고어가 연설 중에 성을 빼고 언급한 이는 칼 포프로, 시에라 클럽의 회장이다.

연설의 특징

고어는 환경운동가로서 허리케인 카트리나로 인해 큰 피해를 초래한 행정 시스템을 비판하고 여러 차례의 경고를 무시한 당국의 책임을 역사적 사례를 들어가며 꼬집는다. 그리고 국민들에게 비전을 가지라고 역설한다.

허리케인 카트리나 이후
샌프란시스코, 모스코니 센터. 2005년 9월 9일

••• 여러분 역시 저와 마찬가지로 우리 나라가 나아가고 있는 방향에 대해 근심이 깊으실 것입니다. 이에 더해 사회 자본이 붕괴되었습니다. 기본 원칙에 대한 존중이 사라지고 있습니다. 우리는 미국인으로서 자신을, 자신의 능력을 바쳐 진실을 추구해야 합니다. 진실이 우리를 자유롭게 한다는 사실을 알고 있기 때문입니다. 그렇게 진실을 바탕으로 하여 힘이 닿는 데까지 진실을 서로 공유하면서 우리는 좀 더 완벽한 연대를 만들고 공공복지에 기여하며, 이 나라가 건국의 근간이 되는 원칙에 부합되도록 노력해야 합니다.

오늘 제 마음이 무거운 것은 또 다른 이유 때문입니다. 이에 대해 많은 사람들이 말씀하셨지만 이 자리에서 저는 여러분께 개인적으로 말씀드리고 싶습니다. 제 마음이 무거운 것은 걸프 연안의 주민들이 겪고 있는 고통 때문입니다. 루이지애나와 미시시피, 앨라배마, 뉴올리언스를 비롯해 다른 도시와 지방의 주민들이 겪었을 피해 때문입니다. 우리는 그들을 생각하기 위해, 또 자신의 한계를 초월하여 이 위기 상황에 맞서며 자신의 임무를 다하고 있는 용감한 분들을 기리기 위해, 그들의 가족과 희생자들의 가족을 기리기 위해 이 자리에 모였습니다.

저를 이 자리에 연사로 초대한다는 여러분의 정중한 부탁을 처음 받았을 때 저는 이 초대에 응할 수가 없었습니다. 다른 일정을 소화해야 했기 때문입니다. 저는 이미 뉴올리언스에서 열리는 50개주 보험위원회 회의로부터 지구온난화와 허리케인에 대한 연설 요청을 받은 상태였습니다. 예정대로라면 저는 오늘과 내일 아침을 그곳에서 보내야 했습니다. 하지만 우리 모두 이번 참극을 지켜보면서 온갖 생각과 감정이 솟구쳐 올랐습니다. 이 모든 감정이 뒤엉킨 끝에 우리는 왜 즉시 대응하지 못했는지, 왜 이 사태를 제대로 대비하지 못했는지 의문을 갖게 되었습니다. 지금은 누구를 손가락질할 때가 아니라고 말합니다. 그런데 '손가락질하지 말라'던 사람들조차 이번 참극의 희생자들에게 손가락질을 합니다. 하지만 희생자들이 뉴올리언스에서 대피하지 않은 것은, 대다수가 대피하지 못한 것은, 그들에게 자동차가 없었고 마땅한 대중교통수단이 없었기 때문이었습니다.

지금은 우리 정부에게 책임을 돌릴 때가 아니라고 얘기합니다. 우리 앞에는 그보다 더 중요한 문제들이 산재해 있기 때문이라고 합니다. 하지만 이것은 둘 중 하나를 선택할 수 있는 문제가 아닙니다. 둘은 긴밀히 연계되어 있습니다. 우리 정부는 허리케인 카트리나로 무참히 피해 입은 사람들에 대한 지원책을 뒤늦게야 찾았습니다. 이런 상황에서 중요한 것은 우리가 앞서 일어난 일을 통해 잘못된 교훈을 가만히 앉아 받아먹는 것이 아니라, 제대로 된 교훈을 얻는 것입니다.

제대로 된 교훈을 받아들이지 않으면 우리는 역사가들의 말처럼 예전의 실수를 반복하고 말 것이기 때문입니다. 우리 모두 알다시피 이번 허리케인이 닥쳤을 때 우리 나라, 미합중국은 뉴올리언스와 걸프연안 주민들을 구조하는 데 실패했습니다. 허리케인이 지나간 뒤 5일이 다 되도록 미국 시민들의 시체가 오염된 물 위를 떠다니고 있습니다. 이런 시점에서 우리는 당연히 이번 재앙의 희생자들을 즉각 구조해야 할 뿐만 아니라, 아울러 이번 재앙에 대비하지 못한 책임을 국가의 구조 절차는 물론 국가 지도자들에게 마땅히 물어야 합니다.

제가 믿는 성경에는 이런 구절이 실려 있습니다. "비전이 없는 사람은 멸망한다."

4년 전인 2001년 8월, 부시 대통령은 '알카에다가 미국 내부를 공격할 것'이라는 심각한 경고를 받았습니다. 이에 대해 어떤 회의도 열리지 않았고, 어떤 경보도 울리지 않았으며, 그 누구도 한 자리에 모여 이렇게 묻지 않았습니다. "이 즉각적인 위협에 대해 우리가 더 알 수 있는 사실은 무엇인가? 이 경고가 실제로 일어나면 우리는 이에 어떻게 대비할 수 있을까?" 미리 대비했다면 우리는 FBI와 CIA, NSA 등을 통해 무수한 자료를 수집할 수 있었을 것입니다. 우리 항공을 납치해 세계무역센터와 펜타곤, 펜실베이니아 벌판으로 몰고 간 테러리스트 대다수의 이름까지도 알아낼 수 있었을 것입니다. 또한 정부는 FBI 지역 사무국으로부터 비행 훈련을 받는 이들 중에 착륙 기술에는 관심을 보이지 않는 미심쩍은 자들이 있다는 보고를 받기도 했습니다.

이에 정부는 다급히 FBI 지역 사무국장을 찾아 적절한 계획이나 효과적인 대응책이 있는지 알아볼 수도 있었습니다. 하지만 당시는 휴가철이었기에 위험 사태에 대비하거나 미국 국민을 보호할 시기가 아니었습니다.

그로부터 4년 뒤, 허리케인 카트리나가 뉴올리언스를 강타하기 사흘 전에 역시 심각한 경고가 전해졌습니다. 허리케인이 지금의 경로대로 진행된다면 제방이 무너져 뉴올리언스 시가 물에 잠길 것이며, 시민 수천 명이 위험에 빠질 것이라는 내용이었습니다. 이번에도 역시, 휴가철이었습니다. 마땅한 준비는 갖추어지지 않았고 뚜렷한 계획도 없었으며 대응책도 마련되지 않았습니다.

이전 참사가 벌어질 당시, 대통령은 이라크를 향해 진행 중인 전투를 진주만 전쟁의 승리와 2차 세계대전에 비유했습니다. 이 두 역사적 사건 사이에는 극명한 차이가 하나 있습니다. 제국주의 일본이 진주만을 공격했을 때, 프랭클린 루스벨트 대통령은 인도네시아를 침략하지 않았다는 것입니다.

정부는 이라크에서 벌어진 이 끔찍한 비극이 충격적인 오판과 명백한 거짓 때문이 아니라고 합니다. 자신의 실수와 오판, 기만에는 아무 책임이 없다고 주장합니다. 그렇기에 이번에 우리 앞에 휘몰아친 비극에 대해 아무리 잘못되고 부적절한 정책으로 무신경하게 열의 없이 대응한 책임을 묻는다 한들 정부는 겁내지 않습니다. 하지만 텔레비전에서 보고 신문에서 읽은 사람들은 이 참사를 두 눈으로 똑똑히 확인했습니다. 이번 참사는 단순히 알아볼 수 있었던 것이 아니라 미리 알려졌습니다. 그것도 자세한 사실까지 놀랄 만큼 꼼꼼히 알려졌습니다. 도면상에서 실전 계획 훈련도 실시하였고 허리케인이 닥쳤을 때 입을 피해에 대해 과학적인 증거를 들어 따져보기도 했습니다. 비전이 없는 사람은 멸망하고 맙니다.

문제는 비전이 없다는 것만이 아닙니다. 잘못된 비전을 두었다는 것도 문제입니다. 이번 정부의 원칙에 철학적 지표를 제시하던 한 사람은 미국 정부를 욕조 안에서도 익사시킬 수 있을 만큼 나약하고 무기력하게 만들고 싶다는 유명한 말을 남겼습니다. 3년 전에는 전 클린턴-고어 정부의 FEMA(미국연방긴급관리국) 국장이 FEMA가 나약하고 무기력하여 참사 대응 능력이 취약하다고 경고한 바 있습니다. 이후 FEMA 예산은 삭감되었고 지부는 다른 곳으로 옮겨졌습니다.

칼 포프는 당황했다고 말했습니다. 당황했다는 말은 모호한 단어입니다. 여러분은 미국이 이라크를 침략한 뒤 미국 군인들이 무기력한 포로들을 가죽 끈에 묶은 채 끌고 가는 모습을 보고 기분이 어땠습니까?(그런데 이들 포로 중 99%는 우리 군대에 맞서는 폭력 세력과 아무 관련이 없었으며, 테러 조직과는 더욱 거리가 먼 무고한 사람들이었습니다.) 이 무고한 포로들이 미국의 이름 아래에서 고문을 받았습니다. 어떤 기분이 드십니까? 마땅한 말이 무엇이 있을지 저는 잘 모르겠습니다. 잘 모르지만 여러분은 우리 군인들이 미국의 이름으로, 우리의 권위를 등에 업고 이들 무력한 사람을 고문하는 장면을 보았을 때와, 그것이 정책의 일환이라 말하는 장면을 보았을 때의 그 감정을 뚜렷이 구분해 주시기 바랍니다. 사람들은 고문을 담당한 개인과 군인을 향해 손가락질하지만 여러분은 이 소식을 접했을 때 느낀 감정과, 지난 십일 동안 물에 떠다니는 시체들, 먹을 음식이나 마실 물, 약도 없이 무기력하게 남겨진 시민들을 보면서 느낀 감정을 뚜렷이 구분해보시기 바랍니다. 이들 두 경우 모두 사연도 복잡한데다 여러 요소들이 혼재되어 있지만 여러분은 이라크 전쟁 당시와 지금 느낀 감정을 뚜렷이 구분해주시기 바랍니다. 아울러 세계인들이 지켜보는 가운데 우리나라를 당황스럽게 만든 이 믿을 수 없는 두 비극의 책임이 어디에 있는지 뚜렷이 구분해주시기 바랍니다.

지금 또 다른 재앙이 다가오고 있다는 과학적인 증거가 있습니다. 우리는 알카에다가 머지않아 공격할 것이라는 경고를 받았지만 이에 대응하지 못했습니다. 우리는 뉴올리언스 제방이 무너질 것이라는 경고를 받았지만 이에 대응하지 못했습니다. 이제 과학계는 허리케인의 평균 강도가 지구 온난화로 인해 더욱 강력해질 것이라 경고하고 있습니다. 이번 비극이 벌어지기 한참 전, MIT의 한 과학자는 1970년대 이후 대서양과 태평양 지역에서 발생하는 허리케인이 지속 기간과 강도 면에서 50% 가량 상승했다는 연구결과를 발표했습니다. 뉴스에서는 허리케인 카트리나가 플로리나 남부를 건넌 뒤에 걸프 연안을 만나면서 그 강도가 대폭 증가할 것인데, 이는 허리케인이 걸프해의 비정상적으로 따뜻한 해안을 지나가기 때문이라고 전했습니다. 이는 지난 20년 간 과학자들이 연구한 태풍 경로와 정확히 일치했습니다. 백여 개국에서 모인 2천여 명의 과학자들이 인류 역사상 가장 정교하고 치밀하게 조직된 공동 과학연구에 참여한 결과, 우리가 지구 온난화라는 근본 원인을 제대로 해결하고 이에 적극 대비하지 않는다면 인류는 끔찍한 재앙을 연이어 맞닥뜨리게 될 것이라는 공통된 결론을 내놓았습니다. 따라서 우리는 과학적 증거와 전문가들의 분명한 경고를 무시하면 어떤 일이 벌어지는지 마음속에 깊이 새겨야 하겠습니다. 그리하여 우리의 지도자들이 다시는 이런 우를 범하지 않도록, 다시는 과학자들의 경고를 무시하지 않도록 해야 합니다. 그리고 지금 우리에게 다가오고 있는 위협 앞에서 우리 국민들을 다시는 무방비상태로 내버려두지 않도록 해야 합니다.

　대통령께서는 지구온난화가 인류에게 진정한 위협이 되리라고는 생각하지 않는다고 말합니다. 실제로 닥칠지 확신할 수 없는 위협에 대해 의미 있는 대처를 할 준비가 아직 안 되어 있다고 말합니다. 지구온난화를 둘러싼 과학적 논란은 아직 끝나지 않은 것으로 안다고 말합니다. 대통령은 지난주에도 이와 같은 발언을 하였습니다. "제방이 무너지리라고는 아무도 예측하지 못했다." 민주주의가 제대로 작동하기 위해서는 책임의식이 높아져야 합니다. 불확실함, 결단력 부족, 더불어 과학계의 주장을 의도적으로 오해하고, 석탄과 원유기업 편에 선 소수의 지지자—다수가 아니라 소수입니다—들이 바라는 바에 더 귀를 기울이고, 과학계의 목소리는 무시하는 이런 태도는 심각한 문제가 아닐 수 없습니다. 대통령은 이라크 전쟁이 2차 세계대전과 유사하다 하였습니다. 제가 2차 세계대전과 유사한 또 다른 점을 들어 드리겠습니다.

유럽대륙에 먹구름이 드리울 때 윈스턴 처칠은 당장 위태로운 상황을 경고했습니다. 그는 당시 영국 정부에게 이 사실을 알렸지만 정부는 이 위협이 실제로 닥칠지 확신하지 못했습니다. 처칠은 이렇게 말했습니다. "그들은 이상한 역설을 고수하고 있습니다. 결정하지 않기로 결정하고, 결단하지 않기로 결단 내렸습니다. 확고하게 표류하고, 굳건하게 유동적이며 강력하게 무력합니다. 꾸물거리는 시대, 임시변통의 시대, 지연시키면서 누그러뜨리고 저해하는 시대는 이제 끝나가고 있습니다. 그 자리에 결과의 시대가 도래하고 있습니다."

신사숙녀 여러분, 지구온난화에 대한 경고는 오랫동안 지극히 분명한 사실이었습니다. 세계의 기후가 위기에 직면하였습니다. 이 문제는 점점 심각해지고 있습니다. 우리는 결과의 시대로 들어서고 있습니다. 처칠도 이 사실을 말하면서 자국의 국민들에게 알렸습니다. 그는 자신이 이미 미래의 위기를 경고하고 이에 대비할 것을 요청하였지만 그러한 위협이 실제로 닥치리라는 사실을 어떻게든 회피하려는 사람들에게 알렸습니다. 사람은 현실적인 상황을 부인하고, 그 상황이 사실은 누군가의 주장처럼 그리 심각한 것은 아니라며 헛된 희망을 찾으려 한다고 처칠은 말했습니다. 하지만 우리는 진실을 알아야 한다고 그는 말했습니다. 네빌 체임벌린 총리의 유화 정책이 발효되자 처칠은 또 이렇게 말했습니다. "지금은 심판의 시작에 불과합니다. 지금은 해가 지날수록 우리 앞에 놓일 쓰디쓴 잔의 첫 번째 한 모금, 첫 번째 맛보기에 불과합니다. 도덕적 건강과 군사적 활기를 최대한 되찾아서 다시 일어나 자유의 편에 서지 않는다면 우리는 이 잔을 계속 마셔야 할 것입니다."

이제 우리가 미국의 도덕적 건강을 되찾고 다시 한 번 일어나 자유의 편에 설 차례입니다. 형편없는 결정, 잘못된 판단, 계획 부족과 준비 부족의 책임을 묻고, 미국 국민들에게 닥친 심각하고 즉각적인 위협을 현실로 받아들이지 않으려 한 책임을 물어야 할 차례입니다.

에이브러햄 링컨은 이렇게 말했습니다. "산적한 난관 앞에서 우리는 일어나야 합니다. 우리의 상황이 생경한 만큼 우리 역시 새롭게 생각하고 새롭게 행동해야 합니다. 우리는 스스로를 해방시켜야 우리 조국을 구할 수 있습니다."

우리는 스스로를 해방시켜야 합니다. 우리 위대한 민주주의의 관심을 현재의 중요한 쟁점과 시련으로부터 흩뜨려놓는 주범을 생생하고 뚜렷하게 밝혀야 합니다. 우리는 마이클 잭슨 재판에서, 아루바(카리브해 남서부에 있는 네덜란드령의 섬으로 자연경관이 빼어나 미국인들이 주로 찾는 관광지) 검색으로부터, 최근 연이어 터진 유명인사 재판에 대한 집착으로부터 스스로를 해방시켜야 합니다. 이 훌륭한 민주주의를 압도하여 우리가 자유로운 미국 시민으로서 현재의 진정한 상황에 대해 서로 이야기하고, 그로써 우리나라를 구할 여유를 앗아가는 그 어떤 사소한 관심거리로부터 스스로를 해방시켜야 합니다. 이러한 잘못된 교훈은 떨쳐내야 합니다.

현재 정부에 속한 사람들을 비롯해 어떤 이들은 이번과 같은 정부의 한심한 대응이 우리가 결코 정부에 기댈 수 없다는 사실을 증명한다고 말합니다. 과거에 우리 정부는 자신이 야기한 재앙을 해결하기 위해 자신에게 조금 더 일방적인 힘을 실어줄 것을 요구했습니다. 하지만 우리는 정부가 자체조사에 착수하도록 묵인해서는 안 됩니다. 정부에게 더 큰 힘을 실어주어 그들이 이번처럼 자신의 힘을 남용하고 오용하는 일이 없도록 해야 합니다. 하지만 정부가 자기 방식대로 사태를 처리해선 안 된다고 해서 정부의 모든 계획이 폐지되어야 한다는 뜻은 아닙니다. 지난 정권 당시 FEMA는 더할 나위 없이 임무를 잘 수행하였습니다.

백 년 전에 업턴 싱클레어는 이런 말을 남겼습니다. "한 사람에게 무언가를 이해시키기는 힘들다. 그가 이해하지 않아야 봉급이 나온다면 더욱더 그렇다." 허리케인 카트리나와 지구 온난화에 대한 우리의 이해 수준도 이와 같으리라고 생각합니다. 맞습니다. 그 어떤 허리케인도 지구 온난화 때문에 생긴 것은 아닙니다. 허리케인은 예전부터 있어 왔고, 앞으로도 계속 일어날 것입니다. 맞습니다. 지구 온난화 때문에 허리케인 출현 빈도가 높아진다는 사실을 과학적으로 명백히 설명할 수는 없습니다. 허리케인 발생 시기에 허리케인이 몇 번 닥치는지는 20년에서 40년 단위로 바뀌는 순환 주기가 지대한 영향을 미치는 것이 사실입니다. 하지만 과학계가 주장한 바가 지금 뚜렷이 드러나고 있다는 것도 사실입니다. 바다가 점차 따뜻해지면서 허리케인의 평균 강도가 높아졌습니다. 풍력만이 아니라 바다에서 증발하여 폭풍우에 합류하는 수분량도 급격히 증가하면서 그 파괴적인 힘이 더욱 거세졌고, 이에 따라 허리케인의 강도가 높아졌을 뿐 아니라 지속 기간도 길어졌습니다.

지난해에 우리는 허리케인을 수차례 만났습니다. 지난해 일본에서는 태풍이 열 번 발생하면서 태풍 발생 빈도 신기록을 수립하였습니다. 그 전까지 최고 기록은 7번이었습니다. 지난해에는 과학 교과서의 내용도 수정되어야 했습니다. 이전에는 "남대서양 지방에서는 허리케인이 발생할 수 없다."는 내용이 실려 있었습니다. 그런데 지난해 처음으로 브라질에서 태풍이 발생했습니다. 지난해 미국에서는 토네이도가 1,717회 발생하면서 토네이도 발생횟수에서도 신기록이 수립되었습니다. 허리케인이 토네이도를 야기한 것입니다. 지난해 여러 도시의 온도 역시 기록적인 수준에 이르렀습니다. 올해 미국 서부 200여개 도시에서 신기록이 수립되었습니다. 투산의 기온은 연일 100도(섭씨 37.7도)를 넘으면서 신기록과 동일한 기록을 세웠고, 리노에서는 총 39일 동안 기온이 100도를 넘어섰습니다.

과학자들은 처칠의 말처럼 우리가 하루 빨리, 급격히 도덕적 건강을 되찾지 않으면 이번과 같은 참사는 쓰디쓴 잔의 첫 번째 한 모금이 되어 앞으로 해마다 닥치게 될 것이라고 입을 모아 얘기하고 있습니다. 이런 상황에서 우리는 일어나야 합니다. 서로 떨어진 점들을 연결해야 합니다. 슈퍼펀드 사이트(Superfund site. 유해물질로 오염된 곳. 특별법을 지정해 오염을 일으킨 책임자를 가려 정화하도록 하거나, 책임자가 모호할 때에는 특별 조성된 기금을 사용하여 관리한다)가 정화되지 않으면 걸쭉하게 흘러내리는 유해물질이 홍수를 이룰 것입니다. 빈곤층을 위한 적절한 대중교통수단이 없으면 도시에서 대피하기가 힘듭니다. 빈곤층에 의료혜택이 보급되지 못한다면 위기에 빠진 난민들을 수용할 병원을 찾기 힘들어집니다. 습지가 개발자들의 손에 파헤쳐지면 바다에서 밀려드는 폭풍은 점점 더 해안가 도시를 위협할 것입니다. 지구온난화를 야기하는 오염가스 사용을 규제하지 않으면 지구온난화는 더욱 악화될 것이며, 결국 과학계가 경고한 일이 닥치고 말 것입니다.

친애하는 여러분, 지금 우리가 처한 상황은 새롭기만 한 것이 아닙니다. 지금 상황은 인류 역사상 그 어떤 것과도 판이하게 다릅니다. 지난 백 년 사이 인류와 지구의 관계는 몰라보게 바뀌었습니다. 세계 인구는 백 년 전에 비해 네 배가 증가하였습니다. 인구는 여러 면에서 크게 성공하였습니다. 인구학적 변화는 우리가 바라던 것보다 훨씬 빠르게 진행되어 왔습니다. 하지만 인류와 지구 사이에 관계가 새로이 설정되면서 우리는 새로운 상황을 받아들이고, 이 새로운 관계에 따른 결과에 잘 대처해야 하는 도덕적 책임을 안게 되었습니다. 그 결과란 비단 오염만이 아닙니다. 마음대로 사용 가능한 우리의 기술력은 개개인이 자연에 미칠 수 있는 평균 영향력을 어떻게든 엄청나게 증폭시킵니다. 여기에 65억 인구 수를 곱하고 또 여기에 과학적 증거는 무시해도 괜찮다는 현재 우리의 행위가 미래에 미칠 결과에 대해서는 책임질 필요가 없다는 마음가짐과 태도를 더하면, 인류 문명과 지구는 충돌할 것입니다. 우리가 본 난민들, 우리 미국인들을 난민이라 부르고 싶지는 않습니다만, 그들은 실로 쓰디쓴 잔의 첫 모금을 들이키게 되었습니다. 전 세계 해수면이 높아지면 환경 난민은 수백만으로 불어날 것이기 때문입니다. 그밖에 발생할 다른 문제는 여러분도 아실 테니 연설을 끝마치기에 앞서 한 말씀 더 드리겠습니다.

지금은 도덕을 지켜야 할 때입니다. 그 어떤 과학적 논쟁이나 정치적 담화를 할 때가 아닙니다. 근본적으로 우리 인간이 누구인지를 깨우쳐야 할 때입니다. 우리의 한계를 뛰어 넘어 새롭게 맞이한 이 상황에 맞서 일어서야 할 때입니다. 지금 우리에게 요구되는 이 유례없는 대응책을 머리는 물론 마음으로 바라보아야 합니다. 스스로를 해방시켜야 합니다. 눈앞에 분명히 던져진 경고를 무시하는 일에 공모한 환상을 떨쳐내고 지금 우리 앞에 분명히 던져진 경고를 바로 들어야 합니다.

비전이 없으면 사람은 멸망합니다. 링컨이 말했듯 또 다시 중대한 도전의 순간이 찾아왔을 때 미국 국민들이 직면한 질문은 자유 안에서 탄생하고 자유를 위해 헌신한 정부가, 국민의, 국민에 의한, 국민을 위한 정부가, 혹은 그렇게 탄생한 그 어떤 정부가 과연 이 지구상에서 멸망할 것인가였습니다.

이 도덕적 시련에는 또 다른 측면이 있습니다. 비전이 있으면 사람은 번창하고 번영하며, 자연세계와 우리 사회는 회복됩니다. 다행인 점은 우리가 무엇을 할지 알고 있다는 것입니다. 다행인 점은 지구 온난화라는 시련에 대응하기 위해 필요한 모든 것이 우리에게 있다는 것입니다. 우리에게는 유용한 기술이 많이 있고 지금도 그 이상의 기술이 개발되고 있으며, 새로운 기술이 생산되어 부담 없이 이용할 수 있게 되면 우리는 그 기술을 사용해 더욱 쉽게 지구온난화에 대응할 수 있을 것입니다. 하지만 잠자코 기다려선 안 됩니다. 기다릴 수도 없고, 기다려서도 안 됩니다. 우리에게는 정치적 의지를 제외하고는 필요한 모든 것이 있습니다. 하지만 민주주의 사회에서는 정치적 의지도 언제든 다시 불러일으킬 수 있습니다.

여러분이 조직의 입장에서 논쟁을 벌이고 있으며, 서로 자신의 우선순위에 대해 이야기하고 있다는 사실을 저도 압니다. 지구온난화를 여러분의 우선순위에 두시기 바랍니다. 공통된 주제에 초점을 맞추시기 바랍니다. 다른 집단과 함께 이전에는 해보지 않은 방식으로 협력하시기 바랍니다. 여러분이, 그리고 상대방이 매우 힘들게 노력해야 한다 해도 협력하시기 바랍니다. 지금을 도덕적 순간으로 만드시기 바랍니다. 이 임무를 도덕적 대의로 만드시기 바랍니다.

당면한 문제가 너무 거대해서 우리 힘으로는 해결할 수 없다고 말하는 분도 있습니다. 실제로 문제를 해결하는 중간 단계에 머물러보지도 않은 채 부정에서 절망으로 치닫는 사람들도 많습니다. 우리에게는 너무 거대한 문제라는 분들께 말씀드립니다. 우리는 과거에도 이런 거대한 시련을 받아들여 성공적으로 이겨냈습니다. 우리는 자유를 선언하고 쟁취했습니다. 개인의 자유를 존중하고 보호하는 국가를 건설하였습니다. 노예를 해방시켰습니다. 여성들에게 투표권을 부여하였습니다. 흑인차별정책에 맞섰습니다. 여러 무서운 질병을 치료하였습니다. 달에 착륙하였습니다. 태평양과 대서양에서 동시에 벌어진 두 전쟁을 승리로 이끌었습니다. 공산주의를 무너뜨렸습니다. 아파르트헤이트를 타도하였습니다. 성층권 오존층에 구멍이 생기는 전 지구적 환경 위기도 해결하였습니다. 이 모두 우리에게 뛰어난 리더십이 있었기 때문입니다. 우리에게 비전이 있었기 때문입니다. 각 지역사회에서 자신의 도덕적 권위를 실천한 국민들이 '국민의, 국민에 의한, 국민을 위한' 국가 정부가 어떤 난관 앞에서도 윤리적 행동을 취하도록 권한을 부여하였기 때문입니다. 지금 또 다른 시련이 다가왔습니다. 이 순간은 여러분의 것입니다. 지금은 이 상황을 알아보고 이해하며, 마음을 다해 기꺼이 이 위기를 이겨내려는 사람, 이번에는 경고가 무시되지 않으리라 말하는 사람들의 것입니다. 이번에 우리는 준비할 것입니다. 우리는 일어날 것입니다. 우리는 승리할 것입니다.

   감사합니다. 여러분께 행운이, 하느님의 은총이 함께하길 빕니다.

앨 고어가 제안한 지구 온난화 해결방안

1. **일반 전구를 형광등으로 교체하자.**
   1년에 68kg의 이산화탄소가 줄어든다.

2. **대중교통을 이용하거나 걷거나 자전거를 타자.**
   2km만 자동차를 안 타도 600kg의 이산화탄소가 줄어든다.

3. **재활용을 열심히 하자.**
   지금 집에서 버리는 쓰레기의 1/2만 재활용해도 1톤의 이산화탄소가 줄어든다.

4. **타이어를 체크하자.**
   적당한 공기압을 유지하는 것만으로도 기름을 3%이상 아낄 수 있고 휘발유 4리터를 아끼면 이산화탄소가 9kg 줄어든다.

5. **따뜻한 물을 조금 덜 사용하자.**
   물을 가열하는 데는 많은 에너지가 들어간다. 절수형 샤워기를 사용하면 1년에 160kg의 이산화탄소가 줄어든다. 빨래를 할 때에는 찬물이나 미지근한 물을 사용한다.

6. **상품 포장을 줄이자.**
   포장쓰레기를 10%만 줄여도 540kg의 이산화탄소가 줄어든다.

7. **겨울 난방온도를 2도 낮추고, 여름 냉방온도를 2도 높이자**
   1년에 900kg의 이산화탄소가 줄어든다.

8. **나무를 심자.**
   나무 한 그루가 1톤의 이산화탄소를 흡수한다.

9. **전자 제품을 사용하지 않을 때에는 꺼두자.**

10. **'불편한 진실' 홈페이지를 방문해서 더 많은 것을 배워가자.**

케빈 러드
KEVIN MICHAEL RUDD

― GREAT SPEECHES ―

생애
케빈 러드(1957~)는 오스트레일리아 26대 총리이다. 퀸스랜드 남버에서 출생한 그는 열다섯의 나이에 오스트레일리아 노동당에 가입하였다. 러드는 캔버라에 있는 오스트레일리아 국립대학에서 중국 역사와 중국어를 공부하고 이후 오스트레일리아 외무부에서 스톡홀름과 베이징 외교관으로 재직하였다. 1998년 선거에서 오스트레일리아 의회 의원으로 당선되었다. 2006년에 노동당 총수가 되었고, 이듬해 총선에서 존 하워드 총리를 누르고 총리직에 올랐다.

연설의 배경 및 의의
2007년 오스트레일리아 연방 선거운동에서 야당대표 케빈 러드는 자신이 총리직에 선출되면 국내 원주민에 가해진 학대에 대해 사죄하겠다고 맹세하였다. 이러한 사과를 요구하는 목소리는 오스트레일리아 내에서 십 년 넘게 들려 왔고 1997년 '아이들을 집으로'라는 보고서가 의회에 상정되면서 요구의 목소리는 일파만파로 커졌다. 하지만 당시 총리였던 존 하워드는 현재의 오스트레일리아가 지난 정부의 만행과 정책까지 책임질 수는 없다며 사과가 아닌 유감을 표하는 성명을 냈다. 하워드는 또한 어떤 형태로든 사죄를 하게 되면 피해자들은 막대한 보상을 요구할 것이라 주장하기도 했다.
러드는 선거에서 승리한 뒤 원주민에 대한 사과를 '정부사업 운동 1안'으로 두어 우선시하였다. 이것이 새 정부의 첫 번째 행동이었다. 러드의 사과는 잘 받아들여졌지만 이와 함께 재정적인 보상도 있어야 한다는 목소리도 들려 왔다. 그해 4월에는 러드의 연설문 일부가 담긴 민중가요 "작은 것에서 큰 것이 탄생하리(From Little Things Big Things Grow)"가 오스트레일리아 싱글 차트 4위에 올랐다. 이 노래의 수익금은 원주민 구호단체에 보내졌다.

연설의 특징
러드 총리는 지나간 과거의 비극이지만 원주민과 이주민 사이의 화해를 위해, 원주민 학살 및 잔학행위에 대해 진심어린 반성과 사죄를 건넨다. 백인우월주의를 초월한 용기 있는 사과는 비극의 아픔을 다소나마 치유했으리라.

오스트레일리아 원주민에 대한 사과
캔버라, 국회의사당. 2008년 2월 13일

••• 의장님. 저는 제안합니다. 오늘, 인류 역사상 가장 오랫동안 자신의 문화를 지켜온 이 땅의 원주민들에게 경의를 표할 것을 제안합니다.

우리는 과거 그들에게 가한 학대에 대해 반성합니다.

우리는 특히 빼앗긴 세대에 가한 학대에 대해 반성합니다. 우리는 이로써 역사에 씻을 수 없는 오점을 남겼습니다.

이제 과거의 잘못된 점을 바로잡아 확신에 찬 미래로 나아가면서 오스트레일리아 역사의 새로운 장을 열 때입니다.

우리는 과거 연이은 의회와 정부의 법률 및 정책으로 동료 오스트레일리아 인들에게 극심한 슬픔과 고통, 상실을 안긴 것에 대해 사과드립니다.

우리는 특히 호주 원주민과 토레스 해협 섬들의 자녀들을 그들의 가족과 공동체, 국가로부터 갈라놓은 것에 대해 사과드립니다.

고통과 괴로움, 상처를 감당해야 했을 이들 빼앗긴 세대와 그 후손 여러분, 그리고 남겨진 가족들께 사과드립니다.

그들의 가족과 공동체를 붕괴시킨 것에 대해 그 부모와 형제자매들께 사과드립니다. 그들의 자랑스러운 민족과 자랑스러운 문화에 대해 모욕과 수모를 가한 것에 대해 사과드립니다.

우리 오스트레일리아 의회는 이 사과를 받아주실 것을 정중히 부탁드리며, 그로써 이 나라가 과거의 상처를 치유하는 데 한 몫을 할 수 있기를 바랍니다.

우리는 이 위대한 대륙 역사의 새 장을 열 수 있다는 결의를 담아 용기 있게 미래로 나아갈 것입니다. 오늘 우리는 과거의 잘못을 인정하고 미래에는 모든 오스트레일리아 인을 포용할 것을 다짐하며 첫 걸음을 내디딜 것입니다. 미래에는 과거와 같은 부당한 일이 결코, 절대로 다시 일어나서는 안 된다고 우리 의회는 다짐합니다.

미래에는 원주민과 비원주민을 아우르는 모든 오스트레일리아인의 결심을 한데 모아 수명과 교육적 성취, 경제적 기회 등에서 우리 사이에 놓인 격차를 좁혀갈 것입니다.

미래에는 낡은 접근방식의 실패로 인해 오래 지속되어야 한 문제들을 새로이 해결할 가능성도 끌어안을 것입니다. 미래에는 상호존중과 상호해결, 상호책임을 기반으로 할 것입니다.

미래에는 혈통에 관계없이 모든 오스트레일리아 인들이 진정으로 평등한 동반자가 되어 동등한 기회와 동등한 권리를 누리며 우리 위대한 조국 오스트레일리아 역사의 새로운 장을 써내려갈 것입니다.

의장님, 국가의 역사에는 미래를 포용하는 자부심을 안고 앞으로 나아가고자 하는 국민들이 과거와 완벽히 화해하는 시기가 오기 마련입니다. 우리 조국 오스트레일리아도 그러한 시기에 당도하였습니다.

오늘 이 자리에 의회가 모인 것도 그러한 이유에서입니다. 우리는 이 끝나지 않은 국가적 사업을 완수하고 국민의 영혼에 깊이 새겨진 얼룩을 지우며, 화해를 바라는 진심 어린 마음을 담아 우리 위대한 조국 오스트레일리아 역사의 새로운 장을 열기 위해 모였습니다.

의장님, 지난해 저는 오스트레일리아 국민들 앞에 맹세하였습니다. 우리가 오스트레일리아 연방의 새 정부를 열게 되면 국회에서 빼앗긴 세대에게 '사과'를 드리겠다고 말입니다. 의장님, 오늘 저는 그 약속을 지키려 합니다. 저는 새 국회가 개회하는 시기에 약속을 지키겠노라 말씀드렸습니다. 의장님, 다시 한 번 오늘 저는 오스트레일리아 연방의 42대 국회가 시작되는 이 자리에서 그 약속을 지키고자 합니다. 우리 위대한 조국의 모든 국민들이, 우리 위대한 연방의 모든 시민들이, 모든 오스트레일리아 인들이, 모든 원주민과 비원주민들이 서로 화해하고 함께 이 나라의 미래를 건설할 시기가 진정 다가왔기 때문입니다.

누군가는 이렇게 물었습니다. "왜 사과해야 합니까?" 그 대답을 위해 이 자리에서 한 사람의 이야기를 조금 소개할까 합니다. 우아하고 말솜씨가 뛰어난 멋진 80세 여인의 이야기입니다. 지금까지 순탄치 않은 인생을 거쳐왔는데도 생기가 넘치며 재미있는 이야기를 가득 안고 있는 그 여성은 먼 길을 여행한 끝에 오늘 우리와 함께하게 되었습니다. 빼앗긴 세대의 일원인 그녀가 며칠 전 만나고 싶다는 제 연락을 받고 자신의 이야기를 들려주었습니다.

나나 눙갈라 페조라 불리길 바라는 이 여인은 1920년대 후반에 태어났습니다. 그녀는 어린 시절을 테넌트 크릭 외곽에 자리한 숲속 야영지에서 가족을 비롯한 공동체 구성원들과 함께 보냈다고 기억합니다. 그 오래전에 느낀 사랑과 온기, 친근함은 물론이고 밤이면 캠프파이어 주변에서 전통 춤사위가 벌어지던 모습도 잊지 않았습니다. 그녀는 춤추는 것을 좋아했습니다. 춤사위가 벌어질 때 소녀들은 가만히 앉아서 춤추는 남성들을 바라보고만 있어야 했는데, 당시 네 살이던 그녀는 부족의 나이 든 남성들과 춤을 추겠다고 나서는 바람에 한바탕 문제를 일으켰다고 합니다.

그런데 역시 그녀가 네 살이던 1932년 어느 날에 복지담당자들이 집에 들이닥쳤다고 페조 여사는 기억하고 있습니다. 두려움에 떨던 가족들은 어린이들이 달려가 숨을 수 있는 굴을 하구 강둑에 팠습니다. 하지만 복지 담당자가 하나가 아니라 여러 명이라는 사실을 그들은 예상하지 못했습니다. 담당자들은 트럭 한 대와 백인 두 명을 데리고 왔고, 일행 중에는 말을 타고 와서 채찍을 휘둘러대던 목축업자 원주민도 있었습니다. 그들의 손에 발각된 아이들은 고함을 지르며 어머니에게 달려가려 했지만 빠져나갈 수 없었습니다. 아이들은 끌려가 트럭 뒤 칸에 실렸습니다. 그녀의 어머니는 눈물을 흘리면서 아이들을 태운 트럭 옆에 매달리려고 발버둥 쳤습니다. 결국 아이들은 보호라는 명목 아래 '앨리스의 벙갈로'에 수용되었습니다.

몇 년 뒤에 정부 정책이 바뀌었습니다. 이제 아이들은 전도 사업 시설에 들어가 교회의 보호를 받게 되었습니다. 그런데 이들의 보호를 맡은 교회가 어디인지 아십니까? 아이들은 간단히 세 줄로 서라는 말을 들었습니다. 나나 페조와 자매들은 가운데 줄에, 나나의 오빠와 사촌은 왼쪽 줄에 섰습니다. 왼쪽 줄에 선 아이들은 가톨릭 신자가 되었고 가운데 줄에 선 아이들은 감리교 신자, 오른쪽 줄에 선 사람은 영국 국교회 신자가 되었습니다. 이는 종교개혁 이후의 복잡한 문제들이 1930년대 오스트레일리아 오지에서 어떻게 해결되었는가를 보여주는 실례입니다. 그 해결방법이라는 것이 이렇게나 조악했던 것입니다. 나나와 자매들은 골번 섬에 있는 감리교 시설로 보내졌고, 이후 크로커 섬으로 옮겨 갔습니다. 가톨릭교도가 된 오빠는 가축농장으로, 사촌은 가톨릭 시설로 보내졌습니다. 이렇게 나나 페조의 가족이 두 번째로 생이별을 하였습니다. 나나는 전쟁이 발발한 뒤까지 시설에 머물다가 이미 정해진 대로 다윈에 있는 한 가정에 들어가게 되었습니다. 당시 그녀의 나이 열여섯이었습니다. 이후 나나 페조는 어머니를 단 한 번도 보지 못했습니다. 나나가 시설을 떠난 뒤에야 어머니가 몇 년 전에 돌아가셨다는 사실을 오빠에게 들을 수 있었습니다. 상심한 여인이 아이들을 애타게 그리워하다가 말 그대로 딸아이에게서 찢겨져 나간 것입니다.

저는 나나 페조에게 그녀의 이야기 중 무엇을 이 자리에서 말하면 좋을지 물었습니다. 그녀는 한동안 생각에 잠기더니 어머니는 모두 중요하다는 말을 해달라며 이렇게 덧붙였습니다. "가족이 함께 있는 것이 무엇보다 중요해요. 사랑에 둘러싸여 있다는 것, 그 사랑이 다음 세대까지 이어진다는 것은 아주 좋은 일이죠. 그것이 사람에게 행복을 가져다주거든요."

이후 제가 자리를 떠난 뒤에 나나 페조는 제 수행원 한 명을 불러서 이렇게 부탁했다고 합니다. 오래 전 아이들을 사냥했던 원주민 목축업자에 대해 너무 가혹한 이야기는 하지 말아달라고 말입니다. 몇 십 년 뒤 그 목축업자가 그녀를 찾아와 직접 자신의 입으로 '미안하다'고 했다는 것입니다. 그리고 놀랍게도 나나는 그를 용서해주었다고 합니다.

나나 페조의 이야기는 무수한 이야기 중 하나에 불과합니다. 이런 일을 겪은 분들이 수천 명, 수만 명에 이릅니다. 한 세기의 대부분을 부모와 억지로 떨어져 지내야 했던 호주 원주민과 토레스 해협 섬주민들의 자녀들이 수천, 수만 명입니다. 이들 이야기 중 일부는 '아이들을 집으로'라는 보고서에 생생히 기록되어 있습니다. 이 보고서는 1995년 키팅 총리의 위탁을 받아 작성되어 1997년 하워드 총리에게 전달되었습니다. 그들이 직접 경험한 이 이야기에는 끔찍하리만큼 원시적인 고통이 담겨 있습니다. 타들어가는 괴로움이 종이를 뚫고 나올 듯이 고함을 내지릅니다. 그들에게 가해졌을 상처와 모욕, 멸시, 어머니와 자녀를 물리적으로 갈라놓는 그 터무니없는 잔인함이 우리의 감각을, 가장 근본적인 인류애를 깊숙이 찌릅니다. 이들 이야기는 세상에 들려지기를, 사과 받기를 절실히 요구하고 있습니다.

하지만 이 나라의 의회는 십년이 넘도록 냉담하고 완고하게 귀를 막은 채 침묵을 지켰습니다. 우리 의회는 어떻게든 무엇이 옳고 무엇이 그른지를 가리는 가장 기본적인 본능을 막으려 했습니다. 그러면서 이 거대한 잘못을 한쪽으로 밀쳐 놓고, 마치 빼앗긴 세대는 흥미진진한 사회학적 현상에 불과하다는 듯이 이들의 문제를 역사가와 학계, 문화 전사들에게 넘겨 버렸습니다. 빼앗긴 세대는 지적 연구대상이 아닙니다. 그들은 인간입니다. 의회와 정부가 내린 결정으로 무참히 피해를 입은 인간입니다. 그런데 드디어 오늘, 부정의 시간, 유예의 시간이 종말을 고하게 되었습니다.

의장님, 이 나라는 국민을 앞으로 이끌고 갈 정치적 지도력을 요구하고 있습니다. 의장님, 품위가, 인간적 품위가, 보편적인 인간적 품위가 이 나라에게 한 걸음 앞으로 나아가 잘못된 역사를 바로잡으라고 요구하고 있습니다. 이것이 지금 우리가 이 자리에서 행하고 있는 일입니다. 그런데 아직도 우리가 왜 지금 이런 일을 해야 하는지 의심하는 목소리가 들립니다. 그럼 잠시 다음 사실을 되돌아봅시다. 1910년부터 1970년 사이에 원주민 자녀들의 10에서 30퍼센트가 부모와 생이별하였습니다. 자그마치 5만 명 이상의 아이들이 가족과 떨어져 살게 된 것입니다. 이것이 법에 명시된 권력을 부여받은 국가가 내놓은 치밀하고 계획적인 정책의 산물입니다. 이러한 정책이 일부 행정 관료의 손에서 극단적으로 수행되었습니다. '애보리지널 인구 문제'를 처리한다는 광범위한 정책의 일환으로 이른바 '혼합된 혈통'의 아이들이 강제로 축출된 것입니다.

원주민 문제를 이런 식으로 바라본 사례 중 가장 악명 높은 것은 북부지역 원주민 보호관이었습니다. 그가 한 말을 옮겨보겠습니다. "일반적으로는 5세대, 못해도 6세대에서 오스트레일리아 원주민 특유의 태생적 기질은 모두 근절될 것입니다. 우리의 혼혈아 문제는 보호관의 말을 그대로 인용하는 것입니다. 흑인종이 완전히 사라지고 그 자손들이 백인 사회 속에서 급격히 침몰하면서 빠른 시일 내에 사라질 것입니다."

서부 오스트레일리아 원주민 보호관 역시 다르지 않은 견해를 보였습니다. 그는 1937년 연방과 주의 원주민 보호관들이 캔버라에서 처음으로 한데 모인 원주민 문제 전국회의에서 자신의 생각을 자세히 밝혔습니다. 이런 견해를 공개적으로 끌어내야 하는 것이 불편하기 그지없습니다. 그리 유쾌하지 않을 뿐더러 상당히 충격적입니다. 하지만 우리는 반드시 이 사실을 인정해야 합니다. 역사적 맥락에서 볼 때 일반적이고 강제적인 분리 정책은 어느 정도 납득 가능하며 정당하니, 지금에 와서 그 어떤 사과도 필요 없다고 주장하는 사람들에게 마지막으로 맞서기 위해서라도, 우리는 반드시 이 사실을 인정해야 합니다.

그러면 우리는 오늘의 사과를 반대하는 일각에서 주장의 근거로 내세우는 세대 간 책임 공방 문제에 빠지게 됩니다. 하지만 이 사실을 기억하십시오. 아이들을 강제로 떼어내는 만행은 1970년대 초반까지 이어졌습니다. 1970년대라면 그리 먼 과거가 아닙니다. 1970년대 초반에 처음 국회의원에 당선되어 지금까지 의원으로 활동하는 분들도 있습니다. 그 당시의 일은 우리 대다수 성인들이 기억할 수 있는 범위 안에 있습니다. 더군다나 우리 모두에게 불편한 진실이 하나 있습니다. 이 나라의 의회가 개인적, 집단적으로 법을 제정하고 권한을 위임 받을 때 그 바탕이 된 법이 바로 인종을 근거로 한 강제적인 자녀 분리 정책을 더없이 합법적으로 만든 바로 그 법이라는 것입니다.

우리가 사과해야 하는 또 다른 이유가 있습니다. 사실 화해는 우리나라의 주된 가치인 '모두에게 공평하라'를 반영하는 것입니다. 오스트레일리아 공동체에서는 빼앗긴 세대에 대한 처사가 결코 '모두에게 공평' 하지 않았다는 믿음이 언제까지나 뿌리 깊이 박혀 있습니다. 따라서 우리 국민들의 마음속에는 이제 가장 포악한 잘못을 바로잡아야 한다는 믿음이 기본적으로 깔려 있습니다. 인간의 기본적인 품위 문제와는 사뭇 거리가 먼 이러한 이유 때문에 이 나라의 정부와 의회는 반드시 사과를 해야 합니다. 왜냐하면 간단히 말해 우리 의회가 제정한 법이 빼앗긴 세대를 만들었기 때문입니다. 이 문제의 근본적인 책임은 이 법안을 실행한 자들이 아닌 애초에 법안을 제정한 우리 국회에 있습니다. 법 자체에 문제가 있는 것입니다. 다른 정착민 사회에서도 그렇듯이 우리는 선조들로부터 무한한 축복을 물려받은 만큼 선조들의 짐도 함께 물려받아야 합니다.

그러니 우리 국민들이 밟아야 할 수순은 명백합니다. 바로 오스트레일리아 역사의 가장 어두운 장을 해결하는 것입니다. 그럼으로써 우리는 사실과 증거, 때로는 원한을 품은 공론과 씨름하는 일 이상을 하게 됩니다. 그럼으로써 우리는 우리 자신의 영혼과 맞서 싸우게 됩니다. 이것은 일각에서 말하듯 역사에 '검은 상장(喪章)'을 다는 것이 아닙니다. 다만 진실일 뿐입니다. 우리에게 당면한, 냉정하고 불편한 진실입니다. 우리는 이를 마주하고 해결하며 그로부터 나아가야 합니다. 우리가 이 진실을 완전히 대면할 때에야 완벽한 통합과 완벽한 화해를 꿈꾸는 미래의 국민과 지금 우리의 위에 언제나 드리우던 먹구름이 비로소 걷힐 것입니다. 이제 화해할 때입니다. 과거의 부당함을 인정할 때입니다. '미안하다'고 말할 때입니다. 다함께 앞으로 나아갈 때입니다.

빼앗긴 세대에게 말씀드리겠습니다.

오스트레일리아의 총리로서 사과드립니다.
오스트레일리아 정부를 대신해 사과드립니다.
오스트레일리아 의회를 대신해 사과드립니다.
아무 조건 없이 여러분께 사과드립니다.

지난 의회가 제정한 법에 따라 우리 의회가 여러분께 가한 상처와 고통, 괴로움에 대해 사과드립니다. 이 법이 여러분께 가한 모욕과 수모, 굴욕에 대해 사과드립니다. 연이은 정부와 그 아래 연이은 의회의 만행으로 말미암아 삶이 갈기갈기 찢겨졌을 부모와 형제자매, 가족과 공동체 여러분께 사과드립니다.

아울러 빼앗긴 세대와 그 가족들께, 오늘 이 자리에 계신 의원 여러분께, 전국 각지에서 듣고 계실 여러분께, 노던 테리토리(準州) 중서부의 인다무에서, 퀸즐랜드 북부 야바라에서, 사우스오스트레일리아의 피찬차차라에서 듣고 계실 여러분께 개인적으로 한 말씀 드리고 싶습니다.

정부와 의회를 대신해 이렇게 사죄드리지만, 제가 어떤 말씀을 드려도 여러분이 개인적으로 겪은 고통을 없앨 수는 없다는 사실을 잘 알고 있습니다. 오늘 제가 무슨 말씀을 드리더라도 저는 여러분의 슬픔을 되돌릴 수 없습니다. 말은 그리 강력하지 않고 슬픔은 지극히 개인적인 까닭입니다.

오늘 제 연설을 듣고도 사과하는 것이 왜 이렇게까지 중요한지 아직 완전히 이해하지 못하셨을 비원주민 여러분께 부탁드립니다. 이 일이 여러분에게 일어났다면 어땠을지 잠시 상상해 보시기 바랍니다. 이 자리에 계신 의원 여러분께 말씀 드립니다. '이 일이 우리에게 일어났다면 어땠을지 상상해 보십시오. 그 파괴적인 효과를 상상해 보십시오. 용서하기가 얼마나 힘들지 상상해 보십시오.' 하지만 저는 이런 제안을 하려고 합니다. 오늘 우리가 드리는 이 사과가 화해를 바라는 마음에서 받아들여진다면 우리는 함께 오스트레일리아의 새로운 서막을 열리라 다짐할 수 있을 것입니다. 그리고 이 새로운 시작이야말로 국가가 지금 우리에게 요구하는 바라고 저는 믿습니다.

　오스트레일리아인은 열정적입니다. 우리는 또한 아주 현실적입니다. 우리에게 상징주의는 중요하지만 화해라는 위대한 상징주의가 그보다 더 위대한 실천을 동반하지 않는다면 이는 다만 빈 깡통에 지나지 않습니다. 역사를 만드는 것은 감정이 아닙니다. 역사는 행동이 만듭니다. 부족했을지라도 오늘 우리가 사과드리는 것은 과거의 잘못을 바로잡기 위해서입니다. 더불어 오늘 사과드리는 것은 오스트레일리아 원주민과 비원주민 사이에 다리를 놓기 위해서입니다. 이 다리는 얇은 베일에 가려진 경멸이 아니라 진정한 존중을 기반으로 합니다. 이 다리를 건너는 것이 미래에 우리가 마주할 도전입니다. 그리하여 오스트레일리아의 원주민과 비원주민 사이에 새로운 협력을 도모하는 것입니다. 그러한 협력의 일환으로 가능하다면 빼앗긴 세대들의 가족을 찾아주고, 그들의 삶에 존엄성을 되돌려주는 확장된 연계와 기타 중요한 서비스를 제공하는 것입니다.

　하지만 미래를 위한 이런 협력의 핵심은 오스트레일리아 원주민과 비원주민 사이에 수명과 교육적 성취, 고용 기회 등에서 벌어진 차이를 좁히는 것입니다. 차이를 좁히기 위한 이 새로운 협력관계는 미래에 구체적인 목표를 설정할 것입니다. 십 년 안에 문자해득력과 산술력, 고용 실적과 기회 면에서 원주민과 비원주민 자녀 사이에 벌어진 격차를 반으로 좁힐 것입니다. 십 년 안에 유아 사망률에 있어 원주민과 비원주민 자녀 사이에 벌어진 놀라운 격차를 반으로 좁힐 것입니다. 그리고 한 세대 안에 원주민과 비원주민 사이에 17년이나 벌어진 수명의 격차를 좁힐 것입니다.

오스트레일리아 원주민들에게 '평소와 다를 바 없는' 접근은 소용이 없습니다. 구태의연한 접근방법 대부분이 소용이 없습니다. 우리는 새롭게 시작해야 합니다. 새로운 시작에는 정책의 성공과 실패를 분명히 가르는 기준이 포함되어야 합니다. 유연함을 충분히 유지하면서 격차를 좁혀나가는 새로운 협력관계, 새로운 시작이 필요합니다. 전국 각지의 벽촌과 지방에 있는 수백여 곳의 원주민 공동체에 '천편일률적'인 접근방식을 고집할 것이 아니라 유연하고 개별적이며 지역적인 접근법을 모색해야 합니다. 이로써 국민이 동의한 국가적 목적을 우리가 제안하는 새로운 협력관계의 핵심으로 배치하여 이를 달성해야 합니다. 더불어 전국에 걸쳐 새로운 정책을 적용한 경험을 지능적으로 살리는 새로운 시작이 필요합니다.

그런데 우리 의회가 국가적 목표를 설정하지 않는다면 정책이나 계획, 목적의식을 이끌 만한 뚜렷한 중심점이 없어집니다. 중심 원칙이 없어지는 것입니다. 그러니 이제 어린이부터 시작합시다. 빼앗긴 세대에게 사죄하는 의미로 오늘부터 실천하기에 적절한 정책을 시작합시다. 지금부터 5년 간 벽촌의 원주민 공동체에 거주하는 모든 네 살 아동에게 유아 교육시설에 입학하여 교육을 받을 수 있는 기회를 제공하고, 문자해득력이나 계산력 습득에 필요한 취학전 교육 프로그램에 참여할 기회를 제공합시다. 해마다, 점차적으로 이들 아동을 위한 새로

오스트레일리아 총리로 취임하기 몇 달 전, 큰아들 니콜라스와 함께 있는 케빈 러드(오른쪽)

운 교육 기회를 마련하여 성장에 중요한 취학 전 기간을 잘 보낼 수 있도록 도웁시다. 이러한 체계적인 접근법을 잘 활용하여 원주민 아동들을 위한 미래의 교육 기회를 확대하고, 동시에 이 아이들에게 기본적이고 예방적인 의료 혜택을 제공합시다. 이를 위해 우선 외지에 거주하는 원주민 공동체의 유아 사망률이 다른 공동체에 비해 네 배나 높다는 이 가당치도 않은 수치를 끌어내리는 일부터 시작합시다.

이 중 그 무엇도 쉽지는 않을 것입니다. 대부분이 어려울 것입니다. 아주 힘들 것입니다. 하지만 불가능한 일은 그 무엇도, 어떤 것도 없습니다. 뚜렷한 목표와 뚜렷한 생각을 견지할 때, 서로간의 격차를 좁히는 새로운 협력관계의 주요 원칙으로 존중과 협동, 상호 책임을 중요시할 때 우리는 이 모든 일을 해낼 수 있습니다. 우리 국민은 모두 원주민과 비원주민의 화해를 바라고 있습니다. 원주민 정책과 정치에 관한 국민의 반응은 아주 간단합니다. 국민은 우리 정치인들에게 유아적인 다툼과 점수 올리기, 생각 없는 정파 정치를 넘어설 것을 요구하고 있습니다. 그래서 국가적 책무 중 이 한 가지, 적어도 이 한 가지 핵심에 관해서만큼은 당파적 분열을 뛰어넘기를 바라고 있습니다. 이것이 1967년 국민투표(1967년 국민투표를 통해 오스트레일리아 원주민의 시민권을 인정하고, 그간의 과오에 대해 정부가 마땅히 책임을 져야 한다는 의견이 모아졌다)의 정신, 미처 다 실현되지 못한 그때의 정신이 아니겠습니까? 오늘부터라도 우리는 다시 그때의 정신을 되살려야 합니다.

따라서 제가 한 걸음 더 내딛도록 도와주십시오. 한편으로는 이런 제 태도가 정치적 자세로 비춰질지 모르지만 저는 새 국회의 첫 총회에서 야당 의원 여러분께 현실적인 제안을 하나 하고자 합니다. 총리에 당선되기 전에 저는 우리나라에 원주민 정책을 다루기 위한 일종의 전시 내각이 필요하다고 말씀드린 바 있습니다. 왜냐하면 원주민 관련 문제가 다분히 중요하고 그 결과 또한 막대하기에, 이 문제 전체가 과거에도 종종 그래왔듯이 정치적 축구 경기로 전락하는 것을 가만히 놔둘 수 없기 때문입니다.

그러므로 저는 야당 대표와 저를 위시한 합동정책위원회 설립을 제안하고자 합니다. 그리하여 첫 번째 과업으로 향후 5년 간 외진 곳에 있는 공동체를 위한 효과적인 주거 전략을 개발 및 추진하고자 합니다. 이는 격차 해소를 위한 새로운 협력관계 도모라는 정부의 정책적

틀에도 부합할 것입니다. 이 위원회가 잘 운영된다면 저는 그 다음 과업으로 첫 번째 오스트레일리아 인에 대한 법적 인정 운동을 제안하고자 합니다. 이는 선거 전까지 야당이었던 저희 당이 오랫동안 내건 공약과 일치합니다. 이 과업은 어떤 경우에서 가치 있을 것입니다. 이러한 제안이 전적으로 초당적인 의사를 대변하지 않았다면 국민투표에서도 실패했을 것이기 때문입니다. 앞서 말씀드렸지만 이제 오래 끌었던 문제를 새로운 방식으로 접근할 때가 왔습니다. 이렇게 정의된 과업을 힘을 모아 건설적으로 추진해 나간다면 국민 여러분도 지지해주시리라 저는 믿습니다. 이제는 신선한 발상으로 이 나라의 미래를 꾸려나갈 때입니다.

의장님, 오늘 의회는 엄청난 과오를 바로잡기 위해 한 자리에 모였습니다. 우리는 과거를 청산하고 미래로 성큼 다가서기 위해 이 자리에 모였습니다. 우리는 대담한 신념을 가득 품고 주먹을 불끈 쥔 채가 아니라 양 팔을 활짝 편 채로 미래를 향해 전진할 수 있습니다. 그러니 이 기회를 꽉 끌어안읍시다. 오늘을 단순히 감성적 성찰의 순간으로 내버려두지 맙시다. 이 기회를 양손으로 붙잡고 이 날, 국가적 화해의 날을 역사상 보기 드문 한 순간으로 만듭시다. 오늘을 기점으로 국가가 스스로를 생각하는 방식이 달라질 수 있게 합시다. 의회의 이름으로 우리가 **빼앗긴** 세대에 가한 부당한 처사를 되돌아보면서 우리는 화해가 진정 가능한지 믿음의 밑바닥까지 파헤쳐서 재평가하게 되었습니다. 그 화해란 오스트레일리아의 모든 원주민들 사이의 화해입니다. 그 화해란 천 세대 전 꿈의 시대(Dreamtime, 조상신들이 출현하여 이 세계를 창조한 시대를 일컫는 말로 호주 원주민들이 믿는 신화 속 시대이다)로부터 출현한 사람들과, 저처럼 겨우 어제 바다를 건너 온 사람들이 만나서 일어난 유혈 사태의 모든 역사를 가로지르는 화해입니다. 그 화해란 미래를 위해 새로운 가능성을 활짝 펼치는 화해입니다.

　이제 우리나라는 정착 시대 역사의 처음 두 세기의 막을 내리고 새로운 장을 열어야 할 때입니다. 우리는 자긍심과 존경, 경외감을 품고서 진정으로 축복 받은 이 역사 깊은 위대한 문화를 끌어안아야 합니다. 우리의 문화는 독특하고 연속적인 형태로 우리 오스트레일리아 대륙을 이끌어 지구상에서 가장 오래된 선사시대까지 이어줍니다. 우리는 이러한 새로운 관점을 통해 성장하면서 원주민 형제자매들을 새롭고 신선한 눈으로 바라볼 것이고, 오스트레일리아 원주민들이 미래에 마주하게 될 현실적인 시련을 활짝 열린 마음으로 함께 이겨나갈 것입니다.

　그러니 원주민과 비원주민, 야당과 여당, 연방과 주 모두 힘을 모아 역사의 한 페이지를 넘깁시다. 그리고 새로운 장을 함께 써 내려갑시다. 최초의 오스트레일리아인, 최초의 선단(First Fleeter, 1788년 오스트레일리아 식민지화를 위해 영국에서 보낸 선단), 그리고 불과 몇 주 전에 충성을 맹세한 이들 모두 이 기회를 붙잡아 이 위대한 땅, 오스트레일리아의 새로운 미래를 함께 가꾸어 나갑시다.

　의장님, 이에 따라 저는 의회에 동의를 청하는 바입니다.

진정한 용기를 보여준 총리, 케빈 러드

케빈 러드의 사과 연설은 실시간으로 생중계되었다. 국회의사당 안에서 또는 대형 스크린 앞에서 사람들은 깊은 감동의 눈물을 흘리며 케빈 러드의 사과 연설을 경청했다. 아니, 그 순간은 모두 그의 연설에 몰입되어 있었다.

  보상 문제 때문에, 전 세대, 전 정부가 한 일이기 때문에, 이런 저런 핑계를 대며 아무도 하지 않은 일, 어쩌면 감히 하지 못한 일을 케빈 러드는 해냈다. 용감한 역사의 첫발을 내디딘 것이다.
  마음에서 우러나는 진정한 사과는 진정 용감한 사람만이 할 수 있는 일이기 때문이다.

  오스트레일리아의 총리로서 사과드립니다.
  오스트레일리아 정부를 대신해 사과드립니다.
  오스트레일리아 의회를 대신해 사과드립니다.

  그는 "I am sorry."라고 세 번 말했다.
  그 너무나도 단순한 말, I am sorry.는 그 어떤 말보다 깊이 심장에 꽂혔다.
  사람들은 그 말을 들으며 울었다.
  케빈 러드가 연설문 낭독을 마치자 국회의사당 안에 있던 사람들은 모두 일어나 기립박수를 보냈다. 아주 오랫동안…

버락 오바마 ①
BARACK HUSSEIN OBAMA II

---- GREAT SPEECHES ----

생애
버락 오바마(1961~)는 2008년에 미국 44대 대통령으로 당선되었다. 호놀룰루에서 케냐 출신 아버지와 캔자스 출신 어머니의 사이에 태어난 뒤 하와이와 인도네시아에서 성장기를 보냈다. 오바마는 옥시덴털 칼리지와 콜롬비아 대학, 그리고 하버드 로스쿨에서 수학한 뒤 시카고에서 지역사회 지도자로 근무하였다. 1996년에 일리노이 상원의원으로 당선되었고 9년 뒤 민주당 상원의원이 되어 흑인 미국인으로는 처음으로 대선에서 승리하였다.

연설의 배경 및 의의
민주당 예비선거가 중반에 접어들 무렵인 2008년 3월, 후보들의 연설에 집중되던 언론의 관심이 제레미아 라이트 목사의 지난 설교에 쏠리기 시작했다. 방송사들은 라이트 목사가 미국이 국가지원 테러를 지지했다, 진주만 공격은 사전에 알려졌다, 남아공 정부가 넬슨 만델라를 투옥한 일에 CIA가 일조했다는 등의 발언을 했다며 이를 방송에 내보냈다. 오바마가 닌 시카고 삼위일체연합 그리스도교회의 전 목사이자 오바마 후보의 결혼식 주례를 맡기도 한 까닭에 라이트 목사의 발언은 오바마 후보에게까지 논란을 불러 일으켰다. 이에 오바마는 라이트 목사로부터 거리를 두면서 자신에게 모인 관심을 활용하여 미국 내에 존재하는 인종과 불평등 문제를 집중 조명하였다.
오바마는 미국 헌법을 인용하고 법률 문서와 미국의 과거 법적 사건을 언급하면서 연설을 시작한다. 그가 언급한 법적 사건은 19세기와 20세기에 걸친 짐 크로우 인종차별법과 브라운 대 토피카 교육위원회 소송사건이었다. 브라운 소송 사건으로 미국 대법원은 흑인 아동들을 분리하는 공공학교가 '그 자체로 불평등'하다는 판결을 내렸다. 오바마는 1995년 O. J. 심슨 재판과 2005년 허리케인 카트리나 참사 등 최근의 사건도 언급하였다.

연설의 특징
오바마 대통령후보는 흑인(백인과 흑인의 혼혈)으로서 선거운동 중 겪은 수많은 난관을 토로하면서도 다양한 인종 간에 연대를 이루고 있으며 분발하자고 촉구한다.

더 완벽한 연합
필라델피아, 국립헌법센터. 2008년 3월 18일

　　　　　　···'우리 국민은 더 완벽한 연합을 이루기 위해···' 221년 전, 지금도 이 길 건너편에 서 있는 독립기념관에 사람들이 모여 이 간단한 말들로 미국에서 가능할 법 하지 않았던 민주주의 실험을 시작하였습니다. 폭정과 학대를 피해 바다를 건너온 농부와 학자, 정치인과 애국자들이 마침내 1787년 봄까지 필라델피아 의사당으로 쓰인 곳에서 독립선언을 실현한 것입니다.

당시 헌법은 결국 조인되었지만 그 뜻은 궁극적으로 완수되지 못하였습니다. 우리의 헌법은 노예제라는 이 나라의 원죄로 얼룩졌습니다. 노예제로 식민지 사회는 분열되었고 의회는 교착상태에 빠져 있었습니다. 그리고 결국 건국의 아버지들이 노예 매매를 향후 최소 20년 간 지속하며 그 어떤 최종적인 결의는 미래 세대의 몫으로 남겨두기로 하면서 갈등을 일단락지었습니다.

물론 노예제 문제에 대한 답은 이미 우리 헌법에 포함되어 있었습니다. 이 헌법의 핵심에는 법 앞에서 동등한 시민권을 주창하는 이상이 담겨 있습니다. 이 헌법은 국민의 자유와 정의를 약속하며, 연합은 시간이 흐르면서 완벽해질 수 있고 또 완벽해져야 한다고 약속하고 있습니다.

하지만 양피지에 쓰인 글자만으로 노예를 속박에서 구해내기는 역부족이었습니다. 글자만으로 피부색과 믿음이 각기 다른 모든 이들에게 미국 시민으로서 완전한 권리와 의무를 부여하기에는 역부족이었습니다. 우리에게 필요한 것은 미국인이었습니다. 세대가 바뀌어도 우리의 이상에 대한 맹세와 당대 현실 사이의 격차를 좁히기 위해 기꺼이 자신의 소임을 다하는 미국인이었습니다. 우리에게는 거리에서 법정에서 시위와 투쟁을 통해, 시민전쟁과 시민 불복종을 통해, 언제나 극한의 위험을 무릅쓰고 맞서 싸우는 미국인이 필요했습니다.

우리는 이러한 태도를 견지하며 이번 대선운동을 시작할 것입니다. 선조들이 이끌어온 대장정을 이어받을 것입니다. 더욱 공정하고 더욱 평등하며 더욱 자유로운 미국, 더욱 배려하고 더욱 번영하는 미국을 위해 대장정을 이어나갈 것입니다. 저는 이러한 역사의 한 순간에 대통령 선거에 출마하기로 결심하였습니다. 우리가 지금 마주한 시련은 다함께 노력하지 않으면 해결할 수 없다고 가슴 깊이 믿었기 때문입니다. 이 시련을 해결하기 위해서 우리는 각자 이야기가 달라도 품은 희망은 같다는 사실을 이해하면서 완벽한 연합을 이루어나가야 한다고 가슴 깊이 믿었기 때문입니다. 각자 겉모습도 다르고 출생지도 다를지 모르지만 우리 모두 같은 방향으로 나아가길 바라고 있다는 사실을, 우리 모두 자녀와 손자들에게 더 나은 미래를 물려주고자 한다는 사실을 가슴 깊이 믿었기 때문입니다.

이러한 믿음은 미국 국민의 품위와 관대함에 대한 굳은 믿음에서 비롯된 것입니다. 더불어 제 자신의 이야기에서 비롯된 것이기도 합니다.

저는 케냐 출신 흑인 남성과 캔자스 출신 백인 여성 사이에서 흑인으로 태어났습니다. 저를 길러주신 백인 할아버지는 대공황을 견디고 2차 세계대전 당시 패튼의 군대에서 복무하셨으며, 할아버지가 바다 건너에 계시는 동안 저의 백인 할머니는 포트 리븐워스에 있는 폭격기 제조 공장에 근무하셨습니다. 저는 미국의 일류 학교에 다녔고, 세계에서 가장 빈곤한 나라에서 살기도 했습니다. 그리고 저는 노예와 노예 소유주의 피가 함께 흐르는 흑인 여성과 결혼하였습니다. 이 유산을 저의 두 소중한 딸들에게 고스란히 물려주었습니다. 각기 다른 인종에 각기 다른 피부색을 띤 저의 형제와 자매, 조카와 삼촌, 사촌들은 세 대륙 곳곳에 흩어져 있습니다. 제가 살아 있는 한 지구상에서 저와 같은 이야기가 가능한 나라는 없다는 사실을 저는 결코 잊지 않을 것입니다.

이런 사연 덕분에 저는 평범하지 않은 대선 후보가 되었습니다. 또한 이런 제 사연 덕분에 제 유전자에는 이 나라가 구성원들의 단순한 합 이상이라는 사실이 새겨졌습니다. 우리가 진정 하나라는 사실이 새겨졌습니다.

이번 선거 운동의 첫 해를 보내면서 모든 예측을 뒤집고 우리는 미국 국민들이 이러한 통합이라는 메시지를 얼마나 갈망했는지 알게 되었습니다. 저의 대선 출마를 단순히 인종적인 관점에서 바라보려는 유혹을 물리치고 우리는 미국 내에서도 백인이 밀집해 있는 주에서 당당히 승리를 거두었습니다. 남부 연방의 깃발이 여전히 나부끼는 사우스캐롤라이나에서 우리는 미국의 흑인과 백인 사이에 강력한 연합을 세웠습니다.

그렇다고 이번 선거 운동에서 인종 문제가 쟁점이 되지 않았다는 말은 아닙니다. 선거운동 기간 동안 여러 상황 속에서 사람들은 저에 대해 '지나치게 흑인' 이라거나 '충분하지 않은 흑인' 이라고 말했습니다. 사우스캐롤라이나 예비 선거를 앞둔 한 주 동안에는 인종 간의 갈등이 수면 위로 끓어오르기도 했습니다. 언론은 출구 조사 결과를 샅샅이 뒤져가며 인종 간 양극화 현상의 최신 증거자료를 확보하고자 애썼습니다. 이 분석은 비단 백인과 흑인만이 아니라 흑인과 갈색인 사이에도 행해졌습니다.

하지만 이번 선거운동에서 인종에 관한 논쟁이 극렬히 갈라지며 달아오른 것은 지난 몇 주 사이였습니다.

논쟁의 한쪽 편에서는 저의 대선 출마가 차별철폐 운동의 일환이라고 암시하는 얘기가 들렸습니다. 즉 저의 대선 출마는 무모하고 순진한 진보주의자들이 인종간의 화해를 싼 값에 매수하고자 하는 바람에서 시작되었다는 것입니다. 다른 쪽 편에서는 과거 저의 목사인 제레미아 라이트가 선동적인 언어를 사용하여 인종분열을 확대할 뿐 아니라 이 나라의 위대함과 선의마저 폄하하면서 백인과 흑인을 모두 불쾌하게 만들 소지가 있는 견해를 드러냈다는 얘기가 들렸습니다.

저는 이러한 갈등을 일으키고, 어떤 면에서는 고통까지 야기한 라이트 목사의 발언에 대해 이미 분명한 어조로 규탄한 바 있습니다. 그런데도 일부에서는 아직 풀리지 못한 의문이 남아 있습니다. 라이트 목사가 미국의 대내적·대외적 정책에 대해 때로 맹렬한 비난을 서슴지 않는다는 사실을 제가 알고 있었냐고 물으십니까? 물론입니다. 교회에서도 라이트 목사가 논란을 일으킬 만한 발언을 한 것을 들어본 적이 있냐고 물으십니까? 그렇습니다. 제가 라이트 목사의 정치적 견해 대부분에 강력히 반대하느냐고 물으십니까? 당연합니다. 여러분도 여러분의 목사와 신부, 랍비가 자신으로서는 도무지 납득할 수 없는 발언을 하는 것을 들어보았을 것입니다.

하지만 얼마 전 이처럼 폭발적인 반응을 야기한 그의 발언은 단순한 논란거리에 그치는 것이 아니었습니다. 이는 공공연한 부당함에 맞서 공개적으로 입장을 표명하고자 한 종교지도자의 모습이 아니었습니다. 오히려 그의 발언은 이 나라에 대한 지극히 왜곡된 견해를 드러냈습니다. 그는 백인우월주의를 미국의 고질적인 현상으로 바라보고, 우리가 아는 미국의 옳은 점을 무시한 채 미국의 잘못만 강조하였습니다. 중동에 만연한 갈등이 급진적 이슬람 세력의 편협하고 증오로 가득 찬 이데올로기에서 비롯된 것이 아니라, 이스라엘 같은 우리의 충실한 동맹에서 비롯된 것이라고 주장하였습니다.

이런 점에서 라이트 목사의 발언은 단순히 잘못된 것이 아니라 분열을 초래하였습니다. 통합이 필요한 시기에 분열을 초래하였고, 산적한 문제들을 해결하기 위해 함께 힘을 모아야 할 시기에 인종 간의 갈등을 부추겼습니다. 지금은 두 번의 전쟁과 테러의 위협, 추락하는 경제와 의료보험의 만성적인 위기, 잠재적이고 파괴적인 기후 변화 문제 등 흑인이나 백인, 라틴계나 아시아계 하나의 문제가 아닌 우리 모두에게 닥친 문제들을 풀어야 할 때입니다.

저의 성장배경과 정치관, 제가 내세우는 가치관과 이상을 고려해보면 저의 비판이 충분치 않다고 생각하시는 분들이 틀림없이 있을 것입니다. 그들은 이렇게 물을 것입니다. 그러면 왜 처음부터 라이트 목사와 어울린 것인가? 왜 다른 교회에 가지 않았는가? 저는 이렇게 말씀드리고 싶습니다. 라이트 목사에 관해 제가 아는 것이라고는 텔레비전이나 유투브에서 끝없이 떠도는 설교 몇 토막이 전부라면, 혹은 삼위일체연합 그리스도교회가 일부 논평가들이 퍼뜨린 풍자만화와 다르지 않았다면, 저 역시 다른 사람들과 똑같이 반응했을 것입니다. 하지만 목사에 대해 제가 아는 바는 그것이 전부가 아닙니다. 제가 20년을 넘게 만나 온 라이트 목사는 저를 기독교 신앙으로 이끌었고, 서로 사랑해야 한다는 우리의 의무를 일깨워 주신 분입니다. 병자를 돌보고 가난한 자를 일으켜야 한다는 사실을 알려주신 분입니다. 라이트 목사는 미 해병대에 복무하고 유수의 대학과 신학대학에서 그 자신이 연구하고 강의하였으며, 30년이 넘도록 교회를 이끌며 지역사회에 봉사해온 분입니다. 여기 지구상에서 하느님의 과업을 대신해 노숙자들에게 거처를 제공하고 가난한 이들을 보살폈으며, 탁아소와 장학금을 지원하고, 교도소에서 재소자 사역을 지원하신 분입니다. 또한 에이즈로 고통 받는 사람들에게 손을 내민 분입니다.

저는 흑인 사회와 인연을 끊을 수 없는 것 이상으로 그분과의 인연을 끊을 수 없습니다. 제 백인 할머니를 저버릴 수 없는 것 이상으로 그분을 저버릴 수 없습니다. 저의 할머니는 저를 키워주신 분입니다. 저를 위해 몇 번이고 희생하셨으며 이 세상 그 무엇보다 저를 사랑하시는 분입니다. 그런 할머니께서도 길거리에서 마주치는 흑인 남성들이 무섭다고 털어 놓으셨고, 몇 번이나 인종적, 민족적 편견을 드러내는 바람에 저를 당혹스럽게 만들기도 하셨습니다. 하지만 이분들도 저의 일부입니다. 이분들도 제가 사랑하는 조국, 우리 미국의 일부입니다.

그럼 누군가는 제가 결코 용납할 수 없는 발언들을 합리화하고 변명하려 한다고 생각하실 것입니다. 확신컨대 그렇지 않습니다. 정치적으로 안전한 방법은 이 사건에서 한 걸음 물러서서 다만 이 일이 기억에서 사라지기를 바라는 것입니다. 우리는 라이트 목사를 괴짜나 민중 선동가로 일축할 수도 있습니다. 얼마 전 제럴딘 페라로가 뿌리 깊은 편견을 드러낸 발언을 했다며 그를 물러나게 한 것처럼 말입니다. 하지만 인종문제는 지금 당장 이 나라가 무시해도 될 만한 쟁점이 아니라고 저는 생각합니다. 라이트 목사가 미국에 대해 불쾌한 설교를 하게 된 것처럼 우리 역시 그 같은 실수를 저지를 수 있습니다. 우리 역시 부정적인 면을 단순화하고 정형화하고 증폭하여 현실을 왜곡

할 수 있습니다.

지난 몇 주 동안 언급된 발언과 표면 위에 드러난 쟁점들은 우리가 지금껏 한 번도 제대로 해결하지 못한 이 나라의 복잡한 인종 문제를 반영하고 있습니다. 이 문제는 우리가 아직까지 완벽히 해결하지 못한 우리 연합의 일부입니다. 지금 이 상황에서 우리가 발길을 돌려버린다면, 각자의 구석으로 물러나 버린다면 우리는 결코 하나가 될 수 없을 것입니다. 그렇게 된다면 우리는 결코 모든 미국인들에게 필요한 의료보험이나 교육 문제, 좋은 일자리 마련 등의 과제를 해결할 수도 없을 것입니다.

하지만 저는 굳게 확신합니다. 하느님에 대한 제 신앙과 미국 국민들에 대한 제 믿음에 뿌리를 두고 확신하건대, 다함께 힘을 모으면 우리는 오래된 인종간의 상처를 딛고 나아갈 수 있을 것입니다. 사실 우리에겐 다른 선택의 여지가 없습니다. 우리가 더 완벽한 연합의 길로 계속해서 나아가고자 한다면 이밖에 다른 선택의 여지가 없습니다.

미국 흑인 사회에서 연합으로 가는 길이란 과거의 희생양이 되지 않으면서 과거의 짐을 모두 껴안는다는 뜻입니다. 미국인으로 살아가는 삶의 모든 측면에서 정의를 끝없이 최대한도로 실현해야 한다는 뜻입니다. 또한 그런 반면에 더 나은 의료보험과 더 나은 학교, 더 나은 일자리 등의 개인적인 고충을 모든 미국인들의 더 큰 열망과 결부시켜야 한다는 뜻입니다. 즉 유리 천장(여성의 승진을 방해하는 비공식적인 장애물)을 뚫고자 분투하는 백인 여성, 해고된 백인 남성, 가족을 먹여

살리려고 애쓰는 이민자 등 모든 미국인의 더 큰 염원을 바라봐야 한다는 뜻입니다. 또한 이는 각자의 삶에서 자신의 맡은 바 책임을 다해야 한다는 뜻입니다. 부모에게 더욱 헌신하고 자녀에게 더 많은 시간을 내주며 책을 읽어주는 것입니다. 아이들이 자라면서 시련과 차별을 마주하게 되더라도 절망에 굴복하거나 냉소하지 말 것을 가르쳐주는 것입니다. 우리 아이들은 각자 자신의 운명을 개척해나갈 수 있다는 사실을 언제나 믿어야 합니다.

역설적이게도 이처럼 철저히 미국적이며, 그렇습니다, 보수적이기도 한 자기계발식 내용은 라이트 목사의 설교에 자주 등장하였습니다. 하지만 라이트 목사가 다소 놓친 점이 있다면 이러한 자기계발 프로그램을 시작하면서도 사회는 변할 수 있다는 믿음을 견지해야 한다는 사실입니다. 라이트 목사의 설교에 드러나는 심각한 착오는 그가 우리 사회의 인종차별주의를 언급했다는 것이 아닙니다. 바로 우리 사회가 변하지 않는 것처럼, 지금까지 아무것도 진보하지 않은 것처럼 말했다는 점입니다. 목사의 착오는 이 나라에서 자신과 같은 부류의 사람이 대통령 선거에 출마하여 백인과 흑인, 라틴계와 아시아계, 부유한 자와 가난한 자, 젊은이와 노인의 연대를 이룰 수 있게 되었는데도, 이 나라가 여전히 비참한 과거에 얽매여 있는 것처럼 말했다는 점입니다. 우리가 알고 있고 우리가 봐 온 것처럼, 미국은 변할 수 있습니다. 이것이 미국의 진정한 능력입니다. 우리는 이미 이루어놓은 업적에서 희망을 얻습니다. 앞으로 우리가 이룰 수 있으며 이루어야 할 일들을 희망할 수 있는 담대함을 얻습니다.

더 완벽한 연합을 향해 나아가기 위해 백인사회는 미국 흑인 사회를 괴롭히는 것이 비단 흑인의 마음속에만 존재하는 것이 아님을 인식해야 합니다. 과거로부터 물려받은 차별과, 이전만큼 노골적이지는 않지만 여전히 일어나고 있는 차별이 우리의 현실이며 반드시 해결해야 하는 문제임을 인식해야 합니다. 말만이 아니라 행동이 뒷받침되어야 합니다. 우리의 학교와 공동체에 투자해야 합니다. 우리의 공민권을 강화하고 형사사법제도에 공정성을 기해야 합니다. 지난 세대는 누리지 못한 기회의 사다리를 지금 세대에게 전해야 합니다. 이를 위해 모든 미국인은 남이 꿈을 이룬다고 해서 나의 꿈이 희생되는 것이 아니라는 사실을, 흑인과 갈색인, 백인 아이들의 건강과 복지와 교육에 대한 투자는 궁극적으로 미국 전체의 번영을 돕는다는 사실을 알아야 합니다.

결국 우리에게 요구되는 것은 세계의 위대한 종교들이 주장한 바, 즉 남에게 대접받고자 하는 대로 남을 대접하라, 그 이상도 이하도 아닙니다. 성서의 말씀을 따라 형제의 보호자, 자매의 보호자가 됩시다. 우리 안에 있는 공통된 이해관계를 찾아서 이러한 정신을 정치에도 반영합시다.

이 나라에서 우리는 무엇이든 선택할 수 있습니다. 우리는 분열과 갈등, 냉소를 조장하는 정치를 용인할 수도 있습니다. 우리는 인종 문제를 O. J. 심슨 재판에서처럼 그저 구경거리로만 바라볼 수도 있고,

카트리나 참사 이후처럼 비극을 일깨우는 계기로 삼을 수도 있습니다. 아니면 인종문제를 저녁 뉴스의 화젯거리로 대할 수도 있습니다. 우리는 라이트 목사의 설교를 모든 채널에서 매일같이 만날 수 있고, 지금부터 선거가 끝날 때까지 그에 대해 이야기할 수 있습니다. 그러면서 제가 목사의 가장 공격적인 발언을 어느 정도 믿거나 동의한다고 생각하는지가 이번 선거 운동의 유일한 의문인 양 몰고 갈 수도 있습니다. 힐러리 지지자들이 저지른 몇몇 실수를 물고 늘어지면서 힐러리 의원이 인종문제를 카드로 삼았다며 비난할 수도 있습니다. 아니면 우리는 과연 백인들의 표가 정책과 상관없이 모두 존 매케인에게 모일 것인지 추측할 수도 있습니다.

그렇게 할 수도 있습니다. 하지만 그렇게 되면 다음 선거에서 우리는 관심을 분산시킬 또 다른 꼬투리를 다시, 그리고 또 다시 찾아낼 것입니다. 결국 아무것도 바뀌지 않을 것입니다. 이것도 한 가지 방법입니다. 아니면 지금 이 순간, 지금 이 선거에서 우리는 힘을 모아 '이번에는 아니다' 라고 말할 수도 있습니다.

이번에 우리는 흑인 아이들과 백인 아이들, 아시아계 아이들과 라틴계 아이들, 미국 원주민 아이들의 미래를 앗아가는 붕괴된 학교에 대해 이야기하고 싶습니다. 우리 아이들은 배울 수 없다는, 우리와 생김새가 다른 그 아이들은 다른 사람의 문제라고 치부해버리는 냉소주의를 이번에는 물리치고 싶습니다. 미국의 아이들은 '저 아이들' 이 아니라 '우리의 아이들' 입니다. 그렇기에 우리는 이들이 21세기 경제에

미국 대통령 선거운동 중인 버락 오바마와 부인, 미셸 오바마

서 뒤쳐지도록 내버려두지 않을 것입니다. 이번에는 아닙니다.

　이번에 우리는 의료보험이 없어 응급실을 가득 메우고 있는 백인과 흑인, 라틴계에 대해 이야기하고 싶습니다. 혼자 힘으로는 워싱턴의 이익단체들에 맞설 수 없지만 함께라면 가능한 이들에 대해 이야기하고 싶습니다.

　이번에 우리는 한때 인종을 불문하고 모든 남녀에게 온당한 삶을 마련해주었지만 지금은 문을 닫아버린 공장들에 대해 이야기하고 싶습니다. 한때 종교와 지역, 계층을 막론하고 모든 미국인들의 보금자리였지만 이제는 매매 대상이 된 보금자리에 대해 이야기하고 싶습니다. 이번에 우리는 진정한 문제란 당신과 다르게 생긴 사람이 당신의 일자리를 뺏을지 모른다는 사실이 아니라, 당신이 일하고 있는 회사가 단지 더 나은 이윤을 위해 해외로 옮겨갈 것이라는 사실을 이야기하고 싶습니다.

이번에 우리는 같은 국기 아래에서 피부색이나 종교적 신념을 가리지 않은 채 함께 헌신하고 함께 싸우며 함께 피를 흘리는 남녀에 대해 이야기하고 싶습니다. 결코 승인되지 말았어야 할, 결코 시작되지 말았어야 할 전쟁에 나간 이들을 어떻게 하면 조국으로 불러들일지 이야기하고 싶습니다. 그들과 그 가정을 정성껏 보살피고, 그들이 벌어들인 이익을 돌려줌으로써 어떻게 우리의 애국심을 보여줄 수 있을지 이야기하고 싶습니다.

이것이 바로 우리 미국인 대다수가 이 나라에 바라는 점이라는 사실을 제가 마음을 다해 믿지 않았다면, 저는 대통령 선거에 출마하지도 않았을 것입니다. 우리 연합은 단 한 번도 완벽하지 않았습니다. 하지만 지나온 세대를 비춰볼 때 우리 연합은 언제든 완벽해질 수 있었습니다. 그리고 지금, 제가 이 가능성에 대해 의심하거나 냉소하게 될 때마다 제게 가장 큰 희망이 되어주는 것은 바로 우리의 다음 세대입니다. 이번 선거에서 우리 젊은이들은 그들만의 태도와 믿음, 변화에 대한 개방성으로 이미 역사를 만들었습니다.

오늘 여러분과 나누고 싶은 이야기가 하나 있습니다. 제가 킹 목사의 생일을 맞아 목사가 이끌던 애틀랜타의 에벤에셀 침례교회에서 드린 이야기입니다.

애슐리 바이아라는 23세의 백인 여성이 있습니다. 그녀는 사우스캐롤라이나 주 플로렌스에서 우리의 선거운동을 위해 조직을 꾸렸으며, 이번 선거운동을 시작한 뒤부터 주로 미국 흑인 공동체를 조직해 왔습니다. 그러던 어느 날 운동에 참여한 모든 사람들이 둘러앉아 자신이 이곳에 오게 된 이유 등 각자의 이야기를 하게 되었습니다. 애슐리는 자신이 아홉 살 때 어머니가 암에 걸린 이야기를 했습니다. 어머니가 치료를 위해 결근하는 날이 많아지자 직장을 그만둬야 했고, 의료보험도 소멸되고 말았습니다. 결국 파산 신청까지 해야 할 상황이 되자 애슐리는 어머니를 위해 무언가를 해야겠다고 다짐했습니다.

지출에서 가장 많이 나가는 것이 식비라는 사실을 안 애슐리는 어머니에게 다른 것은 필요 없고 겨자소스 샌드위치가 먹고 싶다고 말했습니다. 그 음식이 가장 저렴하게 먹을 수 있는 것이기 때문이었습니다. 과연 아홉 살짜리다운 생각입니다. 애슐리는 어머니의 건강이 괜찮아질 때까지 이 음식을 일 년 동안 먹었다고 합니다. 그러면서 애슐리는 둘러앉은 사람들에게 말했습니다. 자신이 우리 선거운동에 참여한 것은 자신처럼 부모님을 돕고 싶고, 또 도와야 하는 수백만 아이들을 돕고 싶어서라고 하였습니다. 애슐리는 다른 선택을 할 수도 있었습니다. 누군가는 애슐리의 어머니에게 닥친 문제가 복지 혜택을 받으면서도 게을러서 일도 나가지 않는 흑인이나 불법 체류한 라틴계 때문이라고 말했습니다. 하지만 애슐리는 다른 길을 걷지 않았습니다. 그녀는 부당함에 맞서 싸울 수 있는 동맹을 찾아 왔습니다.

그렇게 해서 애슐리는 자신의 이야기를 마치고 다시 그 자리에 있던 다른 사람들에게 이 선거운동을 지지하게 된 사연을 물어보았습니다. 각기 다른 사연과 다른 이유가 있었습니다. 모두 구체적인 사연을 안고 있었습니다. 그리고 마지막으로 그 시간 내내 가만히 앉아 침묵을 지키던 나이 지긋한 흑인 남성이 말할 차례가 왔습니다. 애슐리가 그에게 이곳에 온 이유를 물었지만 그는 구체적인 쟁점을 꺼내지 않았습니다. '의료보험'이나 '경제', '교육'이나 '전쟁' 같은 단어는 거론하지 않았습니다. 버락 오바마 때문에 왔다고 하지도 않았습니다. 단지 그는 그 자리에 있던 모든 이에게 이렇게 말했습니다. "저는 애슐리 때문에 여기 온 것입니다."

"저는 애슐리 때문에 여기 왔습니다."

그 순간은 이 백인 여성과 흑인 남성 사이에서 이루어진 교감만으로 끝나지 않았습니다. 이것은 환자에게 의료보험을, 구직자에게 일자리를, 자녀들에게 교육을 제공하는 것으로 끝날 일이 아닙니다. 우리는 여기서 시작해야 합니다. 우리 연합은 여기서 강해져야 합니다. 한 무리의 애국자들이 바로 이곳 필라델피아에서 서명한 이후 지난 221년 동안 수많은 세대들이 깨닫게 되었습니다. 바로 여기에서 완벽이 시작된다는 사실을 말입니다.

미국 44대 대통령 취임 연설
―2009년 1월 20일 대통령 취임 연설문 일부

오늘 저는 여러분께 우리가 처한 도전들은 현실이고 심각할 뿐만 아니라 매우 많다는 것을 말씀드립니다. 그 도전들은 간단히 또는 단기간에 해결되지는 않겠지만 국민여러분! 이것만은 알아두시길 바랍니다. 그것들은 반드시 해결될 것입니다.

우리의 도전들이 새로운 것일지도 모릅니다. 우리가 그 도전들에 대처할 때 사용할 도구들도 새로울지도 모릅니다. 하지만 우리의 성공이 달려 있는 근면과 정직, 용기와 공정성, 인내와 호기심, 충성과 애국심과 같은 덕목들은 오래된 것이며 진실한 것들입니다. 우리 역사를 통해 이 덕목들은 진보의 조용한 힘이 되어 왔습니다. 그렇다면 지금 요구되는 것이 바로 이런 진실한 덕목들로 복귀하는 것입니다.

지금 우리에게 필요한 것은 새로운 시대의 책임감, 즉 모든 미국인들이 자기 자신과 조국 그리고 전 세계에 대한 의무를 인식하는 것입니다. 여기에서의 의무는 어쩔 수 없이 응하는 의무가 아니라, 어려운 책무에 우리의 모든 것을 맡기는 그런 것이 아니라, 우리의 정신을 만족시키고 우리의 기질을 정의하는 데 있어서 이만한 것이 없다는 것에 대한 인식을 가지고 기꺼이 그리고 단호히 받아들이는 그런 의무를 말하는 것입니다.

―중략―

버락 오바마 ②
BARACK HUSSEIN OBAMA II

=== GREAT SPEECHES ===

생애
버락 오바마(1961~)는 2008년에 미국 44대 대통령으로 당선되었다. 오바마는 옥시덴털 칼리지와 콜롬비아 대학, 그리고 하버드 로스쿨에서 수학한 뒤 시카고에서 지역사회 지도자로 근무하였다. 1996년에 일리노이 상원의원으로 당선되었고 9년 뒤 민주당 상원의원이 되어 흑인 미국인으로는 처음으로 대선에서 승리하였다.

연설의 배경 및 의의
대선 출마를 선언하고 20개월 뒤, 그리고 연설 '더 완벽한 연합'을 펼친 후 대략 8개월이 지난 뒤, 버락 오바마는 미합중국의 첫 번째 흑인 대통령에 당선되었다. 그의 승리는 단연 압도적이었다. 민주당 출신인 오바마는 일반 투표에서 7퍼센트에 가까운 표차를 얻었고, 선거인단 투표에서는 라이벌인 존 매케인이 162표를 얻은 데 반해 오바마는 365표를 얻었다. 전통에 따라 오바마는 당선 연설에서 공화당 후보였던 존 매케인과 그의 러닝메이트 사라 페일린에게 경의를 표했다. 또한 오바마는 지지자들과 가족들에게도 감사의 마음을 전하고, 특별히 이틀 전에 돌아가신 자신의 외할머니 매들린 던햄에 대한 이야기를 덧붙였다. 하지만 단연 사람들의 관심을 끈 주인공은 선거 운동 당시에는 단 한 번도 언급된 적이 없었던 닉슨 쿠퍼였다. 백세가 넘은 쿠퍼는 인생의 대부분을 흑인들의 권리를 위해 바쳤다. 쿠퍼 여사는 오바마 측으로부터 이번 연설에 자신의 이야기가 등장할 것이라는 소식을 전해 듣고, 연설을 듣기 위해 늦은 시각까지 깨어 있었다고 한다.

연설의 특징
오랫동안 그저 꿈으로만 존재했던 사상 최초의 흑인 미국 대통령으로 취임한 오바마는 어려운 여건에서도 분발해준 유세팀을 격려하고, 국민들에겐 자신의 당선이야말로 새로운 시대가 도래했다는 증거라고 역설한다.

당선 연설
시카고, 그랜트 파크, 2008년 11월 4일

••• 시카고 주민 여러분, 안녕하십니까? 아직도 미국이 모든 일이 가능한 나라라는 사실을 의심하는 분이 있습니까? 아직도 우리 선조들의 꿈이 이 시대에 살아 있는지 의문하는 분이 있습니까? 아직도 우리 민주주의의 힘을 믿지 못하는 분이 있습니까? 그렇다면 오늘밤이 그 의문에 답하고 있습니다.

지금까지 보지 못한 엄청난 수의 사람들이 학교와 교회에 줄지어 늘어서 있던 광경이 바로 그에 대한 답입니다. 이번에는 분명 다를 것이라 믿었기 때문에, 자신의 목소리가 그 다름을 만들어낼 수 있다고 믿었기 때문에 대부분은 생애 처음으로 서너 시간씩 줄지어 기다린 사람들이 바로 그에 대한 답입니다.

젊은이와 노인, 부유한 사람과 가난한 사람, 민주당과 공화당, 흑인과 백인, 히스패닉과 아시아인, 미국 원주민, 그리고 동성애자와 이성애자, 장애인와 비장애인들이 바로 그에 대한 답입니다. 이들 미국인은 전 세계에 이런 메시지를 보냈습니다. 우리는 단 한 번도 개인의 집합이, 붉은 주(민주당)와 푸른 주(공화당)의 집합이 아니었습니다. 우리는 지금, 그리고 앞으로도 영원히, 미합중국입니다.

우리는 그 무엇도 이루어낼 수 없다며 냉소하고 두려워하고 의심하는 말을 그토록 오랫동안, 그토록 많이 들어온 사람들을 이끌어서, 그들이 역사라는 활에 손을 얹고, 이를 더 나은 미래를 위한 희망을 향해 다시 한 번 잡아당기도록 한 힘이 바로 그 답입니다. 오랜 세월이 걸렸습니다. 하지만 오늘밤, 이번 선거에서 이 결정적인 순간에 우리가 이루어낸 일로 인해 미국에는 변화가 찾아왔습니다.

저는 방금 전 매케인 의원으로부터 아주 따뜻한 전화를 받았습니다. 이번 선거 유세에서 매케인 의원은 오랫동안 열심히 싸워주셨으며, 자신이 사랑하는 이 나라를 위해 더욱 더 오랫동안 열심히 싸워 주셨습니다. 의원은 미국을 위해 우리가 상상조차 할 수 없을 희생을 감수하였습니다.

이처럼 용감하고 이타적인 지도자가 봉사한 덕분에 우리의 생활은 더욱 넉넉해졌습니다. 축하드립니다. 더불어 페일린 주지사와 함께 이룬 모든 업적에 대해 축하드리며, 저는 앞으로 이 나라의 미래를 새롭게 하기 위해 두 분과 함께 일하게 될 날을 고대하고 있겠습니다.

이번 여정을 함께 해주신 제 동료에게도 감사의 마음을 전하고 싶습니다. 그는 진심을 다해 이번 선거 유세에 동참하였고, 스크랜턴 거리에서 함께 자란 모든 이들을 대변하였으며, 델라웨어로 향하는 기차에 몸을 실었습니다. 바로 미합중국의 부통령 당선자, 조 바이든입니다.

또한 저는 이 사람의 굳건한 지지가 없었다면 오늘 이 자리에 서지 못했을 것입니다. 바로 지난 16년 간 저의 최고의 친구이자 우리 가족의 기둥, 제 인생의 유일한 사랑, 이 나라의 차기 퍼스트레이디, 미셸 오바마입니다.

    사샤, 말리아, 너희가 상상할 수 없을 만큼 너희를 사랑한다. 그리고 백악관에는 새 강아지와 함께 가자꾸나.

    그리고 이제는 우리 곁에 안 계시지만 제 할머니께서도 저를 이 세상에 나오게 해주신 조상님들과 함께 이 순간을 지켜보고 계실 것입니다. 오늘밤 그분들이 그립습니다. 저는 그분들께 헤아릴 수 없이 많은 빚을 졌습니다.

    아울러 저를 지지해준 제 누이 마야와 알마를 비롯해 모든 형제자매들에게 고마운 마음을 전합니다. 감사합니다.

    이번 선거유세의 보이지 않는 영웅인 선거 사무장 데이비드 플루프에게도 감사드립니다. 플루프는 미국 역사상 최고의, 최상의 선거전을 펼쳐주었습니다.

    수석 참모 데이비드 액설로드는 어디를 가든 제 곁을 지켜주었습니다. 미국 정치 역사상 가장 뛰어난 제 유세 팀에게도 감사드립니다. 여러분이 이 모든 일을 해냈습니다. 이를 위해 여러분이 바친 희생을 영원히 잊지 않겠습니다.

    하지만 무엇보다, 저는 오늘 승리의 진정한 주역을 잊지 않을 것입니다. 그 주역은 바로 여러분입니다. 이 승리는 여러분의 것입니다.

    저는 결코 대통령직에 유력한 후보가 아니었습니다. 우리는 막대한 자금이나 막강한 지지도 없이 시작하였습니다. 우리의 선거운동은 워싱턴 정가에서 탄생한 것이 아닙니다. 우리의 선거운동은 드모인의 뒤뜰과 콩코드의 거실, 찰스턴의 현관에서 시작되었습니다. 우리의 선거운동은 대의를 위해 자신이 모아온 푼돈을 5달러, 10달러, 20달러 씩 기부해주신 노동자 여러분이 만든 것입니다.

우리는 자신의 세대가 정치에 무관심하다는 편견을 깬 젊은이들, 적은 봉급을 받으면서 잠자는 시간도 줄여야하는 직장을 위해 집과 가정을 떠나 온 젊은이들에게서 힘을 얻었습니다.

우리는 모진 추위와 불볕 더위도 물리치고 생면부지인 남의 집 문을 두드린 나이 지긋한 분들에게서, 자원하여 조직을 꾸리고 200년 이상 지난 지금도 국민의, 국민에 의한, 국민을 위한 정부가 지구상에서 아직 사라지지 않았다는 사실을 증명해준 수백만 미국인들에게서 힘을 얻었습니다.

오늘의 승리는 여러분의 것입니다.

여러분이 이 일을 한 것은 단지 선거에 승리하기 위해서가 아니었습니다. 저를 위해서도 아니었습니다. 여러분은 우리 앞에 엄청난 과업이 놓여 있다는 것을 알고 있었기에 이 일을 한 것입니다. 오늘밤에는 우리가 이렇게 승리를 축하하지만, 내일이면 일생일대의 위대한 도전을 마주해야 한다는 사실을 여러분은 알고 있습니다. 우리 앞에는 두 개의 전쟁과 위기에 처한 지구, 백 년 만에 닥친 최악의 금융 위기가 도사리고 있습니다.

오늘밤 우리는 이 자리에 서 있지만, 이 시간에도 이라크의 사막과 아프가니스탄의 산지에서 밤을 지새우며 조국을 위해 자신의 목숨을 걸고 있는 우리 용맹한 미국인들이 있습니다.

아이들이 잠든 뒤에도 잠을 이루지 못한 채 대출금을 어디서 마련할지, 의료비는 어떻게 충당하며 아이들의 대학 학비는 어떻게 마련할지 고민하는 부모들이 있습니다.

우리는 새로운 에너지를 개발하고 새로운 일자리를 창출해야 하며, 새로운 학교를 지어야 합니다. 여러 위협에 맞서야 하고 여러 동맹관계를 바로잡아야 합니다.

우리 앞에 놓인 길은 멀고 멀 것입니다. 절벽은 가파를 것입니다. 일 년 안에, 혹은 한 임기 안에 그곳에 도달하지 못할지도 모릅니다. 하지만 국민 여러분, 오늘밤 저는 우리가 그곳에 기필코 당도하리라고 그 어느 때보다 희망에 차 있습니다. 약속드립니다. 우리 국민은 그곳에 당도할 것입니다.

좌절도, 시행착오도 있을 것입니다. 대통령으로서 제가 내리는 모든 결정이나 정책에 반대하는 분들도 있을 것입니다. 정부가 모든 문제를 해결할 수는 없다는 것도 우리는 알고 있습니다. 하지만 저는 우리에게 닥칠 모든 시련에 대해 여러분께 정직하게 말씀드리겠습니다. 그리고 무엇보다 이 나라를 재건하는 일에 국민 여러분이 동참해주시길 부탁드립니다. 지난 221년간 미국이 해왔던 대로 못이 박힌 손을 맞잡고 구역 하나하나, 벽돌 하나하나 일구어 나갑시다.

21개월 전 한겨울에 시작된 일이 오늘 이 가을밤에 끝나서는 안 됩니다. 오늘의 승리는 우리가 구하는 변화의 전부가 아닙니다. 오늘의 승리는 우리가 변화를 만들어갈 수 있는 기회일 뿐입니다. 우리가 과거의 방식으로 되돌아간다면 변화는 일어날 수 없습니다. 여러분이 없다면, 새로운 봉사 정신이 없다면, 새로운 희생정신이 없다면 변화는 일어날 수 없습니다.

그러니 이 자리에서 새로운 정신을 불러 모읍시다. 애국심을, 책임감을 불러 모읍시다. 그리하여 우리 모두 힘을 모아 더욱 노력하고, 자신만이 아닌 서로를 돌볼 수 있도록 합시다. 그리고 이번의 금융 위기가 전하는 교훈이 있다면, 그것은 국민 여러분이 고통 받는 한 월스트리트 역시 번영할 수 없다는 사실임을 기억합시다.

이 나라에서 우리는 한 국민으로서, 한 민족으로서 흥망성쇠를 겪습니다. 오랫동안 우리 정치를 오염시킨 당파성이나 편협함, 미성숙함에 기대고 싶은 유혹을 떨쳐냅시다.

처음으로 공화당 깃발을 내걸고 백악관에 입성한 사람(에이브러햄 링컨)이 우리 일리노이 주 출신이라는 사실을 기억합시다. 당시 공화당은 자립과 개인의 자유, 국가의 통합을 기치로 내걸었습니다. 이들은 우리가 모두 공유하는 가치입니다. 그리고 오늘밤 이 위대한 승리를 거둔 민주당은 우리의 진전을 저지해 온 분열을 치유하기 위해 겸손함과 결단력을 발휘할 것입니다.

링컨은 지금 우리보다 더욱 분열되었던 국가를 향해 이렇게 말했습니다. "우리는 적이 아니라 친구입니다." 감정이 상했다고 해서 애정의 유대관계를 무너뜨려서는 안 됩니다.

저를 아직 지지하지 않으시는 국민 여러분, 오늘밤 저는 여러분의 표를 얻지 못했지만 여러분의 목소리는 들을 수 있습니다. 여러분의 도움이 필요합니다. 저는 또한 여러분의 대통령이 될 것입니다.

오늘밤 바다 건너에서 이 광경을 지켜보고 계시는 여러분, 국회와 왕궁에 계신 분들을 비롯해 세계 각지의 잊힌 골목에서 라디오 주변에 옹기종기 모여 앉아 이 방송을 듣고 계시는 여러분, 우리의 이야기는 서로 다르지만 우리의 운명은 하나입니다. 그리고 미국의 리더십은 이제 곧 새로운 새벽을 맞이할 것입니다.

이 세상을 붕괴시키려는 사람들에게 알립니다. 우리는 당신들을 물리칠 것입니다. 평화와 안전을 추구하는 사람들에게 알립니다. 우리는 여러분을 지지합니다. 미국의 등불이 여전히 환히 빛나고 있는지 의문해 온 여러분께 말씀드립니다. 오늘밤 우리는 이 나라의 힘이 우리의 막강한 군사력이나 막대한 부에서 오는 것이 아니라는 사실을, 이 나라의 힘은 우리의 이상이 뿜어내는 영구적인 힘에서, 즉 민주주의와 자유, 기회와 꺾이지 않는 희망이라는 영구적인 힘에서 비롯된 것이라는 사실을 다시 한 번 증명하였습니다.

이것이 미국의 특별한 재능입니다. 미국은 변할 수 있습니다. 우리 연합은 완벽해질 수 있습니다. 우리는 이미 이룬 성과를 토대로 우리가 훗날 이룰 수 있고, 또 이루어야만 하는 일에 대해 희망을 품을 수 있습니다.

이번 선거에서는 최초의 기록이 다수 탄생하였습니다. 길이길이 남을 이야기도 여럿 등장하였습니다. 그중 오늘밤 제 머릿속에 떠오르는 이야기가 있습니다. 애틀랜타 주에서 투표한 한 여성에 관한 이야기입니다. 그분은 이번 선거에서 자신의 목소리를 내기 위해 줄을 선 수백만 국민들과 아주 흡사합니다. 다만 그녀에게는 한 가지 특별한 점이 있습니다. 그분, 앤 닉슨 쿠퍼는 올해 백 여섯 살 입니다.

쿠퍼 여사는 일 세기 전, 노예세대 이후에 태어났습니다. 길에는 차가 없고 하늘에는 비행기가 없던 시절이었습니다. 그녀와 같은 사람은 두 가지 이유로 투표를 할 수 없었습니다. 바로 여성이라는 것과 그녀의 피부색 때문이었습니다.

그리고 오늘밤, 저는 쿠퍼 여사가 미국의 한 세기를 살아온 그 모든 나날들을 생각해봅니다. 그녀가 겪어야 했을 고통과 희망, 투쟁과 진전을 생각해봅니다. 할 수 없다는 말을 들어야 했던 시대와 "우리는 할 수 있다."를 미국의 신조로 밀고 나간 사람들을 생각해 봅니다.

더스트 볼(Dust Bawl, 1930년대 초중반에 걸쳐 일어난 극심한 모래 폭풍을 일컫는다)로 인한 절망과 경제공황의 충격이 미 전역을 뒤덮었을 때 쿠퍼 여사는 우리나라가 뉴딜 정책으로 두려움 자체를 극복하는 모습을 보았습니다. 새로운 일자리를 마련하고 공동의 새로운 목표의식을 세우는 모습을 지켜보았습니다. 그렇습니다, 우리는 할 수 있습니다.

그녀는 몽고메리의 버스, 버밍햄의 호스, 셀마의 다리, 애틀랜타 출신의 한 목사가 사람들에게 "우리는 극복할 것입니다."라고 외치는 현장을 지켜보았습니다. 그렇습니다, 우리는 할 수 있습니다.

한 남자가 달에 착륙하였습니다. 베를린 장벽이 무너져 내렸습니다. 세계가 우리의 과학과 상상력으로 연결되었습니다.

그리고 올해, 이번 선거에서 그녀는 화면에 손가락을 갖다 대며 투표권을 행사하였습니다. 미국에서 106년을 살면서 최고의 시절과 암흑기를 두루 거쳤기에 그녀는 미국이 바뀔 수 있다는 사실을 알았던 것입니다. 그렇습니다, 우리는 할 수 있습니다.

국민 여러분, 우리는 이렇게 먼 길을 걸어 왔습니다. 많은 것들을 보았지만 앞으로 해야 할 일은 그보다 더 많습니다. 그리하여 오늘밤, 스스로에게 물어봅시다. 우리의 자녀들이 자라 이 다음 세기를 보게 된다면, 우리 딸들이 앤 닉슨 쿠퍼 여사처럼 오랫 동안 살게 된다면 그 아이들은 어떤 변화를 보게 될까요? 그 아이들은 어떤 진보를 이루어 낼까요?

이제 우리가 그 소명에 답해야 할 때입니다. 지금이 우리의 순간입니다. 지금이 우리 국민들에게 일자리를 되찾아주고 우리 자녀들에게 기회의 문을 활짝 열어줄 때입니다. 번영을 회복하고 평화라는 대의를 고취할 때입니다. 지금이 아메리칸 드림을 되찾을 때이며, 많은 사람들 가운데 우리는 하나라는 진실을, 살아 숨 쉬는 동안 우리는 희망한다는 근본적인 진실을 다시금 확인할 때입니다. 냉소와 의심을 대면한다면, 할 수 없다고 주장하는 사람들을 마주한다면 우리는 한 국민의 정신을 집약해 보여주는 변함없는 신조로 답할 것입니다. 그 신조는 바로 이것입니다. 그렇습니다, 우리는 할 수 있습니다.

감사합니다. 신의 축복이 여러분과, 미합중국과 함께하기를 기원합니다.

참고문헌

'An Account of the Proceedings on the Trial of Susan B. Anthony, on the Charge of Illegal Voting. Rochester, NY.' Daily Democrat and Chronicle, 1874.

'Australia Says "Sorry" to Aborigines for Mistreatment.' The New York Times. 13 February 2008.

'Barack Obama's Speech on Race.' The New York Times, 18 March 2008.

Beasley, Maurin H., Holly C. Shulman, and Henry R. Beasley. The Eleanor Roosevelt Encyclopeida. Westport, CT: Greenwood, 2001.

Bryan, William Jennings, editor-in-chief. The World's Famous Orations. New York; Funk & Wagnalls, 1906.

Busby, Brian. Great Canadian Speeches: Words That Shaped a Nation. London: Arcturus, 2008.

Churchill, Winston S. Blood, Sweat and Tears: Speeches by the Right Honourable Winston S. Churchill, P.C., M.P. Toronto: McClelland & Stewart, 1941.

Dallek, Robert. An Unfinished Life: John F. Kennedy, 1917-1963. Boston: Little, Brown, 2003.

Douglass Frederick. My Bondage and My Freedom. Auburn, NY: Miller, Orton & Mulligan, 1855.

Dunleavy, Janet Eagleson and Gareth W. Dunleavy. Douglas Hyde: A Maker of Modern Ireland. Los Angeles: University of California Press, 1991.

Gottheimer, Josh, ed. Ripples of Hope: Great American Civil Rights Speeches. New York: Basic Civitas, 2003.

Homer, Jack A. the Gandhi Reader: A Sourcebook of His Life and Writings. New York: Grove, 1994.

Howell, T. B., comp. A Complete Collection of State Trials and Proceedings for High Treason and Other Crimes and Misdemeanors from the Earliest Period to the Year 1783.?London: Longman, Hurst, Rees, Orme and Brown, 1816.

Jenkins, Roy. Churchill: A Biography. New York: Farrar, Straus & Giroux, 2001.

Johnson, Tim. 'In Australia, From Apology, a Hit Song Grows.' The New York Times, 29 April 2008.

Kutler, Stanley I. The Wars of Watergate: The Last Crisis of Richard Nixon. New York: Norton, 1992.

Macmillan, Harold. Pointing the Way, 1959-61. London: Macmillan, 1971.

'Mr. Obama's Profile in Courage.' The New York Times, 19 March 2008.

Moraes, Frank. Jawaharlal Nehru. New York: Macmillan, 1956.

Oldys, William. The Harleian Miscellany: A Collection of Scarce, Curious, and Entertaining Pamphlets and Tracts, as Well in Manuscript as in Print. London: Robert Dutton, 1809.

Pankhurst, Emmeline. My Own Story. London: Eveleigh Nash, 1914.

Perret, Geoffrey. Eisenhower. New York: Random House, 1999.

Purvis June.Emmeline Pankhurst: A Biography. New York: Routledge, 2002.

Raphael, Ray. Founding Myths: Stories that Hide Our Patriotic Past. New York: New Press, 2004.

Rowe, David E. and Robert Schulmann. Einstein on Politics: His Private Thoughts and Public Stands on Nationalism, Zionism, War, Peace, and the Bomb. Princeton, NJ: Princeton University Press, 2007.

Sampson, Anthony. Mandela: The Authorized Biography. London: HarperCollins, 1999.

Schlesinger, Robert. White House Ghosts: Presidents and Their Speechwriters. Toronto: Simon & Schuster, 2008.

Stanton, Elizabeth Cady et al, eds. History of Women Suffrage. Rochester, NY: Susan B. Anthony, 1887.

Von Tunzelmann, Alex. Indian Summer: The Secret History of the End of the Empire. London: Macmilan, 1997.

Waldman, Michael. My Fellow Americans. Naperville, IL: Sourcebooks, 2003.

Wright, Patrick. Iron Curtain: From Stage to Cold War. Oxford: Oxford University Press, 2007.